福建师范大学协和学院出版专项基金资助

农业转移人口市民化的制度困局及破解

王知桂 杨 强 李 莉 著

System Dilemma and Solution about
the Citizenization of Rural Transfer Population

经济科学出版社
Economic Science Press

图书在版编目（CIP）数据

农业转移人口市民化的制度困局及破解/王知桂，杨强，李莉著．—北京：经济科学出版社，2015.4

ISBN 978 - 7 - 5141 - 5684 - 3

Ⅰ．①农…　Ⅱ．①王…②杨…③李…　Ⅲ．①农业人口 - 城市化 - 研究 - 中国　Ⅳ．①C924.24②F299.21

中国版本图书馆 CIP 数据核字（2015）第 079576 号

责任编辑：柳　敏　于海汛
责任校对：徐领弟
版式设计：齐　杰
责任印制：李　鹏

农业转移人口市民化的制度困局及破解

王知桂　杨　强　李　莉　著

经济科学出版社出版、发行　新华书店经销

社址：北京市海淀区阜成路甲 28 号　邮编：100142

总编部电话：010 - 88191217　发行部电话：010 - 88191522

网址：www. esp. com. cn

电子邮件：esp@ esp. com. cn

天猫网店：经济科学出版社旗舰店

网址：http://jjkxcbs. tmall. com

北京汉德鼎印刷有限公司印刷

三河市华玉装订厂装订

710×1000　16 开　19.25 印张　380000 字

2015 年 4 月第 1 版　2015 年 4 月第 1 次印刷

ISBN 978 - 7 - 5141 - 5684 - 3　定价：45.00 元

（图书出现印装问题，本社负责调换。电话：010 - 88191502）

（版权所有　侵权必究　举报电话：010 - 88191586

电子邮箱：dbts@ esp. com. cn）

序

党的十八大报告指出："加快改革户籍制度，有序推进农业转移人口市民化。努力实现城镇基本公共服务常住人口全覆盖。"这是党中央根据我国现阶段国情，深刻把握经济社会发展与改革进程及时做出的重大战略部署。它顺应了亿万农民工意愿和历史发展趋势，将对我国全面建成小康社会产生重要而深远的影响。《国家新型城镇化规划（2014～2020年）》提到，1978～2013年，我国城镇常住人口从1.7亿人增加到7.3亿人，城镇化率从17.9%提升到53.7%，达到世界平均水平，年均提高1.02个百分点。从城镇人口、空间形态标准来看，中国整体上已进入到初级城市型社会，2020年将达60%。在此背景下，近年来学术界对中国新型城镇化道路与农业转移人口市民化等问题的讨论更加深入，在破解农业转移人口市民化这一难题上，学者们分别从户籍制度为核心的制度问题和完善城市公共服务等建议入手，进行了更加细致且基于不同学科背景和研究视角的探讨，认为农业转移人口市民化面临着缺乏"顶层设计"、法律制度不完善、农业转移人口就业体制不健全，城乡"二元"户籍制度导致城乡两种身份在利益上的严重不平等等问题。这些理论与实证研究成果无疑丰富了该领域的研究成果。在这一研究队伍中，我很高兴地看到福建师范大学的王知桂教授、杨强教授及李莉老师也能密切关注这些社会热点并长期致力于该领域研究，形成了《农业转移人口市民化的制度困局及其破解》的新成果。该专著紧扣新型城镇化的核心，即农业转移人口市民化的问题，进行深入研究。该书的特色与创新之处在于紧紧围绕"制度"改革这个抓手，回顾了我国从城乡分割到当前的新型城镇化建设的发展及人口流动的变化，分析农业转移人口市民化的理论基础与现实特征及影响因素，突出分析制约农业人口"转得出"与"留得住"的制度困局与突破，在总结发达及发展中国家或地区农业转移人口市民化的经验及分析福建农业转移人口市民化试点探索的基础上，提出新型城镇化的模式与农业转移人口市民化的路径。

纵观全书，有以下三个特点：

1. 选题意义重大。尽管新型城镇化建设是一个涉及政治、经济、文化等多个领域改革的复杂而又系统工程，存在许多需要研究的理论与现实问题，但从本质上看是要实现人的城镇化，而人的城镇化的核心问题又主要是实现农业转移人口如何市民化问题。制约农业人口市民化的因素很多，其中制度因素又是具有根本性、全局性的主要问题。因此，全书以如何破解农业转移人口市民化的制度困局作为研究主题具有重大现实意义。

2. 论述抓住根本。农业人口市民化实际上涉及两个方面的问题：一是如何让农业人口顺利"转得出"；二是转移出来的农业人口如何能在城镇"留得住"。制约"转得出"的制度主要是户籍制度、土地流转制度和教育培训制度等；制约"留得住"的制度主要有投资制度、就业制度、社会保障制度等。该书的重点内容就是剖析现阶段这些制度是如何制约农业人口市民化的，应该如何化解这些制约。新型城镇化作为国家调整经济结构和统筹城乡发展的重大战略，是全局性的，而我国地域广阔，各地差异甚大，地方如何找到适合本地区实情的城镇化模式，探索不同的转移路径是非常重要的。该书从新型城镇化构成要素入手，结合福建省试点案例，提出"政府主导型""优势资源集聚型"、"产业集群区型"和"产业链带动型"等模式，相信对各地新型城镇化建设有相当的借鉴参考意义。

3. 方法讲求辩证。全书注重规范分析与实证分析的结合，以制度变迁理论和城乡协调发展理论为立论依据，以翔实的数据，运用计量模型展开研究；注重一般分析和具体分析相结合，如先对影响农业人口市民化的政治、经济和社会文化等因素进行一般性分析，然后重点对影响农业人口市民化"转得出"和"留得住"的制度因素进行深入分析；注重典型案例分析，全书用专门章节分析福建省新型城镇化试点探索案例。福建作为沿海省份有一定代表性：既有沿海地市，又有山区地市，既有发达的工业地市，又有传统农业比重较高的地市。福建在这些地市均在进行试点，对其进行研究总结，对于类似省份及其地市有较高的推广复制的价值。

　　新型城镇化战略是党和政府的重大战略决策，随着该战略的深入推进，会不断涌现许多新情况、新问题，希望王知桂教授及其研究团队能密切关注，跟踪研究，期待能有新的成果不断推出。

李建平

2015 年 4 月 15 日

　　李建平：原福建师范大学校长，现任福建师范大学马克思主义学院院长；理论经济学一级学科博士点和博士后科研流动站学术带头人；兼任福建省人民政府经济顾问、中国《资本论》研究会副会长、全国马克思主义经济学说史研究会副会长、中国经济规律研究会副会长、中国历史唯物主义学会副会长等。

目　录

第一章

新型城镇化的核心：农业转移人口市民化

新中国成立以来，我国对从农村向城镇转移（劳动力）人口的称谓经历了"盲流"、"外来工"、"农民工"和"新市民"等多次演变。"农业转移人口"是现阶段人口城镇化进程中逐步产生的，并在党和国家正式文件中出现而被广泛认同的一种称谓。其内涵与之前的称谓是有一定差别的。现阶段，农业人口的转移已经基本没有阻碍，但农业转移人口转变为城镇居民的过程却仍然存在不少障碍。这些障碍是我国相关制度改革滞后，农业转移人口自我发展能力不足以及市民对其缺少足够的包容、关心、帮助和支持诸因素共同作用的结果，要彻底消除这些因素在短期绝非易事。因此，在我国新型城镇化进程中，农业转移人口市民化问题的解决是一个长期、艰难复杂的过程。

第一节　从城乡分割到新型城镇化

改革开放 30 多年来，我国的城镇化是伴随国家和地区产业结构不断升级，农村劳动力向城市地区不断转移，城市基础设施和社会服务设施日益完善、不断延伸而持续发展的。现今我国已进入了城镇化快速发展阶段，城镇数量和人口均达到了前所未有的规模，城镇作为经济社会的载体在国家和地方经济社会发展中的中心作用得到了进一步的强化，已具雏形的城镇体系犹如现代化大厦的框架，正引领国家现代化事业的不断前进。

一、城乡分割：乡村经济发展严重滞后于城市

与其他国家不同的是，中国的"城乡分割"是人为制度设计的结果。改革开放之后，这种形式的分割带来了大量的负面影响。首要因素是，"城乡二元体制"使得农村劳动力仅能温饱，无法对自己及后代的人力资本进行投资；而且公共资

源配置的"城市偏向"造成农村基础设施和教育和公共卫生等公共事业的财政投入不足,结果是农村劳动力在进入劳动力市场之前已经处于弱势地位,这就是具有中国特色的劳动力市场的城乡分割。

(一) 城乡分割产生的背景

城乡分割是在工业基础相当薄弱的情况下,由农业剩余产品中聚集工业化所需资金而采用的一种城市偏向性政策。在经济发展水平很低、农业人口比例很高的情况下迅速推进工业化进程,由农业部门提供工人,享受工业化的经济利益,保持城市职工的低工资和工业部门的高利润、高积累,以配合高速工业化的赶超式经济发展战略。为了保证工业的迅速发展,国家将资金、技术等集中在城市,从而形成了明显的城乡差距。政府通过强制性低价收购农产品政策,保证城市生产及居民消费所需农产品的供应。从这种意义上讲,城乡分割取得了巨大的成就。分割政策为我国工业化基础的建成做出了巨大的贡献。而为了维持这种工业积累体制的正常运行,政府则在城乡间设置层层壁垒,防止乡村—城市劳动力大规模地流动。

(二) 城乡分割的影响

首先,城乡分割对农业产出增长产生不利影响。对非农人口的严格限制,使农产品有效需求下降,农业总产出萎缩。推行城乡分割式工业化的直接结果是工业化40年,整个社会人口中仍有70%以上的人口滞留在农村社会,从事传统的农业生产。大量的农业人口滞留在农村,使得农业部门自身所消费的农业剩余产品的数量越来越大,而农业部门提供给非农部门的剩余产品占总产出的比例难以提高。即使遇到丰年,农业剩余也不能大量增加,因为制约农业剩余总量的首要因素是非农人口及其对农产品的相应需求。在一个农民占绝大多数的国家里,农业首先是以维持绝大多数国民生计为其第一目标的行业。非农人口对农产品有效需求相对较小的情况下,农产品交换必然处在一个不利的交易条件下,农业的经常性萎缩乃至间歇性危机就是不难理解的。

其次,城乡分割体制所产生的农产品低价政策是农业生产长期徘徊不前的根本所在。在城乡分割的格局下,农产品的交换过程是在农民非自愿的情况下进行的,交换本身变成了工业积累过程中的一个环节。农业剩余产品的非商品性交换导致农业部门对提高生产效率、扩大农业剩余存量缺乏足够的兴趣,农业生产者不能也不愿扩大生产规模。而农产品越是短缺政府对农产品的低价收购计划控制就越严,工业通过获得农业剩余而进行积累的机制也就愈益强化,农业剩余也就越难孕育,短缺—控制—高度短缺,这就是城乡分割格局下我国农业生产发展的轨迹。

　　最后，受户籍制度的影响，农村乡镇企业的发展曾长期受"三就地"（就地取材、就地加工、就地销售）方针的指导，农村劳动力移出主要以"就地转移"为主要形式。直到现在，农村非农产业的发展仍然以"就地模式"为主。在这种模式下，城乡之间与农村区域之间的生产要素流动受到很大限制，农村非农产业难以合理布局和顺利发展。在扭曲的价格体系作用下，农村非农产业向价格较高、利润丰厚的产业倾斜，城乡间的产业结构趋同，导致乡镇企业与城市工业争原料、争资金、争市场等一系列以小挤大、以落后挤先进的不合理现象。由于劳动力素质、技术水平、投资能力等方面的相似性，农村社区之间的非农产业结构高度相似，加剧了区域之间的过度竞争，引发出许多不规范的竞争手段，破坏了区域分工和协作关系，不利于市场秩序的建立。在过度的竞争和投资约束下，各地区的农村非农产业都倾向于小规模企业，以发挥"船小好掉头"的优势，但整个农村非农产业的规模效益很低。如此一来，城市和发达地区的先进技术难以向农村和落后地区转移，小规模发展进一步限制了先进技术设备的使用和企业技术改造，使得农村非农产业的技术水平低下，技术进步乏力。总之，城乡分割状态下的城市"铁饭碗"式就业制度，造成了城市就业的结构性冲突，制约着企业与人本身积极性的发挥。

　　总之，城乡分割破坏了生产要素市场，助长了非规范交易，造成一定程度的资源浪费。在城乡分割格局下，生产要素、市场人为地被分割成城乡两大块。乡村工业在政府资源分配与调节政策严重倾斜的情况下，只有通过不规范的方式从城市大工业资源利用余额中获得自身所需的生产资源。农村乡镇工业所获得资源的大小，取决于城市工业资源的闲置度，如此严重扭曲的资源分配流程，降低了整个经济增长的速度及资源利用的低效率。

二、城镇化：缩小城乡经济发展差距

　　改革开放以来我国在实现城镇化方面取得了突出成绩，城镇化水平显著提高。1978 年底，我国城市化率不到 18%，而到 2003 年底，城市化水平达40.53%。全国设市城市 660 多个，城市人口达 3.8 亿。我国城镇化水平与经济发达国家之间的差距正在逐步缩小。1978 年底，全国设市城市 192 个，其中人口超过 100 万的大城市 13 个。到 2000 年底，设市城市 663 个，城市数量 22 年增加了 471 个，平均每年增加大小城市 20 个以上；100 万人以上的大城市也相应增加到 40 个，增长 3 倍多。2003 年，我国有 1.139 亿农村劳动力外出务工，占农村劳动力的 23.2%，农民工正成为产业工人的主体。第二产业中，农民工占从业人数总数的 57.6%。[①]

（一）城镇化道路的选择

中国幅员辽阔，地区差异悬殊，因此，城镇化应有不同的形式。加速城市化进程，应从地区的历史发展、经济水平、民族特点和具体情况出发，有的放矢、实事求是地推进城市化，制定不同的道路、策略和形式。

2006 年"十一五"规划纲要指出"坚持大中小城市和小城镇协调发展，提高城镇综合承载能力，按照循序渐进、节约土地、集约发展、合理布局的原则，积极稳妥地推进城镇化，逐步改变城乡二元结构"，明确了我国城镇化的发展道路。大城市具有中小城市不可替代的作用，中小城市和小城镇也具有大城市所没有的特色，由于受各地资源、环境、经济、科技、文化等条件的限制，城镇化模式和城镇发展不可能，也不应当千篇一律。

（二）城镇化的影响

城镇化就是农村人口向城镇逐步转移的过程，就是城镇化基础设施和公共服务覆盖更多的农村地区和人口的过程。而我国的城市化最初以"户籍"为唯一标准和指标，继而以"居住地"为主要和硬性标准和指标，这种对"城镇化"的误解导致不少地方花巨资规划建设城市或城镇，不顾居民负担和政府财政，急于集资大造新城，甚至搞大拆大建，或乱拆乱建，强迫"农民进城"，追求表面的城市化指标。由此一来，城镇化变成了"造城化"，城镇化等同于造城运动，造成资源的极大浪费，而且有的地方强制征地，侵犯了农民利益。随着城市人口的增加，城市用地必然增加，但同时必须解决好失地农民的问题。可是，在我国的城镇化过程中，却有相当一部分地区和城市没有处理好人地关系，任意地通过行政手段剥夺农民的土地，强迫农民进城或改变身份，造成了比较突出的矛盾和问题。

城镇化既存在数量、速度和水平的问题，但同时更有质量的问题。许多城市和地区在城市化过程中只重视数量，不重视质量；只重视建设，不重视管理；盲目追求指标，不务求实质。例如，城镇规划面积很大，基础设施建设却十分薄弱；市场建设气势恢宏，却有场无市缺乏人气；城市化率节节上升，居民生活却缺乏保障；GDP 增长很快，但环境越来越差。

城镇结构体系不完善。根据中国的地理、人口、环境和效益，中国的城市化目标是要建立科学合理的城市体系。然而，在实践中，时而以发展大城市为主，

---

① 资料来源：《改革开放以来我国城市化的回顾》，载于中国科学院网站，http://www.cas.cn/zt/jzt/ltzt/dqxdhshjjfzdbyzl/jyytz/200409/t20040906_2670821.shtml。

时而又以小城镇建设为重点，提出"小城镇、大战略"。建市道路狭窄，级别过多，体制单一，突出行政，忽视经济。国家第十个五年计划提出要加速城市化进程，可是就从这个时期开始，就冻结了小城市，特别是县级市的建立和发展，从而使城市数量从 1996 年起就停滞不前，无形之中使城市化的压力集中于已有的城市，特别是大城市，导致大城市的盲目扩大。

城市与农村不协调。城镇化的目的主要是为了农民，是为了促进城乡的协调发展。可是我们的城市抽走了农村的壮劳动力，抽走了农业生产骨干，同时带走了生产资金，因此使农村成为老弱病残的天下。一些农村种庄稼没有劳动力，搞生产缺乏资金，从而生产萎缩、田地荒芜、产业不振、经济凋敝，由此难免产生一系列社会问题。

三、新农村建设：城市（工业）反哺农村（农业）

工业反哺农业、城市带动乡村是工业化中、后期阶段经济发展的一般规律。党的十六届四中全会明确指出："农业是安天下、稳民心的战略产业，必须始终抓紧抓好。纵观一些工业化国家发展的历程，在工业化初始阶段，农业支持工业、为工业提供积累是带有普遍性的趋向；但在工业化达到相当程度以后，工业反哺农业、城市支持农村，实现工业与农业、城市与农村协调发展，也是带有普遍性的趋向。"该精神十分鲜明地提出和确立了我国现阶段"工业反哺农业"的重要政策取向。

（一）新农村建设的背景

长期以来，农业为国家的工业化和城市建设做出了巨大的贡献。但这种倾斜政策延续时间过长，也使得"三农"问题在我国越来越凸显。此外，计划经济体制下形成的城乡二元社会结构造成了城乡分割，使城乡之间要素不能自由流动，大量农村劳动力被束缚在土地上，农民被排除在国家工业化进程之外，造成了今天工农业发展和城乡发展严重失衡的局面。在这种情况下，工业反哺农业已刻不容缓。为了协调城乡发展，必须转变向城市倾斜的宏观经济政策，实施城市适度反哺农村的政策。

（二）工业反哺的意义

工业反哺农业是指用工商企业创造的利润、提供的税收来支持农业和农村的发展。在我国新农村建设阶段，工业反哺农业是全面落实科学发展观，实现城乡统筹发展，建设社会主义新农村的必然要求。

工业反哺农业是社会平稳发展的必然要求。许多国家的经验表明，当一个国家的工业化、城市化进程加速，国民经济发展到工业对农业反哺期时，如果适时调整发展战略，反哺农业、扶持农业，整个国民经济就会协调健康发展，顺利实现工业化、现代化。反之，就会出现农业萎缩、贫富差距悬殊、城乡和地区差距扩大，社会矛盾加剧，甚至出现社会动荡。

工业反哺农业，是发展农业生产、保障粮食安全的需要。农业是国民经济的基础，是安天下、稳民心的战略产业。随着我国人口数量的不断增加，对农产品的需求必然不断增长。而受耕地减少、生态环境恶化等的严重制约，农产品增产难度越来越大。为确保粮食安全，就需对农业实行强力反哺，增强农业的生产能力。

工业反哺农业，是实现社会公平，加强国家政权建设的要求。只有加快农业和农村经济发展，增加农民收入，保证广大农民安居乐业，农村社会稳定才有坚实的基础，国家长治久安也才有可靠的保障。

此外，现实已具备工业反哺农业的条件。我国已进入工业化中期阶段，工业有能力支持农业。从发达国家经验看，人均 GDP 达 700～1 500 美元以后就进入了工业化中期阶段。2000～2005 年，我国 GDP 由 89 404 亿元增长到 182 321 亿元，增长 1.04 倍；人均 GDP 由 880 美元增长到 1 703 美元，增长 1.94 倍。近几年，财政收入增加幅度每年在 20% 左右，2005 年第二、三产业增加值占到了整个 GDP 的 87.5%，表明我国现代工业体系已初步建成，先进工业装备农业的能力已初步形成，第二、三产业劳动力就业人员占社会就业人数比重已超过 50%，城镇化水平已达 40%①。因此，国家有条件通过调整国民收入分配格局，加大对农业农村发展的支持力度。

（三）工业反哺路径

实施工业反哺农业必须以政府为主导，政府首先必须在国民收入分配和再分配、公共财政等多方面增加对农业的投入。要增加对农业的财政投入，重点应增加对农业基础建设、公共设施建设、农村社会化服务体系建设和农村社会事业发展的投入。加大对财政投入使用效果的监督检查力度，把对财政资金的跟踪监管、效益反馈放在与资金分配同等重要的位置上，确保财政投入资金使用的效益最大化和专款专用。建立完善的农业政策性贷款制度。另外，我国已取消农业税，在此基础上，还要防止和根除各种不合理的杂费、杂税，力争免除农产品流通和加工环节税收。要继续对种粮农民实行直接补贴，并逐渐加大直补力度，完善补贴方式，扩大良种补贴和农机补贴范围。按照科学发展、和谐发展的要求，积极推进公共服务、公共资源、公共设施向农村延伸和倾斜，让公共财政更多惠

---

① 国家统计局：《中国统计年鉴（2007）》，中国统计出版社 2007 年版。

泽农民，使广大农民群众真正享受到改革发展的成果。这主要包括教育反哺、医疗反哺和科技反哺。要改革和消除所有歧视农民和不利于农业发展的政策，建立公平合理的制度。制度反哺的目标是逐步消除城乡二元社会结构，现阶段应重点抓好以下制度建设：改革户籍管理制度；深化农村金融体制改革；完善农村土地征占用制度；改革城乡社会保障制度。

四、新型城镇化：统筹城乡协调发展

推进新型城镇化统筹城乡发展一体化是中国发展进程中的一个重大命题。城镇化是现代化的必由之路，是解决农村、农业、农民问题的重要途径，是推动区域协调发展的有力支撑，也是扩大内需和促进产业升级的重要抓手。根据联合国发布的世界城市化展望报告，2011 年世界城镇人口为 36.3 亿，中国城镇人口为 6.9 亿，占比为 19%。报告预计到 2030 年世界城镇人口将达到 49.8 亿，中国将达到 9.7 亿左右，占比将达到 19.5%；中国对全球城镇人口的贡献率将超过 20%[①]。以上数据表明，中国城镇化规模大、节奏快，继续推进新型城镇化建设将是中国未来发展进程中的重要环节。

（一）新型城镇化的背景

城镇化是伴随工业化发展、非农产业向城镇集聚、农业人口向城镇集中的一个自然历史过程。改革开放 35 年中国经济快速发展，国内生产总值用当年价计算，由 1978 年的 0.36 万亿增加到 2014 年的 63.6 万亿，国内生产总值指数以 1978 年为 100 计，至 2014 年已累积增长 28 倍左右。与此同时，中国城镇化进程快速推进，城镇人口从 1978 年的 1.7 亿人增加到 2013 年的 7.3 亿人，城镇化率从 17.9% 提高到 53.7%，吸纳了大量的农业劳动力转移就业，提高了城乡生产要素的配置效率，带来了社会结构的深刻变革，促进了城乡居民生活水平的全面提升，成就举世公认。

然而，在此发展过程中累积了不少的矛盾和问题，比如大量的农业转移人口难以融入城市社会，城市发展模式比较粗犷，空间分布和规模结构不合理，城市病的问题日益突出，生态环境和自然历史、文化遗产的保护不利，等等。当前中国城镇化的内外部环境和条件正在发生深刻变化，随着 2008 年国际金融危机以来全球经济再平衡和产业格局再调整，随着国内农业富余劳动力减少和人口老龄化程度提高，资源环境瓶颈制约日益加剧，城乡内部二元结构矛盾日益凸显，传

---

① 资料来源：《新型城镇化与城乡统筹发展文字实录》，http：//finance. sina. com. cn/hy/20140323/191718587668. shtml。

统的高投入、高消耗、高排放的工业化、城镇化的发展模式难以为继，主要依靠劳动力廉价供给，土地等资源粗放消耗，压低公共服务成本来推动城镇化的方法不可持续，城镇化转型发展势在必行。

（二）新型城镇化的路径选择

推动城镇化转型发展就是要走中国特色新型城镇化道路，以人的城镇化为核心，以城市群为具体形态，以综合承载能力为支撑，以体制机制创新为保障，全面提高城镇化发展的质量。走好这条路必须坚持以人为本，有序推进农业转移人口市民化，稳步推进城镇基本公共服务向常住人口全覆盖；必须坚持四化同步，深入推动信息化与工业化深度融合，工业化与城镇化良性互动，城镇化和农业产业化相辅相成；必须坚持优化布局，以城市群为主体形态，发挥中心城市的辐射带动作用，促进大中小城市和小城市协调发展；必须坚持生态文明，节约、集约利用水、土地、能源等资源，推动形成绿色低碳生产生活方式和城市建设营运模式；必须坚持文化传承，发展有历史记忆、文化脉络、地域风貌、领土特点的美丽城镇，彰显城市的个性和特色，坚持走中国特色新型城镇化道路。

城镇化的转型发展应有序推进农业转移人口市民化，优化城镇化的布局和形态。从城市群布局看，我国东部京津冀、长三角、珠三角三大城市群，以2.8%的国土面积集聚了18%的人口，创造了36%的国内生产总值，但持续发展的压力在加大，而中西部资源环境承载能力较强地区的城镇化的潜力尚有待挖掘。从城市规模结构来看，部分特大城市人口规模与资源环境综合承载能力的矛盾在加剧。新型城镇化建设，应以保持城市可持续发展为前提，提高城市可持续发展，避免重经济建设、轻环境保护，重城市建设，轻管理服务，导致城镇建设粗犷低效，交通拥堵问题严重，水、空气、土壤等环境污染加重，管理运行效率不高、公共服务供给能力不足，这既不利于提高居民的生活水平，也不符合我国的基本国情。现阶段，我们必须加快转变城市的发展方式，优化城市空间结构和管理格局，提高城市规划、建设管理水平，要增强城市经济、基础设施、公共服务和资源环境对人口的承载能力，强化城市产业、就业支撑，完善基础设施和公共服务设施，有效预防和治理城市病。同时，我们还应积极改革完善城镇化发展体制机制，现行城乡分割的管理制度固化着已经形成的城乡利益失衡格局，阻碍了城镇化健康发展，推进新型城镇化必须统筹推进人口管理、土地管理、财税金融、城镇住房、行政管理、生态环境等重点领域和关键环节，要逐步破除城乡二元结构及城市内部二元结构矛盾，通过改革释放发展潜力，为新型城镇化注入活力和动力。

第二节　新中国成立以来我国人口流动的简要回顾

一、社会主义过渡时期的人口流动（1949~1956 年）

1949~1956 年，新中国的成立为大规模经济建设的开展提供了前提条件，也为人口大规模流动提供了可能。这一阶段也是城市化迅速、健康发展的一个时期，城乡之间和工农业之间比例关系较为协调，城镇人口增加较快。至 1957 年，全国城镇人口由 1950 年的 5 765 万增至 1957 年的 9 949 万，共增加了 4 184 万人，大大超过了这一时期总人口的增长速度，使其在总人口中的比重由 10.6% 上升到 15.4%。在这一阶段中，中国城市人口增长的主要因素是农村人口的迁入。尽管当时城镇人口的自然增长率平均高达 3%，超过农村人口，但在城镇人口增长中只占 44%，仍有 56% 的增长是由迁移取得的。以北京为例，解放初期，北京市的流动人口很少，在 10 万人以内。随着政治局势的稳定和社会经济的发展，城市对劳动力的需求不断增加，流动人口也不断增长，北京市流动人口规模在 1956 年达到 19 万，1958 年到 1959 年分别达到 27 万和 28 万。

在国民经济恢复和社会主义改造时期，国家并没有对农村社会的流动人口进行严格的限制，政策上仍然延续着新中国成立以前的那种相对自由的人口流动方式，城乡互流或区域性人口流动现象仍旧比较明显。这一时期，农村人口的流动主要包括两个部分：一是由于自然灾害或家庭困难而自发形成的人口流动。仅新中国成立到 1953 年，据山东、安徽、河北、河南、广西、四川、青海等省不完全统计，农民盲目外流的就有 14 万人。从 1957 年 12 月 18 日中共中央、国务院联合发表的"关于制止农民盲目流入城市的指示"中能够看到，农民盲目流动是一种普遍的社会现象。指示认为"有大量农民盲目流入城市，虽经各地分别劝阻和遣送回乡，但是还没有根本制止。"二是由政府统一组织的农村人口流动，如城市招工、农民集体移民边疆。

1949~1957 年的 8 年间中国的城市化获得了较快的发展，不仅城市数量不断增多，城市人口显著增加，城市规模明显扩大，城市化水平迅速提高，而且不同区域的城市发展也渐趋平衡。

二、社会主义计划经济时期的人口流动（1957~1977 年）

1957~1977 年，这一时期为人口流动受到严格控制阶段。我国于 1958 年开始实施现行户籍管理体制，进入 60 年代后，采取了强化城市户籍管理、限制农村人口进京等政策，使 60 年代初期流动人口数量降至低谷，在 8 万人左右。"文化大革命"期间，流动人口一直较少，直到 1976 年，全市流动人口数仅 17 万。这一时期，北京市流动人口数量少，一个根本的原因是全国都采取措施限制人口流动。

从 1958 年开始中国人口就基本没有自由迁移了。20 世纪 60 年代毛泽东同志决定建设大三线、小三线，大批工厂陆续从沿海发达地区迁移到中西部地区。

国家集中力量把建设重点或者是国防建设重点放在大三线在人力、物力、财力上给予充分保证，这间接造成了人口流动的停滞。"文化大革命"又出现了大规模流动，一方面（城市党政机关干部）继续精简下放，上海支援新疆；另一方面是上千万的知青——大城市甚至包括中等城市的知青都迁到农村，上山下乡，到边疆去，往黑龙江、云南、内蒙古各个地方迁移。

1958～1960 年，数以千万计的农民进城办工厂或上山炼钢铁，人口流动剧增，城市人口猛增近 7 000 万人，致使全国城市人口从 1957 年的 9 949 万猛增到 1960 年的 13 073 万，城市人口比重上升到 19.7%。这一阶段，城市化表面上进展迅速，而实际上是种超负荷的反常现象。尤其是 1960 年人口迁移数达到 6 515 万人，是新中国成立以来人口迁移量最高的一年。

1961～1965 年，这一时期紧缩城市经济，精简城市职工，严格控制城镇人口规模，动员城市人口返回农村；前后共动员了约 3 000 万人返回农村，城市人口比重也由 19.7% 降至 16.8%。由此，城镇人口的数量和城市化水平又开始回到正常状态，这种城市化现象是对前一阶段超速发展所做的纠正。

1966～1977 年，是城乡人口对流的阶段。一方面，这一时期因"文化大革命"的开始出现了以知识青年"上山下乡"和干部下放为特征的逆城市化运动，前后累计约有 3 000 万人被强制性的迁往农村；另一方面，城镇事业单位从农村的招工，使得累计近 250 多万的农村人口变成了城市人口。城乡人口流动对抵。城镇人口净迁出约 500 余万人，相比之前各阶段，其中 1973 年和 1974 年两年的人口迁移总数（包括城市农村相互流动）为 5 372 万人，是较低的两年。

三、社会主义市场经济探索时期的人口流动（1978～1991 年）

1978 年我国正处于改革开放初期，确立了深圳、广州等东南沿海经济特区，由于东南沿海经济繁荣，就业广、收入高，故人口向东南沿海流动，也就是人们常说的"孔雀东南飞"。20 世纪 80 年代出现的流动人口大潮，是中国有史以来最大的人口流动。它是中国改革开放和商品经济发展的必然结果，是中国社会大变迁的集中反映。

改革开放以来，随着我国农村改革、户籍制度改革以及城市化进程的推进，大量流动人口涌入城镇务工经商。改革开放以来我国大规模的跨区域人口流动对地区差距形成的影响趋势明显，在 1978～1991 年期间，我国的跨区域人口流动加剧了全国整体差距、东部地区内部差距和西部地区内部差距的扩大，但却减小了中部地区内部差距的扩大趋势。

自 1978 年改革以来，中国城乡间人口流动的限制被打破，开始迄今世界上规模最大的一次人口转移过程。这一期间分为两个阶段：城市化复苏阶段（1978～1984 年），由于经济体制的改革，农村剩余劳动力开始向城市流动；城市化加速阶段（1985 年至今），限制人口流动政策进一步放松，对外开放引进外资，工业化和城市化加速。农村实行联产承包责任制，剩余劳动力开始寻求新出路。由于城市体制改革晚于农村，吸纳就业的空间有限，人口迁移流动规模小、增速慢，以短期、短距离迁移为主。

1978 年以前，在计划体制下，通过农村和城市两个源头控制，人口自由流动迁徙基本杜绝。1978 年，随着人民公社、生产队模式的瓦解，大量农村剩余劳动力被释放出来，紧接着城市开始企业承包制，用工和消费需求增加。于是，一些敢于冒险的农村劳动力带着村委会开出的行走证明，开始自发流动。特别以温州人为典型，在同乡带领和介绍下，向城市闯荡逐利。

20 世纪 80 年代前期的劳动力转移以从农业向农村非农产业转移为主，主要是在乡镇企业中就业，即所谓的"离土不离乡"。但随着乡镇企业遇到来自国有企业、"三资"企业和私人企业越来越强劲的竞争，必须提高技术水平和产品质量，因而乡镇企业资本增加的速度逐渐加快，吸纳劳动力的速度相应减缓。农村劳动力面临着越来越强烈的跨地区转移的压力。与此同时，外商投资企业、中外合资企业、私营企业和股份公司等其他非国有部门在东部地区发展较快，扩大了对劳动力的需求，并成为消除制约劳动力流动体制障碍的一支重要力量。

四、社会主义市场经济建设时期的人口流动（1992 年至今）

改革开放以来，我国经济社会发生了前所未有的巨大变化，也出现了新情况、新问题。一个重要的表现是我国流动人口数量迅猛增加，到 2000 年中国流动人口总数为 1.4 亿，占全国总人口的 10% 以上。如此庞大的流动群体不仅给城市的发展带来了巨大的影响，而且对农村经济社会发展产生了巨大的影响。

目前，我国正处于转变经济发展方式、全面建设小康社会的重要历史阶段。随着工业化和城市化的不断推进，我国已经进入了人口流动的最活跃时期。据国家人口计生委统计，2009 年全国流动人口为 2.11 亿，流动人口的服务管理任务将越来越繁重。但是，服务管理机制不顺、投入保障不足、信息化建设滞后，使得流动人口工作底数不清、情况不明、服务缺失、管理缺位、维权困难等，成为流动人口管理工作的薄弱环节。在跨省流动人口中，以务工经商、工作调动、分配录用等经济原因为主的流动占全部跨省流动的比例超过七成，而因婚嫁、投亲靠友、随迁家属等生活原因造成的人口流动仅四分之一。当前，我国流动人口的平均年龄约为 28 岁，"80 后"新生代农民工已占劳动年龄流动人口的近一半。其中占据主体的新生代农村户籍流动人口，大多数在城市成长，基本不懂农业生产，即使经济形势波动，城市就业形势不好，他们也不大可能返乡务农。

历经 30 余载，我国流动人口在规模、结构、分布、成因等诸多方面都发生了重要变化，逐步展现出来。2005 年，我国流动人口增长到 1.47 亿，年均增长 14.5%。如此高速增长，史无前例。在 2005~2010 年的 5 年间，我国流动人口继续保持高速增长势头，5 年间增长 49.99%，年均增速达 8.4%。在此背景下，流动人口的"能见度"一路高攀，从 1982 年不到 1% 快速增长至 2010 年的 16.5%，流动人口随处可见，成为我国人口发展最显著的特征之一。

2010 年，全国流动人口离开户籍所在地的平均时间达到 4.5 年，与 2005 年全国 1% 人口抽样调查时的同一指标，以及 2000 年第五次全国人口普查时"流动人口在流入地居住的平均时间"大体保持一致。考虑到最近一段时期我国流动人口迅猛增长、新增成员大规模增加的背景，要保持平均流动时间的这种稳定，必然意味着早期流动外出的流动人口在流入地滞留时间很长，而且越来越长。当共同居住的家庭成员已经包括了两代人或三代人时，流动人口显然已经脱离了单枪匹马闯天下的状态，进入了携妻带子、携老扶幼共同流动的状态。根据六普数据计算，两代户、三代户家庭户分别占所有流动人口家庭户的 38.52%、5.04%。一代户中大部分流动人口也是同配偶或兄弟姐妹等一起流动，独自一人流动的只占家庭户的 26.76%。由此可见，流动人口家庭化特征十分明显。

我国流动人口的流入地分布经历了一个明显的集中化过程，流动人口越来越集中地流向沿海城市。截至 2010 年，流动人口主要流向东部沿海地区的总趋势依然未变。2010 年，东部地区吸收了全国流动人口总量的 56.86%；在全国八大经济板块中，南部沿海地区和东部沿海地区吸收的流动人口合计占全部流动人口的 40.77%。随之出现的是新生代流动人口进退失据的现象，即我国以城市为中心的发展策略以及青壮年的大量外出已经从文化和意识形态上掏空了农村，许多流动人口，尤其是新生代流动人口，既没有务农经历（一部分甚至也不在农村出生和长大），也看不到在农村有任何发展的希望，所以即使在城市找不到出路，也不愿回到农村，形成了所谓的"城市无望，回村无意"的两难局面。

五、新中国成立以来人口流动的主要特点

新中国成立以来，我国的人口流动形势发生了巨大变化，人口流动由以前的

平稳发展阶段过渡到目前的高度活跃阶段。随着我国政府执政理念由"发展型政府"逐步向"民生型政府"的转变，我国流动人口管理也开始了从管制到融合的演变。时至今日，通过体制改革，促进流动人口社会融合，已经成为新时期我国流动人口管理服务工作的主要目标。

人口流动的类型可以分为以下几个形式：从地域来看，表现为地域间的从农村到城镇，内陆到沿海，从北向南，从西向东。从产业流动来看，表现为由第一产业向第二、三产业和第二产业向第三产业流动的势态。从流动人口的性别看，地域性流动中，男性是主流；职业和行业中，女性多于男性；流动人口年龄中，男性多在15～34岁，女性多在15～24岁。

新中国成立以来我国人口流动的特点主要有以下几个方面：

（1）流动人口的数量规模持续扩大。自改革开放以来，尤其是自20世纪90年代以来，全国来自乡村的流动人口估计在1.4亿人到1.6亿人之间，其中异地流动的劳动力在1.2亿人以上；城市流动人口（不转城市户口的市民异地就业或生活）无统计数据，但估计至少占城市人口的5%以上，约2 000万～3 000万人左右。上述合计约1.8亿人左右，即全国有近15%的人口处于流动状态。不仅如此，中国流动人口的规模还在持续扩大。

（2）流动人口的结构日益复杂化。过去的流动人口基本上是农村人口，现在扩展到城市人口；过去流动的基本上是劳动力，现在扩展到未成年人及未就业人口和退休人员；过去基本上是个体流动，现在举家流动（未成年子女）的现象在增加；过去流动人口主要是壮年劳动力，现在主要是青年人，尤其是农村青少年正在成为中国流动人口中的主体。

（3）流动人口的流向走向多元化。过去是单向的农村流向城市，现在则扩展到城市之间的互动及城市向乡村的流动，是双向或者多向的流动。

（4）流动人口的追求不断向上攀升。过去的人口流动一般基于务工创收，以单纯的经济利益为目标，现在的流动人口在继续追求经济收益的同时，还开始追求社会公平正义及要求平等享受当地人的权益；过去乡村劳动力进城务工不以成为城市人为目标，现在的流动人口则开始要求平等地融入当地社会。

（5）流动人口维权意识在逐渐觉醒。由于以农民工为主体的流动人口的权益受损现象严重，因此其自身的维权意识也在急剧增强，通过罢工、上访、诉讼乃至极端的方式来寻求维权的案例在增长；同时，流动人口关注的也不再仅仅是经济权益，还包括社会保障权益与政治权益。流动人口尤其是农民工权益受损的现象，已经引起政府与社会各界的严重关注，也采取了多项政策措施来解决流动人口问题，如政府强势介入清理拖欠农民工工资问题，强化劳动监察，推进工伤保险等制度，探索农民工养老、医疗保险等制度，这些做法已经取得了一定的成效。然而，已有政策还不可能从根本上解决中国流动人口问题，仍然无法保证流动人口与当地居民享受各种平等的权利，这是中国现阶段面临的一个重大的挑战。流动人口权益受损的现象及其正在发生的新变化，要求国家对此必须给予高度重视并从社会发展进步的视角和基于公平、正义、共享的原则来寻求新的、系统的解决方案。

第三节　国内外学者研究评述

城镇化是我国经济社会发展战略、进程和实施效果的全面缩影。经济、社会和资源环境实现了可持续的发展，城镇化的进程就相对协调和有序，从"乡村中国"向"城市中国"的过渡就会平稳和健康。反之，经济社会发展的许多深层次矛盾和问题，也都会在城镇化进程中得到集中的体现，城镇化自身难以孤立地发挥核心作用。从历史长程周期看，大多数国家在城镇化快速推进时期，都需要直面许多尖锐的矛盾和问题，几乎没有例外。到目前为止，我国城镇化进程中出现的质量问题，总体上还都处于矛盾可控、社会容忍的范围内，这与经济高速发展能够带来社会各阶层"普惠式"受益是直接相关的。然而，在传统发展方式代价越来越大、空间越来越小、道路越来越艰难的大背景下，传统的城镇化模式其实也已经走到了尽头。因此，关注中国城镇化的质量，就是关注中国发展的未来。

一、国内外关于城镇化与经济发展的研究

随着工业社会的生产组织方式在全世界范围内的日益普及，经济、社会、生态等各学科渗透到城市化领域中来，使得研究城市化也趋向多元化的重要性与必然性。社会经济学家从空间扩散的角度对城市化进行了探讨，大量涉及城市发展的理论纷纭众出。

（一）国外研究综述

20世纪50年代，瑞典学者哈格斯特朗（T. Hagerstrand）提出现代空间扩散理论，指出创新由源地向周围扩散的方式有波状扩散、辐射扩散、等级扩散及跳跃扩散等形式，并建立了其与城镇体系形成的对应关系。随后，佩鲁（F. Perroux，1955）的"增长极理论"，赫希曼（A. Hirschman，1958）等人的"极化增长学说"，罗斯托（w. W. Rostow，1960）的"经济增长阶段学说"，弗里德曼（Friedman，1964）的"核心—外围"模式及其模拟的城镇群体运作过程等，都是从社会、经济的角度将城市化的空间扩散具体化的学说。

有的学者则从区域的角度提出城市化的最终目的——实现城乡一体化。首先，马克思、恩格斯、列宁等马克思主义经典作家对城乡一体化有着深刻的论述。随着社会的发展，还有世界不同地区具体发展背景、文化等方面存在差异，必然导致城市化的模式也有所不同。加拿大地理学家麦吉（T. G. McGee，1991）就在对东南亚国家实证研究后，区别于西方传统以城市为基础的城市化过程，提出了以区域为基础的城市化。他建立了一个"Desakota"的全新概念，认为亚洲国家的城市化过程是通过乡村逐步向"Desakota"转化，其人口、经济达到一定的积累后，再以区域为基础的城市化过程。有的学者从生态的角度研究城市化带来的问题，如英国生态学家盖迪斯（P. Geddes，1915）试图将生态学原理运用于城市的种种问题中；美国芝加哥大学以帕克（Robert. Ezra. Rark）为首的学者借助生态学手法，形成了著名的"芝加哥学派"，陆续提出了同心圆（E. W. Burgess，1925）、扇形（Homer Hoyt，1939）、多核心（C. D. Harris and E. L. ULman，1945）三大经典模式。

城市化在新社会经济环境下的研究进入20世纪80年代以来，经济全球化使城市的发展突破传统的等级体系框架，正在形成崭新的世界城市网络体系。世界经济运行方式和空间格局的急剧变化，对传统的城市化理论产生了巨大的冲击。法国地理学家戈特曼（J. Gottman）早在1957年就提出了崭新的"大都市带"（Megalopolis）的概念，他在《大都市带：东北海岸的城市化》一文中认为，在美国东北海岸支配空间经济形式的不是一个单一的大城市或都市区，而是若干都市区形成的一个巨大整体。

20世纪60年代流行的"推拉理论"，由唐纳德·博格（D. J. Bogue）等人提出。该理论着眼于研究迁移的原因，即迁出地的推力与迁入地的拉力对迁移者的影响。这种对迁移影响的推力和拉力，是由经济、文化、环境、政治、宗教等多方面社会因素形成的，其中经济是重要的因素。该理论认为迁出地必然有种种推力因素，把当地居民迁出原居住地，这种推力有当地的自然资源枯竭、较低的经济收入水平、农业生产成本增加、农村劳动力过剩导致失业率上升等。

还有的学者从城市化的发展规律进行总结。美国著名学者诺瑟姆（Ray. M. Northam，1975）经过研究发现，城市化的变化过程呈现出"S"形曲线规律性，"S"形曲线是针对某一国家或地区的城市化整体变化规律提出的，是一种普遍性规律，但它是脱离现实条件和历史阶段的。这个曲线只能反映某一国家或地区城市化水平在时间维度上发展的快慢程度，并不能反映某一较微观的城市或地区城市化过程中的发展状况。H. 钱纳里（1988）发现了城市化进程与经济发展水平之间的关系。他曾回归分析过1950～1970年101个国家的经济发展水平数据与城市化水平数据，证明在一定的人均国民生产总值水平上，有一定的生产结构、劳动力配置结构和城市化水平相对应。弗里德曼（Friedman，1982）和沃夫

（Wolff，1982）等人提出了世界城市假说。2001 年，美国学者斯科特（Scott）在发展前人的观点上提出"全球区域城市"（Global City – Region，GCR）的观点。这些概念的出现都反映了巨型城市空间的崛起，已成为当今世界城市化的一个显著特点。城市化的内涵与外延也因此变得更宽泛、复杂。

（二）国内研究综述

近年来国外学者对城市化的研究，大多关注全球或区域大尺度范围的城市化空间扩散组织结构及城市化的发展规律，及其与社会、经济发展水平间的关系等方面，而对新经济全球化将对这种城市化的演化将产生的影响、城市化将如何演化则展开的较少。这虽然符合西方城市发展的实际状况，但对发展中国家来说，就造成了理论成果与实际发展状况脱节的境地。尤其在我国，城市发展既面临着全球经济重组的机遇与挑战，也面临着国内快速城市化的巨大压力。

出口、投资、消费是拉动经济增长的三驾马车。方辉振（2010）认为面对当前国内产能过剩、地方财政赤字、劳动力转移困难的情况下，实施新型城镇化建设可以创造城镇居民的投资需求、消费需求以及农村的市场需求。潘峰（2011）认为我国城镇化发展水平低并且存在着不完全城镇化，建设新型城镇化可以消耗大量的人力、物力、财力，拉动农业产品和工业产品的消费、实现劳动力充分就业以及增加固定资产投资，因此，务必完善分配体制改革，消除体制障碍以促进新型城镇化建设。马荣成（2013）从扩大消费需求角度认为当前农民增收困难、农村消息闭塞、经济落后，新型城镇化建设可以引导资本投入农村的各项设施建设，增加农民的收入水平，改善农村消费市场，实现农民居民"网络化"，促进农业、农村与农民的和谐发展。全国政协委员刘永好（2010）提出以扩大内需为内核的方法，可以抵御国际金融环境不稳定带来的冲击，推进中小城镇建设有利于农村经济现代化、农村居民市民化与农业发展产业化、规模化，以工业化、信息化、农业现代化、新型城镇化良性互动推进新型城镇。徐君、高厚宾、王育红（2013）认为工业化的发展为城镇化建设提供物质保障，工业化集聚大量劳动力促进城镇化率的提高，改善公共产品的投入和农村通讯基础设施条件，方便了人们的生产、生活，同时，工业化、信息化城镇化的相互作用促进了农业产业化、规模化经营，农业的产业结构得到升级。吴娜、马庆栋、孙晓曼（2013）从农业产业化与新型城镇化辩证关系的角度，认为农业现代化可以解放农村劳动力，为城市化建设提供内生动力，而城镇化建设集聚的大量人口又为农业产业化、规模化经营提供基础，所以通过规范土地管理、降低信贷门槛、转变农户观念、健全保障机制可以促进农民现代化与新型城镇化的良性发展。祝秀梅（2011）从哲学对立统一的角度阐述了信息化对新型城镇化发展的正负效应，认为信息化为城镇化发展提供了信息平台，易于城镇建设"走出去"和"引进来"，但信息化会使得资源分散化与网络化，使得中小城镇失去了原有的功能，导致新型城镇化建设受阻。肖金成（2013）认为农民工是城镇化率提高的主体，由于资源配置等原因，中小城镇是新型城镇化建设的重要组成部分，但新型城镇化不是简单的"圈地运动"、土地城市化，提高农民工在城镇化建设过程中的户籍、教育、医疗问题才是关键，城镇化建设应该坚持以人为本。何一民（2013）针对目前城镇化建设重量不重质、布局不合理、农民市民化缓慢、大城市过度发展等问题，提出改变观念、注重城市化质量、实施城乡统筹一体、健全保障制度、保障农民工合法权益以提高农民工的生活质量。

二、国内外关于城镇化与人口转移关系的研究

（一）国外研究综述

国外在对人口迁移问题的研究方面开展较早，不仅理论体系比较系统和成熟，而且相关实证研究也非常丰富。近年来，随着世界社会经济的进一步发展，世界人口迁移出现了一些新变化。国外有关人口迁移的研究主要集中在以下四方面：第一，人口迁移与城市化的关系。威廉姆斯（Williarmon，1988）指出城市化进程中城市内生增长的制约、城市外在环境的内部和外部事件推动人口迁移和城市发展；费雪（Fisher，1971）检验了美国的人口增长和区域人口分布对资源利用的有效性和环境质量的影响，提出了优化人口结构和资源环境的利用方式。第二，人口迁移的空间变化特征。如美国社会学家齐普夫（G. K. Zipf，1946）总结出了人口迁移的引力模型，该模型认为人口迁移数量与两地人口数的乘积成正比，与迁移两地间的距离成反比。奥特斯罗姆（Otterstrom，2001）采用移民的人口属性相关指标对人口的空间分布形态进行度量。第三，人口迁移原因和影响因素。推拉理论中的推力与拉力是人口迁移的影响因素。通过从不同角度来探讨影响人口迁移的经济因素和非经济因素，麦吉（McGee，1971）认为劳动力供需的空间差异是人口迁移流动的根本原因，又如约翰森（Johnson，2003）研究认为人口迁移的主要动因是地区经济发展差异的持续扩大。皮芒泰尔（David. Pimentel，1994）和哈曼（Rebecca. Harman，1994）通过分析维持人类生存的自然资源和人类生产及生活的相互依赖和影响，提出从提升资源利用作为确定适度人口的依据展开探讨城市流动人口就业、住房以及户籍政策问题。

（二）国内研究现状综述

国内人口迁移的研究起步比较晚，理论体系较为陈旧。近些年来，随着我国改革开放的不断深入，社会经济结构发生变化，人口迁移及其相关问题研究成为

国内人口学研究热点，引发了一系列的跨学科问题研究，取得了许多重大的研究成果。根据所研究对象的不同，可以把我国20世纪90年代以来的人口迁移研究大致分为以下几类：一是有关人口迁移的数量与迁移人口属性的研究。1997年阎蓓在《新时期中国人口迁移》一书中根据"第四次人口普查"和1987年、1995年两次1%人口抽样调查资料推算统计了人口迁移规模和人口迁移率。张善余、杨云彦等多位学者总结了在1982～1987年、1985～1990年和1990～1995年三个不同时期，东部、中部和西部三大地带省际人口迁入、迁出人口比例及净迁移规模。对人口迁移属性的研究学者很多，如顾朝林、杨云彦、范力达、张善余和沈建法等，他们通过实地调查与统计分析的方法对迁移人口的年龄结构、迁入和迁出地的状况、文化程度、就业结构进行研究分析。二是人口迁移的空间模式变化研究。丁金宏（1994）对1985～1990年中国人口省际迁移的流向特征进行了分析，总结了这五年中国人口省际迁移的三类典型形态，即以四川省为源地向全国各地外迁人口，以广州为引力中心吸引全国各地人口内迁，以山东与东北为两中心的相互人口迁移。王桂新等（2000）根据人口迁移选择指数，研究了人口迁移发展态势及三大地带迁移模式的变化、人口迁移吸引中心的区域分布及变化和人口迁移主要吸引中心的吸引区域及其变化。三是人口迁移的影响因素研究。80年代中期以后，国内学者对中国人口迁移的研究逐渐进入高潮，对人口迁移的影响因素研究也是学者们最为关注的一方面，这方面的论著也较为丰富。陈吉元等人（1993）认为农民进城的推力与拉力来自农村高失业率与城市高收入。梁明等对中国城乡迁移因素进行了实证分析，得出结论：中国的经济增长对城乡间的人口迁移具有较大的推动作用，人均耕地面积的减少是城乡之间迁移比较大的推力。王国霞（2001）回归分析了中国农村人口迁移的机制，指出了影响人口迁移的因素有人口因素、经济因素、就业结构与水平、人力资本等。

三、国内外研究评述

综观国内外城市化的研究，呈现出一个从无到有，人们认识逐步深化、视野不断拓宽的过程。国内外学者对城市化的理论与实践研究的变化大致概括为由单一的形体研究为主转变为向多元化、多学科渗透的研究为主；由静态的研究转向动态的研究；由简单的、个体的模式研究转变为复杂的、群体的乃至全球尺度范围的假说或实证研究。然而，在经济全球化的环境下，城市化进程越来越快，新的城市化表征也不断涌现。

通过对新型城镇化研究的比较、分析、总结，本书得出如下结论：不同地域应采取不同的发展模式以结合当地的优势资源发展城镇化建设；完善收入分配体制改革、合理转化剩余劳动力、提高就业水平有利于新型城镇化建设；新型城镇化与新型工业化并不总是呈正相关关系，在第三产业发展好的地域，城镇化水平较高，但工业化水平却较低；提高农业现代化水平有利于为城镇化建设提供大量劳动力，同时城镇化建设可以为农业现代化提供较好的基础设施以及先进的技术水平；大力发展农村金融市场、提高农村市场活跃度有利于提高新农村的发展，从而为城镇化打下良好的基础。

（一）城乡统筹协调发展

城镇化进程是劳动力、资本及土地等生产要素以政府的行政、财政和公共服务资源在城乡广阔的空间流动、重组和配置的过程，必然会对城市和乡村的生产活动、居民生活、物质空间、基础设施和公共服务带来巨大影响。如果城镇化进程导致各类要素从农村单方面流向城市，则必然会造成城乡发展的不协调，影响城镇化质量的提高。

（二）城镇综合承载能力不断提高

在城镇化进程中，农村人口会持续流入各级城镇，致使城镇在就业、基础设施、公共服务、生态环境及和谐发展等方面将面临持续压力，其中，大城市面临的挑战尤其突出。因此，城镇必须在基础设施供给、公共服务配置、综合环境优化、社会管理和服务等领域持续改善，才能应对人口持续流入所带来的压力。

（三）城镇化推进效率持续改善

我国资源禀赋条件决定必须走集约紧凑的城镇化道路，这就要求以较少的资本、土地和环境成本代价，创造更多的非农就业岗位，高效地推动人口的非农化进程；城市自身也应在生态低碳、低冲击开发模式、环保节能等理念的引领下，走出一条符合中国现实国情特点的发展道路。

（四）城镇化推进机制不断完善

改革开放以来，借助于体制机制存在的某些缺陷，我国以较低的土地成本、劳动力成本、环境成本和制度成本，实现了城镇化的快速推进，但也带来了诸如农民工问题以及"城中村"、环境污染、城市"大拆大建"、历史文化资源遭到破坏等许多问题。这与社会管理、土地管理、空间管制和财税体制等许多原有的制度、规范和运行机制难以适应快速城镇化的现实需要是直接相关的。

第四节　本书的主要思路

一、研究的方法

本书采用理论与实例相结合的方式，运用理论研究与实证研究相结合的方法、文献研究法、比较研究法、案例分析法、归纳法等进行了系统的分析和逻辑归纳。

（一）理论研究与实证研究相结合的方法

实证分析与理论研究是经济学常用的两种研究方法，实证分析要以一定的理论研究为基础，理论研究需要实证分析的支持。本书通过建立一定的经济理论分析框架从纷杂的现象中寻找城镇化与人口转移的相互关系，并找出其影响因素，再进一步通过数理模型和经济计量模型，理论探讨和分析城镇化建设和农业人口市民化之间的相互关系。

（二）文献研究的方法

本书通过大量的文献研究，总结了城镇化与人口流动有关理论，系统阐述了经济发展与人口转移理论的相互关系。根据政府宏观经济政策、制度支持与人口转移发展的逻辑关系建立理论框架，为本书的完成提供了理论上的指导和启发。

（三）比较研究的方法

发达国家和地区的城市化经验非常值得我国借鉴。我们通过比较研究的方法，分析了其他国家在农业人口市民化方面的经验和相关政策，为我们提出政府如何促进新型城镇化发展方面以及破解农业人口市民化的困局的政策建议起到较好的借鉴作用。

（四）案例分析的方法

我们在提出农业人口市民化的政策建议之前着重对国际经验和国际国内上的先进案例进行了分析与研究，理论与实践相结合，大量搜集农业人口市民化的相关案例和资料，介绍了相关国内外的现实案例。将研究分析工作与大量的实际案例相结合，在实践中不断丰富和完善理论成果，为提出新型城镇化政策下农业人口市民化的政策建议提供了切实可行的实践依据。

（五）归纳分析的方法

归纳分析法是一种由个别到一般的论证方法。它通过许多个别的事例或分论点，然后归纳出它们所共有的特性，从而得出一个一般性的结论。我们在对所搜集的资料进行深入分析的基础上，使用归纳分析的方法对文献、案例进行归纳总结，基于分析的逻辑而得出研究结果，以形成具有创新性的分析结论

二、技术路线

本书采取的技术路线如下：

第一章介绍了新型城镇化的核心——农业转移人口市民化，回顾了我国从城乡分割到当前的新型城镇化建设的发展及人口流动的变化，并综述了国内外相关研究。

第二章介绍了农业转移人口市民化的理论基础与现实特征，对相关概念做出界定，分析了农业转移人口市民化的理论基础及农业转移人口市民化的现实特征。

第三章分析了农业转移人口市民化的影响因素，包括影响农业转移人口市民化的经济因素，影响农业转移人口市民化的政策性因素，影响农业转移人口市民化的社会文化因素。

第四章重点分析了制约农业人口"转得出"的制度困局与突破，包括户籍制度与农业转移人口市民化，土地流转制度与农业转移人口市民化，教育培训制度与农业转移人口市民化。

第五章重点分析了制约农业人口"留得住"的制度困局与突破，包括投资制度与接纳农业转移人口，就业制度与留住农业转移人口，公共服务、社会保障制度与农业人口市民化，非正式制度与农业转移人口文化融合。

第六章总结了发达国家及发展中国家农业转移人口市民化的经验。

第七章分析了福建农业转移人口市民化的试点探索，对石狮市、德化县、晋江市、光泽县、邵武市等试点模式进行评价，提出推进福建农业转移人口市民化探索的对策建议。

第八章分析了新型城镇化模式与农业转移人口市民化的路径，包括新型城镇化的主要模式及我国农业转移人口市民化的路径。

三、研究创新与展望

近年来，国内外学者都比较注重对城镇化及农业人口流动转移的研究，产生

了许多丰富且具有创新性的学术成果，为本书进行的人口转移发展的研究提供了大量可以借鉴的文献资料。我们的创新之处在于不仅分析了制约农业人口流动转移的各因素，并进一步提出建议，而且还着重分析了新型城镇化模式与农业转移人口市民化的路径，包括新型城镇化的主要模式及我国农业转移人口市民化的路径。

农业转移人口市民化问题是一个涉及面相当广的课题，制约农业转移人口市民化的因素也很多，如我们能预见到的能力素质、文化观念、城市承载力及社会接纳度、包容度等障碍。但限于篇幅，我们仅仅从制度约束的层面加以了探讨。此外，伴随着城镇化不断推进，还有诸多尚未出现和预见的问题也有待进一步深入研究。

第二章

农业转移人口市民化的
理论基础与现实特征

第一节 相关概念的界定

一、城镇化与新型城镇化

（一）城镇、城镇化

1. 城镇

城镇（Urban）的含义包括了城市（City）和镇（Town）。其中城市又可进一步细分为一般的城市（City）和大城市（Metropolis）；而镇，是介于乡村（Country）与城市之间的过渡型居民点。国际上以城镇闻名的有瑞典、挪威、英国、奥地利等欧洲国家；中国的城镇，是以非农业人口为主，具有一定规模工商业的居民点。中国的小城镇，狭义上是指除设市以外的建制镇，包括县城，它们兼具农村的某些优势和城市的一定功能。

2. 城镇化

城镇化（Urbanization）、城市化、都市化，同是译自 Urbanization。马克思（1858）在《政治经济学批判》中第一次提及"城市化"这一概念，他以"现代的历史是乡村城市化，而不像在古代那样，是城市乡村化"[①] 来论述城乡分离和城市发展。西班牙工程师赛达（1867）发表了《城镇化基本理论》，提出城市化的概念。由此城市化作为社会经济发展的一种历史必然的现象引起各领域学者们

---

① 中共中央马克思恩格斯列宁斯大林著作编译局：《马克思恩格斯全集》第46卷（上），人民出版社 2008 年版。

的关注。城市化的提法是从国外城市化发展模式借鉴而来的。由于世界上大部分发达国家人口规模较小，有的甚至没有镇的建制，故而国外的人口非农化意指城市化，即乡村人口向大城市转移和集中的过程，属于集中型模式，以英、美为典型[1]；分散型模式则体现为农村人向大、中、小城市，小城镇迁移，故而又称为城镇化模式[2]。

对城镇化与城市化的界定学术界一直争议不断。城镇化是一个中国城市化研究者和政府工作者经常用到的概念。有三种观点：一种关于城镇化与城市化定义的观点认为 Urbanization 应译为"城镇化"。从现实来看中国是一个人口大国，很多镇的规模相当于甚至大于外国的小城市。中国城市化的进程不仅包括人口向城市（City）集中，而且还涵盖向大量的城镇（City and Town）转移和聚集，所以，无论是"城市化"还是"都市化"都不能准确地概括中国城市和镇的"转移、集中与聚集"的整个过程内容，适宜的选择是用"城镇化"，更能反映中国的实际状况。另一种则认为应翻译成"城市化"。因为"城镇化"当中所包含和提倡的"乡镇化"导向是"离土不离乡"的农村化导向。从规范分析和实证分析相结合的角度，就人口发展的效率和质量而论，农村化不如乡镇化，乡镇化不如小城镇化，小城镇化不如城镇化，城镇化不如城市化。还有一种观点则认为城镇化与城市化本质上并无一致，至于将 Urbanization 翻译成"城市化"还是"城镇化"，要从实际需要出发，不宜强调一者必取其一或者孰优孰劣问题。

本书采用城镇化提法，理由如下：其一，我国从"十五"计划以来的正式提法都是城镇化，这与我国城市发展方针以及实现城市化的途径直接相关。1983年，费孝通提出了"小城镇，大问题"，特别是 1998 年 10 月党的十五届三中全会以来提出了"小城镇，大战略"，进一步提升了发展小城镇的重要地位，乡镇企业成为吸纳农村剩余劳动力的主要渠道，使得小城镇成为推进我国城市化的主要途径。其二，统计年鉴中采用城镇人口占总人口比重作为衡量城市化水平的主要指标，其中城镇人口统计口径包括设有建制的常住城市人口和镇人口。这意味着建制镇或城关镇人口均视为城市化人口。其三，在近些年国家层面的文件中明确提出积极稳妥推进城镇化，促进大中小城市和小城镇协调发展。《我国国民经济和社会发展十二五规划》（以下简称《十二五规划》）中明确提到城镇化以及城镇化发展方针，指出"十二五"期间要将符合落户条件的农业转移人口逐步转为城镇居民作为推进城镇化的重要任务，并且有重点地发展小城镇，增强居住功能和公共服务功能。《国家人口发展十二五规划》也明确提出中小城市和小城镇要根据实际放宽落户条件，构建城镇化战略格局，增强城镇承载能力，改善人居

---

[1] 简新华、何志扬、黄锟：《中国城镇化与特色城镇化道路》，山东人民出版社 2010 年版。赫茨勒，何新译：《世界人口的危机》，商务印书馆 1963 年版，第 52 页。

[2] 邹农检：《城市化二论》，载于《江海学刊》1998 年第 3 期，第 45～47 页。

环境。在 2012 年 11 月 8 日的中国共产党第十八次代表大会的报告中多次提到城镇化，并强调提高城镇化水平、城镇化质量，指出：科学规划城市群规模和布局，增强中小城市和小城镇产业发展、公共服务、吸纳就业、人口集聚功能。以上三点均表明，我国走的是一条分散型城市化模式，即城镇化模式。

综合以上观点，本书与国家公布的正式文件的提法相一致，在表述上使用了"城镇化"，但在引用文献时，为保持与原文的一致性，还是保留了"城市化"的表述。在本书中，"城镇化"与"城市化"内涵一致，为同一概念的不同表述方式。具体而言，本书认为"城镇化"是指农村人口向城镇集中，城镇人口增多的过程；是包括第一、三产业不断向城镇聚集，经济结构转化的过程；是城镇数量增多、城镇用地规模扩大的过程；是包括城市文明和价值观在内的城市生活方式向农村的传播扩散过程。

（二）小城镇化、新型城镇化

1. 小城镇化

农民聚集的小城镇的一个显著特征就是城乡文化的混合和城市差别的融合共存。客观世界中的乡村性社会，在实现向多种产业并存的现代化城市的转变过程中，不仅表现为漫长的发展过程，而且总离不开特定的空间范围，并以城乡过渡的中介形态而客观存在，其实质就是小城镇。小城镇是介于城市和乡村之间，以实现城乡之间有机联系而形成的一个完整又相对独立的区域，它既是城市之"尾"，又是乡村之"首"。所以，小城镇也可以说是城市在乡村的延伸，乡村中城市的雏形。在我国，由于地域、社会经济发展的差异较大，小城镇的存在形态也表现出多样性，如县级镇、建制镇以及集镇等形态。按照我国《城市规划法》中的法定释义，县级镇一般是指县级机关所在地，是全县政治、经济、文化的中心；而建制镇是指国家按行政建制设立的镇，不包括县城关镇；集镇则是建制镇的基础，是指乡人民政府所在地和经县级人民政府确认由自由集市发展而成的作为农村一定区域经济、文化和生活服务中心的非建制镇。在本书中，小城镇指县级镇和建制镇，而不包括集镇。

小城镇化是指农村人口向小城镇转移，是城镇化的一种类型，是农民参与工业化、城镇化过程的伟大实践。小城镇发展的历程，就是农民自己造城造镇，从而完成自身身份改变的历程。发展小城镇的城镇化道路，有别于"大城市化"之路，第一，在发展小城镇的过程中，农民是主体力量。第二，发展小城镇意味着中国的城镇化是从规模较小的小城镇起步，然后通过逐步的积累而向小城市、中等城市乃至大城市发展。第三，在发展小城镇的过程中，城镇化的动力主要来自市场的推动。第四，在这种城镇化模式下，农民的转化经历了一个从职业转移、地域性转移、专业化分工的渐进过程。

2. 新型城镇化

新型城镇化与传统城镇化的最大不同，在于新型城镇化是以人为核心的城镇化，注重保护农民利益，与农业现代化相辅相成。新型城镇化不是简单的城市人口比例增加和规模扩张，而是强调在产业支撑、人居环境、社会保障、生活方式等方面实现由"乡"到"城"的转变，实现城乡统筹和可持续发展，最终实现"人的无差别发展"①。

新型城镇化的"新"，是指观念更新、体制革新、技术创新和文化复新，是新型工业化、区域城镇化、社会信息化和农业现代化的生态发育过程。由过去片面注重追求城市规模扩大、空间扩张，改变为以提升城市的文化、公共服务等内涵为中心，真正使我们的城镇成为具有较高品质的适宜人居之所。"型"指转型，包括产业经济、城市交通、建设用地等方面的转型；环境保护也要从末端治理向"污染防治—清洁生产—生态产业—生态基础设施—生态政区"五同步的生态文明建设转型。②

将坚持以人口城镇化为核心，以城市群为主体形态，以综合承载能力为支撑，全面提升城镇化质量和水平。在农民工市民化方面，将着力推进解决已转移到城镇就业的农业转移人口落户问题和有能力在城镇就业、居住的常住人口市民化问题。新型城镇化包含四个协调：工业化、农业现代化相协调；人口、经济、资源和环境相协调；大、中、小城市与小城镇相协调；人口积聚、"市民化"和公共服务相协调。

2014 年 10 月 8 日，国家新型城镇化综合试点名单揭晓，河南省洛阳市、新郑市、禹州市、兰考县入选。4 个试点的主要任务是，以建立农业转移人口市民化成本分担机制、多元化可持续的城镇化投融资机制、创新行政管理和降低行政成本的设市模式、改革完善农村宅基地制度为重点，结合创业创新、公共服务、社会治理、绿色低碳等方面发展的要求，开展综合与分类相结合的试点探索，为全国提供可复制、可推广的经验和模式。③ 新型城镇化的层次体系，包括了城市群、大城市、中等规模城市、小城市、小城镇（见表 2 - 1）。大中小城市在城镇化发展中具有重要的作用，过去 30 多年快速、增量的城镇化，使城市特别是大城市的发展潜力得到了充分的释放。未来，4 亿多人口的非农化转移，若向少数大城市集中，将加剧大城市的负担，超出大城市的综合承载

---

① 新华网评：《新型城镇化是贪大求快的克星》，中华人民共和国中央人民政府门户网站（引用日期 2013 年 7 月 3 日）。

② 中科院王如松院士：《新型城镇化，生态要优先》，人民日报人民网（引用日期 2013 年 1 月 5 日）。

③ 网易网评：《新郑等四地入选国家新型城镇化综合试点》，中原网（引用日期 2014 年 10 月 12 日）。

力，从而带来一系列新的社会问题。而小城镇，农业转移人口城镇化的综合成本低，特别是对农业转移人口的就地城镇化，无论是经济成本、社会成本、心理成本都相对较低。小城镇是联结城市和农村的纽带。随着农村交通和通讯等基础设施的改善，良好生态环境的保护，土地等资源的相对充裕，小城镇更易与中小城市、农村新型社区互动，既接受中小城市辐射，又共享城市的资源，缩短从农村的城镇化到城镇的城市化再到城市的再城市化（逆城市化）的梯级递进过程。

表 2 – 1 新型城镇化的层次体系

新型城镇化的层次	标准界定
城市群	在特定的区域范围内云集相当数量的不同性质、类型和等级规模的城市，以 1 个或 2 个（有少数的城市群是多核心的例外）特大城市（小型的城市群为大城市）为中心，依托一定的自然环境和交通条件，城市之间的内在联系不断加强，共同构成一个相对完整的城市"集合体"。
大城市	经济较为发达，人口较为集中的政治、经济、文化中心，市区常住人口 100 万 ~ 300 万人。
中等规模城市	市区常住人口 50 万 ~ 100 万人。
小城市	市区常住人口 50 万人以下。
小城镇	从属于且的县城镇、县城镇以外的建制镇和尚未设镇建制但相对发达的农村集镇，即小城镇＝县城＋建制镇＋集镇。1984 年国务院转批的民政部《关于调整建制镇标准的报告》中关于设镇的规定：（1）凡县级地方国家机关所在地，均应设置镇的建制。（2）总人口在 2 万人以下的乡，乡政府驻地非农业人口超过 20% 的，可以建镇；总人口在 2 万人以上的乡，乡政府驻地非农业人口占全乡人口 10% 以上的亦可建镇。（3）少数民族地区，人口稀少的边远地区，山区和小型工矿区，小港口，风景旅游区，边境口岸等地，非农业人口虽不足 20%，如确有必要，也可设置镇的建制。

资料来源：《中国中小城市发展报告（2010）》，社会科学文献出版社 2010 年版。

二、城乡人口及其分类

（一）农业人口与非农业人口、乡村人口与城镇人口

制度上，划分城乡人口存在"二元四类人"现象，即在二元结构框架下，公

安部门户籍登记体系①按照农业户口和非农业户口区分居民的身份；统计部门人口信息发布体系则把公民划分为城镇人口和乡村人口。② 两种划分既有重叠，又有差别，致使城乡人口统计复杂多样。

1. 农业人口与非农业人口

公安部依据户籍管理的需要，根据居民户口性质分为农业户口人口（农业人口）和非农业户口人口（非农业人口）。准确地说，依据户籍性质划分的农业户口人口和非农业户口人口不同于以从事社会劳动的性质划分的农业就业人口和非农业就业人口。农业户口的性质并不因其进城或从事非农产业而有所改变，在公安系统中仍然为农业人口（农业户口人口）。对于由乡村管理下的非直接从事农业生产的一些人，如民办教师、乡村医生等人员均规定作为农业户口人口统计。

对于非农业就业人口与农业就业人口的界定主要是针对劳动力而言，从事农业生产维持生活的称为农业就业人口，从事非农产业人口称为非农业就业人口。即便是农业户口人口，若从事非农业劳动，也会被统计为非农业就业人口。

2. 乡村人口与城镇人口

乡村人口与城镇人口有两种统计口径：第一种口径按行政建制划分，城镇人口包括市管辖区域内的全部市人口（含市辖镇，不含市辖区县）和县辖镇的全部镇人口（不含市辖镇）的总和；乡村人口包括县辖乡的全部人口，也称县人口。第二种口径是按常住人口划分，城镇人口是指设区的市的区人口和不设区的市所辖的街道人口（即市人口）和不设区的市所辖镇的居民委员会人口和县辖镇的居民委员会人口（即镇人口）之和；乡村人口是指除上述两种人口以外的全部人口。我国人口统计信息中，1952～1980 年城乡人口按第一种口径统计，1982 年以后按第二种口径统计。

从上述不同类型人口的定义即可发现两种类型人口互有覆盖和交叉，城镇人口中有从事农业活动的农业人口，乡村人口中也有从事非农业活动的非农业人口；农业人口中既有乡村人口，又有城镇人口，而非农业人口的居民身份既有城镇也有乡村。原则上对非农业人口认定为城镇居民，农业人口认定为农村居民，但可以根据具体情况将部分不具有城镇户口，但具备一些条件的农村居民认定为

---

① 1961 年 12 月 9 日，公安部转发三局《关于当前户口工作情况的报告》，要求"对户口进行彻底检查整治，健全户口管理机构"。同年，公安部将给农业户数和人数这一统计指标改为"非农业人口户数和人数"，这使"非农业户口"和"农业户口"成为广泛使用的概念。1963 年，公安部在人口统计中把是否吃国家计划供应的商品粮作为划分户口性质的标准，将全国居民分为农业户口和非农业户口：由国家按照城镇定量标准供应商品粮的人口称为"非农业户口"，凡是按非城镇定量供应商品粮的人口，包括吃自产粮的粮农、从事社队工业生产的干部和社员以及吃商品粮的菜农、牧民、渔民等称为农业户口。自此后开始实行农业人口与非农业人口户籍管理制度的严格限制。

② 历次人口普查（1953～2010）主要依据居住地和从事的产业划分城镇人口和乡村人口，由于市镇建制变迁，导致各次普查城市人口和乡村人口统计口径不一。

城镇居民：即户籍虽在农村，但持有户籍管理部门颁发的暂住证，且在城镇连续居住一年以上，在城镇有一定的收入。

人口居民身份的多口径统计导致人口城镇化水平判断的乱象。

3. 流动人口

现实中，划分人口身份存在"二元五类人"现象。除了上述的四类人，还包括流动人口。国外一般只有"迁移人口"概念而没有"流动人口"概念。美国人口咨询局《人口手册》将迁移定义为"人们为了永久或半永久定居的目的，越过一定边界的地理移动"。D. 勃格（D. Bogue）在论文《国内人口迁移》中认为，"人口迁移是那些由于个人所属地区的彻底变更和再调整而引起的住所变迁"。从国外学者对人口迁移的定义可以看出，对迁移的界定无外乎从三个属性考虑：时间、空间和定居目的，没有户籍制度的限制。我国由于户籍制度的存在，将人口的空间移动区分为流动和迁移。人口迁移，准确说应该是户口迁移，按照《中华人民共和国户口登记条例》第十条规定"公民迁出本户口管辖区，需办理户口迁出手续，注销户口之后，再到迁入地注册登记落户"。也就是说，在我国，人口迁移是伴随户口迁移的法定概念①。只有符合政府规定的法定程序上的户口迁移的人口，才可以享受迁入地居民的各项权利和福利待遇。人口流动是中国户籍制度条件下的一个概念，指居住地与户籍所在地不一致的人口空间移动，即流动人口不涉及常住户籍的迁移。迁移与流动存在明显的区别，应当作为两个不同的概念。由于社会保障覆盖体系只是覆盖具有城镇户籍的人口，流动人口无法享受和城镇居民同等取得生活资料和生产资料的机会和权力，因此，形成不同户口状况的移民在就业机会、受教育机会、行业和职业流向、福利与社会保障等多方面迥然各异的群体②。流动人口中居住不满半年，常住户口在外乡、镇、街道，且离开户口登记地不满半年的人（不包括因出差、探亲访友、旅游等原因临时在本户居住的人），在现居住地称为暂住人口；将居住半年及以上，常住户口在外乡、镇、街道，且离开户口登记地半年及以上的人（不包括因出差、探亲访友、旅游等原因临时在本户居住的人），在现居住地称为常住人口。根据流动人口的主体不同，划分为乡—城流动人口、城—城流动人口及城—乡流动人口。乡—城流动人口在很多文献中又被称为农民工，指从农村向城镇转移的人户分离的农业户籍人口；城—城流动人口指市辖区内人户分离的非农业户籍人口；城—乡流动人口指从城镇向农村转移的人户分离的非农业户籍人口。这说明一点，除引用文献中用农民工，其他论述均以乡—城流动人口为主。

---

① 张庆五：《关于人口迁移与流动人口概念问题》，载于《人口研究》1988 年第 3 期第 17～19 页。

② 杨云彦：《外来劳动力对城市本地劳动力市场的影响——"武汉调查"的基本框架与主要发现》，载于《中国人口科学》2001 年第 2 期第 52～56 页。

4. 户籍人口和常住人口

户籍人口是指公民依《中华人民共和国户口登记条例》已在其经常居住地的公安户籍管理机关登记了常住户口的人，不论其外出与否，均以户籍注册地为依据统计的人口。根据第六次人口普查手册，常住人口指现有居住人口加户籍外出人口，既包括普查时点居住在本户的人口，也包括普查时点未居住在本户、但户口在本户的人口。换言之，常住人口是以户籍和实际居住地和居住时间为统计口径，是"本地户籍人口与居住半年以上的外来流动人口之和，包括居住在本乡镇街道且户口在本乡镇街道或户口待定的人；居住在本乡镇街道且离开户口登记地所在的乡镇街道半年以上的人；户口在本乡镇街道且外出不满半年或在境外工作学习的人"①。自 1982 年以来的历次人口普查，均将人户分离半年及以上的流动人口统计为居住地的常住人口。2010 年，大陆 31 个省、自治区、直辖市的人口中，居住时间为半年及以上的城镇人口为 665 575 306 人，占 49.68%；乡村的居住人口为 674 149 546 人，占 50.32%。

（二）农村剩余劳动力、农民工与农业转移人口

从文字所包含的内容看，在"农业转移人口"中，"农业"是指包括农、林、牧、渔在内的第一产业，与"人口"搭配反映出这一群体的身份，即为我国户籍划分中的农业人口；"转移"体现了该群体所在地域的转换，即由农村转移到城镇，且既有就地转移，也有异地转移；而"转移人口"既包含想要从农村迁移至城镇就业居住的农业人口，也包含在农村和城镇之间来回流动的农业人口。

从称谓比较看，相对而言，"农业转移人口"较为含蓄和中性，关注的重点在于农业人口从农村向城镇转移，进而逐步成为城镇居民的过程；以"农民工"为代表的多个称谓直接体现的是进城务工人员的身份和职业，在日常使用中始终带有一定的歧视色彩，难以被进城务工农民坦然接受。此外，"农民工"实际上是农业剩余劳动力，即在农村劳动力中剔除从事农业生产的必要劳动力的那部分农业人口。农民工是我国经济社会转型和推进现代化建设所产生的产物，也是我国农村剩余劳动力转移所特有的一种形式，在职业上已经实现由从事农业生产转为从事非农生产，而在社会身份上仍然是农民身份，这是由我国特有的城乡二元户籍制度造成的。从范围上来说可分为广义农民工和狭义农民工，广义的农民工主要是指"离土不离乡"进入本地乡镇企业就业的农村劳动力以及背井离乡、进入城市从事第二、三产业的农村劳动力这两部分人；狭义的农民工则是指已经进入城市从事非农产业的农村劳动力。

农村劳动力向城市转移是发达国家实现经济现代化过程中的普遍现象和一般

---

① 《2010 年第六次全国人口普查主要数据公报》（第 2 号）。

规律。西方发达国家的农村劳动力的转移，不管是从职业上还是身份上，都是与工业化和城市化同步进行的，即农民在工业化的过程中转到工业等非农产业就业后，自然的被工业完全吸收，迁移到城市居住，转化为城市居民，也即农民的市民化过程。而在我国，由于二元户籍制度以及城市化进程慢于工业化的发展，导致我国农民在市民化的过程中，比国外多了一个环节，即先由农民转化为在职业上已经成为工人但身份上仍为农民的农民工，然后再由农民工转化为市民。

在"农业转移人口"中，既有农业剩余劳动力，又包含农村非劳动适龄人口，其内涵要比"农民工"更加丰富。由此而言，农业转移人口主要可分为两类：一类是户籍仍在农村，但已经从农村迁移到城镇工作生活或在农村与城镇之间流动的农业人口；另外一类则是户籍已在城镇，且已在城镇工作生活的一小部分城镇居民。前者在农业转移人口群体中占据了较大比重，后者则是在城市向外扩张的过程中，因为承包地、宅基地被征用，才较为被动地从农村居民转变为城镇居民。由于难以适应自身角色的转变，这类人口并不能较好地融入城镇经济社会的运行中。与之前在农村生产生活时相比，他们中很多人在综合素质、价值观念、生活方式、行为习惯等多个方面并无明显的更新和转变。

三、城镇化指标

（一）城镇化水平与城镇化率

1. 城镇化质量

对于城镇化质量问题在国外研究中并没有直接的提法，但是相关研究非常丰富。主要有城镇可持续发展研究，以环境、资源为侧重点的生态城市研究，以人为侧重点的城镇居民生活质量研究等方面。近几年，国内对城镇化质量的研究文献比较多。"均衡城镇化"、"可持续城镇化"、"健康城镇化"、"稳定城镇化"等概念是国内外学者提出并用来表征城镇化质量的。均衡城镇化是指在城镇化过程中，城镇化速度始终保持在边际聚集效益等于边际聚集成本的动态均衡点上。此时，农村无剩余劳动力，城镇充分就业，城镇与农村处于一种相对均衡状态。[①]可持续城市化是指在城市化过程中，体现人、社会、经济、自然、环境等多要素的协调发展。[②] 健康城镇化是针对城镇化过程中"城市病"问题提出的概念，指

---

① 周铁训：《21 世纪中国均衡城市化目标及模式选择》，载于《经济学家》2001 年第 4 期，第 86 ~ 87 页。

② 王放：《论中国可持续的城市化道路——兼论现行城市发展方针的局限性》，载于《人口研究》1999 年第 5 期，第 56 ~ 58 页；侯学英：《可持续城市化及其评价指标体系研究》，载于《商业研究》2005 年第 4 期，第 36 ~ 38 页。

人口城镇化、经济城镇化、社会城镇化、土地城镇化、城乡间协调发展的过程。[①]陈明星等人指出健康城市化的内涵为健康的人的发展、健康的城乡互动、健康的资源环境结合的有机整体。[②] 稳定城市化是指在农村劳动力及其家庭在城镇稳定就业和共同生活基础上呈现出来的连续的、无障碍的、不可逆的城市化过程，包括过程稳定性和家庭完整性两个方面。[③] 从城镇化质量的这些概念可以看出，研究角度不同，概念也不同，以至于城镇化质量的概念到目前为止仍没有一个统一的定论。从任何角度的研究城镇化，始终离不开"人"在城镇化发展中的核心位置。换言之，人口城镇化是城镇化发展的核心，本文欲从人口的角度研究城镇化质量。根据中国乡—城劳动力转移的"中国路径"两步转移理论，即"农民非农化理论 + 农民工市民化理论"[④]，我国人口城镇化走的是与发达国家迥然不同的"二段式特殊路径"，第一阶段是"先从农民到农民工"，第二阶段是"再从农民工到市民"。目前，第一阶段已基本实现，第二阶段步履维艰，农民工市民化进程缓慢。结合当前城镇化发展的实际，农村人口已实现由农村转移到城镇，但身份只是实现了由农民到农民工的转变，并未实现市民化转变。因此，城镇化质量的研究核心点明确界定为乡—城流动人口市民化的程度，即用市民化指数的概念衡量城镇化质量。

2. 城镇化水平

本书提出的城镇化水平的概念是建立在城镇化的核心是"人"的城镇化这一视角基础上的，城镇化水平不仅包括人的城乡空间结构的变化、数量比重的变化，而且包括人的思想观念、行为方式、生存方式、身份和职业、基本社会权利、社会地位等方面的市民化指标。因此，城镇化水平是指从城镇化"质"与"量"相结合的角度来反映城镇化现阶段的发展指标。

3. 城镇化率

城镇化率通常用市人口和镇人口占全部人口的百分比来表示，用于反映人口向城镇聚集的过程和聚集程度，是世界各国衡量城镇化水平的最基本方法。现阶段，我国也使用该指标衡量城镇化水平。本书中，城镇化率作为仅是衡量城镇化水平"量"的指标，不足以或者说不能全面衡量现行体制下城镇化发展水平。

城市化的本质是人口的城市化，即农民的市民化，就是农民进入城市并成为

---

① 陈养：《健康城镇化研究》，载于《国土与自然资源研究》2008 年第 4 期，第 7～9 页；段进军：《健康城镇化是推动统筹城乡发展的动力》，载于《改革》2009 年第 5 期，第 124～126 页。

② 陈明星、叶超：《健康城市化——新的发展理念及其政策意义》，载于《人文地理》2011 年第 2 期，第 56～58 页。

③ 谭学文：《稳定城市化——一个人口迁移角度的城市化质量概念》，载于《中国农村观察》2012 年第 1 期，第 2～5 页。

④ 刘传江、程建林：《第二代农民工：现状分析与进程测度》，载于《人口研究》2008 年第 5 期，第 48～49 页。

市民的过程。现有的城市化率指标不能全面地反映城市化的质量。因而我们提出并建议采用市民化率作为衡量城市化质量的主要指标。

现在国内外测度人口城市化的重要指标是城市化率，目前通用的城市化计算方法有两种：

（1）城市化率＝城镇人口÷总人口×100%

现在统计部门均采用这种计算方法。

（2）城市化率＝非农业人口÷户籍总人口×100%

中国国际城市化发展战略委员会主张采用这种计算方法，并采用这种计算方法逐年发布中国城市化率白皮书。

2010 年全国城镇人口占总人口的比重为 49.95%，非农业人口占总人口的比重为 34.17%，以非农业人口口径统计的城市化率，比以城镇人口口径统计的城市化率低 15.78 个百分点。

以北京、天津、上海、重庆、成都、广州为例，2010 年，以城镇人口占总人口的比重计算，上述六大城市的城市化率分别为 85.96%、79.57%、89.3%、53.0%、65.51%、83.78%；同期以非农业人口占总人口的比重计算，上述六大城市的城市化率分别为 78.67%、61.37%、88.86%、33.51%、56.60%、89.58%。

以上两种城市化率的计算方法均没有反映城市化进程中农民的市民化水平。以城镇人口口径计算的城市化率，既将镇域行政区内的农业人口统计为城镇人口，又将在城镇居住半年以上的农民工等外来人口统计为城镇人口，这两部分人并没有享有所在地城镇的市民身份和基本公共服务待遇，就是说并没有实现市民化。

以非农业人口统计的城市化率，其计算公式中的总人口只是户籍总人口而不是常住人口，这在计算全国总人口时问题不大，因为全国的户籍总人口基本上等于常住人口。但各个城市的户籍总人口与常住人口差距较大。以非农业人口统计的城市化率没有将未获得城市户籍的农民工等外来人口统计在城市总人口范围之内，就是说此方法计算公式中的分母只是户籍总人口而不是常住人口，由此得出的城市化率也未能充分反映各个地区的人口城市化水平。

（二）农业转移人口市民化与市民化率

1. 农业转移人口市民化

在我国，市民特指那些拥有城市户口，在城镇居住生活、从事非农产业的城镇居民。对于我国而言，市民具有以下特征：（1）拥有城市户口；（2）在城市工作、生活；（3）从事非农产业；（4）生活习惯、行为方式、价值观念等方面与现代城市文化相适应。大家有所共识的是，农业转移人口市民化符合人口迁移规律和城市化规律，是解决农业剩余劳动力问题的根本出路。在统筹城乡发展和中国新型城镇化的大背景下，农业转移人口市民化有其更深刻的内涵。农业转移人口市民化不仅仅是实现身份转换（农民—市民）、地域转移（农村—城市）和职业转换（非农化），更重要的是社会文化属性与角色内涵的转型过程（市民化）和各种社会关系的重构过程（结构化）（文军，2005）。因此，中国农业转移人口市民化问题，不仅仅要探讨农民工以及城郊失地农民的身份与权利等问题，更需要关注是农业转移人口在城市就业和生活后其行为方式、价值观念、生产生活方式等方面能否真正融入城市的问题。

市民化是中国特有城镇化发展过程的后期阶段，也是一个关键阶段，指迁居城市的乡—城流动人口在城市社会环境中逐步向城市居民转变的过程。市民化是中国城镇化的特有现象。狭义"市民化"指农村人口、乡—城流动人口等获得作为城市居民的身份和权利（市民权）的过程，如发展权、选举权、受教育权、社会福利保障等（张讳，2012）。简单地说，就是成为城市户籍居民，享受与城市户籍居民同等的社会发展、社会保障、社会福利待遇。在中国，市民化首先涉及的是与这些社会保障、社会权益密切相关的户籍制度，这些均可以被认为是国家、政府相关联的技术层面上市民化过程（陈素琼，张广胜，2011）。广义"市民化"是指农村人口在身份、生活方式、行为方式、社会权利以及社会地位等各方面向城市市民转化（刘传江、程建林，2008），以实现由传统的乡村文明向城市现代文明的社会变迁过程。

从农业转移人口市民化的内涵我们可以看出，农业转移人口市民化不仅要解决他们的身份和转移的转换问题，更重要的是使他们能够获得与城市居民同等的社会福利和公共服务，具备市民化的能力，被城市接纳并融入现代城市文明。

2. 市民化率

市民化率即市民化程度，是指乡—城流动人口向城市居民转变的程度或与城市户籍居民的同质化程度。相对城市居民而言，市民化程度是衡量乡—城流动人口在城镇化一个阶段即市民化阶段发展水平的指标（王桂新等，2008）。因此，市民化程度与城镇化发展具有密切关系。

为此，我们提出市民化率这一指标来衡量和测度全国及各地区的人口城市化的质量。市民化率就是一个地区或城市中享受市民待遇的人口占全部常住人口的比重。其计算公式是：

$$市民化率 = 享受市民待遇人口 \div 常住人口 \times 100\%$$

在目前城乡二元户籍制度还没有被破除的情况下，一个地区或城市往往以非农业户籍作为享受市民待遇的依据。因而一个简便的计算市民化率的公式是：

$$市民化率 = 非农业人口 \div 常住人口 \times 100\%$$

以此公式计算，2010 年全国的市民化率为 34.17%，四个直辖市的市民化率分别只有 50. 44%、46. 53%、54. 50% 和 38. 37%。当前，以非农业户籍作为享受市民待遇的依据，主要是考虑在城乡二元结构中各城市将非农业户籍人口与享受市民待遇直接挂钩，要防止一些地方为片面追求政绩，在没有赋予农业人口或外来人口合理市民待遇的情况下简单地实行户口上的"农转非"。

将市民化率作为衡量城市化质量的主要指标，是当前更加注重人口城市化的需要。提高城市化的质量，需要加快推进户籍制度改革，加快实现城乡基本公共服务均等化，加快推进公共财政体制改革，加快建立公共服务型政府。尤其要适应城市化和人口全国性流动的现实需要，尽快实现城乡社会保障的全国统筹和全国各地的正常接续。

在人口城市化进程中，国家调节城市人口规模最有效的办法，不是恢复计划经济时代严格的人口控制，而是对公共投资和公共资源在各个城市和地区之间的合理布局。在市场经济条件下，如果任何一座大城市既希望高度集中公共资源，又希望人口不要过度集中，这是一种难以实现的城市化。

第二节 农业转移人口市民化的理论基础

一、制度变迁理论

(一) 制度变迁的内在机制

生产增长的潜力是否能够被挖掘，除了是否发生技术变迁以外，还在于是否有配套的制度作保障。例如，把一个新的高产品种引入到一个非常落后的国家，农民可能因为市场、保险和金融等制度不完善而拒绝采用该技术。如果市场条件不好，增产的粮食卖不出去，粮食价格下跌，就会出现"谷贱伤农"的情形，造成增产不增收。此外，即使有有效的商品市场，如果缺乏好的金融制度，也会缺乏储蓄的方式。当农业减产的时候，虽然农民预期将来能够增产赚钱，但缺乏借贷的方法，农民的生活甚至生存就会因为金融保险市场的不完善而受到威胁，特别是当产量突然降低的时候，农民的收入水平会下降到生存水平以下。所以，为了使技术的潜力得以发挥，还必须深入了解当地的各种制度安排。另外还需注意的是，在经济发展的过程中，制度会随着经济形势的变化而不断进行调整和完善，完善的制度可以有效地推动经济增长，这也是制度变迁最重要的意义所在。

1. 制度的定义

制度在英语中是"Institution"，它有众多不同的定义，其中比较适用于这里的一个是"制度是一套由人制定出来的、用以规范人们互动行为的规则。"制度是由人们在共识的基础上制定出来，用以规范人的行为的。它如同设计一副框架把自己禁锢在一定的范围之内，以达到规范自己和他人的行为的目的，从而使社会更好地运转。

早在原始社会就已经出现的市场制度有着多种内涵，包括交易的地点和时间，等等。在原始社会只要把东西摆在路边就可以进行交易，交易者拿走路边的物品，并留下自己的等价物品。但是，在现代社会如果随便拿走路边的物品，即使留下费用，也会被人认为是小偷，因为大家现在所共同接受的交易制度已经发生了变化。现代社会如果需要进行商品交易，就会去固定的百货市场和超市，因为现代的市场制度中规定了明确的交易地点和方式。另外，市场制度还需要规定交换的原则。最简单的原则就是交换必须经由双方同意。如果有一方不同意，交换就不能够发生。另一个原则是等价交换。经由双方同意之后，交易产品的价值还应该相当。此外，市场制度还规定了交换的中介。例如，在原始社会中是以物易物，后来就逐渐开始使用贝壳作为交换媒介，再后来慢慢地变为以贵金属为交换媒介，现在则是以纸币和信用卡为交换媒介。所有的交换中介都包含在市场制度当中，这些制度都是为规范交易双方的互动行为而产生和存在的。交易的行为、地点和原则都被社会所共同认定，并且都包含在交易的制度之中。

在中国，城镇化进程中出现的制度在一定的历史阶段里起到促进作用，包括户籍制度、就业制度、土地制度和社会保障制度等。1958 年通过的《中华人民共和国户口登记条例》是新中国成立以来第一部关于户籍制度的法律文件，以法律的形式明确将我国居民分为城镇居民和农村居民，我国所特有的城乡二元户籍制度也就由此诞生了。1952 年到改革开放前，随着我国计划经济体制的建立、城乡二元户籍制度的实行以及农村人民公社体制和城镇统包统分的用工制度的确立，我国二元就业制度就此形成。改革开放以后，政府已经意识到人民公社时期的土地制度严重地阻碍了生产力的发展，并开始对土地制度进行改革，逐步形成了以家庭联产承包责任制为基础的土地制度。1985 年，"七五计划"正式提出建立社会保障制度，包括建立社会保险、社会福利、社会救助以及社会优抚等。但是，随着我国经济体制的转变，社会体制的转型，户籍制度、依附在户籍制度上的教育、就业、土地和社会保障制度以及由这些正式制度的长期作用而形成的意识、习俗和观念等非正式制度开始成为我国现代化、城镇化和市民化的障碍因素。

2. 制度的分类

制度一般可分成两种不同类型：一种是正式的制度；另一种是非正式的制度。正式的制度和非正式的制度的差别在于，正式的制度通常经过政府或者权威机构制定公布，如法律和大学制度等。非正式的制度是由社会成员自发产生，并为大家共同遵守，没有经过政府的认定。常见的非正式制度有乡规民俗、家庭责任、婚姻道德等，这些在正式的法律中都没有正式规定。

中国农业转移人口市民化过程中，正式制度包括户籍制度、依附在户籍制度上的教育、就业、土地和社会保障制度；非正式制度包括意识形态、价值观念、伦理道德、习惯习俗等。正式制度长期作用下会影响人们的意识、观念和习俗等；而非正式制度因素也会制约正式制度的改革。比如，农民和农民工在思维方式、意识形态上都还没有得到转变，从心理角度认为户籍制度的改革是国家和政府的事，与个人无关，或者很多被调查的农民工对于当前的户籍制度改革并不了解，存在不完全信息。这样，市民的不赞成、农民工的淡漠和信息不完全等方面的非正式约束就对户籍制度的改革起到了牵绊的作用。

除正式与非正式的制度分类方法之外，还有一个非常重要的分类方法，就是分为单一的制度安排和整个社会的制度结构两类。

单一的制度安排一般也称为制度，但有的时候制度是指整个社会的各种单一制度安排的总和，即制度结构。典型的单一制度安排是婚姻制度。婚姻制度有多种，在不同的历史阶段也有所不同。例如，历史上有"一夫多妻"、"一妻多夫"和"一夫一妻"等各种婚姻制度，它们是在逐渐变革的。单一的制度安排规范人在某一个方面的行为，规定出可接受与不可接受的范围、权利与义务的范围，等等。

制度结构是社会中各种单一制度安排的总和。例如，原始共产主义社会制度、奴隶社会制度、封建社会制度和资本主义社会制度，都是宏观的制度结构，其中每一个都包含着众多单一的制度安排。谈到制度变迁的时候，首先需要明确是单一的制度安排的变化，还是整个制度结构的变化。只有众多单一制度安排都发生变化，整个制度结构才会出现从量变到质变的飞跃。本书主要论及多个单一制度安排及其变化，从历史角度看涉及宏观层面的经济体制变革过程。

3. 最优的制度安排

制度是发挥技术潜力和促进经济增长的重要保障。当经济持续发展，制度本身也会不断地发生变化。这自然就引出了一个重要问题，即"什么是最优的制度安排，以及什么是最优的制度结构"。制度结构过于复杂，因此，我们可以从单一的制度安排谈起。关于最优制度安排，首先必须明白最优的选择不是唯一的，可能会有多种。制度有多种功能，它能够带来规模经济，能够减少"搭便车"的行为，能够解决收入和支出的时间不对称性问题，等等。这些都是制度能够提供的服务。对于每种制度服务，都可以由多种制度安排来实现。例如，一个人工作的时间与消费的时间不完全一致，人老的时候不能工作却要消费，社会就必须有养老的制度安排，以解决人的后顾之忧。养老的制度安排有多种形式，原始共产主义社会的保险制度就是一种群体保险的制度安排。在原始社会中，总有老人与年轻人一起生活。年轻人的收获可以与小孩和老人共同分享，这可以被看做是一种保险制度。分组打猎的形式也是一种减少风险的保险行为。人类进入农业社会以后，原始共产主义社会的制度已经瓦解，就改为采取养儿防老的形式。进入现代社会，不再依靠子女养老，这时就需要社会保险为老年人提供保障。年轻的时候进行储蓄，年老的时候再动用储蓄来养老。同样是以养老为目的，在不同的时期会有不同的制度选择。

制度经济学研究中常用这样一个例子来说明问题。在哥伦布发现美洲大陆之前，美洲的印第安人还处于原始共产主义社会阶段，他们以狩猎为生，没有产权的概念。欧洲人到达美洲以后，当地的印第安人开始把森林划界，一个重要的原因是当时北美的森林中有一种野兽，这种野兽的毛皮在欧洲有着相当广阔的市场，所以价值非常高。在与欧洲市场进行交易之前，印第安人并不重视这种毛皮。但是，当这种毛皮越来越值钱的时候，印第安人就开始把森林划界，目的在于划分森林中的猎物。森林划界需要有成本，需要派出武士去守卫，未经允许就擅自出入其他部落的森林甚至会导致战争。他们愿意付出成本去维护对森林的产权，是因为产权界定以后可以带来更高的收益。归根结底，最优的制度安排取决于几方面的因素，需求的密度、制度安排的效益与成本、交易的费用，等等。意识形态以及制度结构中其他的制度安排也会在某种程度上影响到最优的制度安排，例如法律制度、政府执法能力、法律的完备性等。

（二）影响制度变迁的因素

制度不是某种自然资源，而是要人为地去进行创造和规范，当目前的制度因维护的成本增加或相对收益较小而不再能满足需要，就会产生一种动力去改变和替代它。影响制度变迁与决定最优制度选择的因素有着共通之处，之所以要改变一种制度安排是因为看到有更有效的制度安排方式可以带来更大的收益。这种更有效的制度可以通过学习借鉴来获得，也可以通过自己摸索找到最优的一种。

1. 交易技术的变化可以引起制度安排的变化

在 18~19 世纪的时候，美国出现了西部大开发的热潮。在开发的初期，市镇周围的土地一般都是公共土地，可以进行公共放牧，于是人们都会有过度放牧的倾向，由此出现了一个在经济学中非常有名的现象——公地悲剧。比较好的解决方法是土地划界，划界以后再把土地租出去。在 18 世纪至 19 世纪之交的短暂时期内，美国大部分的公共地都变成了私人圈地，因为当时出现了一项非常重要的技术发明——带刺铁丝。过去划地界需要建木围栏，而木材的价格又非常贵，带刺铁丝的出现则极大地节省了划界的成本，所以土地划界的过程能够在短期内迅速完成。

2. 意识形态的变化也会影响到一些制度的选择

奴隶社会的基础是奴隶所接受的意识形态。在电影《角斗士》中，片中的主人公本来是一名将军，战败后沦为奴隶。他很快地接受了从将军到奴隶这一身份的剧变，是因为当时战败后沦为奴隶是天经地义的事，所以他也接受这种制度的合理性。这就是奴隶社会的意识形态。在现代社会，战争中的俘虏必须按照《日内瓦国际公约》给予善待，不但不会沦为奴隶，一旦被虐待，还可以在战后到军事法庭上起诉，由此可见意识形态的变化所造成的影响。再如市场交换制度，在原始共产主义社会中，如果拿走放在路边的物品却不留下相应的等价交换物，可能会招致物品主人"千里追杀"的报复，但在现在这样的报复却是违法的行为，可以到法院进行起诉，但前提是必须存在法院和法律的保护。所以，最优的制度安排还取决于其他制度安排的存在。

3. 制度的选择和采用还受到历史、地域、文化等各种条件的限制

虽然同一个服务可以有众多制度安排来实现，但是可以选择的制度安排经常会受到认知能力和当时历史环境的局限。有许多在现实世界中存在的制度安排，因为某些国家或地区不知道其存在或者没有认识到其优越性，所以不在它们的可供选择的范围内。还有一些存在的制度安排，因为政府不允许，也不在可供选择的范围内。例如，1958～1978年中国农业的私营生产方式就不被允许存在。另外，即使是最优越的制度也并不是放之四海而皆准的。在评判最优制度时我们必须考虑制度安排所能够带来的效用和维持这种制度安排所需要的成本。最优的制度安排是在可选择的范围内实现同样目的的成本最低的制度。对于外国的制度，如外国的信用制度等，虽然能够扩大可以选择制度的集合，但是只有在它的成本更低时才值得学习。在很多情况下，外国制度的成本并不一定比国内制度的成本更低，所以需要进行仔细的甄别。先进国家的制度并不一定就是适合落后国家的最优制度。

4. 经济发展的过程同时也是制度不断变化的过程

一项最有效的制度安排是达到同一个目的或完成同一项服务的制度安排当中成本最低的那一种。制度变化最主要的原因是制度带来的服务的总量、价值与成本发生了变化，这些变化导致原来的制度不再是最优的制度。诺贝尔经济学奖获得者道格拉斯—诺斯的主要贡献在于对长期历史发展的制度变化的研究。他认为，奴隶社会最重要的制度是对人的拥有，封建社会最重要的制度是对土地的拥有。关于从对人所有的制度到对土地所有的制度的转变，他提出一个可验证的假说，土地的面积基本固定，短期内不会增加，但是人口数量会不断增加。当人口非常稀少的时候，获得财富的最终途径是占有人，拥有了人就拥有了财富，因为土地基本上是无限的，只要拥有劳动力就可以随时开垦土地。在这种状况下，财富主要来源于对劳动力的占有，所以社会形态是奴隶社会。随着人口增加，可供开垦的土地越来越少，财富数量的决定因素从对人的拥有转移到对土地的拥有。只要拥有土地，劳动力可以随时雇用。贵族作为一个强势群体，从自身利益最大化的角度考虑，选择占有土地而把人释放出去。这种制度变化的根本原因在于人口增长导致各种生产要素的相对价格和财富的主要来源、或者说是主要的资源约束发生了变化。

5. 经济增长也是导致社会制度变迁的重要原因

随着经济的增长，人均收入高于维持个人基本需要的部分越来越多，人们的风险承担能力也就越来越强。就养老制度而言，由于农业社会中基本没有社会保险，所以以养儿的方式充当保险，而现代社会有一些家庭选择不生育，成为丁克一族，是因为现在已经不需要用养儿的方式来养老。因为制度需求是变动的，有了新的制度服务，原来那些能够提供服务的旧制度的价值就减小了。

6. 制度的变化有时候来自制度集合的变动

首先，制度集合的变动有一部分可能是政府政策的变动。例如，从 20 世纪 50 年代中期以后一直到 1978 年，中国农村的个体经营一直被压制着，并不是农民不会进行个体生产，而是因为政府政策的限制。1978 年政府的政策改变后，农民在短短几年之内就变成了向个体经营的转变。另外，与外界的接触也可以导致制度集合的扩大。在研究一些非洲国家和东南亚国家的制度变迁过程中，学者们发现商贩起的作用非常重要。在社会经济比较落后的时期，不断流动的商贩对外部世界有更多的了解，他们到各地行商的时候会了解到许多有关外界的信息，当地人通过跟商贩的接触也可以知道外面的世界还有众多不同的选择，从而扩大了他们自身可能的选择集合。这也是为何有些保守者对商贩非常反感，认为他们会"伤风败俗"，因为他们改变了许多原有的制度安排。

（三）制度变迁的方式

1. 制度变迁的两种方式

当一个社会的制度出现不均衡的时候，制度变迁可以促进效率的提高、社会财富的增加以及个人福利的增进。制度变迁分为两种方式：第一种方式是自发性变迁。自发性变迁的发生是因为出现了制度不均衡，通过制度变动可以带来整个社会效率的提高。在研究自发性制度变迁的学者中，最著名的是诺贝尔经济学奖得主道格拉斯—诺思，他在研究欧洲历史上的制度变迁及其原因的过程中，提出了效率假说理论，即当一种制度的不均衡会导致效率损失的时候，制度变迁中会有自发的力量来提高效率，从而恢复到一个新的高效率的均衡水平。制度存在不均衡是制度变迁的前提，制度变迁是在这个前提下为获得潜在利润自发交替的过程。制度变迁的过程是一种制度均衡到制度不均衡再到制度均衡的不断循环的过程。均衡不是永久的，现存的制度安排总会在制度需求主体的相互博弈中发生改变。另外，日本学者速水佑次郎和美国经济学家拉坦提出了诱致性制度变迁理论，用来解释制度变迁的过程。第二种方式是强制性制度变迁。强制性制度变迁依赖于政府的强制力,即政府可以运用政治力量进行制度变革。诱致性变迁是一种人们在响应获利机会时自下而上的自发变迁,只是靠诱致性变迁是满足不了需求的,这就需要国家干预,以弥补制度供给的不足,这就是强制性变迁,它是国家依靠强制力以政策、制度强制实施的,以达到自身利益的最大化的目的。

诺思根据制度变迁速度,将制度变迁的方式分为渐进式制度变迁和激进式制度变迁。渐进式变迁是一种连续的、温和的变迁,采取的是分阶段、分地区、分部门、分群体的逐步推进的变迁方式,持续的时间比较长,但是社会震动小,风险小、阻力小;而激进式变迁是一种非连续的变迁,主要是正式制度变迁的一种方式,通常是靠强制力实施,诺思认为制度变迁的主要方式是渐进式变迁。

制度变迁存在两方面的动因:首先,制度变迁之所以发生,是因为变迁的主体发现了潜在的外部收益,希望能获得最大的利益;其次,制度环境发生了改变,包括政治、经济和法律规则的改变以及技术的进步。当政治、经济和法律规则发生改变时,现存的制度就会出现不均衡,满足不了社会成员的需求,这时,就会出现人们对制度安排的修正。而一旦出现技术的改进,则新制度安排的成本就可以降低,新制度就有获得额外收益的可能,这驱使着原来的制度发生变迁。

2. 制度变迁方式的选择

自发的制度变迁可能不是最优的,政府可以扮演一定的角色,但是由于种种原因,政府在干预的时候失败的概率会很高,好心干坏事的情况时有发生。从领袖加上官僚的委托代理的理论体系出发,可以把政府干预失败归结为以下原因:统治者个人的效用与社会的效用不一致;政府领导人希望进行推动社会进步的改革,但是迫于政治生存的压力不能施行;政府最高层的决议有时还会与官僚阶层的利益相违背;政府政策完全是利益集团角逐的结果。越是在发展中国家政府的领导人的自由度就越大,领导人在发挥这些自由度的时候也就越要依靠一些利益集团的支持。就国内的情形来讲,在改革过程中,民营经济在经济中发挥的作用越来越大,但在政治上却没有多少发言权,基本上是一盘散沙的状态,还不是政治上的核心力量。而国有经济在政府的各个部门都有自己的代表,在政府面前有相当大的发言权。领导人需要得到在政治上有发言权的群体的支持,在改革过程中就难免会受到国有经济集团的压力,从而导致有些对社会有利的改革无法实施。所以,有时候即使政府看到了社会发展的方向,也可能牺牲社会的进步来满足某些利益集团的要求。

前面都假设领导人作为最高领导者基本上清楚地知道社会需要什么样的制度变迁,但现实中的领导人并不完全理性,有时候他们并不能清楚地认识到什么样的社会制度安排最有效。毕竟,即使是最高领导人,他的社会科学知识也可能相当有限。在这种情况下,如果领导人的决策是正确的,那毫无疑问是好事情;一旦领导人决策发生失误,就会由于他个人的原因给国家和社会带来比较大的损失。这一点在集权国家更容易出现。

总之，政府是由人组成的，这是研究政府的任何学说都无法否认的事实。人非圣贤，做错事也就在所难免。现实世界的事情千头万绪，经济社会的利益千差万别，行错一步就可能满盘皆输。虽然不能完全否定政府干预的作用，但至少可以确定的是政府干预绝不是包医百病的良药，领导人在做出干预决策之前，必须考虑到多种因素。

3. 自发性与政府强制性制度变迁的结合

一种有效的政府强制性制度变迁方式是以自发性的制度变迁作为基础，这样的制度推行过程会更加顺利。家庭联产承包责任制的推行就是这样的一个过程。它是安徽小岗村的老百姓最先创造出来的，农民看到制度存在不均衡，发现个体生产能够提高产量以及增加每个人的福利。政府刚开始是反对这样的自发制度变迁的，后来看到变迁在实际中行之有效，按照邓小平同志后来讲的"三个有利于"标准，才予以肯定，允许在全国各地推动这项改革。如果没有自发性的基础，仅仅由政府和社会精英来推动，那么通常只能是以行政命令的方式，而不是用法律的手段把组织层面建立起来。即使在组织层面建立起来以后，如果没有配套的价值观和意识形态，也很难发挥应有的作用，结果往往会以失败告终。①

（四）农业转移人口市民化的制度变迁

从广义上来说，农业转移人口市民化的制度应包括所有与农业转移人口市民化相关联的制度。但是根据各项制度对农业转移人口市民化影响程度与关联性，本书中所研究的农业转移人口市民化的制度，是指我国农业转移人口形成及影响其市民化进程的所直接涉及的与我国特色社会主义基本经济政治制度相联系的各项具体制度。② 根据新制度经济学对制度的定义，包括我国的城乡二元户籍制度、城乡二元就业制度、城乡二元社会保障制度以及城乡二元土地制度等，都是影响农业转移人口市民化的正式制度，是由国家通过法令、规章所强制实行的制度。而与正式制度并存的非正式制度也是影响我国农业转移人口市民化进程的重要因素。非正式制度包括农业转移人口的意识形态、价值观念、行为方式等以及市民的意识形态、价值观念和对农业转移人口的态度等。下面主要对农业转移人口市民化制度变迁中存在的问题及其原因进行分析。

1. 制度变迁的时滞性造成制度供需的失衡

诺思认为，制度变迁本身就存在滞后性。这种时滞主要分为四个方面：一是制度的认识和组织具有时滞性，也就是从农业转移人口认识到市民化存在外部潜

---

① 林毅夫：《再论制度、技术与中国农业发展》，北京大学出版社 2001 年版。

② 马桂萍：《农民工市民化制度演进与创新》，中国知网，http://cdmd.cnki.com.cn/Article/CDMD-10165-2009122329.htm。

在利润到政府也开始意识到市民化存在外部利润需要时间。二是制度发明的时滞，即农业转移人口市民化的相关制度的制定需要时间。三是制度选择的时滞，即由于农业转移人口市民化的制度设计存在多种方案，综合各方利益，选择一个最优的方案需要时间。四是制度执行生效的时滞，即从农业转移人口市民化相关制度的实施到获取成效之间存在着时间上的滞后。从农业转移人口市民化制度的演变过程就能看出，只有在农民冲破了地域的限制进入城市，在城市务工就业形成了特殊的农民工群体后，在农民工问题日益严峻的情况下，政府才开始针对所认识到的情况制定相应的政策。但是农民工的需求是不断变化的，当一项政策制定出来后需求就已经发生变化了，而制度的设计和制定也需要时间去不断地完善，这些都必然造成了制度供给与制度需求的矛盾。另外，农业转移人口市民化的相关制度大多是政府制定的正式制度，而正式制度的变迁大多采用靠国家强制力执行的强制性变迁方式。政府作为正式制度的供给者，在制定政策时就存在信息不对称现象，不能完全了解农业转移人口的制度需求，同时，也存在政府对他们某些需求并不赞同，或者说是政府在考虑自身利益最大化时，否定了他们的某些需求，这也必然造成了农业转移人口市民化的制度供给与制度需求的矛盾。

农业转移人口要想真正的在城市稳定就业，在城市定居，进而融入城市，就迫切渴望政府能够在户籍制度改革上突破，消除那些建立在户籍制之上的限制。政府在就业保障方面的供给不能满足他们的需求，阻碍了其市民化。政府在社会保障制度供给方面还有很多有待完善的地方。目前我国农村和城市的社保制度无法接轨，这也在一定程度上限制了农业转移人口参保。此外，政府在农业转移人口的社会保障制度的供给大多都是基本的如养老、医疗、工伤和失业保险，而缺少社会福利、救济以及优抚方面的供给。

2. 路径依赖造成正式与非正式制度之间及各自内部的失衡

新制度经济学中的路径依赖是指一旦某种体制因为外部偶然性而被采纳，就会沿着一定的路径发展演进，而很难被别的体制甚至是更优的体制所取代。诺思指出，一种制度一旦走上某一轨道，它的既定方向会在往后的发展中得到强化，也就是说，人们在过去做出的选择将决定着他们现在可能的选择。[①] 诺思将路径依赖分为两种：当最初选择的路径是正确的时候，那么经济和政治制度的变迁就有可能进入良性循环的轨道并迅速优化，称为诺思路径依赖Ⅰ；反之，也有可能沿着最初错误的路径下滑，进入制度的无效率状态中，这称为诺思路径依赖Ⅱ。[②] 我国农民工市民化制度包括正式制度和非正式制度都同样存在着路径依赖。城乡二元制度是我国农村劳动力转移的最初的制度选择，这一选择影响着现在的制度

① ［美］道格拉斯·C·诺思：《经济史中的结构与变迁》，上海三联书店1991年版，第1~2页。
② 卢现祥：《新制度经济学》，武汉大学出版社2004年版，第169页。

选择，经过多年的发展和自我强化，已经很难改变。虽然后来在农民工市民化的制度改革中采取了很多有利于促进农民工市民化的制度安排，对户籍制度、社会保障制度、就业保障制度以及土地制度的改革做了很大的努力，但是这些制度的演进都没有脱离之前的路径选择，已经形成了路径依赖，这就在一定程度造成了正式制度如户籍制度、社会保障制度、就业保障制度以及土地制度与非正式制度如市民和农民工的思想观念、行为方式、价值取向等之间的不协调以及正式制度和非正式制度内部供给的不均衡。

户籍制度虽然对现在农村人口流入城市已经没有了限制，但对于农业转移人口市民化方面并没有取得太大的进展，至今都没有出台新的户籍改革方案。究其原因，正式制度和非正式制度之间的不均衡是重要的原因。除了政府宣传力度的不够，很大程度上是因为农业转移人口在思维方式、意识形态上都还没有得到转变，从心理角度认为户籍制度的改革是国家和政府的事，与个人无关，或者很多被调查的农业转移人口对于当前的户籍制度改革并不了解，存在不完全信息。这样，市民的不赞成、农业转移人口的淡漠和信息不完全等方面的非正式约束就对户籍制度的改革起到了牵绊的作用。而教育制度改革之所以取得较大的进展，是因为在全社会包括市民和农业转移人口都达成了共识，都认为教育制度存在问题，需要改革，在这样的共同价值取向之下，非正式制度就对教育制度的改革起到了强化的作用。

农业转移人口市民化制度的变迁，涉及整个制度体系，各个制度之间是相互关联的。市民化要想取得预期的效果，各个制度的改革就必须相互协调。单纯对户籍制度进行改革，而不改革与之相配套的社会福利制度，户籍制度的改革并没有太大的价值。在我国部门与部门之间缺乏有效的整合机制，导致户籍制度改革与社会保障制度的改革不能进行组织资源的共享，市民化制度改革收到的成效不大。社会保障制度的改革与土地制度的改革也存在不均衡。我国当前的社会保障部门在设计实施新的社会保障制度的时候，与土地管理部门的协作是很有限的，重要的原因就是缺乏一个强有力的组织协调部门。

我国农业转移人口市民化的非正式制度的变迁中，意识形态的变迁速度明显快于其他因素。虽然中央政府高瞻远瞩提出了改革的总体方案，但是城市旧的风俗习惯、思维方式和价值观念的变革却滞后于这种理念，城市里市民对农业转移人口也存在偏见和歧视，他们在生活习惯、思维方式以及价值取向上都与农民工存在很大的分歧。农业转移人口传统的农村思想意识和观念根深蒂固，部分农民工尤其是老一代农民工思想封闭，再加上城里人的歧视，对城市以及市民就会产生一种抵触情绪。这两个在农民工市民化过程中的主体在非正式制度上的不一致在很大程度上影响了农业转移人口在向市民的角色转化的速度。

3. 诱致性变迁不足造成正式制度变迁乏力

诱致性变迁是指地方政府和微观主体因对潜在利润的追求而采取的自下而上

的边际革命和增量调整。诱致性变迁的最大动力就在于变迁的微观主体认为预期收益大于预期成本。在农业转移人口市民化过程中就是农业转移人口和地方政府为追求市民化的潜在利润而自发倡导、组织和实行的制度安排。农业转移人口在市民化过程中，虽然是制度变迁的初级行动团体，但是作为弱势群体，又不能组成任何集团，缺乏利益表达的制度化渠道，不能直接有效的参与行动，使得农业转移人口即使作为初级行动团体，在发现了外在潜在利润时，不能采取有效的措施获取这种利润，导致其诱致性变迁不足，不能推动相关正式制度的制度创新。同时，地方政府在面对农业转移人口市民化问题时，其追求的是自身利益的最大化，农民工大量的涌入城市，可能会造成地方的交通拥堵、环境恶化，甚至是城市失业率的上升，地方政府可能会认为农民工进城导致了这些负面影响，不利于本地的经济社会的发展，这就导致了地方政府的短期行为，对农业转移人口在经济上接纳，而身份上排斥。地方政府的需求诱致性变迁不足，也影响了农业转移人口市民化的变迁方向和进程。

二、城乡统筹发展理论

（一）城市发展阶段论

美国城市地理学家诺瑟姆（Ray. M. Northam，1979）在总结城市化发展历程时，通过对各个国家城市人口占总人口比重的变化研究发现，欧美城市化进程呈现一条被拉平的倒"S"形曲线，后人称之为"诺瑟姆曲线"（见图 2-1）。这个曲线表明：发达国家的城市化大体上都经历了类似正弦波曲线上升的过程。他把城市化进程分为三个阶段：第一阶段是城市化起步阶段，该国经济发展处于工业化前期，城市化水平较低（在30%以下），城市化发展速度较慢，农业占据主导地位；第二阶段是城市化加速阶段（在30%~70%区间），经济发展进入工业化中期阶段，当城市化超过30%时，人口和产业迅速向城市聚集，城市化进入了发展快速阶段；第三阶段是城市化成熟阶段，经济发展到工业化后期，此阶段城市化水平比较高，城市人口比重的增长趋缓甚至停滞，城市人口比重最终大体稳定在70%~80%。

城市化S形曲线的数学模型如下：

$$Y = \frac{1}{1 + C\theta^{-n}} \qquad (2-1)$$

式中：Y——城市化水平；C——积分常数，表明城市化起步的早晚；t——时间；r——积分常数，表明城市化发展速度的快慢。随着系数 r 和 C 取值的不同，可以给出各种发展经历的 S 形曲线；C 越小，表明城市化起步越早，反之则越晚；r 越大，说明城市化发展越快，反之则越慢。

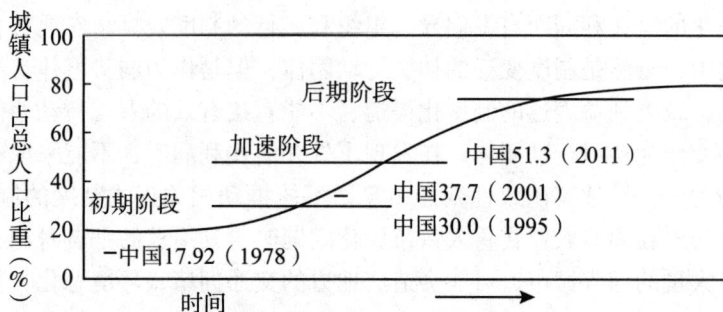

图 2 - 1　城市化发展进程的 S 形曲线

（二）非均衡发展理论

城市是区域发展的产物，地区之间的发展差距对农民工转移具有重要影响。非均衡发展理论主要关注空间二元结构和区域经济发展不平衡问题，主要包括增长极理论、累积因果循环论与不平衡发展论、核心—外围理论、梯度转移理论和倒 "U" 形理论。

法国经济学家佩鲁（F. Perrous，1945）提出了增长极（Growth Pole）概念。他认为，经济增长并非同时以同样的发展速度出现在各个部门或地区，而是初先出现在一些创新力强的增长极上，形成主导产业在城市集聚，并通过不同渠道带动相关产业发展，使该城市成为区域发展的中心。另一法国经济学家布代维尔（J. R. Bvoudeville）认为创新型企业主要集中在城市的主导产业，主导产业所在城市就形成一个区域增长极，并将增长极概念应用到 K 域空间系统，提出"点—轴"理论。随着经济的发展，这样的经济中心（或增长极）不断吸引人口、产业沿轴线（如交通线）两侧集聚，形成点轴系统。因此，"点—轴"理论可以看做是增长理论的延伸，它不仅强调"点"（城市或经济条件好的地区）的开发，而且强调"轴"（把点与点之间串联在一起的交通线）的开发。

1957 年和 1958 年，缪尔达尔（L. G. Myrdal）和郝希曼（A. O. Hirschman）分别提出了循环累积因果论和不平衡发展论。缪尔达尔认为，在资本和市场力的作用下，经济发展从一些条件较好的地区开始，先发展起来的地区利用既得优势，通过累积因果过程继续超前发展，而落后地区却出现资本、熟练劳动力外流的"回流效应"，由此产生区域间的不平衡。郝希曼指出，经济发展是按照主导部门带动其他部门，由一个行业引起另一个行业增长的方式进行的，并提出了"前向关联效应"和"后向关联效应"的概念，以此说明一个行业引发另一个行业增长的过程。缪尔达尔和郝希曼都认为，在工业化时期，现代主导产业部门一般在少数条件优越的区位率先生长发育，通过回流效应（Backwash Effects）或极化效应（Polarized Effects）形成区域增长极。而且在工业化进程中，回流效应一般远大于扩散效应（Spread Effects），地区差距会进一步扩大。要改变这种状况，政府必须进行干预，或增长极足够强大，以涓滴效应（Trickling-down Effects）带动落后地区发展。

1965 年美国经济学家威廉姆（A. G. Williamson）以罗斯托的增长阶段理论为基础，把库兹涅茨的倒"U"形收入分配假说应用到区域经济增长的差异性分析，提出了倒"U"形区域不平衡理论。实证结果表明，地区经济发展阶段与区域差异之间存在着倒"U"形关系。后来，一些经济学者运用产品生命周期论（RaymondVernon，1966）来分析区域经济发展的阶段性，形成梯度转移理论和反梯度理论。该理论认为，地区经济的发展存在梯度差异性，处于主导产业和新技术的高梯度地区通过创新向低梯度区转移扩散，低梯度地区则接受这种扩散机会跳跃发展或反梯度推移发展。在区际不平衡发展理论的基础上，弗里德曼（J. Friedman，1966）利用熊彼特的创新理论，创造性地提出了核心—外围理论（Core Periphery Theory）。弗里德曼将空间经济系统划分为中心区和外围区两部分，创新变革的主要区域或经济发展处于支配地位的区域为中心区，而外围区是发展条件较差的边缘区域。在市场经济的作用下，劳动力、资本等生产要素必然会出现从外围区向中心区的净转移，导致地区经济发展不平衡，因此，需要政府干预。当经济进入可持续发展阶段，如果政府强化干预政策，涓滴效应将大于极化效应，中心和外围区各自优势互补，在区域范围内实现经济一体化。

（三）城乡一体化理论

马克思主义经典作家认为，城乡关系的发展分为城乡分离、城乡对立和城乡融合三个阶段，经济社会发展到一定阶段后城乡对立将逐步消除，进入到城乡融合的发展阶段，这为城乡一体化理论指明了方向。1898 年，英国学者霍华德（Ebenezer Howard）在其著作《明日的田园城市》（原名《明日：一条通向真正改革的和平道路》）中提出要建设一种兼具城市和乡村优点的理想城市即田园城市，田园城市是为健康、生活以及产业而设计的城市，它包括城市和乡村两部分，其规模能足以提供丰富的社会生活，但不应超过这一程度；四周要有永久性农业地带围绕，城市的土地归公众所有。另外，他还提出"城乡磁体"理论，指出田园城市应当是城市和乡村"愉快联姻"的产物，从而构建出一种新的社会生活形态。该理论认为人们从原来居住的地区迁居到新城市的动力是对这种更加幸福的生活的追求。但霍华德设计的田园城市并不是为了消除城乡差别，而是希望实现新的社会结构生活，并非真正意义的城乡一体化。但基于东南亚城市化大量实证研究并提出比较系统、完整的理论框架的，主要是加拿大地理学家麦吉

（J. G. Megee）。1987 年，麦吉发表了《城镇化还是乡村城镇化：亚洲经济交互新型区域的出现》一文。麦吉认为，亚洲一些国家或地区如印度尼西亚、中国、印度、韩国等国核心区域出现了类此于西方大都市带的空间结构，但在城乡交接的区域内，存在着劳动密集型工业、服务业和其他非农产业迅速增长的城乡混杂的地区空间。他借用印尼语"Desakota"和"Desakota regions"来描述这种新型的城乡交接的灰色区域，并探讨其空间范围和基本特征。1989 年麦吉在《亚洲新型城乡一体化区域的出现：对国家和区域政策的启示》和 1991 年《扩散的大都市：亚洲的聚落转换》中指出，传统的城乡结构在亚洲的实际运行过程中发生了重大变化，产生了一种在城乡混合发展基础上的城市化模式——Desakota 模式（亦称城乡一体化区域理论）。

麦吉认为，亚洲的 Desakota 区域有五大特征：一是人口密度高，城乡联系紧密。亚洲城乡一体化区域人口密度较高，传统农业具有季节性的特点，农闲时节有大量的剩余劳动力需要寻找非农产业就业，城乡联系因此逐步得到强化。二是中心城市的扩散效应比较突出。发展中国家中心城市发展较快，再加上政府鼓励产业转移的政策，中心城市向外扩散并逐步带动农村地区非农化。三是土地利用方式高度混杂。在 Desakota 区域，农业、工业、住宅业用地等各种土地功能交错布局，生产设施和生活设施共存，既提供了生产和生活的便利，也带来了环境的污染。四是交通基础设施较好，人流、物流量大。五是跨行政区域界限。城乡一体化区域不仅在于城市和农村生活的融合，还在于其跨行政区域，成为政府治理的"灰色区域"。可见，麦吉的城乡一体化区域（或灰色区域）是一种独特的城乡联系模式，其实质就是城乡之间要统筹协调和一体化发展，形成了城乡一体化理论。

（四）农业转移人口市民化与统筹城乡发展的关系机理

在新型城镇化和统筹城乡发展的大背景下，农民工市民化涉及地域转移、职业转化、身份转变和行为方式文明转型等多重转变的过程，实现向新市民的转变。

1. 加快户籍制度改革，实现农业转移人口在城镇稳定就业定居

农业转移人口市民化是推进新型城镇化的首要任务和统筹城乡发展的重要突破口。改革开放以来，各种限制农村人口流动的制度逐渐松动和改革，大量的农村剩余劳动力向城镇非农产业转移，农民工进城就业基本没有障碍。但由于二元的户籍限制，在城镇稳定就业的农民工没有成为市民，不能在城镇稳定定居，使他们长期奔波于打工城市和老家农村之间，既加剧了他们的流动性和流动成本，也无法形成稳定的、技能较高的产业工人，不利于城镇化的健康发展。进入 21 世纪以来，尽管许多地方已开启户籍改革，但主要是针对本辖区（往往是本县市

或最多是地级市）的非农户口，对跨地区的流动人口户籍基本没有改革。

从制度安排上说，户籍制度是造成城乡居民待遇巨大差别的体制根源，严重地影响了农业转移人口市民化进程。因此必须加快户籍制度改革，大力推进新型城镇化建设。通过户籍改革，农业转移人口转变为城市居民后，生活状态会必然会发生市民化的根本性转变，不仅能带来巨大的城镇基础设施和住房投资需求，更重要的是带来消费需求和公共服务需求的大幅增加，将释放出巨大的产业发展机遇和新兴服务需求，对经济增长将会产生强有力的拉动效应，从而提供更多的就业机会。通过户籍改革，实现农业转移人口市民化，有利于建立城乡统一的劳动力就业市场。当前，我国二元户籍制度把劳动力市场分割为相对独立的两部分：正规的劳动力市场和非正规的劳动力市场。一般来说，城市居民主要在正规劳动力市场就业，而农业转移人口则主要在城市居民不愿干的非正规劳动力市场就业。这种分割的就业市场很不利于社会公平与和谐发展。因此，迫切需要消除城乡分割的劳动力市场，形成城乡统一的劳动力市场，加大人力资本投入，推动农业转移人口与城市居民平等就业、平等的劳动待遇，有利于城乡要素、劳动力资源的合理配置和有效利用，有利于形成人们自由迁徙、安居乐业、创造公平的制度环境。

2. 保障农业转移人口与城市市民同等的公共服务和社会福利待遇是统筹城乡发展的核心内容

十六大以来，我国政府提出了城乡统筹发展战略，初步建立了统筹城乡发展的体制机制，在城乡规划、基础设施、公共服务等方面促进城乡要素和资源合理配置取得一定成效，城市和中心城镇产业发展、吸纳就业、人口集聚功能明显提高。2012 年中国城镇人口已达 7.12 亿，城镇化率为 52.57%；城镇非农产业产值比超过71%，非农产业就业比重达66.1%。从城镇人口、空间结构标准来看，中国整体上已进入到初级城市型社会；但从公共服务、社会保障和城乡协调标准看，目前中国离高质量的城市型社会的要求还有很大的差距。我国的农业转移人口尽管可以在城市就业生活，但他们只能非正规部门就业，工资待遇偏低，甚至被恶意拖欠和克扣；难以享受城镇居民所拥有的养老、医疗、失业等社会保障待遇；随迁子女不能进入城市公立高中教育学校学习和参加高考。新型城镇化的核心问题是农业转移人口市民化，保障农业转移人口与城市市民同等的公共服务和社会福利待遇。

3. 农业转移人口市民化是维护农民工合法权益、统筹城乡经济社会管理的应有之意

城乡分割的二元就业制度，使得农业转移人口很难在城市正规劳动力市场就业，只能在非正规劳动力市场就业，干的是城里人鄙视的苦、脏、累、险的活。据统计，农业转移人口平均每个月工作 25.4 天，32.2% 的农业转移人口每天工作 10 小时以上，每周工作时间超过劳动法规定的 44 小时的农民工高达 84.5%，40% 多的农业转移人口没有签订劳动合同。由于没有市民身份，农业转移人口往往与市民"同工不同酬、同工不同时、同工不同权"，应有的社会权利和劳动权益常常不能得到有效保护，成为游离于城市边缘的弱势群体，无法融入城市社交圈，无法产生对城市社会和市民的心理认同与归属。长期以来，农业转移人口作为外来人口不能参与基层民主选举和参加社区管理，在城市社会生活中没有影响力和发言权，也不能拥有农民协会、农民工工会等社会组织，利益诉求难以在城市公共政策的制定中得到充分反映。如果农业转移人口在城市的利益诉求长期缺乏保障，农民工遇到矛盾和利益纠纷时很容易引起行为失范，危害社会的稳定和发展。因此，应加快推进农民工市民化进程，建立农业转移人口有效的利益表达途径，保护好他们的合法权益；完善社会管理和社会参与机制，培育农业转移人口市民化意识，推动农民工真正融入城市社会。

4. 农业转移人口市民化是统筹城乡发展的关键环节和重要支点

统筹城乡发展就是要实现农村与城市同步发展，实现我国广大农民共享改革发展成果的目标。目前，我国城乡发展面临的两个关键问题是：一是改革开放以来城市得到了较快的发展，但为之做出巨大贡献的广大农业转移人口群体却逐渐被城市边缘化，无法享受改革发展成果；二是由于我国多年的农村劳动力转移，导致农村青壮年劳动力的流失，出现留守儿童、留守老人等"空巢化"现象，弱化了农村经济社会建设的主体。虽然导致这种城乡发展两极分化的根本原因在于二元体制，但当前解决这两个相互关联问题的关键环节就是农业转移人口市民化。促进农业转移人口市民化，一方面可以使得广大农业转移人口享受与城镇居民同等的公共服务和社会福利，真正融入城市生活，有利于城市繁荣稳定；另一方面有利于带动以家庭为单位的农村人口城市化转移，从而解决农村青壮年流失而导致的"空巢化"现象，在此过程中通过农业转移人口市民化带动和促进农村人口大量转移，有利于农村土地的流转，实现有限农业资源的优化整合，提高农业从业人员人均资源占有率，为发展农业规模化经营奠定基础，有利于发展现代农业，进而为实现农业产业化和现代化创造条件。

三、农业转移人口市民化的其他相关理论

（一）二元经济结构模型

刘易斯（W. Arthur Lewis）1954 年发表了一篇题为《无限劳动力供给下的经济发展》的论文，提出了发展经济学关于劳动力流动的第一个理论模型。刘易斯认为，处于经济发展早期的国家有两种经济或两个部门，一个是以传统方式进行

生产、劳动生产率低下、收入微薄的乡村农业部门，一个是以现代的生产方式进行生产、劳动生产率高、收入高的城市工业部门，这就是所谓的"二元经济结构"（Dual-sector-model）。传统农业部门最大的特点就是存在大量的剩余劳动力。因为发展中国往往资本稀缺、土地有限而人口增长迅速。这种背景下，农业劳动生产率必然很低从而导致农业劳动力的边际生产率降低到接近零甚至负数。农业劳动者的收入水平一般只能维持本人和家庭最低限度的生活水平。而工业劳动者则按照分配原则取得收入，收入水平超过农业劳动者。在这种情况下，如果农业劳动者不受干涉，自然会有向城市现代工业部门流动的趋势。由于农业部门中这样的剩余劳动力量存在，使得工业部门的劳动力供给近似于无限。城市现代工业部门吸收农业剩余劳动力的结果是生产扩大了，积累的利润转化为成本吸引更多的农村剩余劳动力，进而继续推动工业部门的扩大。如此往复，直到农业剩余劳动力消失，工业部门的劳动力供给不再是无限的为止。二元经济的发展表现为一个现代工业部门不断扩张而传统农业部门逐步缩小的过程。在这个过程中，由于城市工业部门的不断扩张，农村剩余劳动力像城市工业部门的不断转移，工业和城市化得以实现。而与此同时，传统的农业伴随剩余劳动力的不断转移，劳动边际生产力率逐渐提高，使传统农业的部门得到改造。这样发展中国家欠发达的二元经济就演变成为发达的一元经济。刘易斯模型表明：实现农业剩余劳动力向现代部门的转移是促进国民经济结构转换、生产方式转换及向现代化迈进的关键。

刘易斯模型根据发达国家工业化的经验，论证了劳动力转移、资本积累、现代部门扩张和经济发展的有机联系，为发展中国家提供了一条通过城市现代工业扩张吸收农业剩余劳动力，逐渐消除二元经济结构，最终实现工业化的道路，无论在理论上，还是实际中，都具有非常重要的意义。但是刘易斯模型存在两方面致命的弱点：首先，无限劳动力供给是刘易斯模型的一个重要假设，而劳动力供给无限是不现实的。因为，尽管传统农业的生产率很低，但其内部的资源分配总是合理的，因此不可能存在边际生产率为零的剩余劳动者（Schultz，1964）。其次，刘易斯模型只强调现代工业部门的发展而忽视了两个部门协调发展的重要性。

（二）人口迁移理论

1. 有关人口迁移规律的理论

对人口迁移规律的研究，拉文斯坦（E. G. Ravenstein，1889）发表了著名的"人口迁移规律"的论文（The Law of Migration），对人口迁移规律进行了开创性的研究。在此基础上，鲍格（D. J. Bogue，1969）在20世纪50年代提出了备受关注的推—拉理论（Push – Pull Theory）。鲍格认为，人口转移是由人口迁出地的"推力"和人口迁入地的"拉力"相互作用的结果。在人口迁出地，起主导作用的是推力，产生推力的主要因素包括农业生产成本的增加、农村人口过剩导致的失业和就业不足、自然资源枯竭、收入水平较低等；在人口迁入地，如果存在较多的就业机会、较高的工资收入、良好的教育水平、完善的基础设施和交通条件等条件，会产生吸引人口迁入的"拉力"。迁移者总是根据迁入、迁出地的积极因素与消极因素进行对比，以及迁入后可能获得的收益来做出最终迁移决策。

李（E. S. Lee, 1966）在英国杂志《人口学》发表了《人口迁移理论》，进一步发展了拉文斯坦关于人口迁移规律的理论。他将拉文斯坦的人口迁移规律理论系统化为三个部分：（1）有关迁移数量的假设；（2）迁入流和逆迁移流（stream and counterstream）；（3）迁移有较强的择性。同时他还提出了影响人们迁移的四个因素：（1）与迁入地相关的因素；（2）与迁出地相关的因素；（3）中间障碍因素；（4）迁移者个人的因素。人口迁移的发生就是这四种因素共同作用的结果。此外，李还提出了关于迁移量的六点理论，关于迁入流和逆迁入流的六条规律，以及关于迁移者特征的七条规律。

2. 舒尔茨的"成本—收益"理论

舒尔茨（Thodore W. Schults, 1960）和斯加斯塔（Sjaastad, 1962）等人在研究人口迁移时认为人们的迁移决策主要取决于迁移后的预期收益和迁移成本的比较，他们把收益定义为迁移者预期到迁入地比迁出地更高的收益；成本包括货币成本和非货币成本，货币成本是指交通、住宅、食物等方面的支出，非货币成本主要指心理成本和风险成本等。当迁移后的预期收入大于迁移前的平均收入和迁移成本之和时，人们就会作出迁移决策，否则，就不会迁移。即只要迁移的净收益大于零时就会产生迁移行为。迁移的净收益如下：

$$MR = L_j - L_i - G_{ij} \qquad\qquad (2-2)$$

式中，MR 为迁移的净收益；L_j 为迁移后旳预期收入；L_i 为迁移前的平均收入；G_{ij} 为迁移成本。当 $MR > 0$ 时，迁移的预期收入大于迁移前的平均收入和迁移成本之和，人们就会做出迁移的决定；当 $MR < 0$ 时，迁移的预期收入小于迁移前的平均收入和迁移成本之和，人们就会选择不迁移。可见，迁移的成本与收益问题对农业劳动力的迁移决策有着重要影响。

3. 新劳动力迁移经济学

新劳动力迁移经济学是由斯塔克（Stark, 1991）提出并命名的，斯塔克和列夫哈里（Stark and Levhari, 1982）认为，乡—城迁移者对预期收入的计算应考虑市场风险导致收入不确定性给个人效用带来的直接损失，以及这种不确定性对未来农村和城市收入的影响。

（1）迁移和风险多样化。与传统的迁移理论不同的是，新劳动力迁移经济学不再把迁移视为一种个人行为，而是有内在联系的群体（如家庭）的集体决策。在发展中国家信贷市场和保险市场发育不充分的情况下，为降低市场不完备造成的风险，家庭成员迁移是为了应付家庭收入的不稳定而采取的一种自我保护行为（Stark，1991）。家庭与其外迁成员之间的汇款可以扮演类似"贷款中介"的作用，共同分享其收益和风险。图 2 - 2 形象地描绘了家庭和外出劳动力各自面临的风险。

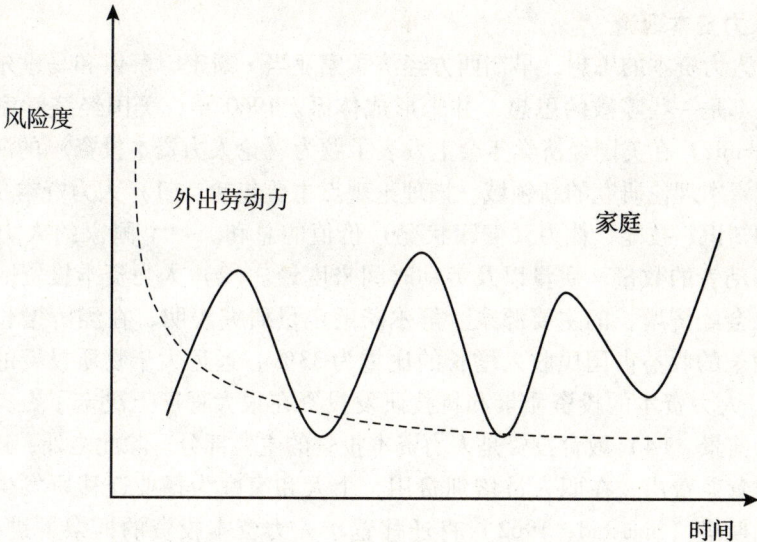

图 2 - 2　家庭和外出劳动力各自面临的风险

卢卡斯和斯塔克（Lucas and Stark，1985；1988）的研究结果证明了他们的论点，在家庭成员和外迁者之间存在既相互依赖又相互独立的关系，而两者之间的汇款则视为彼此之间的"自愿契约"。在迁移初期，由于迁移者在目的地生活不稳定，通常由家庭向迁移者提供资助。此时，迁移者是被保险人，而家庭是承保人。对家庭来说，由于农业生产具有季节性，其风险（或收入）也随季节而波动。当迁移者在目的地获得了稳定的职业和收入之后，迁移者可以向家庭汇款来部分抵消家庭收入的波动性。

（2）迁移和收入分布。迁移和收入分布在新劳动力迁移经济学中占有重要地位，主要集中于以下两方面的研究：①迁出地的收入分布对迁移倾向的作用，新劳动力迁移经济学为此引入了相对贫困（Relative Deprivation）的概念（Stark and Taylor，1989）。相对贫困的程度是由个人或家庭收入在其社区内所处的相对位置以及社区的收入分布所决定的。为提高自己或家庭在社区阶层中的相对地位，迁移就很可能发生。②迁移行为对迁出地收入分布的影响，确切地说是汇款对迁出地收入不平等的作用。斯塔克等（Stark et al.，1986）的研究表明，与农业收入相比，汇款或其他非农收入的分布比较不平等。农村外出劳动力对家庭收入分布的实质影响是，反映了发展中国家农村地区经济增长和社会平等之间的关系。因此，解决农村收入不平等问题对提高整个社会的福利和促进经济发展具有极其重要的意义。

（三）人力资本与社会资本理论

1. 人力资本理论

关于人力资本的思想，早期西方经济学家亚当·斯密、萨伊和马歇尔就有过阐述，但都是一些零散的思想，并未形成体系。1960 年，美国经济学家舒尔茨（T. W. Schultz）在美国经济学年会上发表了题为《论人力资本投资》的演说，开创了人力资本理论研究的新领域。该理论观点主要包括：（1）人力资本是存在于人身上的知识、技能、体力（健康状况）价值的总和。一个国家的人力资本可以通过劳动者的数量、质量以及劳动时间来度量。（2）人力资本投资的效益最佳，是社会经济增长的主要源泉。舒尔茨的定量研究表明，在经济增长中，教育投资增长的收益占国民收入增长的比重为33%，远远大于物质投资的经济收益。（3）人力资本的投资质量和科技研发投资在很大程度上决定了人类社会未来的发展前景。（4）教育投资是人力资本投资的主要部分。除此之外，还包括医疗与保健营养费用、在职人员培训费用、个人和家庭为择业迁移所发生的费用等。斯加斯塔（Sjaastad，1962）将迁移置于人力资本投资的框架下进行分析，他认为：（1）在完全竞争市场下，城市和农村工资率是劳动者个体素质的增函数，劳动力素质不仅影响个人所得，也影响其能否就业和就业的概率；（2）年轻劳动力的转移可能性大于年长劳动力，因为后者在有限的劳动年龄内转移净收益少于前者，同样地，素质较高的劳动者比素质较差的劳动者有更大的转移可能性；（3）转移距离和转移成本对人口转移具有很大影响，随着交通运输和通信条件的改善，转移成本会下降，有利于人口转移；（4）农村发展对劳动力转移有利有弹，以提高农村人力资本素质为主要内容的社会发展有利于农村劳动力在城市就业，增强其竞争力，增加获得高收入的可能性。

2. 农业转移人口市民化与人力资本

农业转移人口市民化的人力资本是指通过教育培训、健康投资和劳动力迁移流动等形式投资所形成的农业转移人口市民化的各种能力的总和，具体包括：农业向非农业职业转化；获得稳定就业和收入；身份转换和融入城市。农民工的人力资本主要是在基础教育的基础上进行实践式积累（如"干中学"）和教育式积累（如职业技能培训）。一般来说，农业转移人口人力资本积累和投入质量越高，其非农就业能力和市民化的能力就越强。农业转移人口由于人力资本投入和积累不足，在城乡二元体制分割的劳动力市场，一般只能在非正规部门就业，同时面临城市生活成本较高、工资收入较低、基本无社会保障的三重约束，使他们陷入

"综合能力贫困"陷阱。如图 2 - 3 所示。

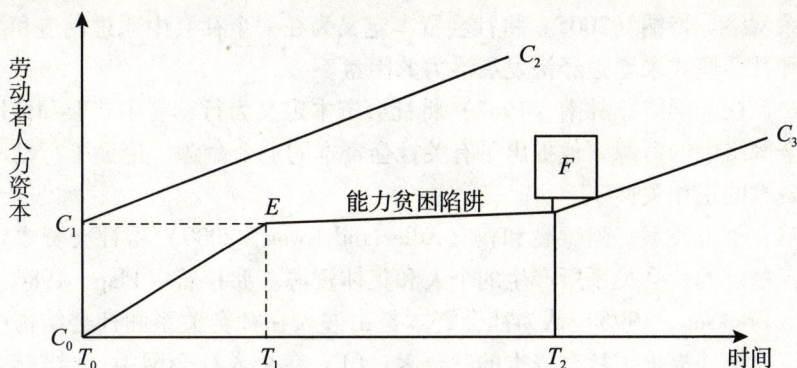

图 2 - 3　人力资本提升

横轴（T）为时间，纵轴（C）为劳动者人力资本。假设城市正规劳动力市场上的劳动者的人力资本与时间 T 正相关，随着时间的推移而不断提升（如图 2 - 3 中右上倾斜的 $C_1 C_2$ 曲线所示）。假定农民工在 T_0（进城之前）的人力资本存量为较低处的 C_0。进城以后，大多数农业转移人口在非正规部门 T_1 进行初次就业，$T_0 - T_1$ 为这段寻找工作的时间（由于搜寻工作要付出一定成本），他们会尽可能缩短寻找工作的时间，以减少支出。在此期间"干中学"效应使其人力资本提升到 C_1，但这段时间非常短暂，故 C_1 也不会提升太高。接下来的 $T_1 - T_2$ 的工作时间将会持续较长，在二元分割的劳动力市场，大多数农业转移人口一般只能从事非正规部门的职业，很难进入正规部门就业，其就业被锁定于 C_1 的就业水平上，人力资本很难有明显提升，陷入"低水平陷阱"。只有少数的农业转移人口通过努力学习提高技能和利用社会关系网，才能突破陷阱，进入第三阶段即 FC_3 状态。这种"综合能力贫困"的状态使农业转移人口市民化能力受阻，难以融入城市。因此，应当以教育为突破口，加大农业转移人口人力资本投入，提高农业转移人口素质和市民化能力，才是解决这一问题的核心。

3. 社会资本理论

社会资本一词最早出现在 20 世纪 20 年代。由莱达贾德森哈尼凡（Lyda Judson Hanifan, 1920）使用社会资本来代表个人或家庭在日常互动中的资产。最先将社会资本引入经济学中的是美国学者劳瑞（Loury, 1977）。他认为，社会资本是指促进或帮助获得市场中有价值的技能或特点的人之间自然产生的社会关系。对于社会资本的本质理解，有三种具有代表性的观点。

第一，成员身份。皮埃尔·布尔迪厄（Pierre Bourdieu, 1983）把人类社会的资本划分为经济资本、文化资本和社会资本三种，从阶级和网络的角度来定义社会资本。他认为，社会资本是实际或潜在的资源的集合体，那些资源同对某种持久的网络的占有密不可分，这一网络是大家共同熟悉的、得到公认的一种体制化旳关系网络。特纳（2005）将社会资本定义为在一个社会中通过创造和维持社会关系和社会模式来增强经济发展潜力的因素。

第二，社会网络。林南（1982）将社会资本定义为行动者中获取和使用的嵌入在社会网络中的资源。他提出了有关社会资本的七个命题，论证了行动的成功和社会资本的正相关性。

第三，个人关系。阿德勒和权（Adler and Kwon，2000）将社会资本定义为经由长期稳定的社会关系所产生的个人和集体资源。弗拉普（Flap，1986）和埃里克森（Erickson，1996）认为社会资本是由嵌入在社会关系和社会结构中的资源组成。弗拉普提出了社会资本的三要素：（1）在个人社会网中，"当要求帮忙时，准备或者有义务帮你"的人的数量；（2）这些人愿意帮忙的关系强度；（3）这些人的资源。他认为社会资源是与自我有很强关联性的他人提供的资源。韦恩·贝克（2001）认为社会资本是指人际和企业关系网络中通过这些网络所获得的资源，社会资本的构成要素包括信息、构思、商业契机、金融资本、社团参与、情感支持、信任与合作同，等等。

4. 农业转移人口市民化与社会资本

在城乡分割的二元体制下，城市政府和市民为维护他们既得的利益，对农业转移人口采取的是"经济上接纳，社会上排斥"。对于进城农民工来说，没有城市户口，人力资本素质普遍比城市居民低，一般只能在非正规劳动力市场就业，是游离于城市的"边缘人"。他们的社会资本主要存在于地缘、亲缘和血缘为纽带的较为封闭的社会关系网络中，无论在生活方式、职业选择、思维观念以及聚居和社交圈，均无法与城市居民有效沟通交流，难以融入到城市市民社会圈。另外，农业转移人口无法享受城市基本公共服务，缺乏自治组织，缺乏政治参与，缺乏制度保障，民主权利和劳动权益常常受到侵害。制度型社会资本和组织型社会资本的缺失①，导致他们通过社会网络攫取社会资源的能力比较低。社会资本不仅会对农业转移人口在城市获得就业机会有影响，而且对他们在城市获得经济和社会地位也有一定的影响，制约了农业转移人口市民化的进程。

（四）基本公共服务均等化理论

1. 福利经济学的相关理论

（1）庇古的福利经济学。该理论认为，社会经济福利是"社会中所有个人经济福利（效用）的集合"，其两大基本命题是：在一定条件下，国民收入总量

---

① ［美］舒尔茨著，蒋斌、张蘅译：《人力资本投资》，商务印书馆 1990 年版。

越大，社会福利就越大；国民收入分配越是均等化，社会福利也就越大。因此，通过有效的分配政策使公共服务在社会成员间相对合理的均等化，可以促进社会福利和经济发展。

（2）新福利经济学。一是帕累托最优理论与补偿原则。卡尔多、希克斯、萨缪尔森等人认为，帕累托最优状态是社会资源配置最有效率的状态，一个社会的资源配置处于这样一种状态，如果不使某个人的境况变坏的情况下就不可能使某个人的境况变好，这样的资源配置状态就是帕累托最优状态。公共服务具有非竞争性和非排他性，如果通过帕累托改进，扩大财政支出或转移支付，使社会的福利增加大于社会的所失，将会增加社会总福利。

二是社会福利函数。在对补偿原则进行批判性继承发展的基础上，阿罗、萨缪尔森等人认为，社会福利与影响社会福利的各种因素（如社会成员购买的商品服务和为社会生产提供的要素以及其他变量）之间存在一定的函数关系。要达到帕累托最优状态，应当在社会成员间进行合理的收入和公共服务再分配，以达到社会福利最大化。

三是阿马蒂亚·森（Amartya Sen，1970）的能力观。阿马蒂亚·森认为，以效用或满足来衡量社会福利仍然存在缺陷，社会福利水平主要取决于社会成员生存和发展的能力。公共服务均等化的政策能够显著的提高社会成员的就业和生活能力，进而提高整体的社会福利。

2. 基于公平的社会正义论

美国哈佛大学教授约翰·罗尔斯把传统的以洛克、卢梭和康德为代表的社会契约论加以提升，于1971年出版了代表作《正义论》，提出了两个正义原则：（1）自由平等原则。人生而平等地享有基本的权利与广泛的自由权。（2）机会均等和差别原则。罗尔斯认为，西方民主制度的立宪政体的一个主要缺点是它不能确保政治自由权的公平价值，因此，对社会和经济不平等的安排应能满足：不平等应合理地符合每一个人（特别是有利于最弱势者）的利益；在机会平等的条件下，向所有人开放地位和职务。罗尔斯认为，社会公正的功能性要素由机会公平、过程公平和分配的结果公平三部分组成，并将它们贯穿于社会基本结构，涉及自由和平等、收入和财富的再分配、有尊严的就业和生活等方面，构建了基本公共服务均等化的社会价值标准。社会主义的核心价值体系的首要原则，正如温家宝答记者问时所言，"在自由平等的条件下，为每一个人创造全面发展的机会。……推动社会公平正义就是政府的良知"。

3. 公共选择理论与公共财政理论

（1）公共选择理论。公共选择理论的代表人物主要有邓肯·布莱克（提出中位选民理论，1948，1958）、詹姆斯·布坎南和戈登·图洛克（《同意的计算》，1962）、阿罗和唐斯等学者。公共选择理论（Public Choice Theory）是运用经济学的分析方法和工具对选举行为、官僚政治和公共财政等民主宪制论集体或非市场决策的经济研究。公共选择理论认为，人类社会由经济市场和政治市场两个市场组成。在经济市场上，人们通过货币选票来选择能满足其最大效用的私人物品；在政治市场上，人们通过政治选票来选择能带来最大利益的公共产品、政府政策和法律制度。无论在经济市场还是政治市场，做出决策的都是自私的"经济人"，而特殊利益集团的存在，如何有效地把公众的真实偏好反映到政府决策中，成为现实中政府最大的难题。因此，若要使公共服务的提供能符合大多数人的公共利益，就必须建立起能约束和监督政府决策有效率执行的制度和政策。否则，就可能偏离公共利益的轨道。

（2）公共财政理论。最早涉及公共财政理论分析的是亚当·斯密的《国富论》（1776），提出政府的职责就是像"守夜人"那样，建设并维护好基本的公共事业及设施、防止外来侵略和维持社会治安，并提出了"公平、确定、简便和征收费用最小"四税收原则；支出方面则主张厉行节约和"量入为出"原则。为应对20世纪30年代的经济大危机，凯恩斯提出，为减少失业和熨平经济波动需要政府干预，扩大政府支出和公共投资，弥补市场的有效需求不足。20世纪70年代西方出现的"滞胀"现象，以货币学派、供给学派等为代表的经济学家们发动了一场针对凯恩斯主义的以恢复古典传统的"反革命"。当代西方公共财政理论从弥补市场失灵的角度，认为公共财政主要是研究社会公共需要及满足这一需要的公共物品提供及分配行为的制度安排。美国著名财政专家理查德·马斯格雷夫在其经典著作《公共财政理论》中把政府的公共财政职能分为三种：稳定经济、收入分配和资源配置。但在现代市场经济条件下，政府的经济职能已发生重大改变。世界银行指出，政府的核心经济职能至少应包括：建立法律制度，保持宏观经济稳定，提供基本的公共服务和基础设施，维护弱势群体利益，保护环境。

第三节　农业转移人口市民化的现实特征

一、农业转移人口市民化的基本表现

（一）真实身份的转变：法律地位的真正平等

拥有市民的真实身份，是农民市民化的第一步，也是最为关键的一步。目前，生活在城市里的农民主要有三类群体：第一类是广大的农民工。农民工目前

是生活在城市里但不具备城市户籍的最大的人群。改革开放以来，农民工经历了"离土不离乡，进厂不进城"到"我为城市建设添砖加瓦"过程的转变，但具有标签意义的户籍却没有改变，甚至有很多已经在城市里实现买房梦想的农民工依然是农村户口。第二类是城市周边被征地农民。随着我国经济的快速发展和城镇化进程的进一步加快，城市周边原有的农村耕地逐渐被征占，很多的郊区农民通过出让土地使用权和经营权获得了一定物质和经济上的补偿，被征地农民中有相当数量的人并没有获得城市户口却同时失去原有赖以生存的土地，成了城市与农村"夹缝"中的人群。第三类是在城市买房的农村富裕人群。相对较少数量的农民通过经营土地、搞非农业经营、外出务工等途径，发家致富后在城市里买了房子，但户籍却没有从农村转移到城市，其境况与上述"夹缝"中的农民相似。另外，还有一些农村人口在向城市迁移的过程中也同样遇到了户籍上的阻碍。

法律意义上的市民身份决定着市民可以平等而广泛地参与城市的政治与社会生活，享有相应的权利和负有相应的义务，这是法律面前人人平等原则的根本体现。不具有真实市民身份或具有准市民身份（准市民指的是表面拥有城市户籍，但无法享有与城市居民相同民主权利及社会保障待遇的人群）甚至伪市民身份的城市里的农民，从法律的角度来讲无法享有城市市民的政治权力，在法律层面也无法实现与城市市民的同等待遇。在现有城乡二元体制下，即使已经实现地域上转移的城市里的农民，他们参与政治生活的场所也依然在户籍所在地的农村，对于城市政治生活来说，他们充其量是被边缘化的群体而非参与主体。因此，推进中国城镇化进程，实现农民向市民转变，如果不能从户籍制度上来实现根本性的变革，被城镇化的农民则只是实现了生活地域上的转移而无法成为真实意义上的市民。

（二）权益保障的重视：弱势群体的切实保护

我国的城镇化如同工业化和市场化一样，其进程绝不能一朝一夕，更不能一蹴而就。因此，在我国城镇化进程这一长期背景下，农民的市民化过程也必然经历较长时间，处于这一阶段的人群在真正转变为市民的过程中表现出相对的弱势，无法和城市居民一样全面享受各种社会福利保障，面临着子女受教育权利无法得到保障、就业竞争能力弱、权利主张不能等。

农民在市民化过程中所表现出来的权益上的弱势，主要表现在以下几类群体：首先，城市"二等市民"的存在。有些农民户籍身份转变后成了名义上的市民，但实质上在自身权益保护方面还表现出诸多的弱势。拿摆在中国人面前最大的养老和医疗两个社会问题来说，很多原本是农民但进入城市生活的人群无法享受到市民应有的待遇，个人养老方面无法纳入到城镇职工养老保险体系当中，理由在于无法实现农村人口没有缴纳社保和城市人口已缴纳社保的转化和衔接。另外，还有一部分已经拥有城市户籍的原本城市周边的农村人口无法享受到城市的医疗保险待遇，生病住院只能按照"新型农村合作医疗"规定的比例去报销医药费。其次，权利主张不能人群。权利主张不能人群是指本身拥有的在社会制度下和法律框架内的合法自身权利受到侵害或剥夺时，由于自身受经济状况、文化知识、社会地位、人际关系、政治权力、黑暗势力等因素的限制，不能完全实现或根本不能主张自己权利的人们。① 相对于市民来说，农民由于自身的文化知识、社会关系、生存能力、权利主张等方面都存在相对的弱势，从这个意义上来说，他们属于弱势群体。在农民市民化过程中，这种弱势不能在短时间内实现逆转，社会缺少对这些弱势群体权益的保护，既有失社会公平正义，又会延缓农民向市民转变的进程，从而阻滞中国城镇化的推进速度。

（三）能力素质的提升：社会竞争的必要条件

市场经济是竞争经济，参与市场竞争的主体始终处于"适者生存"、"优胜劣汰"的较量状态。社会公众作为市场经济主体的重要组成部分，自然也处于相互竞争的态势当中，这种社会竞争在城市表现得尤为明显，主要体现在竞争参与政治生活，竞争获得更好的就业、教育、医疗以及其他社会保障的机会，等等，其实质是社会参与能力和素质的竞争。

在参与社会生活方面，"准市民"们普遍缺乏民主参与意识，大部分人无法真正维护自己的选举与被选举的权利，在政治生活方面显得"低人一等"。由于过去相当长时期里政府对农村教育与城市教育投入和重视程度上的差异，导致这些"准市民"的受教育水平普遍偏低，工作技能也主要体现在从事繁重的体力劳动上。在轻体力甚至脑力劳动工作机会面前，这些"准市民"与普遍接受过较高水平教育的市民相比，不具有相等的竞争力。同时，由于社会竞争力差、社会关系薄弱以及经济条件差等原因，比一般市民更希望自己子女接受高水平教育的"准市民"们在子女择校、补习以及参加课余活动方面显得更加弱势。另外，在医疗保障方面"准市民"也表现出一定的弱势。由于城乡二元体制限制和工作选择等原因，"准市民"中的 42.6% 人群参加了"新型农村合作医疗"，21% 参加了城镇医疗，36.7% 没有参加任何医疗保险。② 这些数字是具有普遍意义的。在我国目前的社会状态下，农民的社会竞争能力相对于市民来说显得"先天不足"，同样，刚刚从农民转变成市民身份的这部分人的社会竞争能力，与一般市民也不能"相提并论"。但恰恰是参与政治生活，以及获得较高水平的就业、教育、医

---

① 李强：《论政府对弱势群体权益的保护》，中国知网，http://epub.cnki.net/kns/brief/default_result.aspx。

② 蒋桦、李勋华：《"农转非"居民的市民化阻碍因素分析与对策研究》，载于《价值工程》2013年第10期。

疗和其他社会保障机会等特征，才是真正意义上的市民的重要标志。

（四）市民心理的认同：社会融入的有力保证

目前，城市社会和农村社会存在着事实上的巨大差异。心理认同是融入群体社会生活的重要基础，否则就会出现四处碰壁和格格不入的现象。因此，农民要想转变成真正意义上的市民，就必须实现群体心理认同上的转变。这种心理认同主要表现在对市民生活方式、工作节奏、人际交往、环境设施、公众参与、群体心理等诸多方面的认同。

城市与农村之间的现实差距及区域特点，导致了市民与农民在群体心理上的差异。农民或刚刚进入城市的"准市民"，在群体心理上不同于长期工作和生活在城市中的市民。很多"准市民"还习惯于原有的农村生活方式，种自己的地、吃自己的粮，"自给自足"的思想在部分人心里依然存在。很多准市民依然向往农村"日出而作、日落而息"的自由自在生活状态，而并不适应朝九晚五、忙时加班、只能周末和节假日休息的城市人工作节奏。在人际交往方面，大部分"准市民"依然习惯于邻里相知、遍地是熟人甚至是亲属的人际关系，不适应城市邻里的"老死不相往来"的交往习惯。虽然城市高楼林立、车来车往、交通便利，但在相当一部分"准市民"的眼里依然比不上农村的青砖瓦舍、山清水秀、蜿蜒小路。另外，相对于市民来说，"准市民"参与社会公众生活的意愿也相对较低，从心理上认为与城市居民存在较大差距，总是愿意将自己置身事外。

对市民心理的认同，是"准市民"快速融入城市社会的重要基础与突破。只有按照城市市民的思维方式来考虑问题和关注现实，"准市民"才能进行群体心理的有效转变，进而实现与市民群体思维方式和行为方式的对接，快速地融入城市社会。

二、农业转移人口市民化进程的非同步性

发达国家人口城镇化是与经济、社会、产业等各方面协调推进的过程。与发达国家城镇化相比，我国城镇化发展存在脱节的现象。

（一）制度安排滞后于农业转移人口市民化

制度安排滞后于人口城镇化，这里主要是指横亘在城乡之间的户籍制度制约着乡—城流动人口的城镇化、市民化。依据人口城镇化率的变动状况，中国 60 年的城镇化发展进程大致可以分为三个阶段：第一阶段 1949～1977 年；第二阶段 1978～1995 年；第三阶段 1996～2011 年。

1. 1949～1977 年，中国城镇化发展处于起步和停滞阶段

1949～1977 年，中国城镇化经历了起步和停滞阶段。新中国成立初期

（1949～1960），城镇化发展速度平均为 7.97%，国家处于经济恢复时期，城市建设吸引大规模的农村人口。城市迁往乡村和乡村迁往城市人数之比为 1：1.8①，也就是意味着城乡之间的迁移呈现对流的良性循环状态。然而，1961～1965 年，国家实施对农产品实行统购统销、关闭乡村集市贸易、人民公社化运动、取缔私营经济，再加上 1964 年国务院批准了公安部《关于户口迁移政策规定》，对城市人口实行严格控制政策，出现大批城市人口向农村迁移的人口倒流的现象，因而这个期间城镇化平均速度为 -1.66%。1966～1976 年整个社会发展处于瘫痪状态，城镇化发展处于新中国成立以来的停滞时期，城镇化平均速度为 -0.28%。

2. 1978～1995 年，中国城镇化发展处于复苏阶段

1978～1995 年期间，中国城镇化速度平均为 2.85%。1984 年，中央颁布了《国务院关于农民进入集镇落户问题的通知》，规定了农民可自带口粮进镇落户、务工经商，城镇人口增加比较快。同时，乡镇企业迅速在全国各地迅猛发展吸引了大量农村剩余劳动力，开创了"离土不离乡"劳动力转移模式，进一步加速了城镇化进程。然而，20 世纪 90 年代初乡镇企业的发展速度放慢，减少了对劳动力的需求。"离土不离乡"模式对于农村劳动力转移的作用逐步减弱，使得 1990～1995 年期间城镇化发展速度为 1.72%，低于 1978～1995 年期间的平均速度。

3. 1996～2011 年，中国镇化发展处于加快推进阶段

1995～2011 年期间，城镇化速度平均为 3.62%。90 年代中后期一系列关于引导和鼓励农村劳动力流动的政策以及户籍制度的逐步放松②降低了农民进城的门槛，促进了"离土又离乡"农村劳动力转移模式的形成。自此以后，城镇化发展处于加快推进的阶段。经历了 45 年后，户籍制度逐步放松使得农民由农村转移到城镇得以基本实现。然而，现实中，农民由农村转移到城镇与农民市民化并非同步进行。由于户籍制度，特别是附加在户籍制度上的城市居民福利和农村居

---

① 任素华、关丁：《我国城市人口迁移情况的浅析》，载于《社会学研究》1988 年第 4 期，第 77～79 页。

② 1997 年 6 月，国务院批转了公安部《关于小城镇户籍管理制度改革试点方案和关于完善农村户籍管理制度意见》，提出：允许已经在小城镇就业、居住并符合一定条件的农村人口在小城镇办理城镇常住户口，以促进农村剩余劳动力就近、有序向小城镇转移，经批准落户人员与当地原有居民享有同等待遇。2000 年 3 月，国务院批准《关于推进小城镇户籍管理制度改革意见》，规定在县级市市区、县人民政府驻地镇基地建制镇，只要有"合法固定住所，稳定职业或生活来源的人员及与其共同居住生活的直系亲属，均可根据本人意愿办理城镇常住户口，根据本人意愿，可保留其承包土地的经营权，也允许依法有偿转让。"并规定在教育、就业等方面与当地居民享有同等权利。2010 年 5 月，中国政府网公布《国务院批转发展改革委关于 2010 年深化经济体制改革重点工作意见的通知》提出：深化户籍制度改革，加快落实放宽中小城市、小城镇特别是县城和中心镇落户条件的政策，逐步在全国范围内实行居住证制度。2012 年 2 月，《国务院办公厅关于积极稳妥推进户籍管理制度改革的通知》提出：放开地级市户籍，清理造成暂住人口学习、工作、生活不便的有关政策措施，有关就业、义务教育、技能培训等政策措施不要与户口挂钩，继续探索城乡统一的户口登记制度。

民福利差别的限制，大部分在城镇居住半年以上被称为城市人口的乡—城流动人口仅仅只是实现了常住居住地和职业的转换，而其生活方式、消费观念以及作为常住地城镇居民身份应享有的基本福利和社会待遇等仍未发生转变。因此，户籍制度仍然是阻碍城镇化发展的一道屏障。

（二）社会发展滞后于农业转移人口市民化

发达国家城镇化发展经验表明城镇化应与基本社会公共服务同步发展。然而，中国城镇化发展的实际已超前于社会发展。基本公共服务是为维持经济社会的稳定、基本的社会正义和凝聚力，保护个人最基本的生存权和发展权，为实现人的全面发展需要政府及社会为每个人都提供基本就业保障、基本养老保障、基本生活保障、基本的教育和文化服务、基本的健康保障等。伴随城镇化的快速扩张，城镇人口规模急剧膨胀，政府提供的社会公共服务保障和社会管理严重滞后致使大规模流动人口处于公共服务的边缘。流动人口虽为城市建设和发展做出巨大贡献，但其福利和应享有的教育、医疗、社会保障等都被排斥在城市社会体制外，生存状态长期边缘化。具体表现为：

（1）公共卫生与基本医疗服务方面是流动人口最现实的需求。调查显示，2/3 以上的流动人口不去正规医院看病，主要原因是正规医院医疗费用太高，在缺乏基本医疗保险的情况下，远远超出经济支付能力。（2）政府对流动人口就业服务和职业培训的制度供给、资金投入的供给数量和供给水平还处在较低层次。国家统计局的专项调查表明，50.20% 的农村流动人口参加过职业技能培训，且多数是临时的、短期的岗前培训。设立的失业救助机制一般优先考虑城镇户籍人口，流动人口处于边缘状态。（3）城镇提供教育基本公共服务不足。由于城乡户籍制度制约，流动人口子女一般情况下只能选择农民工子弟学校，办学条件差、师资弱、流动性大。（4）基本社会保障在农村流动人口中的覆盖面偏低。国家统计局的调查表明，74.81% 的流动人口未参加任何保险。有分析表明，农村流动人口的社会保障指数只有 0.251[①]，这说明农村流动人口享受的基本社会保障水平只有城镇居民的 25.1%，差距悬殊。医疗卫生、养老、教育、就业等社会基本公共服务的供给不适应城镇化快速发展态势已经威胁到半城镇化人口最基本的生存权和发展权。

"十二五"期间，人口城镇化率提高约 4 个百分点，依据联合国的人口预测结果（中方案）推算，2020 年乡—城流动人口规模将增到 3 亿左右。庞大规模的流动人口充斥并考验着中国这种特殊体制下的城镇公共服务的供给。不完善的

---

① 人民网：《百姓、民生——共享基本公共服务 100 题》，http://theory.people.com.cn/GB/68294/117763/index.html。

基本公共服务和社会保障制度，同户籍制度相互作用、相互强化，使得流动人口难以以均等化的方式享受医疗、就业、养老、教育、治安等公共服务，逐渐成为制约城镇化健康发展的短板。

（三）农业转移人口市民化滞后于经济发展

对于城镇化与经济增长之间的关系，众多学者从不同研究视角进行了大量的理论解释和实证研究，结论表明城镇化与经济增长具有显著的相关性，城镇化率与人均 GDP 的数学模型也表明经济发展引起城镇化水平的提高。从城镇化率和人均 GDP 的速度变量看，依据 1955～2010 年期间时序数据，二者速度的相关系数仅为 0.56，两者的速度变量成中相关。以人口城镇化速度为因变量，人均 GDP 增长率为自变量建立数学模型 $y = \alpha + \beta x + \varepsilon$（$y$ 代表城镇化速度，x 代表人均 GDP 增长率，α，β 为常数项，ε 为误差项），模型回归系数显著，但是经济增长速度只能解释人口城镇化速度的 32%，暗含着除了经济增长外还有其他主要因素是推进中国城镇化发展的主要动力。数据考察，1955～2010 年期间，人口城镇化速度平均为 2.46%，人均 GDP 增长速度平均为 6.19%。显然，经济增长速度快于人口城镇化（见图 2-4）。

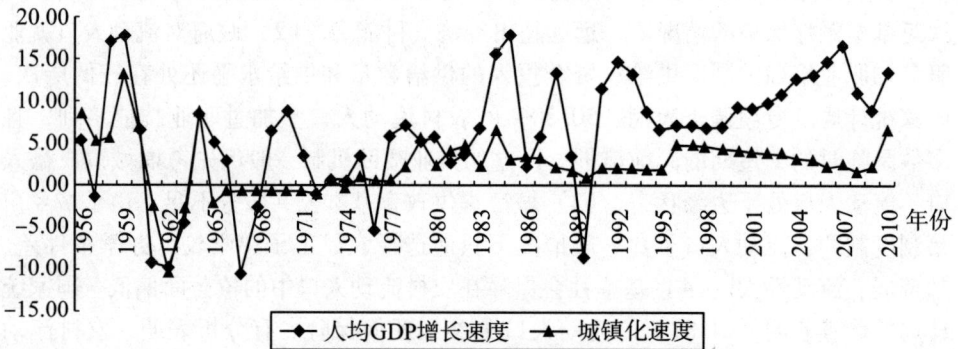

图 2-4　人口城镇化与经济增长速度比较

（四）农业转移人口市民化滞后于土地城镇化

城镇化的核心，本应是农村人口的城镇化，然而，纵观近 20 多年的"城镇化热潮"，实际上成了"城市建设热潮"，城市建成区面积和城市建设用地面积都迅速扩大，但人口城镇化水平却没有得到相应的提高（见表 2-2）。1990～2011 年的 21 年间，全国城市建成区面积扩大了 2.39 倍，城市建设用地面积扩大了 2.61 倍，而人口城镇化率仅增长 0.94 倍，空间扩张速度是人口城镇化增长速度的 2.54 倍，城市建设用地面积增长速度是人口城镇化增长速度的 2.78 倍。

2000～2011 年的 11 年间，全国城市建成区面积扩大了 94%，城市建设用地面积扩大了 89%，而人口城镇化率仅增长 42%，空间扩张速度是人口城镇化增长速度的 2.24 倍，城市建设用地面积增长速度是人口城镇化增长速度的 2.12 倍。"参照国际标准，为了保证城市开发效率和资源环境保护效果，土地城镇化与人口城镇化速度应该基本相当，以用地增长弹性系数①衡量，大约在 1 到 1.12 之间"②，而中国 1990～2011 年的 21 年间和 2000～2011 年的 11 年间，用地增长弹性系数分别是 2.02 和 1.78，都已经大大超过了国际标准。

表 2-2　　　　　　　 1990～2011 年中国城市面积和人口城镇化情况

年份 项目	1990	2000	2010	2011	2011 年比 1990 年增长（%）	2011 年比 2000 年增长（%）
建成区面积（平方公里）	12 856	22 439	40 058	43 603	239	94
城市建设用地面积（平方公里）	11 608	22 114	39 758	41 861	261	89
人口城镇化率（%）	26.41	36.22	49.95	51.27	94	42
城镇人口数量（万人）	30 195	45 906	66 978	69 079	129	50

资料来源：国家统计局：《中国统计年鉴（2012）》，中国统计出版社 2012 年版，第 101，393 页。

随着大量土地被征用和开发，中国出现了数目惊人的失地农民。国务院发展研究中心原主任王梦奎曾经专门研究过中国城镇化中的失地农民问题，他发现："1987～2001 年，全国征用耕地 2 400 多万亩，至少有 3 400 万农民人均占有耕地减少到 0.3 亩以下或者完全失去土地。这里还不包括违法占用耕地。据卫星遥感资料，违法用地数量占用地总量的 20%～30%，有的地方高达 80%。如果考虑到违法占用耕地，人均占有耕地 0.3 亩以下或者完全失去土地的人口可能高达 4 000 万～5 000 万人，占全国农村人口的 5%～6%，是个很大的数量。由于征地范围过宽，补偿严重不足，被征地农民生活水平下降、就业没有着落的问题相当突出。国家统计局对全国 2 942 个失地农户调查，46% 生活水平下降；这些失地农户共有 7 187 个劳动力，安置就业的占 2.7%，被迫赋闲在家的占 20%。不少建设项目征地款占工程造价比重只有 3%～5%。许多腐败和犯罪案件与土地问题有关。农民上访 60% 以上和土地有关。大量失地无业农民已经成为影响社

---

① 用地增长弹性系数等于城市用地增长率与城市人口增长率之比。
② 王栋琳：《城镇化不能演变成"造城运动"》，载于《中国证券报》2012 年第 6 期，A01。

会稳定的重要因素。"① 中国城市规划学会理事长、中国科学院院士、中国工程院院士周干峙也曾经于 2005 年 9 月 25 日在中国城市规划年会上的报告中提醒人们，中国城市化发展中的问题"最主要的是'四个透支'和'三个失衡'，即：土地资源透支、环境资源透支、能源资源透支、水资源透支；'失衡'表现在：城市内贫富差距扩大、城乡经济差距拉大、沿海和内地差距增大。"②

中国城镇化发展进程中，社会发展、经济发展、政治及制度与人口城镇化发展处于脱节的状态。社会发展、经济发展及与城镇化发展相关的制度安排滞后于人口城镇化发展进程；从发展水平看，经济发展与城镇化发展水平呈正向相关。但是，速度比较显示，人口城镇化发展滞后于经济发展速度，并且两者呈弱相关，说明经济发展并不是中国城镇化发展的主要动力。这一结论与发达国家的城镇化发展基本动力是经济发展的经验相悖。结合上面分析结果，中国城镇化发展进程的快慢不是取决于经济发展的动力而是取决于政府提供的制度安排以及现行的社会体制。

三、农业转移人口市民化结果的不完全性

（一）成本的高价化特征

根据城市化成本—收益模型分析，每进入城市一个人，需要个人支付成本 1.45 万元/人，公共支付成本 1.05 万元/人，总计转变一个农民成为城市居民平均需支付的社会总成本为 2.5 万元/人（按 2000 年不变价格）③。这一个人支付成本若让农民工自己解决，在其收入较低的情况下是不现实的。同时，农业转移人口市民化的高成本还表现在居住的高成本上。据统计 2002 年农户家庭节余为 2 100 元，一年的节余仅能够在中等城市购买 1 平方米的住房（中等城市的房价为 2 050 元/平方米），需要 2~3 年的收入节余才能在大城市购买 1 平方米的住房（目前，中国三大城市带中心城市房价平均为 6 780 元/平方米，大城市主要是省会城市为 4 300 元/平方米），因此，大部分农业转移人口不可能在大中城市买得起房。即使租房居住，其成本也相当高。这也就是为什么自 20 世纪 90 年代末期以来，中国城乡迁移人口数量虽然已达到了非常大的规模，但真正永久迁移到城市的却不多的原因。此外，这种高成本也表现在高额的医疗费和高额的子女教育费上。仅以交借读费为例，小学每学期 200~500 元不等，除此之外还要交纳一

① 王梦奎：《关于统筹城乡发展问题》，载于《求是》2004 年第 10 期，第 5~9 页。
② 《周干峙谈：我国城市化的现状和趋势》，载于《城市规划通讯》2005 年第 19 期，第 5~6 页。
③ 王亚芬：《城市化是中国财富涌流的载体》，http://www.cas.ac.cn/htmL/Dir/2003/01/15/5790. html，2003-01-15。

次性的赞助费，小学一般 1 000 多元，初中甚至达几千元，否则就以学生名额已满拒收。

（二）半市民化特征

1. "半市民化"现象普遍

半市民化是一种介于回归农村与彻底城市化之间的状态①。从历史演变的角度看，半市民化具有一定的普遍性，几乎在所有国家的工业化、城市化过程中或多或少都出现过"半市民化"现象。主要是因为农村流动人口不论在劳动技能及货币资本积累能力上，还是在生活方式和行为习惯上，均不能很快与城市社会相融合。但是，发达国家的半城市化主要发生在社会生活、行动和认同层面，体制层面不存在障碍，并且力图出台社会福利保障政策，旨在帮助那些处于半市民化状态的人口早日融入城市社会。而中国农村流动人口的半市民化问题，不仅体现在社会生活层面，更体现在体制层面。因此，以农民工为代表的典型的"半市民化"是指进入城市的农民工一直被当作纯粹的就业者和劳动者，被局限在次级的劳动力市场，大多从事非正规就业，有限地参与城市的劳动分工，并没有与城市社会、制度和文化系统实行有效的衔接，即没有真正融入城市社会的状态。在权利保障上，他们在城市社会不能享受完整的市民权利，不能与城市居民"同工同酬、同工同时、同工同权"，权力配置错位，且不完整；在经济活动上，城市对他们是"经济上吸纳、制度上排斥"，他们只能从事非正规就业，但却没有被赋予组织权、社会保障权、发展权（受培训、教育权）等；在城市社会生活行动层面，他们不能进入城市主流社会，只能生活在城市的边缘地带，与城市居民之间形成明显的隔离，处在"生存孤岛"之中；在社会心理层面，由于不被城市居民所接纳和认可，导致他们对城市社会产生复杂的情结，逐渐转向对内群体的认同，寻找内群体的情感和社会支持。可见，这种半城市化根源于体制层面的障碍，即体制隔离问题。体制改革满足不了农村人口流动在城市社会整合的要求，从而使"半城市化"成为一种坚固的结构现象，而且不断复制。这种复制，使农村流动人口失去了融入城市社会的能力。

农业转移人口市民化的"高价化"、"二元化"、"半市民化"特征，集中反映了其市民化的不完全性和不彻底性，并对我国城市化和现代化进程产生影响。

首先，农业转移人口市民化的不完全性，加剧了其流动性，并使其流动过度集中于东南沿海，过多流向大城市，特别是特大城市，加剧了城市的超负荷运转。城乡之间收入或预期收入的差距是人口流动的决定因素。在我国区域经济不

---

① 王春光：《农村流动人口的半城市化问题研究》，载于《社会学研究》2006 年第 5 期，第 107 ~ 121 页。

平衡加剧，县域经济发展滞后的情况下，农民工当前主要集中在沿海和大城市。2004年，在东部地区务工的农民工占全部外出农民工比重上升到70%以上，主要流入地集中在北京、天津、上海、浙江、江苏、广东、福建等7个省市。多项调查表明：在大城市务工的农民工高达60%以上。北京流动人口突破400万，占总人口的1/4；上海和广州均突破500万；深圳在住人口超过1 000万。农民工流动人口过度集中于大城市，尤其是特大城市，使城市超负荷运转，"大城市病"日益显著；同时，这种过度集中，也使镇化结构失衡，未能在空间布局上产生点、线、面的有效结合，使城镇化倾向于无序性。

其次，农业转移人口市民化的不完全性使农民工的收入难以转化为消费支出，造成消费投资不足，从而对城市经济发展产生不利影响。农村生活和城市生活是两个不同的概念，农村生活具有很强的自给自足特征，而城市生活具有商品特性。2003年，城市居民年均消费额为8 471元，农村居民为2 316元，把一个农民转化为市民，则可增加6 110元的消费需求，若以1.2亿农民工计算，就可增加7 332亿元的消费需求。假如在20年左右的时间里，能够将2亿农村剩余劳动力转移到城市来，那么它们须购买7 000万套住房，7 000万台电视机、电冰箱、洗衣机等。然后会对城市生活用品、服务产生大量需求，2亿多人的吃穿住行和娱乐休闲活动，将是一股旺盛的需求力量。但是，农民工进城打工，却不在城市定居，最终还要回归农村，只是一种"劳务转移"[①]，其消费需求难以有效释放出来。有资料表明，农民工平均消费倾向仅为0.53，低于城市居民（0.81），也低于农村居民（0.77）[②]。2000年平均每个转移劳动力寄回家里的现金为4 522元（国家统计局农调队，2000）。由于农村和城市的生活习惯不同，这部分收入转入农村后，大部分形不成对商品的有效需求，无法带动城市二、三产业发展。同时，一个农民从农村转移到城市里来，由于工业生产比农业生产高得多的效率，他提供的产品大大增加了，但他在打工地的消费降到了不能再降的程度，除了房租、食品等必不可少的支出外，对工业品的消费却很少。也就是说农民工在二、三产业就业极大增加了产品的供给能力，却没有产生对这些产品的相应需求，从而造成了需求不足的局面。所以，农民工市民化，不仅是让农民在城市打工，而且要获得城市户口，在城市定居，在城市组织家庭，完全融入城市社会，真正实现从农民到市民的身份转变。这样就可形成良性的循环：最初，产业发展将一批农村剩余劳动力吸纳进城市二、三产业，他们在城市生活、生产、产生消费需求，将进一步促进城市二、三产业发展，从而吸纳更多的农村剩余劳动力就业，直到将农村剩余劳动力全部吸纳出来，最终达到平衡状态。

---

① 赵俊超、孙慧峰、朱喜：《农民问题新探》，中国发展出版社2005年版。

② 张兴华：《农民工消费的经济分析及其启示》，载于《中国农村经济》1999年第3期，第26～29页。

2. "半城镇化" 现象严重

2000 年中国第五次人口普查以来，城乡人口统计采用按常住人口登记的原则，"已在本乡、镇、街道居住半年以上，常住户口在本乡、镇、街道以外的人"和"在本乡、镇、街道居住不满半年，但已离开常住户口登记地半年以上的人"均在现居地登记。按照这两条，绝大多数农民工被计算为城镇人口。据国家发改委城市和小城镇改革发展中心副主任乔润令提供的数据，2011 年中国城镇化率达 51.27%，据此计算中国城镇人口已达 6.9 亿，但是，2011 年底中国农村户籍人口是 9.3 亿，这意味着城镇户籍人口数量仅为 4.2 亿。由此可见，高达 2.7 亿的户籍在农村的人口被计算为了城镇人口。2012 年国民经济和社会发展统计公报也显示，2012 年末全国农民工总量为 26 261 万人，其中，在本乡镇以外从业 6 个月以上的外出农民工 16 336 万人，在本乡镇内从事非农产业 6 个月以上的本地农民工 9 925 万人。[①] 广大农民工虽然在城镇化率统计中被计入了城镇人口，但并不是被内部化了的特定城镇人口。有关研究显示，目前只有 1.7% 的农民工落户城镇，户籍人口城镇化低于常住人口城镇化近 20 个百分点。[②] 这些已经发生了职业变化的数量庞大的农民工，因未获得所在城市的合法户籍而不能享受相应的社会福利，只能每年无奈地往返于城乡之间，形成中国独特的"半城镇化"现象。

"进城就业的农民工已经成为产业工人的重要组成部分，为城市创造了财富、提供了税收。"[③] 但是，在城乡二元体制的制约之下，他们却难以获得正式市民的身份和待遇。一些农民连续三代在城市打工，已经在城里结婚生子，而且拥有稳定的工作和固定的住所，但是他们仍然不能像城里人一样享受到各种社会保障，无法享受到城市的住房补贴、在职培训或进修、社区服务，也享受不到公共财政提供的义务教育，农民工随迁子女在城市求学除了要跟城里的孩子一样缴纳各种费用外，还需要交纳插班费或借读费。与此同时，农民工与城市工人同工却不能同酬、同权，对农民工拖欠工资、人身伤害等各种侵权现象屡有发生。一些地方歧视农民工，对农民工就业进行种种不合理限制。在许多企业，农民工工作和生活条件恶劣，有的甚至因此酿成重大伤亡事故，还有的出现农民工自杀现象。不少企业有意识地不与农民工签订劳动合同，从而使农民工享受不到工伤保险及就业期间的医疗保障。国家统计局《2011 年我国农民工调查监测报告》显示：2011 年全国农民工总量达到 25 278 万人，其中，外出农民工 15 863 万人，

---

① 中华人民共和国国家统计局：《中华人民共和国 2012 年国民经济和社会发展统计公报》，载于《人民日报》2013 年 2 月第 23 期，第 5 页。

② 中国人口与发展研究中心课题组：《中国人口城镇化战略研究》，载于《人口研究》2012 年第 3 期，第 3～13 页。

③ 中共中央文献研究室：《十六大以来重要文献选编（上）》，中央文献出版社 2005 年版，第 676 页。

住户中外出农民工 12 584 万人，举家外出农民工 3 279 万人，本地农民工 9 415 万人。近年来随着国家法规的完善，尽管农民工劳动时间过长的问题略有改善，但在 2011 年每周工作超过法定 44 小时的农民工仍高达 84.5%，每天工作超过 8 小时的占 42.4%，每天工作 10 小时以上的占 32.2%。2008～2011 年这 4 年间，被雇主或单位拖欠工资的农民工比例分别为 4.1%、1.8%、1.4% 和 0.8%。2011 年外出受雇农民工与雇主或单位签订劳动合同的仅有 43.8%，仍有半数以上农民工没有劳动合同保护；雇主或单位为农民工缴纳养老保险、工伤保险、医疗保险、失业保险和生育保险的比例分别为 13.9%、23.6%、16.7%、8% 和 5.6%；仅有 0.7% 的外出农民工在务工地自购房。[①] 由于广大农民工只能进城就业，无法举家在城镇生活，又导致农村留守妇女、留守儿童和留守老人等社会问题。有数据显示，在农村人口中，留守儿童有 5 800 多万人，留守老人有 4 000 多万人，留守妇女有 4 700 多万人[②]，这造成了中国城镇化中最尴尬且影响深远的家庭分离现象。

---

① 国家统计局：《2011 年我国农民工调查监测报告》，载于《中国信息报》2012 年第 30 期，第 1 页。

② 冯奎：《从三个时间段看"十二五"城镇化》，载于《经济要参》2012 年第 37 期。

第三章

农业转移人口市民化的影响因素

农业人口市民化是经济发展、社会进步的必然趋势，但也是一个复杂的、综合性的问题，受到多方面因素的影响，如经济因素、制度性因素、政策性因素、人力资本因素、社会文化因素，等等。这些因素为农业转移人口的市民化提供了一定的条件和机遇，同时也在很大程度上阻碍了农业转移人口市民化的进程。本章将从总体上就经济、政策、社会文化等影响因素进行分析。

第一节　影响农业转移人口市民化的经济因素

我国现阶段虽然经济、技术和人民生活水平大幅提高，但仍处于从传统农业社会向现代工业社会发展转变的进程中，因此我国仍属于发展中国家。就发展中国家的经济发展水平而言，美国经济学家阿瑟·刘易斯的"二元经济理论"为传统农业社会转向现代工业社会、农村剩余劳动力转向城镇提供了一定的经济学依据，从理论基础上为我国农业转移人口市民化提供了一些思路。

刘易斯的"二元经济理论"认为，传统农业部门的劳动生产率低下，农业人口的工资和报酬也很低，仅仅能够维持生计，当农业部门的劳动边际生产率趋近零时，便会产生农村劳动力剩余的现象；现代的工业部门则是以营利为目的的，其现代化的生产方式和先进技术使得劳动生产效率高、工资收入高，从而吸引了大量的农村剩余劳动力，而富足的劳动力进一步扩大了工业生产及其规模，提供了更多的就业空间，这一循环使得农村剩余劳动力源源不断地向工业部门转移；当农业剩余劳动力向工业部门转移完全，或工业部门与农业部门的劳动生产效率水平相平衡时，这一单向流动停止，劳动力将会自由流动，两种经济部门的二元经济结构逐渐转变为一元。刘易斯的这一理论为发展中国家解决农村剩余劳动力转向现代工业部门提供了理论依据和思路，且比较符合发展中国家的现状。我国是一个农业大国，农村人口占总人口的半数以上，随着经济的发展和工业化水平、城镇化水平的提高，农村剩余劳动力的数量也不断上升，因此我国出现大规模的"民工潮"且工业部门不断扩大,刘易斯的"二元经济理论"能够恰当地描述我国现阶段农业转移人口市民化的过程。但由于该理论是基于发达国家的历史和发展而提出的,以市场经济为前提条件,不能完全地解释我国农业转移人口市民化的发展和阻碍,因此我们还应该考虑现阶段的国情等重要因素。

经济社会发展的一般规律是,伴随着工业化的积极推进,城镇化水平的不断提高,经济全球化的主动融入,产业结构变迁会通过市场机制引起就业区域结构相应变迁,促进剩余劳动力有序转移,推动经济社会向前发展(曾思康,2012)。随着我国经济水平的发展以及城镇化和工业化步伐的加快,越来越多的农村剩余劳动力流入城镇,逐渐成为社会经济建设的主力军,大大地推动了经济的发展。而经济的总体水平、城镇化水平、工业化水平和产业结构等经济因素和户籍制度变迁、人力资源丰度等对农业人口市民化进程的影响是复杂的,既有积极的促进作用,也有消极的阻碍作用。

一、经济发展水平

(一) 我国经济的总体水平和人均水平

GDP,即国内生产总值,是衡量一个国家或地区在一段时间内经济发展状况的重要指标,在很大程度上体现一国的经济总体水平。

由图 3 - 1 中国、日本、美国 2005 ~ 2013 年的 GDP 数值可以看出:我国国民生产总值的增长是非常迅速的,在 2009 年超越了日本,并且与美国的 GDP 总值距离不断拉近。2013 年我国国内生产总值达 9.24 万亿美元,是 2005 年国内生产

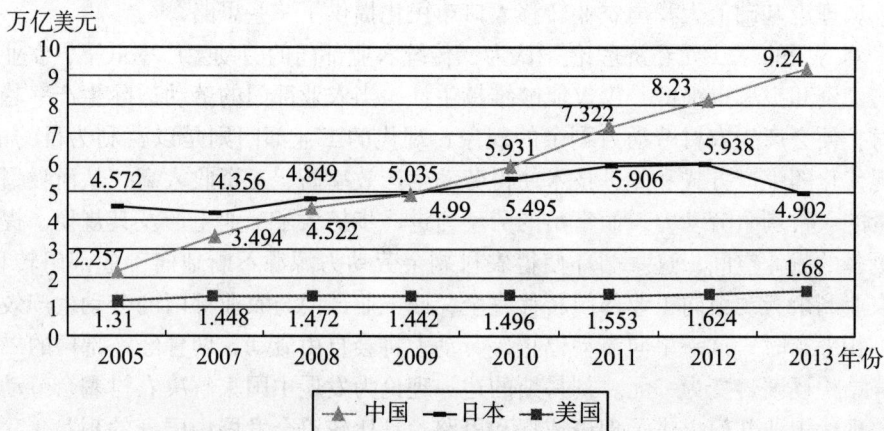

图 3 - 1 中国、美国、日本 2005 ~ 2013 年 GDP 数值

资料来源:世界银行,http://www.worldbank.org。

总值的四倍有余。由图 3 - 2 可知，近 10 年来我国 GDP 增长率一直保持着 7% 以上的高增长速度。由此可见，我国现阶段处于经济快速发展时期，人民生活水平显著提高，我国综合国力大大增强。

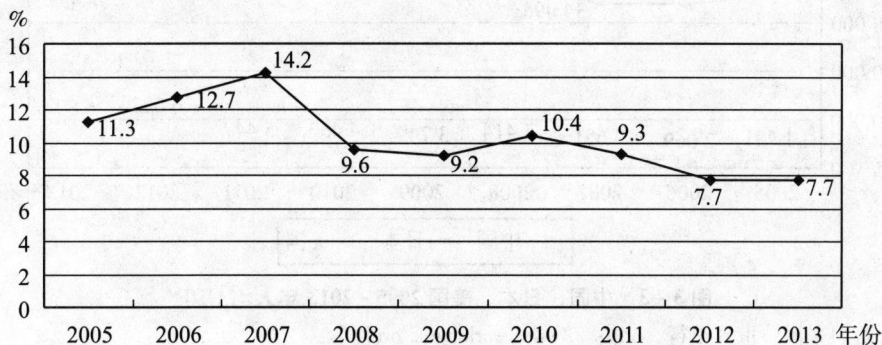

图 3 - 2　我国 2005～2013 年 GDP 增长率

资料来源：世界银行，http：//www. worldbank. org。

我国现阶段经济总体水平的高速增长在带动城镇化、工业化和产业结构优化升级的同时，因经济增长带来的大量就业机会也推动了农村剩余人口进城务工，为农业转移人口市民化提供了有利的条件。而农村剩余劳动力流入城镇必然会进行消费、拉动内需，从而促进经济水平的增长。可见，我国经济水平的发展和农业转移人口市民化可处于一种良性循环、相互促进的状态。

我国人口众多，虽然 GDP 总值仅次于美国居世界第二，但人均 GDP 的数值却处于较低水平。由图 3 - 3 中国、日本、美国 2005～2013 年的人均 GDP 水平可见，我国的人均收入水平远远低于日本和美国。2013 年我国的人均 GDP 仅为 6 807 美元，甚至不到美国 2005 年人均值的 1/6。我国人口基数大、新增人口多，人均收入水平低，再加上我国贫富差距严重，而农业转移人口多是处于贫困线上下，这些因素都阻碍了农业转移人口市民化的进程。

农村剩余劳动力流入城镇的最主要动因就是为了赚钱养家糊口，但是他们进入城镇必须要支付不少费用，除日常的衣食住行外，还需要办理和持有外出人员务工登记卡、外出人员计划生育证、暂住证、外来人员婚育证、就业证等，某些行业还需要健康证，缴纳为数不菲、名目各异的费用，包括外出就业管理费、外来人口管理费、子女教育的借读费和赞助费、培训费、城市生活垃圾处理费、劳动力调节费、各种办证费等（黄锟，2009）。这些费用使农业转移人口原本就拮据的生活状况愈加困难，对其形成了资金上的障碍，严重制约着他们的市民化进程。

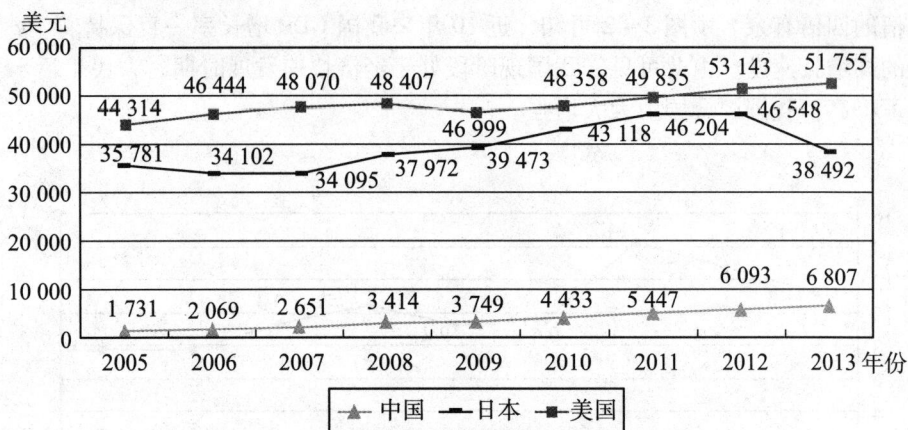

图 3 - 3　中国、日本、美国 2005～2013 年人均 GDP

资料来源：世界银行，http：//www. worldbank. org。

（二）我国工业化水平

工业化是指工业在一国的国民经济生产总值中的比重不断上升、工业从业人数在总就业人数中的比重不断提高、工业逐渐发展成为一国经济主体的过程，也是传统农业社会向现代工业社会转变的必经之路。工业化水平是一国现代化的重要标志。新中国成立以后，我国便开始了以工业化为核心的现代化进程，尤其是改革开放以来的快速工业化进程，让我国的工业化取得了巨大的成就，特别是工业的迅速发展和经济结构的持续优化，这些都有利于我国农业转移人口市民化的发展，为农业转移人口的市民化提供了一定的机遇：

（1）工业化促进了经济的发展。工业化的发展带动了城镇经济的发展，使得城镇对劳动力的需求加大，吸引了大量的农村剩余劳动力进城务工；工业化提高了城乡交通的便利性，农村剩余的劳动力可以选择便捷的交通去往城镇，使劳动力流动更为便捷。

（2）工业化提供了更多的就业机会。工业化水平越高，意味着工业部门的规模和数量越多，因此需要更多的劳动力以满足生产的需要，这为农村剩余劳动力创造了更大的就业空间，推动农业转移人口市民化的进程。同时，工业化与第三产业或服务业的发展是相互依存、相互促进的。服务业比重越高，对劳动力的需求就越多，农村剩余劳动力转移就越快越有利（曾思康，2012）。

（3）工业化加速了城乡间的人口流动。工业化提高了农业部门的生产效率和发展水平，使得农业剩余人口进一步增加。根据刘易斯的"二元经济"理论，工业部门的高生产效率和高工资水平吸引了大量的剩余农村劳动力向现代工业部门转移。

但我国工业化发展的历史和现状对农业转移人口市民化形成了一定的障碍。如新中国成立初期我国所采取的优先发展重工业的工业化发展方针，没有充分利用我国劳动力资源丰富的优势，为了配合当时的重工业发展需要而采取的户籍管理制度以及计划配置劳动力体制在一定程度上阻碍着农业人口转移的进程。

（三）我国产业结构水平

产业结构，又称国民经济部门结构，是指国民经济中各产业部门之间及产业部门内部的构成。产业结构的发展即国民经济的发展重点或产业重心由第一产业（农业、林业、畜牧业、渔业）向第二产业（采矿业、制造业、电力、燃气、建筑业等）及第三产业（服务业）的逐次转移。产业结构水平在很大程度上突显了一国经济水平的高低，也是一国工业化水平的集中体现。

我国在新中国成立初期是一个典型的农业国，产业重心集中在第一产业，产业结构水平极低且区域布局不平衡。自改革开放以来，我国产业结构水平有所发展，第一产业比重逐渐下降，第二、三产业比重上升，尤其是工业的发展大大促进了国民经济的快速增长。这些因素促进了农村剩余劳动力向城市的转移，为农业转移人口的市民化奠定了良好的经济和产业基础。

虽然我国产业结构水平不断提升，但第二产业发展低端化、第三产业比重明显偏低、产业内部结构不合理、效益偏低、产业布局的失衡性等因素限制了农业转移人口市民化的进程。

第二产业的低端化意味着从业人员的工资较低，而从业人员中大部分都为农业转移人口，这使得他们收入低下，无法提供市民化所需的相关经济成本。第三产业发展不足、质量不高，无法满足我国经济和人口的发展需求，从而无法发挥第三产业所需投资少、吸纳就业人数多、促进经济发展和产业结构升级等优势，这会导致农村剩余劳动力就业不充分等问题。

由表3-1可以看出，目前我国产业结构水平在产业布局上体现出很大的失衡性，主要表现在各区域发展不均衡、不协调。从数据中可以看出，我国东部沿海地区集聚了最多的劳动力且人均收入较高，而中西部广阔的地域却分别只有29.5%和22.7%的劳动力比例且收入偏低。我国区域经济的明显差异使得大量中西部农村的剩余劳动力不远万里地流往东部发达地区，而他们的家庭、儿女仍留守在农村。跨区域迁移增加了农民工就业的经济成本、社会成本和心理成本，不利于农民工在城市稳定就业和生活。这一"迁徙式"流动就业严重制约了我国的城市化，农民工市民化进程异常缓慢。我国产业布局失衡是造成农民工跨区域流动就业、市民化进程缓慢的产业根源（熊小伟，2013）。

表 3 - 1　　　　　2012 年我国东、中、西地区的人均收入和产业结构水平

区域	东部	中部	西部
人均收入（元）	28 245.76	20 508.37	20 194.68
第二产业占 GDP 份额（%）	48.23	52.05	50.13
第二产业劳动力占总劳动力份额（%）	39.1	29.5	22.7

　　资料来源：熊小伟：《从产业布局角度看我国农民工市民化》，载于《人民论坛》2014 年第 5 期，第 152～154 页。

（四）我国城镇化水平

　　城镇化是一个国家社会经济发展的重要标志，是我国文明进步的一大趋势，也是党的十八大以来重要的战略任务之一。城镇化的关键是要实现人的城镇化，就我国目前的情况而言，农业转移人口的市民化是人的城镇化的核心。因此，我国城镇化的首要任务是解决农业转移人口市民化的问题。

　　充分的城镇化有利于促进农业转移人口市民化的进程：

　　（1）城镇化拉动内需，促进经济发展。城镇化的过程中，由于外来人口的流入使得城镇原有的基础设施（如交通、住房、通信、医疗、教育、环境等）已无法满足快速增长的人群需求，因此必然拉动政府的资金投入和相关利益团体（如房地产商、私营医药企业、教育培训机构等）的投资。城镇化促进了社会经济的发展，而经济发展同时也加速了城镇化的进程。随之而来的更多的劳动力需求和工作机会为农业转移人口流入创造了条件，有利于推进其市民化的进程。

　　（2）城镇化扩大了城镇的容纳力。基础设施的完善和城镇规模的扩展使得城镇的容纳力大大提升，能够接纳更多的农业转移人口。

　　（3）城镇化提高了农业转移人口的薪酬和福利。农村剩余劳动人口进城务工的主要动因就是为了能够赚取更多的钱，这不仅能够解决他们的就业问题还能提高他们的工资水平和生活水平。此外，他们在城镇或城镇边缘生活，能够享受到比农村更好的公共基础设施和丰富的社会资源，生活更为安稳富足。这些因素使得农村剩余劳动力流入城镇的意愿更加强烈。

　　（4）城镇化引导市民化，促进城乡和谐。城镇化引导人口合理流动和分布，有利于城乡劳动就业，大力推动农村富余劳动力转移。城镇化充分发展能扶持农民工就业安居工作，促进进城务工经商农民向城镇居民转化（葛信勇，2011）。同时，城镇化的发展能够带动农业生产规模化、产业化，有利于提高农业生产效率；随着城镇化发展和对农村辐射，公共服务和基础设施也会向农村不断延伸，在改善农村人居环境和生活水平的同时，也改变了农民生产生活方式转变（曾思康，2012）。这能够促进城乡统筹发展和城乡和谐。

我国人口众多，其中有一半以上为农村人口。从图3-4中的数据可以看出，我国城镇人口由2003~2011年呈高速增长的态势，城镇化水平于2011年首次超过50%，我国城镇人口首次超过农村人口，达到将近7亿人。虽然从数据上看，我国城镇人口急剧增长、城镇化水平不断提高，但实际上城镇化发展不充分，在数量和质量上都存在一些问题。如大量的农业转移人口工作在城镇中，户口却仍在农村，仍属于农村人口，成了城镇的"边缘人群"；很大一部分的农业转移人口根基依旧在农村，家属留守农村，无法与城镇人口享受相同的福利和待遇……这些都制约着农业转移人口市民化的进程。

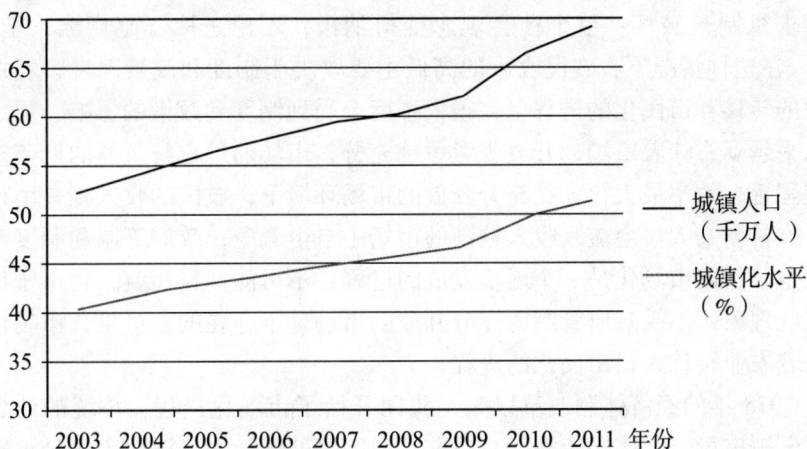

图3-4 我国2003~2011年城镇人口及城镇化水平

资料来源：林存壮、周乐萍：《农业转移人口的内涵及推进政策》，载于《中国集体经济》2013年第22期，第3~4页。

改革开放以来，大量的农村人口涌入城镇，其规模之大数量之多在各国城镇化历史发展中也是极为罕见的。急剧增加的人口使得对城镇的公共服务、基础设施、资源、环境等造成了巨大的压力，而我国城镇化水平的发展远远赶不上这一步伐，所以城镇容纳力和承载力面临很大的挑战。如人口的过度膨胀和集聚，加重了原本就拥挤不堪的城镇的交通和住房的压力，使得城镇变得不宜生活；城镇基本设施不够完善，特别在农业转移人口集中地区，街道设施以及电力、燃气、垃圾处理、污水处理等市政公共设施的设置不够合理；公共服务如学校、医院、公园、社区等的建设力度不够，很多外来人员无法享受此类公共服务；环境污染、噪音污染愈加严重，城镇中绿化率低、人均绿地少；资源承载力有限，特别是水资源相对短缺，使得城镇的容纳力更为有限……因此，如果城镇的综合承载能力得不到提升，不能够为农民工提供比留在农村更好的福利和环境，也就无法形成促进农民工市民化的城市推动力（程姝，2013）。

（五）我国市场化水平

市场化与工业化、城镇化是紧密联系在一起的，它是指一国的经济体制由政府管制型经济向以市场需求为导向的市场型经济转变的过程。市场化水平即是市场经济这一"无形的手"在市场的资源配置中所起作用的程度。市场化水平低则该市场受政府管制严，政府广泛干预经济活动，甚至完全取代市场和企业；价格管制使价格偏离其真实水平，不能发挥传递信息、提供刺激和收入分配的作用，从而导致资源配置效率降低；企业失去独立产权主体的地位，市场竞争和利益机制的激励作用被减弱，导致企业经营效率低下；各种市场的发展受到限制甚至取缔，供求机制被破坏；整个社会观念变得消极，不思进取（赵彦云，李静萍，2000）。在这种情况下，农民收入的高低主要取决于制度和政策因素，农村剩余劳动力的转移和市民化的进程也在很大程度上受到制度和政策的影响。反之，市场化水平越高意味着市场越开放、竞争越充分，市场通过自身机制的调节实现资源合理配置、效率最大化。在充分开放的市场环境下，农民的收入则是由市场决定的，农村剩余人口会流入收入较高的市场中自由竞争，政府管制和制度政策的约束较少。然而市场化是一个逐步发展的过程，不可能一蹴而就，且由于市场存在失灵的现象，不受政府管制的充分开放的市场是不存在的。可见，市场化水平也影响着农业转移人口市民化的进程。

自1978年的经济体制改革以来，我国开始了市场化进程，传统的计划经济体制逐渐被市场经济体制所替代。目前，我国仍处于计划经济向市场经济转型的过程中，市场化水平不断提高，农村剩余劳动力可在市场中实现一定程度的自由流动，这有利于他们在市场更为发达、完善的城镇地区安家落户。但我国市场机制并没有完全建立起来，市场化的进程存在以下几个特点：传统计划经济的影响还相当大；渐进式的市场化发展不够充分、完全；在不同地区、不同领域、不同产业，市场化水平并不一致，表现为东部沿海地区的市场化水平高、中西部地区低，城市市场化水平较高、农村较低；商品和服务领域的市场化水平较高、生产要素领域的较低；非国有经济的市场化水平较高、国有经济的较低；竞争性行业的市场化水平较高、自然垄断行业的较低，第二产业市场化程度高于第一产业和第三产业的现象（唐之享，2003）。我国市场化发展的这些特点说明政府管制对于市场发展的影响较大，这其中有促进农业转移人口市民化的因素：如农村剩余劳动力会由于农村市场的问题而转向城镇市场、第二产业较高程度的市场化吸引了更多企业的投资和自由竞争从而能够吸纳更多的农业转移人口进城就业等。但总的来说，传统计划经济的约束和过严的政府管制制约了农业转移人口市民化的发展。

我国市场化水平及特点使得农村剩余劳动力在转移和市民化过程中虽然有一

些有利的市场因素，但还应重点考虑政府制度和政策的影响。

二、户籍管理制度变迁

户籍制度是我国一项基本的行政制度。自 1958 年《户口登记条例》颁布以来，我国形成了将人口划分为城市人口和农村人口的二元户籍制，其原始功能是为了保障公民的权利和义务。不可否认，户籍制度是当时国情和社会经济发展的必然产物，也在社会管理和维护等方面起到过重要作用。但是随着经济和社会的发展，特别是工业化和城镇化的发展，现行户籍制度的弊端逐渐显现，并严重制约着城乡流动和农业转移人口的市民化进程。

将城市人口和农村人口分割的二元户籍制造成了城乡二元化的社会经济结构，阻碍了劳动力的自由流动，特别是农业剩余劳动力向城镇的流动，同时制约着工业和农业的协调发展，阻碍了我国工业化和城市化的进程。此外，户籍制度带来的公民身份的不平等性导致农业人口和城市人口同工不同酬、同工不同时、同工不同权的现象，说明在社会地位方面，农民工是一个边缘性群体（王乃新、何笑笑，2010）。在社会福利方面，由于户籍的不同，农业转移人口无法享受跟城镇人口相同的城市公共服务和待遇，如住房、教育、医疗、社会保障、就业等。从表 3 - 2 和表 3 - 3 可以很直观地看出，仅仅由于户籍的不同，城镇人口即可在多方面享受福利和更优的待遇，而农业转移人口即使身在城镇也无法享受与城镇人口相同的待遇。

表 3 - 2　　　　　　农业人口与非农业人口经济社会差别权益

内容	非农业人口	农业人口
就业制度	国家安排 终身职业保障 固定工资收入	自然就业 丧失劳动能力自然淘汰 收入较低且无保障
物质供应	低价食品供应 低价生活品配给	以剪刀差形式贡献农产品 并购买工业品
福利制度	无偿分配住房 高额住房补贴 免费医疗 良好的教育设施 教育普及率很高	自建住房 生老病死自己负担 教育设施简陋 居民受教育率低下
补贴	享受各种财政补贴和优惠	与各种补贴和优惠无缘

续表

内容	非农业人口	农业人口
地位	受国家保护 受政治控制	自我支持 受较弱的国家控制
流动	进入受到限制	固定于农业与土地

资料来源：王竹林：《城市化进程中农民工市民化问题研究》，中国知网，http：//cdmd. cnki. com. cn/Article/CDMD - 10712 -2010050269. htm。

表 3 - 3 　　　　　　　　传统户籍制度下市民与农民工的比较

项目	城市市民	农民工
户籍	城镇户口	暂住户口
权益	享受各种市民权益	体制外，不享受市民权益
调节渠道	政策招工、招生、调动	劳动力市场自发调节
就业	国家安排正式部门就业	非正规部门自谋职业
生活基地	城镇单栖型	城镇 - 农村双栖型
人格特征	市民人格	农民 - 市民双重人格
行为特征	稳定、长期的行为预期	不稳定、短期行为严重
收入	与职位、地位和贡献相关联	靠吃苦耐劳致富

资料来源：王竹林：《城市化进程中农民工市民化问题研究》，中国知网，http：//cdmd. cnki. com. cn/Article/CDMD - 10712 -2010050269. htm。

此外，附着在户籍制度上的教育制度、就业制度和社会保障制度等也影响着农业人口的转移。

由于户籍制度的约束，农业转移人口在教育和培训上的机会较少，特别是其子女的教育问题成为一个很重要的制约因素。农业转移人口及其子女虽然在城镇生活，但户籍仍然是农村户口，无法享受城镇的公费教育。孩子想要在城镇上学还必须花费额外高昂的"借读费"，或就读条件简陋、师资差的民办农民工子弟学校，甚至在升学考试时还必须回户籍所在地。这样一种不公的教育制度使得农业转移人口及其子女的教育得不到保障，同时他们还要承担经济、心理等多重压力，这只会让农业转移人口市民化的进程更为艰难。

在就业制度上也存在着不公平性。据中国社会科学院经济研究所发布的《农村迁移工人的劳动保护问题》，报告称当前农民工劳动保护十分薄弱，53.7%的被调查者的就业环境是不良环境，36.5%的农民工每周休息不足一天，心理健康状态不佳者达40%以上。同时该调查还发现，在这53.7%的被调查者中，他们的工作环境至少符合"有毒"、"粉尘"、"噪音"、"潮湿"和"高空"中的一项。① 在我国屡次发生的生产重特大安全事故如煤矿安全事故中，失去生命的主要是农工群体。我国每年因工致残人员近 70 万，其中农民工占绝大多数（王竹林，2008）。可见，农业转移人口的就业问题主要体现在：就业层次低，就业环境差，一般集中于城镇人口不愿意从事的低层次职业；劳动强度大，工作时间长，工资收入低，其艰辛的劳动付出和工资报酬往往极不对等，甚至还可能遇到无良老板长期拖欠工资；工作危险性高，权益得不到保障，他们承担着最辛苦、最危险的工作，但其人身安全和工作的稳定性却得不到应有的保障。同时，就业歧视也存在于各城市和各用人单位中。农业转移人口很多时候仅仅因为身份就遭到就业限制，或取得比同岗位的城镇人口更少的工资和福利。正因为就业制度的不完善和就业问题的存在，导致出现农业转移人口收入低下、工作不稳定、工伤事故得不到解决、备受歧视等问题，这不利于其就业上的稳定性，使得农业转移人口市民化进程步履艰难。

我国的社会保障体系包括社会保险（包括养老保险、失业保险、医疗保险、生育保险、工伤保险等）、社会福利、社会救助（最低生活保障制度）、优抚安置、社会救助等项目构成。由表 3-2 和表 3-3 的几个项目内容以及上面的分析可以看出，农业人口在医疗、住房、养老、教育、补贴、福利、失业保障、生活等社会保障方面并没有与城镇人口享受同等的待遇，农业转移人口与各种补贴和优惠无缘，生老病死要自己负担，收入较低且无失业保障，教育率低下且教育设施简陋、必须自建住房等。农村剩余劳动力进入城镇工作和生活，不但没有享受到市民应有的社会保障，还因为要长期从事脏、累、差、险的工作导致患病概率提高，而由于思想认识的不足和意识薄弱使得他们一般参保率低且用人单位也极少为他们投保。如果真的出现了严重的工伤事故，雇主会推脱责任，加上农民工维权意识淡薄，往往不了了之，可见我国对农业转移人口的社会保险方面是极为缺失的。虽然我国在社会福利方面有着力改善农业转移人口的生活条件，并在城市和农村普遍建立了最低生活保障，可是都未能从根本上改善社会保障制度的不足。农业转移人口社会保障的缺失是我国社会保障体系的一大特点，然而在社会保障体系不完善、不健全的情况下很难建立农业转移人口社会保障，这使得他们长期缺乏安全感和归属感，限制了人口转移，不利于市民化进程。

从根本上说，新生代农民工市民化问题的存在源于严格的户籍管理制度。附加在户籍制度之上的社会经济政策，以及由此形成的社会利益分配格局对农民工

---

① 王萍、管晓芸：《浅谈农民工市民化过程中的困境与对策》，载于《农村经济与科技》2013 年第2 期。

的身份、就业、教育、生活等有种种限制（黄建新，2012）。这些限制使得农业转移人口享受的权利缺失，从而增加了其市民化的成本。但我国政府认识到了严厉的户籍制度的弊端，并逐渐地放宽了户籍管理及对农业转移人口的约束。不少地方政府也开始积极地探索适宜的户籍改革方案，如暂住证制度、居住证制度和农民工积分入户制度等。目前我国的户籍改革仍停留在地方摸索阶段，各地改革措施不一，走了不少弯路，但总体成果还是喜人的，取得了许多阶段性的成果，为我国全国性的户籍改革积累了宝贵经验（贾晶，2013）。户籍制度的逐步放宽对农业转移人口市民化的进程有着积极的促进作用。

三、人力资源丰度

（一）农业转移人口的综合素质

随着我国经济总体水平的发展、城镇化水平的提高、产业结构的逐步完善以及新兴产业的兴起，城镇需要大量的劳动力，但各行业各岗位对简单依靠体力工作的人员需求越来越少，对员工的知识、技能、创新等综合素质的要求不断提高。因此，农业转移人口的整体素质是其市民化的一个重要条件。综合素质较高或是有一技之长的人在进城后能够有更多、更好的就业机会，其职位较为稳定、收入往往较高，有利于其在城镇中站稳脚跟；且知识和文化素养较高能够使其更好地融入到城镇生活中，与当地居民建立良好的人际关系。然而我国农业转移人口多是从事体力劳动工作，普遍存在文化素质低下、技术水平不足、思维方式陈旧等素质障碍，这使得他们很难适应发展中的新形势和新需求。加上农村人口缺乏政治、法律意识，思想观念守旧，心理素质差，这样的综合素质状况使得大量的农业转移人口不具备现今企业所需的知识和技能，又缺乏教育和培训的机会，导致企业"用工荒"和农业转移人口"就业难"的双重困境。农业转移人口综合素质低下的状况制约了市民化的成功转化，使得转移路径单一、转移成功概率低、缺乏长远保障。

我国现阶段农业转移人口的素质困境主要体现在以下几个方面：

（1）自身科学文化素质低。我国农村地区的教学条件差、教学设备和师资落后，很多农村人口并没有接受长期、正规的教育。从表3-4中的数据可以看出，我国农业转移人口受教育程度虽然有所提高，但是提高的速度非常缓慢，总体教育水平低下，大多是初中文凭，高中及以上文凭者历年来都只占到1/5左右。而现在企业招工越来越重视文凭和员工知识水平，这使得农业转移人口在就业竞争中处于劣势，阻碍了他们市民化的进程。

表 3 - 4		农业转移人口文化教育程度状况			单位：%
年份	文盲半文盲	小学	初中	高中	中专	大专及以上
1997	1.87	21.32	58.50	13.77	3.51	1.03
1998	1.57	19.88	58.66	14.30	4.33	1.26
1999	1.50	18.61	59.74	14.23	4.62	1.30
2000	1.20	18.14	61.24	13.38	4.65	1.40
2003	1.9	16.7	66.3	10.8	4.3	0.0
2005	1.7	14.8	67.3	10.7	5.5	0.0

资料来源：王竹林. 城市化进程中农民工市民化研究［D］. 西北农林科技大学. 2008。

（2）培训机会少，技术素质低。据调查，一年之内接受过一次科技培训的农民不足 1/3，接受过三次以上的技术培训的农民不足 3%，参加培训再就业的劳动力比例只有 20% 左右。[1] 农业转移人口本身培训意识淡薄、培训机会少，政府和企业也缺乏战略眼光，培训资金投入不足，没有鼓励和支持农业转移人口的技能培训。而现在大部分岗位对技术及其操作经验和熟练程度都会有所要求，农业转移人口低下的技术素质无法满足劳动力市场的需求。

（3）思维方式陈旧，自我发展的意识缺乏。因循守旧、求稳怕变、自我封闭、知足常乐是传统的小农思维方式的特点，缺失具有广阔的视野和灵动的思维。它极大地束缚和压抑了农民工的思想水平和创造能力，严重影响了广大农民工在思想和行动上的积极性和创造性（訾凤鸣，2010）。这种陈旧的思维方式与城市现代化生活观念格格不入，且在此思维方式的指引下，农业转移人口也极少会考虑提升和发展自身的综合素质，难以保证他们市民化的长远性。

（4）政治和法律意识淡薄。由于长期从事自给自足的经济生产、受到封建专制统治的思想残余和儒家学说的思想禁锢，中国农民的参政意识普遍较低，对于国家的政策和地方政府的规定都是被动接受，缺乏现代政治观念。同时，农业转移人口不了解相关的法律法规，维权意识淡薄，无法合理地运用法律武器保护自己，有些人甚至采取极端的手段。这使得农业转移人口较难融入城镇中去。

（5）思想观念老旧。在长期的历史发展过程中，农业人口形成了固有的思想观念和行为习惯，如浓厚的乡土观念使得很多农业转移人口即使在城市中工作也仍旧心系土地，受到农村土地的束缚，这不利于他们的城市化进程。

---

[1] 陈永芝：《城乡一体化进程中农民市民化的困境与对策》，载于《陕西农业科学》2013 年第 5 期，第 200 页。

（二）人力资本的投入

从另一个角度看，农业转移人口的这种素质困境是由于所投入人力资本缺乏所造成的。人力资本是指通过人力资本投资所开发形成的人的各种能力的总和（朱明芬，2007）。农业转移人口的人力资本是指通过教育、培训、经验积累等形式的投资所形成的职业转化能力、生存发展能力、社会融入能力等的总和。然而我国农业转移人口人力资本缺乏的现象极大地削弱了市民化的转化能力。王竹林（2008）通过对西安市进程务工农民的调查所得到的数据可以说明这一问题（见表3－5～表3－7）。

表3－5　　　　　　　　职业转移与受教育程度之间的关系

受教育程度	总调查人数	发生行业转移		发生工种转移	
		人数	比例（%）	人数	比例（%）
小学及以下	26	1	38	4	15.4
初中	207	19	9.2	49	23.7
高中	121	12	9.9	25	20.7
技校（含职高）	35	7	20.0	11	31.4
中专	33	7	21.2	9	27.3
大专	25	1	4.0	6	24.0
本科及以上	3	2	66.7	0	0.0
合计	450	49	100	104	100

资料来源：王竹林：《城市化进程中农民工市民化问题研究》，中国知网，http：//cdmd. cnki. com. cn/Article/CDMD － 10712 －2010050269. htm。

表3－6　　　　　　　　受教育程度与农民工收入分布

月收入（元）	小学以下		小学		初中		高中	
	人数	比例（%）	人数	比例（%）	人数	比例（%）	人数	比例（%）
<600	18	50	22	20.4	36	16	8	9.9
600～1 250	17	47.2	72	66.7	155	68.9	53	65.4
≥1 250	1	2.8	14	12.9	34	15.1	20	24.7
合计	36	100	108	100	225	100	81	100

资料来源：王竹林：《城市化进程中农民工市民化问题研究》，中国知网，http：//cdmd. cnki. com. cn/Article/CDMD － 10712 －2010050269. htm。

表 3 - 7   农民工接受培训与其收入的分布

月收入 （元）	是否参加培训（是）		是否参加培训（否）	
	人数	比例（%）	人数	比例（%）
< 600	10	7.9	75	23.1
600 ~ 1 250	92	73	207	63.9
≥ 1 250	24	19.1	42	13.0
合计	126	100	324	100

资料来源：王竹林：《城市化进程中农民工市民化问题研究》，中国知网，http：//cdmd. cnki. com. cn/Article/CDMD - 10712 - 2010050269. htm。

　　以上三个表的数据体现的是 2008 年西安市农业转移人口的职业转化能力、收入能力和发展能力的状况，以点带面地体现了我国农业转移人口的人力资本投入状况。从表 3 - 5 我们可以看出，受教育程度和职业转移能力是成正比的。受教育程度越高的人能够通过更多的途径获取市场的相关信息并准确地进行筛选和判断，这有利于他们由农业转为非农业，并在非农业职业中寻找更优越的工作，其职位稳定性也越高。但从表中我们也可以看到，在受访的 450 人中，发生行业转移和工种转移的人数仅有 153 人，其余 2/3 的农业转移人口由于学历低、素质低、技术差、思想保守等原因，无法在城镇中找到合适的工作，最终不得不回流返乡。可见，我国农业转移人口的职业转化能力较低。

　　从表 3 - 6 可以看出，受教育程度和收入水平也是成正比的，即受教育水平在很大程度上影响着农业转移人口的生存能力。受教育程度较高的人由于知识储备和技术水平较高，能够从事更为核心更为重要的职位，且他们思想更为开放，易于接受新事物，能够更好地适应工作环境。而受教育程度较低的人只能从事一些简单的体力劳动，工作又苦又累但收入较低，且工作缺乏稳定性和长远性。从表中数据的对比亦可以清楚地看出，月收入高于 1 250 元的受访者中，高中文化程度的比例是最高的；月收入小于 600 元的受访者中，小学以下文化程度的比例最高；而受访者的月收入水平集中在 600 元 ~ 1 250 元，低于当年西安市的人均工资水平。可见，我国农业转移人口的受教育程度普遍偏低，工资水平低，这严重降低了他们在市民化转移过程中的生存能力。

　　表 3 - 7 对比了农业转移人口是否接受培训对其收入的影响，从表中可以看出，参加过培训的受访者的月收入水平远远高于未参加过培训的人。农业转移人口的培训机会和培训次数决定了他们进入城镇后的发展能力，多参加培训能够提高他们的知识和技能、开阔视野和远见，有利于提高生活水平和适应新需求。但是在 450 名受访者中，七成以上的人未参加过任何培训，他们工资水平较低下，发展能力不足。这反映出我国农业转移人口培训机会少、发展能力不足的现象。

表 3-8 的数据表现了农业转移人口受教育程度与其社会融入程度之间的关系，从总体上看，受教育程度与社会融入程度是呈正比的，即受教育的程度越高则社会融入感越强。由于社会融入程度还会受到心理因素、自我认识等方面的影响，本科及以上的农业转移人口的融入感并不是最强的，而高中水平的有较好的融入度。从受访的 1 683 名农业转移人口来看，只有 1/3 的人能够较好地融入到城镇工作和生活中。可见，我国农业转移人口在市民化的过程中，总体社会融入感不强。

表 3-8 农民工受教育程度与社会融入程度交叉制表

受教育状态		社会融入程度			合计
		较差社会融入	一般社会融入	较好社会融入	
本科及以上	计数（人）	28	44	20	92
	比例（%）	30.4	47.8	21.7	100
大专	计数（人）	87	172	101	360
	比例（%）	24.2	47.8	28.1	100
高中	计数（人）	129	308	244	681
	比例（%）	18.9	45.2	35.8	100
初中	计数（人）	55	167	106	328
	比例（%）	16.8	50.9	32.3	100
小学及以下	计数（人）	41	114	69	224
	比例（%）	18.3	50.9	30.8	100
合计	计数（人）	340	805	540	1 685
	比例（%）	20.2	47.8	32.0	100

资料来源：张传慧：《新生代农民工社会融入问题研究》，中国知网，http：//cdmd.cnki. com. cn/Article/CDMD - 10022 - 1013213828. htm。

综上分析，我国农业转移人口的职业转化能力、生存发展能力、社会融入能力明显不足，人力资本匮乏。对于他们来说，教育和培训所获得的人力资本是微不足道的，只能通过工作中现实经验的积累这一途径获得，但是这一积累所得到的人力资本发展缓慢，其数量和质量都很难满足社会、市场和企业的快速发展的要求。

虽然城镇化和经济的发展能够吸纳大量的农村剩余劳动力，但并不是所有农业转移人口都能够顺利地实现市民化。农业转移人口市民化不仅仅是地域上的转移，更是职业转化和身份转变过程的统一。人力资本的投入和培养决定了农业转移人口的综合素质水平，人力资本存量高的人在进城务工时能够拥有更多、更好的就业机会，其职位和收入更为稳定，也较容易融入城镇中，得到原有市民的认同。然而我国农业转移人口由于人力资本的投入少、积累不足，导致他们的综合素质长期处于较低水平，进城务工时竞争力低下。这形成了一个恶性循环，使得农业转移人口市民化过程中缺乏知识、技术、信息等能力，转化能力不足，大大阻碍了他们市民化的进程。

第二节 影响农业转移人口市民化的政策性因素

政策性因素和制度性因素既有一定的联系，也存在着区别，他们之间相互补充、相辅相成。制度是更为总体、更为稳定、更为长远的，因而制度性因素是更具全局性和根本性的大环境，在较长的时间内影响着农业剩余人口迁移、流动。政策则更为具体，具有灵活性和协调性，在具体实施过程中可能跟制度有所不同，调整和改变制度上的不适应性、弥补制度的不足。

政策性因素在农业转移人口市民化进程中起着举足轻重的作用，国家和地方政府对农业转移人口实行的政策措施会直接影响到他们的待遇和生活状况，影响着其市民化的进程。具体来说，人口管理政策、就业政策、相关的法律法规以及政府对政策的执行落实状况等起着主要的影响作用。

一、我国人口管理政策的变迁

在新中国成立初期，国家并没有严格地控制城镇和农村之间的人口流动，在中华人民共和国第一部宪法第九十条中有明确规定"中华人民共和国公民有居住和迁徙的自由"。而1958年《中华人民共和国户口登记条例》的颁布改变了我国人口自由流动的政策，该条例第十条第二款规定："公民由农村迁往城市，必须持有城市劳动部门的录用证明、学校的录证明，或者城市户口登记机关的准予迁入的证明，向常住地户口登记机关申请办理迁出手续"，这意味着我国开始实行严格的城乡之间人口流动控制，为农业人口转移到城市形成了政策障碍。之后，随着户籍制度的全面实施以及《关于制止农村劳动力流入的指示》、《关于制止农村劳动力盲目外流的紧急通知》、《公安部关于处理户口迁移的规定》、《关于严格控制农村劳动力迁向城市和农业人口转为非农业人口的通知》等政策法规的颁布实施，国家进一步控制了人口的自由流动，特别是严格控制着农村剩余劳动力向城镇迁徙的趋势。这些政策法律虽然是为了解决当时的社会经济发展问题而设立的，但却在很大程度上制约了农业转移人口的市民化，这种严格的控制使其先天发展不足。

表3-9归纳了我国不同时期的农村劳动力流动政策。改革开放以前，由于城乡分割的户籍制度和就业制度，人口流动受到了严格的控制。1984~1988年，国家相继出台《关于农民进入集镇落户问题的通知》和《关于城镇暂住人口管理的暂行规定》放宽了农业人口向城镇转移的限制，支持农村的剩余劳动力到城镇务工、经商。随着《国营企业实行劳动合同制暂行规定》和《国营企业招用工人暂行规定》的出台，国营企业吸纳了大量的农村剩余劳动力，进一步推进了农业人口向城镇转移的进程。这一时期的国家政策对人口的自由流动稍有放宽，促进了农业转移人口市民化的快速增长。但为了控制随之而来的农村剩余劳动力的盲目流动和大规模转移给城镇带来的社会治安、交通运输、环境卫生等问题，国家自1989年开始相继颁布了《关于进一步做好控制民工盲目外流的通知》、《国务院关于严格控制"农转非"过快增长的通知》、《关于做好劳动就业工作的通知》等政策，要求对农业转移人口向城镇的盲目涌入进行严格管理和有效控制。这些政策措施的出台使得农村剩余劳动力转移几乎停滞，控制了农业转移人口市民化的进一步发展。

表3-9　　　　　　　　　　我国农村劳动力流动政策的变迁

时期	政策	内容
1979~1983年	控制流动期	城乡分割的户籍制度和就业制度，农村劳动力流动受到严格限制。
1984~1988年	允许流动期	国家准许农民自筹资金、自理口粮，进入城镇务工经商，农村劳动力的转移和流动进入一个较快增长的时期。
1989~1991年	控制盲目流动期	政府加强对农民工盲目外流的管理，引导农民离土不离乡，严格控制"农转非"过快增长，从严或暂停办理民工外出务工手续等。
1992~2000年	规范流动期	政策调整为鼓励、引导和实行宏观调控下的有序流动，但部分省市出台了各种限制农村劳动力进城及外来劳动力务工的规定和政策。
2000年以后	公平流动期	取消对农民工进城就业的不合理限制，积极推进就业、保障、户籍、教育、住房、小城镇建设等多方面的配套改革。

资料来源：《农民工进城是大势所趋——专访国务院发展研究中心研究员崔传义》，载于《中国老区建设》2002年第9期，第12~13页。

1992 年以来，随着我国改革开放进程的发展和正式加入世界贸易组织 WTO，国家又根据社会发展状况调整了农村劳动力迁移流动的相关政策。1994 年的《农村劳动力跨省流动就业暂行规定》和 1995 年的《关于加强流动人口管理工作的意见》的颁布，从政策上规范和引导着农村剩余劳动力向城镇的迁移。这一时期农业人口的转移不再是自发、无序、盲目的转移，而是在政府的组织和指导下有序转移。这意味着我国农业转移人口市民化进入稳步、快速发展的阶段。

近几年来，我国不断地放宽户籍管理和人口流动管理，并出台了一系有利于农业转移人口自由流动的政策和措施。2001 年北京市颁布《关于推进小城镇户籍管理制度改革意见》并在 14 个卫星城和 33 个中心镇实行试点，其工作目标是"要有利于小城镇健康发展，有利于加快农村富余劳动力的转移"，具体规定如"有合法固定住所、稳定职业或生活来源的人员及其他公共居住生活的直系亲属，凡持有本市农业户口的，均可根据本人意愿办理城镇常住户口"、"进行小城镇户籍管理制度改革地区的公安机关，要在当地政府的统一领导下，严格按照国务院和本市有关规定，受理有关'农转非'的申请"、"经批准转为城镇户口的人员与原有城镇居民享有同等权利，履行同等义务，按照国家和本市有关规定参加社会保险"等都有利于推进农业人口市民化的进程。2001 年 11 月颁布的《国务院批准公安部关于推进小城镇户籍管理制度改革意见的通知》亦有相似的规定。党的十六大报告也指出："农村富余劳动力向非农产业和城镇转移，是工业化和现代化的必然趋势"，"消除不利于城镇发展的制度和政策障碍，引导农村劳动力合理有序流动"。

综上所述，我国人口迁移制度经历了从自由流动到严格控制再到引导流动的变迁。现阶段政府对待农业人口转移的政策态度更为积极，既注重有序推进转移又注重改革创新，有利于我国农业转移人口市民化的发展。

二、我国就业政策的变迁

由于户籍制度的约束和人口流动政策的制约，我国对农业转移人口最初的就业政策采取严格的控制，甚至反对农村剩余人口进城务工。具体政策如《关于清理压缩计划外用工的办法》、《关于进一步做好城镇劳动就业工作的意见》、《关于广开门路，搞活经济，积极解决城镇就业问题的若干决定》、《关于严格控制农村劳动力进城做工的数量和农业人口转为非农业人口的通知》等，着力清除企事业单位中聘用的农村劳动力，严格控制了农业人口进城务工。这一就业政策严重阻碍了农业转移人口的市民化。

随着国家放宽对流动人口的控制，我国的就业政策也逐渐地转为允许农业人口进城务工就业。1982～1985 年的"中央一号文件"，在肯定家庭联产承包责任制取得重要成果的基础上，逐步放活农村的工业和商业活动，开始支持农民进城镇务工、开店设坊、兴办服务业，并肯定了其对于促进集镇发展、繁荣城乡经济的作用。此外，《关于农民进入集镇落户问题的通知》、《国营企业实行劳动合同制暂行规定》及《关于国营企业招用工人的暂行规定》等政策的出台，鼓励了农业剩余人口进城就业，在一定程度上实现了部分农业转移人口的市民化。

然而人口流动政策的放宽和就业政策的支持使得大量的农村剩余劳动力涌入城镇，为了配合人口流动政策对盲目涌入的农业人口的控制，我国就业政策也相应地进行了调整。《国务院办公厅关于严格控制民工外出的紧急通知》、《民政部、公安部关于进一步做好控制民工盲目外流的通知》、《国务院关于做好劳动就业工作的通知》、《国务院办公厅关于劝阻民工盲目去广东的通知》、《民政部关于进一步做好劝阻劝返外流灾民工作的通知》、《劳动部关于农村劳动力跨省流动就业的暂行规定》、《中办国办转发关于加强流动人口管理工作促进农村剩余劳动力就地就近转移的意见》等一系列的政策措施，严格控制了民工的盲目外流。因此，农民工市民化的制度性障碍迅速加大、增多，将经济、法律、行政手段综合起来对农民工进城加以较严格的控制，这段时期，农民工进城就业的衍生性障碍进入了快速增长期，比如农民工群体成为不少地方公安部门有罪假定的管制对象（葛信勇，2011）。

进入21世纪以来，国家越来越重视统筹城乡协调发展，于是开始重视农业转移人口的市民化，并出台了一系列支持农业人口就业的政策。

从表3-10可以看出，我国针对农业转移人口所出台的一系列政策措施支持、鼓励农村剩余劳动力进城务工，不仅规范就业管理还提供教育培训和社会保障，为农业人口创造良好的知识基础和工作环境。此外，相关的法律法规如《劳动法》、《就业促进法》、《劳动合同法》、《劳动争议仲裁法》等在法律层面上消除了就业歧视、为农业转移人口的就业提供了保障。可见，我国现阶段的就业政策是有利于促进农业转移人口市民化的进程的。

表3-10　　　　　　　　　　支持农业转移人口进城的就业政策

发布时间	政策名称	政策要点
2002.1	中共中央国务院关于做好2002年农业和农村工作意见	对农民进城务工"公平对待，合理引导，完善管理，搞好服务"
2003.1	国务院办公厅关于做好农民进城务工就业管理和服务工作的通知	要求各地提高认识，取消对农民进城就业不合理限制，解决拖欠和克扣农民工工资问题，改善农民工生产生活条件。

发布时间	政策名称	政策要点
2003.10	中共中央关于完善社会主义市场经济体制若干问题的决定	要改善农村富余劳动力转移就业的环境，逐步统一城乡劳动力市场，加强引导和管理，形成城乡劳动者平等就业制度。
2003.10	2003～2010 年全国农民工培训规划	提高农民工文化素质和就业能力，提高农村劳动力向非农产业和城镇转移就业的能力，经费由政府承担。
2003.11	国务院办公厅关于切实解决建设领域拖欠工程款问题的通知	自 2004 年起，用 3 年时间基本解决建设领域拖欠工程款以及拖欠农民工工资问题
2005.11	国务院关于进一步加强就业再就业工作的通知	公共就业服务机构对进城求职的农村劳动者要提供免费的职业介绍服务和一次性职业培训补贴
2006.2	国务院关于解决农民工问题的若干意见	统筹城乡发展，以人为本，认真解决涉及农民工利益的问题。对解决工资偏低和拖欠问题，依法规范劳动管理等。
2010.1	关于进一步做好农民工培训工作的指导意见	加强培训工作统筹规划，建立规范的培训资金管理制度，发挥企业培训促进就业的作用。

资料来源：高君：《农民工市民化进程、特点与制度创新》，载于《税务与经济》2009 年第 1 期，第 23～29 页；葛信勇：《农民工市民化影响因素研究》，中国知网，http：//cdmd. cnki. com. cn/Article/CDMD-10635-1012280388. htm。

三、政策实施成效

"统一决策，分级管理"是我国现行的体制，在实施国家出台的政策时地方政府可根据地方特点和实际需要进行相应的调整。近年来国家政府颁布了工资、劳动、就业、培训等近十项有关农民工市民化的相关政策，不少地方政府，尤其是东南沿海经济发达地区如上海、广东等地方政府，积极响应党和国家的农民工政策方针，在农民工管理与服务方面进行了诸多创新（曹小霞、李练军，2012）。这一系列的政策和措施鼓励、支持了农村剩余劳动力进城务工、生活，有利于农业转移人口市民化的进程。但从总体来看，我国现阶段针对农业转移人口的相关法律法规仍不够完善不够健全、政策的制定滞后于实践的发展、政策的统一性和针对性不强、政策在操作和执行上缺乏力度，这就给农业转移人口的市民化发展造成了不少阻碍。

从各地方政府对政策的执行情况上看，不少地方政府出于管理成本、政治收益、市民利益等多方面的权衡和考虑，大多采取消极、抑制的政策态度，真正积极响应、鼓励支持农业转移人口进城的较少。如表3－10中所示，1992～2000年，国家在对待农业流动人口是采取鼓励、引导的政策，但由于当时部分城镇受产业结构调整的影响，下岗职工增加，不少地方政府不仅没有引导农业人口的有序流动，甚至还出台了各种限制农村劳动力进城及外来劳动力务工的规定和政策。另外，一些地方政府虽然响应了国家政策的号召，但在具体工作中缺乏热情和耐心，没能充分地引导农业转移人口的市民化。各级地方政府为了本地区的经济发展和社会稳定，一般会采取避繁从简的管理措施，如促进本地区居民的充分就业来增加居民收入、减少本地下岗职工问题；制约农村剩余劳动力的流入以避免其带来的社会管理成本和政治成本。概括而言，地方政府在对待新生代农民工城市化的实际工作中，重义务轻权益，存在重堵轻疏，重管理轻服务，重城市就业轻农民工安排的现象，对新生代农民工缺乏热情和引导（赵文斌，2012）。各级地方政府的这种政策实施情况是以地方利益和地方保护为出发点，忽视了农业转移人口的利益，不利于保障他们的权益、不利于国家政策的贯彻实施，这在很大程度上制约了农业转移人口的市民化。

第三节　影响农业转移人口市民化的社会文化因素

社会文化因素对农业转移人口市民化进程的影响也是不容忽视的，如市民自身的转化意愿、城镇居民的接纳意愿和城镇的承载力、政府的管理水平和效能等都直接影响着农业转移人口的转化能力和进程。

一、政府管理水平与效能

（一）财政能力

农村剩余劳动力流入城镇会推动当地的城镇建设、促进经济的发展，但他们在市民化的进程中对医疗、就业、教育、住房、交通、养老等公共服务以及社会福利和就业机会等的需求需要国家和地方政府雄厚的资金支持。按照中国科学院可持续发展战略研究组的测算，每转变一个农民成为城市居民需支付社会总成本约2.5万元，2亿农民工及其子女市民化，需要支付社会总成本约5万亿元。①中国社科院发布的蓝皮书指出，今后20年内，中国将有近5亿农民需要实现市

---

① 黄闯：《新生代农民工的市民化问题》，载于《理论学报》2012年第5期，第13～15页。

民化，人均市民化成本为 10 万元，为此至少需要 40～50 万亿的成本。① 从以上数据可以看出，农业转移人口市民化会增加中央和地方政府的经济负担、给各级政府财政带来压力和挑战。因此，地方政府的财政能力和各级政府的成本分担机制对农业转移人口能否顺利实现市民化会产生较大的影响。如果中央和地方政府有足够的财政能力保障市民化过程中的资金需求，且成本分担机制合理、各级政府责任明确、资金安排到位，那么这将有利于农业转移人口向市民转化。但是，我国现阶段在财政能力和财政机制上仍存在着缺陷。

从表 3－11 我国近几年各级政府的财政收入状况来看，虽然财政总体收入处于不断增长的态势，但以目前的财政能力无法满足农业转移人口市民化的资金需求。如 2012 年全国总财政收入将近 12 万亿元，作为提供地方公共服务主体的地方政府，其财政收入仅为 6 万亿元左右，就算全用于转化农业转移人口尚且不足，更何况各级政府每年都有固定的财政支出项目。可见，我国各级政府现有财政能力不足，无法为农业转移人口市民化提供资金保障。

表 3－11　　　　　　　　　各级政府财政收入情况　　　　　　　　单位：亿元

年份 地区	2006	2007	2008	2009	2010	2011	2012
全国	38 770.20	51 321.78	61 330.35	68 518.30	83 101.51	103 874.43	117 253.52
中央	20 456.62	27 749.16	32 680.56	35 915.71	42 488.47	51 327.32	56 175.23
地方	18 303.58	23 572.62	28 649.79	32 602.59	40 613.04	52 547.11	61 078.29

资料来源：东北财经大学课题组：《农业转移人口市民化研究——财政约束与体制约束视角》，载于《财经问题研究》2014 年第 5 期，第 3～9 页。

我国现行的财政体制，无论是收入和支出责任的划分，还是转移支付制度的设计，都是以假定人口不流动为前提，以辖区的户籍人口为基础的；地方财政收入直接与经济发展挂钩，与地方 GDP 高度相关（东北财经大学课题组，2014）。在这一体制框架下，农业转移人口市民化会受到较大的制约，具体表现在以下几个方面：

（1）地方政府从当地利益考虑，不会轻易地放开户籍限制。由于财政的划分是以假定人口不流动为前提的，那么当地人口的增加并不会带来国家对该地财政拨款的增加，因此，地方政府为了避免市民化导致的财政危机，对农业转移人口的市民化多采取消极、限制的措施。

---

① 田园：《政府主导和推进下农业转移人口市民化问题探究》，载于《西北农林科技大学学报》2013 年第 5 期，第 17～22 页。

（2）地方 GDP 的增长是一地政绩考核的重要指标，这使得地方政府更加注重短期的经济收益。为了 GDP 的增长和财政收入的快速增加，地方政府往往将大量的精力和资金投入到短期内就能够带动经济增长的项目中，如兴修水利、开采能源、道路和交通建设、通讯等。而对于无法直接产生经济效益、在较长时间内才能体现经济价值和社会价值的市民化建设则投入极少。

（3）地方政府对待农业转移人口存在要"人手"不要"人口"的现象，即政府一方面需要农村剩余劳动力进城从事建设性的工作，但另一方面又不愿意承担进城务工农民市民化所需的成本。在有限的财政能力下，地方各级政府会首先为城镇原有的居民提供公共服务，对于外来人口没有意愿接纳也没有资金为他们提供与城镇居民同等的公共服务和社会福利。如北京，长期在京流动人口 800 万左右，其中有不少人在京工作或生活多年，有稳定工作或有稳定居所，按理各项福利应该平等覆盖到所有在京居住人口，但目前只是覆盖部分群体（王华，2014）。这就使得大部分农业转移人口仅仅实现地域转移，而无法真正的市民化。

从以上分析可见，我国财政能力和财政体制的缺陷和不足约束了农业转移人口市民化的发展。

（二）社会管理水平

农村剩余劳动力大量地涌入城镇会给社会管理带来较大的压力，增加社会管理的难度。治安、卫生、环境等方面的社会管理以及教育、医疗、住房等的服务水平影响着农业转移人口能否顺利地实现市民化。如果地方政府能够提供良好、平等的社会服务，及时处理市民化过程中的矛盾和问题，将有利于推进农业转移人口向市民的转化。然而，我国现阶段社会管理体制和水平有待改善和提高，在推动农业转移人口市民化进程中没能发挥积极的促进作用。

我国现行的社会管理体制还带有计划经济年代的烙印和明显的城市偏向，更多的具有服务城市的工具性导向（黄建新，2012）。这一导向使得地方政府在管理过程中多将重心放在对原有市民的维护和保障上，而外来人口并没有被纳入城镇管理和服务的范畴。现在不少城镇农业转移人口聚集的地方多呈现治安混乱、道路脏、卫生条件差的现象，政府的管理多停留在管制和约束，对于他们的需求充耳不闻，更没有提供相应的社区配套服务和措施。这种消极的社会管理导致农业转移人口被"边缘化"，降低了他们对城镇的认同度，给他们的心理带来不少负面影响。

我国地方政府普遍存在重视经济利益，轻视社会管理的现象。这使得政府在社会管理上的精力和成本投入少，直接导致社会管理能力不足、水平低下。而农业转移人口市民化的过程会加大社会管理的难度、增加社会管理的成本，大部分地方政府的管理水平无法满足这一增长的需求。同时，随着社会分工的进一步显化和贫富差距的加大，农业转移人口在心理和生理上都无法得到保障，这极有可能触发他们对不公平待遇的不满情绪，造成社会不稳定。而我国现阶段的社会管理还没有建立完善的突发危机预警机制，当出现这些问题时，以现有的社会管理水平和效能根本无法及时有效地解决这些矛盾和问题。如 2004 年郑州市政府采取的户籍改革措施最终以失败告终，就是我国社会管理水平不足的实证。郑州市政府规定："在户籍制度上进一步放开，实行按固定住所落户、放开亲属投靠的直系限制"。该政策吸引了大概 10 万左右的外来人口，然而随之而来的教育、交通等公共资源紧张问题使得改革陷入了乱象之中，最终迫于城市管理的压力，郑州市于 2004 年 8 月停止了这一改革。郑州市这不到一年的改革却花了超过一年的时间来解决后续的一系列社会问题。这一现象给我国的社会管理敲响了警钟。但是，更多的地方政府选择避重就轻的管理方式，为了避免出现类似的难以控制的情况，采取限制农村剩余劳动力的转移和市民化的措施，这大大阻碍了农业转移人口市民化的进程。

（三）政府官员的综合素质

无论是日常的社会管理还是政策法规的制定和实施，都是由人执行完成的，因此，政府官员的综合素质水平影响着政府的管理效能，也直接影响着农业转移人口市民化的进程。然而，在处理对待农业转移人口问题上，我国政府官员的整体素质水平不高，主要体现在以下几个方面：

（1）缺乏远见和战略性的目光。政府的经费和服务资源是有限的，城市产生的就业规模和效益也是一定的，福利待遇的标准一旦确定，便具有一定的刚性，如果地方政府为农民工提供的公共服务不到位，反过来会严重阻碍当地的经济发展和农业人口市民化的转移速度（田园，2013）。但不少政府官员在考虑城镇建设和发展时，无法从战略高度上进行全盘考虑、缺乏远瞻性。如一些地方政府官员只看到农业转移人口进城务工给他们带来的财政负担和管理问题，而忽视了他们在城镇建设中的重要作用以及给城镇带来的利益，不了解农业转移人口市民化发展的必要性和必然性。

（2）管理方式落后，管理水平有待提高。农民工社会管理仍然存在重行政干预、轻群众参与，重强制手段、轻引导机制，重上级命令、轻基层民主，重对领导负责、轻对百姓负责，重经济效益、轻社会效益，重管控防范、轻扶持服务的种种倾向（田北海，2011）。我国政府官员在态度上以严厉教导和处罚为主，缺少循循善诱的引导和关怀。这样的管理方式和态度会让农业转移人口产生厌烦和排斥的心理，不仅削弱了他们市民化的意愿，还不利于社会的稳定，给社会管理带来负担。

（3）对农业转移人口带有歧视的态度。由于农业转移人口文化水平不高、总体素质较低，不少政府官员会以歧视的眼光看待他们，不认为他们是正式的城镇居民，甚至把他们看成是社会不稳定的因素之一。

（4）追求自身政绩而非社会公共利益。在以 GDP 增长为主要考核指标的体制下，政府官员为了提升自身的政绩，多注重跟经济增长直接相关的项目中，而忽视了其他对社会发展有效益的项目建设，对于农业转移人口的利益更是不够重视，缺乏应有的政策保障和制度安排。

我国政府官员在认识水平、管理方式、利益取向等方面存在着不足，整体综合素质水平不高，制约着农业转移人口市民化的进程。此外，由于不少政府官员缺乏远见、过于追求自身政绩，在针对农业转移人口进城务工和市民转化的问题上不能及时出台相应的政策和法律法规，政策制度不完善，无法为农业转移人口提供应有的保障，严重影响着他们进入城镇的转移速度。

二、农业转移人口的融入意愿与能力

农业转移人口进入城镇后的融入意愿和社会融入能力影响着他们向城镇市民转化的进程。如果他们有强烈的融入意愿和较高的融入能力，那么其市民化的发展将更为快速；反之，如果他们的融入意愿不强，或是融入能力差，这两者缺其一都不利于市民化的发展。农业转移人口的融入意愿会受到多方面的影响，如性别、年龄、收入状况、教育程度等，社会融入能力也会影响其融入意愿。而影响社会融入能力的因素包括城镇居民的观念及态度、农业转移人口的综合素质文化水平、自身的心理素质和观念以及社会人际关系等。农业转移人口的综合素质状况和社会融入能力之间的关系已在第一节人力资源因素中详细分析介绍，这里不再赘述。本节将从我国现阶段农业转移人口的市民化意愿以及固有观念和社会人际关系对社会融入能力的影响来分析农业转移人口市民化的可能性。

（一）农业转移人口的融入意愿

不同年龄、不同教育程度、不同收入状况和社会地位的农业转移人口呈现出不同程度的市民化意愿。不少学者针对这些因素进行了抽样调查并收集整理出了相关数据（见表 3-12～表 3-15）。

表 3-12　　　　　　农民工年龄对迁移定居的影响　　　　　　单位：%

年龄	愿意	不愿意	无所谓
25 岁以下	54.8	29.92	16.27
25~30 岁	56.9	24.50	18.54

续表

年龄	愿意	不愿意	无所谓
31~40 岁	58.23	28.11	13.65
41~50 岁	54.84	30.32	14.84
50 岁以上	45.00	43.33	11.67

资料来源：王竹林：《城市化进程中农民工市民化问题研究》，中国知网，http://cdmd. cnki. com. cn/Article/CDMD - 10712 - 2010050269. htm。

表 3-13　　　　　农民工受教育程度与迁移定居的影响　　　　单位：%

文化程度	愿意	不愿意	无所谓
小学及以下文化程度	50.00	37.50	12.50
初中文化程度	55.53	29.74	14.74
高中及中专文化程度	60.00	20.57	19.43
大专及以上文化程度	69.23	11.54	19.23

资料来源：王竹林：《城市化进程中农民工市民化问题研究》，中国知网，http://cdmd. cnki. com. cn/Article/CDMD - 10712 - 2010050269. htm。

表 3-14　　　　　农民工收入水平对迁移定居的影响　　　　单位：%

收入水平	愿意	不愿意	无所谓
600 元以下	53.27	36.45	10.28
601~1 000 元	54.03	32.46	13.51
1 001~2 000 元	57.22	21.39	21.39
2 000 元以上	62.07	13.79	24.14

资料来源：王竹林：《城市化进程中农民工市民化问题研究》，中国知网，http://cdmd. cnki. com. cn/Article/CDMD - 10712 - 2010050269. htm。

表 3-15　　　　　农民工性别及工作时间对迁移意愿的影响　　　　单位：%

性别	愿意	不愿意	说不清
男	52.8	24.7	22.4
女	58.8	19.6	21.6
外出 1 年以下	49.1	22.7	28.2
外出 1~3 年	53.1	19.6	27.3
外出 3~5 年	58.4	20.0	21.6

性别	愿意	不愿意	说不清
外出 5~10 年	59.2	22.1	18.7
外出 10 年以上	51.8	28.4	19.7

资料来源：郑功成、黄黎若连等：《中国农民工问题与社会保护》，人民出版社 2007 年版，第 51 页。

从以上数据可以看出，年龄与农业转移人口的市民化意愿呈反比；受教育程度、收入水平和外出工作时间与市民化意愿呈正比；性别对于其迁徙意愿的影响不大。虽然这些因素对他们融入城市的意愿会产生影响，但总体来看，无论是 50 岁以上的农业转移人口，还是收入水平及教育程度低下的人群，他们的迁移意愿都是比较强烈的，均占到了总受访人数一半左右，而真正反对市民化的不足三成。可见，我国农业转移人口的市民化意愿是比较强的，这有利于市民化的发展。

（二）固有观念的改变程度

人们在长期的实践中由于受到历史、社会价值观念、经济发展等因素的影响会形成一定的思想认识，各种认识的集合体即形成了人的观念。长期以来，人们的思想观念受城乡分割的二元体制的影响很深（杨英强，2008）。在这一体制下形成的固有观念认为农民就应该在农村务农，工人在城市务工。而农业转移人口要实现市民化就要打破这一固有的思想，这必然会遇到不少阻碍。无论是城镇原有的居民，还是企业用人单位，甚至是农业转移人口自身，都会受到这一观念的束缚，不能正确认识推进市民化进程的必要性和重要意义。

1. 城镇市民的偏见

城乡分割的二元体制使得城镇居民能够享受到优于农村的社会福利及社会保障，长期如此，城镇市民便会形成优越感，认为农村人口教育水平低、素质低，从而产生鄙视和歧视的心理。具体来说，城镇市民对农业转移人口的偏见主要体现在以下几个方面：

（1）由于农业转移人口整体知识水平低、法律意识淡薄，一些市民会认为他们是城市脏、乱、差的根源，甚至认为城市的犯罪率和工伤事故率明显增加是由于大量农村剩余劳动力进城务工所造成的。外来打工人口集聚的地方往往治安不稳定、卫生条件差，且他们所从事的工作又脏又累，不少市民在碰到进城打工人员时都是尽量避而远之，认为他们影响了市容市貌和社会的稳定。城镇居民的这种偏见会扩大到所有农业转移人口中，使得他们从心理上认定这些外来打工人口是造成社会问题的重要因素，从而产生排斥心理。

（2）农村剩余劳动力流入城镇必然要瓜分城镇市民的一些公共福利和既有利益，不少城镇居民在教育、医疗、住房、交通等方面受到影响后会产生抵触的情绪，认为农村人理应回到农村，而不是来分享他们的福利。因此，城镇居民对于农业转移人口市民化采取的是消极的态度。

（3）农村剩余劳动力进城务工会跟城镇中的居民争抢就业机会，对于原有居民，特别是城镇下岗工人来说，随之而来的竞争压力增加、就业机会减少、收入下降等情况是无法容忍的。这会加重城镇居民对农业转移人口的不满和敌视。

城镇居民这一歧视、排斥农业转移人口的态度和自我优越感形成了一个屏障，极大降低了农业转移人口融入城镇的能力，阻碍着其市民化进程。

2. 用人单位的心态

对于企事业等用人单位来说，他们选择使用农村剩余劳动力的原因就是因为成本低、效益高、易于管理。农业转移人口进城务工多从事脏、累、苦、险的繁重体力劳动，他们吃苦耐劳，能够长时间地加班工作，而在薪酬福利上也比城镇劳动者要求的少。用人单位为了降低成本、提高效率，往往增加他们的劳动强度、延长工作时间、压低劳动报酬，且无须为外来务工农民提供"五险一金"等社会福利和保障，甚至也不承担工伤责任。用人单位所希望的是：在需要的时候农民工能源源不断地流入城市，为企业发展的需要提供大量廉价的劳动力；而在不需要农民工或者农民工再无劳动力出卖的时候，不用承担任何的责任和义务就把他们退回农村去（曹宗一，2010）。如果农业转移人口进城务工后实现了市民化的转化，那么用人单位就必须向他们提供与城镇居民相同的福利和待遇，这不仅提高了用人成本也使得企业所承担的责任有所增加，是不符合企业的营利性目的的。由此可见，用人单位在对待农业转移人口市民化上的态度也是消极的，这不利于推进市民化的发展。

3. 农业转移人口的观念和心态

我国农村人口深受中国传统文化的影响，小农意识浓重、重农抑商、注重血缘和地缘关系、重视家庭和土地、缺乏冒险精神和开拓创新的精神、安土重迁和封建迷信思想浓厚。农业转移人口也深受这一固有观念的影响，在进城务工后仍没有因为环境的改变而改变。一方面，大部分农业转移人口的家庭重心仍在农村，他们只打算挣够钱回乡与家人团聚；另一方面，由于土地制度和土地流转制度的不完善，农村人口对于土地的依赖性仍旧很强，不愿意轻易放弃土地的使用权和收益权，大量农业剩余人口虽然到城镇打工赚钱，甚至有了稳定的工作和居住场所，但又不愿意放弃农村中的土地而选择回流。可以看出，浓厚的农耕文化和传统的生活风俗影响下形成的深层次的文化思想观念，对农民工影响很大（程姝，2013）。这一传统观念使得农业转移人口市民化的意愿有所降低。

就农业转移人口的心态而言，由于户籍制度和土地制度的制约，以及城镇中存在的偏见与歧视，不少农业转移人口虽然直接参与了城市建设且长期居住在城镇中，但却没有"城市主人翁"的心态。一些进城务工人员进入城镇仅仅是因为经济利益驱使，他们往往把自己看成是"城市的过客"。过客心态在农民工中比例很高，大多数农民工并没有融入城市社会中的意愿，在面对所在城市居民的偏见和歧视行为的时候，他们多是主动回避，自愿隔离（杨英强，2008）。而对于一些想要留下的人，他们虽然有这个意愿和积极性，但是由于很难被社会认同和接受，且偏见、歧视、不公平待遇的存在，使得他们在城市中找不到归属感，因而心态也变得更为消极。调查发现，56.6%的新生代农民工认为"这里不是我的家，我只是一个过客"，46.5%的认为"本地人排斥欺负外来人"，47.4%的认为"在这个城市我很孤单"，37.8%的认为"在这里得不到尊重，没什么地位"。[①] 李强（2013）的调查也显示，农业转移人口对自身的城市身份认同感很低，大多数人虽然长期在城市从事非农工作，但他们依然认为自己是农民而非市民（见表3-16）。

表3-16　　　　　　　　　　外来农民工对于城市人身份的认同情况

	我觉得，我不是农民	我虽在城里打工，却不属于这里	城里人很排斥打工者
非常同意	4.9	11.1	3.7
同意	23.7	48.8	19.9
不确定	20.7	23.8	42.6
反对	43.4	15.1	29.3
强烈反对	7.3	1.2	4.4
合计	100	100	99.9
样本量	426	452	427

资料来源：李强著：《多元城镇化与中国发展：战略及推进模式研究》，社会科学文献出版社2013年版。

可见，由于城镇居民不认同农业转移人口的市民身份，大量的进城务工农民对自身的身份认同上是矛盾、模糊的，这一心态不利于他们向市民的转化。

此外，农业转移人口的心理素质也影响着其社会融入能力，只有从心理上融入了城镇，才能算是真正的市民化。农业转移人口普遍存在自尊心和自信心偏低、心理承受能力较差的问题，由于他们在城镇中收入水平低、社会地位低、生活条件和环境差、长期受到歧视和排斥，这使得他们产生了极大的自卑感和失落

---

① 张传慧：《新生代农民工社会融入问题研究》，中国知网，http：//cdmd.cnki.com.cn/Article/CD-MD-10022-1013213828.htm。

感。他们渴望通过努力来增加收入、提高社会地位，从而赢得信心和尊敬，然而残酷的社会现实往往使得他们无法如愿，这导致他们变得更加自卑和敏感，容易对政府和社会失去希望和信心，一些人甚至会产生被剥夺感及仇视社会的心态，采取极端的手段泄愤。农业转移人口这样的一种心理状态不仅不利于他们融入到城镇中，还成为影响社会稳定和发展的重要问题。

（三）社会人际关系

我国社会向来都注重人际关系，农业转移人口市民化的进程需要社会人际网络的支撑和支持。一般来说，社会网络规模越大、社会交往范围越广、社会资本越丰富，越有利于市民化发展。一方面，由于朋友数量多了、交际圈广了，进城务工人员可以有更多的沟通、交流、倾诉、娱乐，那么他们的社会疏远感会降低、社会心理健康度会增加，这有助于减轻市民化过程中的焦虑和孤单；另一方面，社会人际关系的资源能够保证他们及时地获取有用的信息，如就业机会、优惠政策，等等，这使得农业转移人口在城镇的工作和生活更为稳定。

但就我国农村剩余劳动力进城后的情况来看，面对一个陌生的环境，他们会倾向于投靠有地缘或血缘关系的亲戚、老乡。大多数的农业转移人口居住在"城中村"或"城乡结合部"这些以外来流动人口为主体的环境中，这一空间的社交网络将他们的交际束缚于同质化的群体中，缺乏与城市居民的沟通和联系。此外，由于收入、职业、居住条件、社会地位等方面处于劣势地位，他们在与城镇居民交往的过程中会感到困难，从而避免与城镇居民接触。这些因素直接降低了农业转移人口融入城镇的能力。表 3 – 17 ～ 表 3 – 19 是学者通过调查走访所收集到的我国现阶段农业转移人口的社会人际关系交往状况的相关数据。

表 3 – 17　　　　　　　　新生代农民工获取招工信息的途径

获取招工信息的途径或渠道	频数	百分比（%）
通过亲朋好友介绍	857	30.3
通过中介机构	293	10.4
参加招聘会	443	15.7
上网查找	390	13.8
报纸、杂志	264	9.3
通过学校介绍	458	16.2
基层政府的劳务输出	49	1.7
通过工会、共青团、妇联等介绍	28	1.0

续表

获取招工信息的途径或渠道	频数	百分比（%）
其他	46	1.6
总计	2 828	100

资料来源：张传慧：《新生代农民工社会融入问题研究》，中国知网，http：//cdmd. cnki. com. cn/Article/CDMD - 10022 - 1013213828. htm。

表 3 - 18 农民工遇到困难时的求助对象情况

求助对象	老乡	本市人	前两者外的朋友	政府部门	其他	合计
频数	1 586	338	418	221	304	2 867
频率（%）	55.3	11.8	14.6	7.7	10.6	100

表 3 - 19 农民工与市民的交往意愿 单位：%

	吃饭		娱乐		聊天		工作	
	农民工	市民	农民工	市民	农民工	市民	农民工	市民
很不愿意	5.9	10.4	5.5	10	4.3	6.1	3.9	7.1
不愿意	13.3	26.9	15.8	25.9	8.9	21.9	6.8	20
无所谓	28.8	37.2	33.3	39.3	27.5	40.6	33	41.7
愿意	36.8	17.2	31.3	15.9	40	21.4	39.4	20.5
很愿意	15.1	8.4	14.2	8.9	19.2	9.9	16.9	10.7
总人数（人）	437	443	438	440	37	443	439	439

资料来源：李强著：《多元城镇化与中国发展：战略及推进模式研究》，社会科学文献出版社 2013 年版，第 422 页。

从以上数据可以看出，大多数农业转移人口进城后的社会交际网络仍旧局限在地缘、血缘关系中，或与自身同质性较高的群体中。如 1/3 的人是通过亲朋好友的介绍获得就业机会的（见表 3 - 17）；当遇到困难时，半数以上的人倾向于找老乡帮忙，而主动寻求当地居民帮助的只有 1/10 左右（见表 3 - 18）；在农民工与市民的吃饭、娱乐、聊天、工作的交往意愿中，农民工的意愿高于市民，他们希望能够融入到城市生活中，但 2/3 以上的市民不愿意与他们交往，希望保持一定社会距离（见表 3 - 19）。农业转移人口的这一社会交际的局限性导致其社会网络质量不高，因为其交际圈中的成员均从事相同或相似的工作，职业等级差别不大、声望普遍不高、社会资源的跨度小，对于市民化的促进作用微乎其微。此外，由于缺少与当地居民之间的沟通和交流，彼此间的不信任和误会无法消除，这些因素都大大降低了农业转移人口的社会融入能力。

第四章

制约农业人口"转得出"的制度困局与突破

第一节 户籍制度与农业转移人口市民化

随着工业化进程加速和城镇化建设的展开，从 1978 年到 2013 年，我国城镇化率由 17.9% 提升到 53.7%。城镇化的快速推进，吸纳了大量农村劳动力转移就业，提高了城乡生产要素的配置效率，促进了城乡居民生活水平的全面改善，推动国民经济的迅猛发展。

党的十八大报告在原来的基础上提出了"新型城镇化"这一概念，强调以人为本。在中共中央国务院印发的《国家新型城镇化规划（2014~2020 年）》中提出建设中国特色的新型城镇化道路必须坚持以人为本、公平共享的原则。因此，新型城镇化的核心的人口城镇化，合理引导人口流动，有序推进农业转移人口市民化，稳步推进城镇基本公共服务的全面覆盖，使全体居民共享现代化建设的成果。

所谓农业转移人口市民化，是指农业转移人口在进城务工、实现职业转变的基础上，最终获得城镇永久居住身份，平等地享受与城镇居民各项公共服务而融入城市的政治、经济、社会和文化生活，成为真正的城市市民的过程。农业转移人口市民化是人口城镇化的主要途径，是推进城镇化建设的必然要求和动力。

从我国目前城镇化的增长过程来看，中国城镇化水平的提高主要依靠农业转移人口进城就业。据统计，农业人口转移对我国城镇化率提高的贡献率超过50%。但同时，我国城镇化的质量并不高，仍然有许多亟待解决的问题。其中，最为突出的是农业人口转移市民化程度严重滞后。阻碍农业人口转移市民化发展的因素主要有制度性和非制度性因素两种。制度性因素是指在阻碍农业人口转移市民化进程的带有某种意图的人为主观因素，相反，非制度性因素是在该过程中的各种客观因素，包括农村劳动力自身的知识技能、生活环境、经济发展水平等。对现阶段而言，制度性因素已成为我国农业转移人口市民化最主要、最直接的原因，构成了农业人口转移市民化的制度困局。

我们研究的重点在于制度性因素，主要包括制度、政策、意识形态等。具体而言，影响我国农业转移人口市民化的主要是户籍制度、土地制度、财政金融制度、投资制度、社保就业制度，等等。其中，户籍制度是制约农业转移人口市民化的主要制度性因素。因此，本节主要从户籍制度的角度，来具体分析其如何制约我国农业转移人口市民化，并探讨我国现阶段户籍制度促进农业转移人口市民化进程的主要路径。

一、我国户籍制度的历史沿革

（一）我国古代户籍制度与人口流动

户籍制度在我国有着悠久的历史，贯穿古代中国的整个发展过程。历史上王朝更迭，战争内乱不断，但户籍制度总以某种形式沿袭或继承下来，始终执行着稳定与管理社会的主要功能。对历代王朝统治者来说，户籍制度是征调赋役、实行管理和控制的主要依据。诚然，户籍制度作为一种社会制度形态，同样经历了萌芽、发展及演变的漫长过程。

1. 古代户籍制度的萌芽与产生阶段

（1）夏商时期。历史上，中国户籍管理制度早在夏商时期就已出现。据甲骨文记载，商代已开始实行为了政法兵役而进行的初步人口登记制度，"登人"或"登众"，即记载临时征集的兵员。据考证，上朝的官职中设有"小籍臣"一职，主管籍田之事。[①] 在商朝，不仅记载有登记人口，还有主管籍田的官员。由此可见，殷商时期便有了统计兵力、奴隶和征派兵力的制度，是我国户籍登记制度的萌芽时期。

（2）西周时期。土地和人口都是无可替代的社会财富，也是政治权力的象征。周武王灭商后，土地和人口都为王所有，"普天之下，莫非王土；率土之滨，莫非王臣"。为了巩固周王朝的封建统治，加强对周边诸侯和百姓的控制，周朝实行了乡遂制和大比制度。首先，周天子将其直接统治的王畿地区划分为王城和四郊两部分，把全国人口分为"国人"和"庶人"。其次，在人口管理上，周王朝在国中设立六乡，"社官分职，以民为极"；在乡中又按地域和家户进行行政划分。据《周礼》记载："令五家为比，使之相保；五比相邻，使之相受；四闾为族，使之相葬；五族为党，使之相救；五党为州，使之相赒；五州为乡，使之相

---

① 俞德鹏：《城乡社会：从隔离走向开放——中国户籍制度与户籍法研究》，山东人民出版社2002年版，第307页。

宾。"① 在郊野设置六遂，令"五家为邻，五邻为里，四邻为酇，五
酇为鄙，五县为遂。"② 在乡遂下面的各级机构，也安排专人负责，在乡中设立
比长、闾胥、族师、党正、州长、乡大夫；遂的设置为邻长、里宰、赞长、鄙
师、县正和遂大夫。根据以上这些记载，说明周朝实行乡遂制和大比制加强对人
口的登记、管理，已有户籍制度的雏形。

（3）春秋战国时期。春秋战国时期，诸王称霸，战乱频繁。由于频发的战
争，需要大量的财力和兵力，各诸侯国对人口登记和管理十分重视。因此，"户
籍制度在春秋时又得到了很大发展，具体表现为两个方面：首先是，'书社制度'
在许多国内已经普遍起来，其次，在上述基础上，'上计制度'在'战国七雄'
中的大半数都付之严格执行了。"③ 书社制度就是将社中的人口书写在版图上，
上计制度就是上报人口数量，以便预算来年赋税负担的制度。战国后期，国人不
断减少，而野人的地位不断提高，这就形成了新的社会结构，战国在以前的基础
上逐步更新户口登记和户籍编制。

2. 古代户籍制度的发展阶段

（1）秦统一时期。秦国一统天下之后，更加重视户籍的登记于管理。早在秦
献公十年（公元前 375 年）即开始推行"户籍相伍"制。商鞅两次变法之后，
对户籍制度进行较大的改革，实行"什伍"制。一是"四境之内，丈夫女子皆
有名于上，生者著，死者削"。④ 全国范围内，不论男女都必须登记在官府的户
籍登记簿上。二是以五家为伍，十家为什，"而相牧司连坐。不告奸者要斩，告
奸者与斩敌者同赏，匿奸者与降敌者同罚。"三是"民有二男以上不分异者，倍
其赋"的立户分户制度。四是"使民无得擅迁"的迁移制度。居民迁居，必须
向官府申请"更籍"，否则要以匿逃罪惩处。

（2）汉唐时期。汉承秦制，汉朝沿袭了秦朝什伍制的部分做法，实行编户齐
民。凡被编入国家统一户籍的居民，都称作编户。在法律上，所有编户无论贫
富，身份地位一律平等，故称为齐民，即平民。编户齐民，就是按土地来编排人
口，按民数来授田地，其目的就是让饱尝战乱的百姓能安土乐耕。西汉将秦朝的
户籍制度进一步完善，形成了比较完备的户籍管理制度，为后来的封建王朝提供
了制度摹本。

隋朝统一中国后，重新加强对户籍的管理与控制。中央改行三省六部制，户
部主管与户口、户籍相关的事务；地方上推行均田制的同时，进行户籍改革，推
行乡里制，即使"五家为保，五保为闾，四闾为族。保有长，闾、族皆有正。"

---

① 《周礼·地官·大司徒》。
② 《周礼·地官·遂人》。
③ 梁方仲：《中国历代户口、田地、田赋统计》，上海人民出版社 1980 年版，第 5 页。
④ 《商君书·境内》。

唐承隋制，户籍管理制度在前朝基础上趋于完备，具体表现在：一在赋税制度上，推行"租庸调"制，不论其家授田多少，均按丁交纳定额的赋税并服一定的徭役。在户口登记方面，唐朝沿用隋朝的"貌阅"制，即各县对本县的户口进行整体了解，然后根据情况一年一造"计账"，即一种财政预算。在户口管理方面，实行保邻里乡制。以"四家为邻，五家为保，五保为里，五里为乡。保有长，乡里皆有正。"同时，唐朝还实行了坊村分治，这是中国传统社会中城乡分离的二元结构雏形。政府制定了有关户籍事务的律令，将户籍管理纳入法治的范畴。

3. 古代户籍制度的完善阶段

（1）宋元时期。宋朝采取了两税法，即以地产和人丁数作为征调的标准。宋代主要采用了"五等丁产簿"、"丁账"、"形势版簿"以及户帖等户籍登记和管理方法。后来，王安石变法改革了这一户籍制度，施行保甲制。其目的在于：一是便于查清户口，加强对人口的控制与管理；二是为改革兵制，使民众平时可以自保，战时保国。保甲制的推行进一步严密了国家对民众的控制。

元代的统治者是女真族，在社会管理制度上沿袭宋代。因此，宋代的户籍制度在元朝继续沿袭下来。元代推行按田产和人丁多少来定户，按户来定籍。户分为上、中、下三等，每一等中又分为上、中、下三甲，将其登记至"鼠尾簿"上，作为政府征调赋役的依据。在户籍管理制度方面，元代实行村社制。与保甲构成不同，村社是以家和村为单位，由50家或100家构成一社，并设有社长，社长主要负责教化村民，以农为本，相互扶助；崇尚孝悌，讲究礼义。

（2）明清时期。到了明代，户籍制度有较大的变革，主要有两大阶段：一是明初由户帖到赋役黄册制度；二是明中后期的保甲制度。户帖相当于我们今天的户口簿，每户的户籍均存放于户部。明中后期时，开始推行保甲制。以百户为一里，百户为十甲，并设里长一人，甲首十人。明代保甲制度不仅具有维护社会治安的功能，还有户口管理的功能。通过保甲制，管制农民的流动。

清朝的户籍制度是以明朝旧制为基础的，但毕竟满汉习俗有别，在某些具体措施和管理体制上作出了一些改革。首先清朝赋役征派的标准和方法多样化；其次人口登记和管理的原则与方式多样化，各地只计丁不计人。户籍管制方面，比明朝要宽松些。雍正年间，实行摊丁入亩，简化了征敛手续，赋、役合并为一。户口编审不再与赋税徭役挂钩，保甲便成为户籍管理的基础。

4. 我国古代户籍制度的特征

纵观古代中国户籍制度的发展历程，历史悠久、源远流长。古代中国的户籍制度始于周朝，至秦代初具雏形。此后，经过三国至南北朝的整顿，到隋唐时期日趋完备和周密。户籍管理从商代的"登人"到汉代的"编户齐民"，再到宋代的"保甲制"，展现了中国户籍文化的丰富内涵和户籍制度的高度发展。总体来看，我国古代户籍制度的发展主要有以下特征。

（1）户籍制度是国家一种基本的行政管理制度。户籍制度是随着国家的产生而形成的一种社会制度，其主要是为了加强统治者的统治而对民众进行登记、管理，是政府赋役收入的主要依据和来源。商周时期，是古代户籍制度的萌芽和形成阶段，商朝已经出现户籍制度的雏形，并在周朝逐渐成为国家的一种基本制度。但当时的户籍制度仅以政策的形式表现出来，尚未上升到法律的高度。秦、汉是户籍制度承上启下的阶段，这一阶段户籍制度进一步完善，出现了专门规定户籍管理的律令等法律法规。

（2）继承与发展性。从商朝的"登人"、春秋战国的"书社"和"上计"制度、秦朝的"什伍"制度，到汉代的编户齐民、隋唐的乡里制、宋元的保甲制、明清的赋役黄册和保甲制度，我国古代户籍制度经过了萌芽、产生、发展到完善成熟几个阶段。虽然历经不同朝代的更迭，但是新的统治者都会在旧制的基础上对户籍制度进行继承与发展。

（3）地域性。在中国封建社会中，人口与土地是巨大的财富，是权力的象征。小农社会是以土地为主的生产经营和自给自足的生活方式，客观上限制了人口的自由流动。而户籍管理制度又从外部加强了这种安土重迁的特征。所以，政府可以将人口控制在土地上，既可以限制其自由流动，又能保证其赋税徭役收入的来源。户籍制度的这种地域性，使得人口与土地紧紧地联系在一起。

（4）等级性。中国传统社会曾出现过特权户种、民籍户种和贱籍户种等类别，其户籍地为逐级降低，界限分明。① 周天子将人口分为"国人"和"庶人"，实行分级统治；唐朝实行坊村分治；元朝将户分为上、中、下三等，每等又分为上、中、下三甲。特权户籍最典型的是在宋朝，它可享受荫补特权，即做官的资格，减免某些税收等。

（5）社会功能趋于多样化。商、周时期的"登人"和"习民数"制度一般被视为中国户籍制度的萌芽阶段，其主要社会功能是统计兵力、奴隶和征派民力。征调赋役是古代户籍制度最重要的社会功能，这一功能形成于西周，秦朝得以进一步确立，隋唐得到完善，至清乾隆三十七年终结。征调赋役的户籍制度，保障了封建国家赋税徭役收入的来源，巩固了封建统治。随着生产力水平的提高与社会进步，统计人口、维护社会治安与稳定逐渐成为其重要的功能。宋代出现的保甲制，正是户籍制度这一功能的体现。

（6）义务本位是其本质特征②。无论是奴隶制国家还是封建制国家，其户籍制度的本质特征都是义务本位。对于拥有民籍户种的一般民众而言，除了有缴田

---

① 江立华：《我国古代的户籍制度及其特点》，载于《北方工业大学学报》2001年第4期。

② 张谦元、柴晓宇等：《城乡二元户籍制度改革研究》，中国社会科学出版社2012年版。

租、纳户调、缴军赋等各种义务，还要承担其他杂役义务。封建社会统治下，户籍是封建国家征调赋税、劳兵役的重要依据，也是实现人身控制和依附的重要工具。

（7）世袭性。严格的户籍管理不仅体现在对人口生存地域的控制上，而且体现在对人口等级、职业的控制上，即与人口的地域流动一样，民众的等级、职业也被户籍标识得清清楚楚；不同等级、职业间的流动受到制约，户籍是世袭的。军户、匠户和杂户就具有非常突出的世袭性。

（二）我国城乡二元户籍制度的形成

1. 城乡二元户籍制度的主要形成过程

新中国成立后，我国的户籍管理工作逐步展开。1955 年 6 月 9 日，政务院通过了《关于建立经常户口登记制度的指示》，着重解决农村户口登记问题，公民可以自由迁徙选择居住地。由于 1956 年的自然灾害，农民不得不进城谋求生存，使得城市人口压力加大，国务院出台《关于制止农村人口盲目外流的指示》以限制农村人口盲目流向城市。1958 年 1 月，全国人大常委会通过《中华人民共和国户口登记条例》，第一次以法律形式将城乡有别的户口登记与限制迁移制度固定下来，它标志着城乡二元户籍制度正式确立。直至 20 世纪 80 年代，经济水平得到发展，社会上要求放开户口限制的呼声日益强烈。虽然政府对户籍制度作出相应的调整与改革，但城乡二元户籍制度本身没有实质性的触动。

2. 城乡二元户籍制度的特征与弊端

理论上，户籍制度只有两种职能：一是对公民的基本情况进行登记、管理，维护社会治安；二是公民用来证明身份。但是，我国 1958 年实行的户籍制度目的是为了推行重工业优先发展战略，这是明显的城市倾斜政策，由此可以看出，城市工业的发展是建立在牺牲农村的利益基础上的。

（1）带有世袭制和终身制的色彩。二元户籍管理制度，产生于特殊历史时期。户籍制度本身的功能被异化，当时户口成为了一种身份，而且这种身份是终身和世袭的。决定一个人户口的性质，并不在于他努力的程度和机遇，而在于他父母户口的身份。

（2）带有政治、等级的色彩。现行的二元户籍制度，带有明显的等级身份印记。城乡户口的差别，不仅意味着公民身份有"居民"与"农民"之分，还意味着福利待遇和政策优惠的不同。户口身份甚至可以作为奖罚的尺码，国家规定对在农村工作过一定期限的民办教师等可以进行户口的农转非；在 20 世纪五六十年代，很多"右派"、坏分子被遣返农村原籍。如此一来，户籍便带有一定的政治、等级色彩。

（3）城市户口具有交易的价值。其实，户口本身是一种身份证明，它不是劳动的产品，不能进行交换。改革开放以后，经济得到很好的发展，但社会制度改革相对滞后。被户口身份背后所代表的福利和利益所吸引，市场出现买卖户口的现象，有些地区甚至明码标价进行买卖。到 1993 年底，全国大约有 300 多万农民购买城镇非农业户口，这从侧面反映了我国二元户籍制度不合理之处。

（4）导致社会阶层的两极分化①。我国公民被认为地划分为城市人和农村人两个不平等身份，城镇居民享有福利待遇和劳动就业机会，而农民则被束缚在土地上。身份的差异，使得社会对农民有一些制度性和文化上的歧视，农民想凭借主观努力改变这种现状无疑很难。城乡差距拉大，使得社会结构出现分化。

（5）限制人力资源的合理配置。现行二元户籍制度将农民束缚在土地上，不允许农民盲目流向城市。城市工业化进程加速，对劳动力需求有增无减。由于制度限制，农村剩余劳动力无法合理流向城市以推进城市的工业化发展。人力资源不能实现合理的流动和优化配置，主要原因在于户籍制度。

二、城乡二元户籍制度对农业人口转移的制约

二元户籍制度会限制人力资源的流动与优化配置，其中最主要的是限制农村剩余人口的转移。农村人口进行转移的方向只有一个：从农村流向城镇。随着我国城镇化率的显著提高，流向城镇的农村人口数量逐步上升。尽管国家现在对人口流动管制有所放松，但现有的户籍制度对农村人口的转移还存在不少的制约和约束。

（一）二元户籍制度对农业转移人口"转得出"的约束

1. 户口迁移

1958 年以前，人口可以自由迁徙，户口迁移也不受限制。1958 年 1 月，《中华人民共和国户口登记条例》第一次明确将城乡居民分为"农业户口"和"非农业户口"两种不同的户口，对人口自由流动实行严格的限制。1975 年，宪法正式取消有关迁徙自由的规定，至今仍未恢复。1977 年 11 月，国务院批转的《公安部关于处理户口迁移的规定》强调：从农村迁往市、镇，由农业人口转为非农业人口，从其他市迁往北京、上海、天津市的，要严加控制。从市、镇迁往农村，市迁往镇的，只要理由正当，应准予落户。从这文件中，可以看出政府对户口由农村迁往城镇的控制较严，但由城镇迁往农村的基本不受限制。这种二元户籍制度，在城市与农村之间垒起了一座高墙，限制了户口迁移的自由，从而阻碍了农业转移人口的"转出"。

---

① 陈凌云：《二元户籍制度的弊端与改革》，载于《西南林学院学报》2006 年第 S1 期。

2. 农业户口转非农业户口

农业户口是靠自己生产口粮的农业户口，非农业户口是靠国家分配口粮的城市户口。两者最本质的区别在于社会保障与基本公共服务上享受不同的待遇。正因如此，很多农村户口居民希望向非农业户口转变。可是，国家对于户口"农转非"也有明确的规定，只有满足一定条件才行，但国家出台这样的政策也是有一定倾斜的。一般是机关事业单位职工或是党政机关公务员家属及企事业单位管理人员、专业技术人员家属进行农转非。这种政策对一般农村人口来说，相当困难。

（二）二元户籍制度对农业转移人口"留得住"的制约

1. 户口转入，城镇不愿要

在当前跨地区利益关系没有有效协调机制的情况下，任何城镇都不会欢迎在辖区范围之外人员在本地无条件的入籍。[①] 转入地政府应对外来人口的态度是"要人手不要人"、"要人不要人口"。这样区别对待的主要原因有以下几点：一是社会保障压力较大。我国社会保障事业需要政府较大的财政投入，大量的外来人口加剧了地方财政的压力，使得提供给本地居民的社会保障难以到位。如果中央政府不通过转移支付减少流入地方政府的压力，流入城镇政府是不愿接受外来农村人口落户城镇的。二是社会管理难度加大。如果地方政府放开农业转移人口入户城镇，将会给城市的社会管理、治安等方面会造成一定的负担。尤其在中央还未出台明确的户口政策，地方政府对外来人口落户无法可依。三是教育培训成本会增加。农业转移人口来到城市，主要是为了实现职业的转变，寻找就业机会。农村义务教育相比城市比较落后，大部分农业转移人口的受教育程度偏低。他们很少接受正规的教育或职业技能培训，企业和用人单位如果聘用他们上岗，必然要对他们进行教育或是职业技术培训，以优化人口社会结构。如果大量农业转移人口入籍，必然会增加教育培训成本。

2. 转移人口须"市民化"，农民无法留

即使城市愿意要，农民愿意留，可在现行户籍制度下农民也是无法留的。农业转移人口在城市生活，除了就业和一般性的社会保障外，更加需要的是住房。我国户籍管理制度有规定，外来人口在城镇入户，可以选择以自有住房、公房、单位集体入户或者以投亲靠友方式入户。但是对农民来说，唯一可行的途径是自有住房，但是在北上广深一线特大城市，高昂的房价让人望而却步。无法拥有自有住房，农民即使愿意在城镇落户，缺乏了最基本的入户保障也是无用之功。

---

① 蒋建森：《农业转移人口市民化的制度创新及其现实途径》，载于《中共浙江省委党校学报》2013年第5期。

三、户籍制度的改革与农业转移人口市民化

（一）新世纪户籍制度的改革

从 2000 年开始，政府积极支持和鼓励农村劳动力的流动，明确提出要改革城乡二元体制，取消对农民进城就业的不合理限制，促进城乡统筹就业。在"第十个五年计划纲要"和"十一五规划纲要"中都指出要改善对农村劳动力流动的不合理限制，鼓励农民进城就业、居住，落户城市。具体措施主要有以下几点：

（1）实现居住证制度[①]。人才居住证制度打破了原有的户口作为主要依据的配置资源方式，它通过在劳动就业、子女教育、社会保障等方面赋予居住证持有人较多的市民权力，在很多方面缩小了流动人口与户籍居民的待遇差距，因此备受欢迎。人才居住证制度在上海、深圳出现后，被不少大中城市借鉴与推广。

（2）取消户口分类，实现统一户口登记。2001 年，全国 20 多个省份包括福建、广东、江苏等先后开展以取消户口分类为主的户籍制度改革。改革主要内容有：取消农业与非农户口，实行城乡户口登记管理一体化，废止"农转非"等。

（3）降低门槛，进一步放松户口准入条件。新时期，很多地方降低进入城市的门槛，采取以准入条件取代人口控制指标的方式。河南省进行迄今为止最大胆的户籍制度改革试验，在湖州、石家庄、郑州三市实行户口迁移租房准入制，城乡统一的户口登记管理制度，取消"二元"户口管理结构和户口分类。将二元户口转变为统一的居民户口。这种"零门槛"的准入制，向本地农民无条件开放，有利于社会的公平与发展。

（二）户籍制度改革对农业转移人口市民化的影响

已出台的深化户籍改革的举措，进一步打破了原有的户籍管理体制的藩篱，有利于推进农业人口向城市的非农化转移、加速城市化进程。虽然国家作出了相应的调整与改革，但是现行的户籍制度仍对社会产生许多不利的影响。

（1）提高了农业转移人口市民化的门槛，增加了市民化的成本[②]。1978 年以后，政府允许甚至鼓励农民进城打工，但是对于愿意成为市民的农民工却设置了较高的准入门槛，间接地提高了农业转移人口市民化的成本。农民受教育水平和技能水平较低，预期和实际收入也相应较低，高昂的市民化成本使得转移人口不愿成为市民。尤其在北京、上海、广东等一线城市，高昂的房价和生活成本是农

---

①②　王越英：《户籍制度改革与农业转移人口的市民化》，载于《学术园地》2014 年第 3 期。

民不愿定居城镇最主要的原因。

（2）弱化了农业转移人口对城市的认同感，降低了农业转移人口市民化的意愿。农村人口大量流向城市，为城市工业化发展做出一定的贡献。他们在城市就业、生存，农业户口的省份使他们无法与城镇居民一样平等地享受各种权利和社会福利。在教育、医疗、就业、社会保障方面，城市居民享有更优厚的待遇。如此一来，农业转移人口对城市缺乏认同感和归属感，降低了其市民化的意愿。

（3）助长了对农民的歧视心理，造成了社会分层与对立。户籍制度的分层管理人为地造成了农业转移人口与城市社会的对立，阻碍了市民化的进程。一方面，农业转移人口生活在城市，却享受不到同等的待遇，难以对城市产生认同感，从而无法真正融入城市生活；另一方面，社会上对农民也存在一定的歧视，诱发不同程度的心理危机，从而成为潜在的犯罪动因。城市居民和农业转移人口缺乏对彼此的尊重与信任，缺乏对彼此正确的认识，进一步阻碍了农业转移人口的市民化进程。

四、户籍制度变化对我国农村人口流动的影响

1958 年以前，农村人口落户城镇是不受限制的。1958 年的《中华人民共和国户口登记条例》以法律形式限制了农村人口流动。1984 年国务院出台《关于农民进入集镇落户问题的统治》，第一次放松了"农转非"的限制，允许"自理口粮"进入集镇落户。1994 年时，取消以商品粮为准的农业人口和非农业人口，建立以常住人口、暂住人口、寄住人口三种管理形式为基础的人口登记制度。2014 年，国务院出台《关于进一步推进户籍制度改革的意见》，进一步调整户口迁移政策，创新人口管理，保障农业转移人口及其他常住人口的合法权益。

经过一系列的户籍制度改革，使我国农村人口流动出现了新的态势。从历史上几次大规模的农村人口迁移不难发现，我国户籍制度的变化与农村人口的流动息息相关。农业人口转移主要包括省内迁移与省际迁移，而农业转移人口的主体是从农村流向城镇的农民工。户籍制度的变化主要在规模和地域方面，影响农村人口的流动。

（一）规模变化

农村流动人口数量逐年增加但渐趋平缓。据全国人口统计资料显示：[①] 北京

---

① 杨来胜、黄润龙：《户籍制度改革对农村人口流迁作用机理分析》，载于《南京人口管理干部学院院报》2000 年第 2 期。

市的流动人口从1984年的50万上升到1995年的300多万，增长了6倍；广州市的流动人口从1979年的23.5万上升到1993年的130多万，也增长了5倍。全国流动人口由改革开放初期的2 500万~3 000万上升到1997年的1亿人左右，且这一增长趋势一直持续到现在。改革开放后，我国流动人口的数量和规模在不断壮大。图4-1列出的是2000年以后流动人口、人户分离人口、城乡人口数据。2000年我国流动人口为1.21亿，2012年增加到2.36亿，十多年间流动人口数量翻了1倍。2000~2012年，城镇人口由4.59亿上升至7.11亿，占全国人口的比重增加了16.35%。城镇人口数量膨胀，其中农村流动人口占了很大一部分；相应地，农村人口从8.08亿下降为6.42亿，减少了16.35%。从图中可以看出，流动人口、人户分离人口、城镇人口均呈上升趋势，而乡村人口在逐渐减少。因此，农村人口绝大多数流向城镇，使得城镇人口剧增。

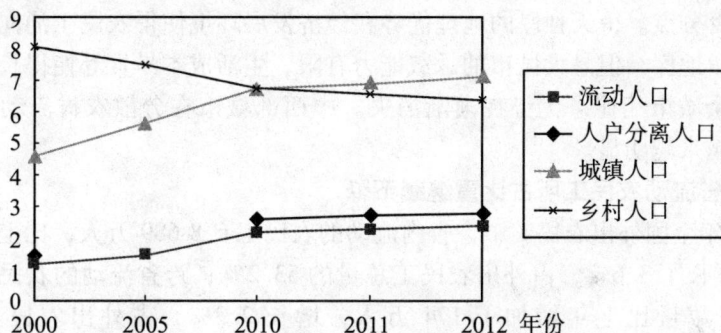

图4-1　2000年后我国人口主要变化趋势

资料来源：《中国统计年鉴（2013）》，中国统计出版社2013年版。其中2005年人户分离人口数据缺失。

（二）地域影响

在农村流动人口构成中，农民工占很大的比例。正是鉴于农民工在户籍制度改革过程中的典型性，这里将以农民工代表农村流动人口，分析户籍制度变化对其地域上的影响。

1. 在中西部地区的农民工数量增长较快[①]

从就业地区来看，2012年在东部地区务工的农民工有1.69亿人，比上年增加443万人，增长2.7%，占农民工总量的64.7%，比上年降低0.7个百分点；在中部地区务工的农民工4 706万人，比上年增加268万人，增长6.0%，占农民工总量的17.9%，比上年提高0.3个百分点；在西部地区务工的农民工4 479

---

① 国家统计局：《2012年全国农民工监测调查报告》。

万人，比上年增加263万人，增长6.2%，占农民工总量的17.1%，比上年提高0.4个百分点。

分省看，农民工就业地区主要分布在广东、浙江、江苏、山东等省。与上年相比，广东、浙江、江苏、上海、河北、重庆等省市的比重有所下降。国家放松对农村人口落户城镇的限制之后，农村人口逐渐流向东部沿海发达城市，也有一部分农民选择中西部城市。2012年，东部地区的农民工增加数量不及中西部城市，这一趋势说明中西部地区对农民工的吸引力在逐渐上升。

2. 在长三角和珠三角地区的农民工总量增加、比重下降

2012年，在长三角地区务工的农民工为5 937万人，比2011年增加109万人，增长1.9%，在珠三角地区务工的农民工为5 199万人，比上年增加127万人，增长2.5%，增长速度分别比上年快1.6和2.4个百分点。在长三角和珠三角地区务工的农民工分别占全国农民工的22.6%和19.8%，分别比上年下降0.5和0.3个百分点。得天独厚的地理优势和经济发展环境使得农民工涌向长三角地区和珠三角地区，但是大城市的承载能力有限、生活成本昂贵等使得长三角和珠三角与其余城市相比，优势在渐渐消失。中西部城市在分散农村流动人口压力上，作用越来越明显。

3. 跨省流动农民工所占比重继续下降

2012年全国外出农民工中，省内流动的农民工有8 689万人，比上年增加了299万，增长了3.6%，占外出农民工总量的53.2%；跨省流动的农民工总数为7 647万，数量比上年增加了174万人，增长2.3%，占外出农民工总量的46.8%。在省外务工的比重比上年下降0.3个百分点。

分地区看，东部地区83.7%的外出农民工省内流动，其中在乡外县内占32%，县外省内占51.7%，跨省流动的仅占16.3%。中、西部地区外出农民工则是以跨省流动为主，分别占66.2%和56.6%。

图4-2、图4-3分别是2011年、2012年不同地区外出农民工在省内外务工的分布情况。综合两图可以发现，2011~2012年，东部地区的农民以省内流动为主，中西部地区的农民以省际流动为主。全国范围内，农民工省际流动的比重有所下降，省内迁移比重在上升。

4. 在地级市务工的农民工比重提高

从外出农民工就业的地点看，在直辖市务工的占10%，在省会城市务工的占20.1%，在地级市务工的占34.9%，在县级市务工的占23.6%，在直辖市和省会城市务工的比重比上年下降0.7个百分点，在地级市务工的农民工比上年提高1个百分点。

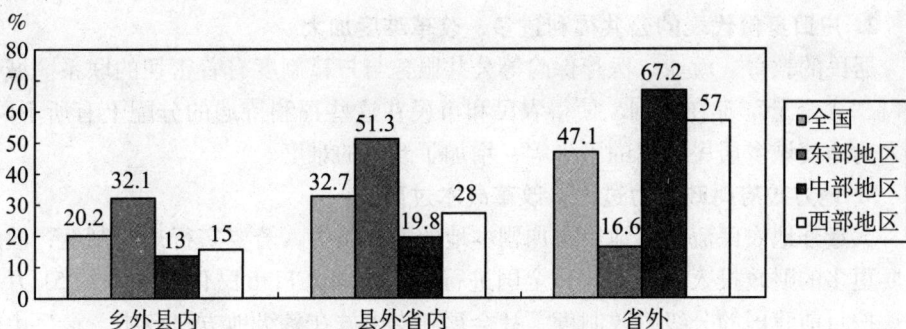

图 4－2 2011 年不同地区外出农民工在省内外务工的分布

资料来源：国家统计局：《2012 年全国农民工监测调查报告》。

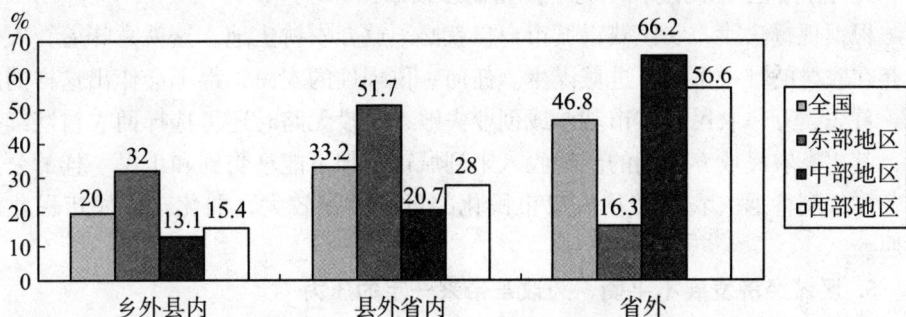

图 4－3 2012 年不同地区外出农民工在省内外务工的分布

资料来源：国家统计局：《2012 年全国农民工监测调查报告》。

五、改革户籍制度，促进农业人口的合理有序流动

（一）现阶段户籍制度改革的难点①

1. 户籍管理法律法规滞后，改革无法可依

现阶段，我国户籍制度的法律依据仍是 1958 年颁布的《中华人民共和国户口登记条例》（以下简称《条例》）。原有的《条例》是在当时的历史环境下制定出来的，与当今市场经济的发展要求和人民的实际需要相差甚远。对于一些新出现的问题，《条例》无法提供一个可靠的法律依据，并且地方出台的一些政策早已突破《条例》中的相关内容。新中国成立以来，未能形成一部完整、与时俱进的户籍法典，使得户籍改革无法可依。

---

① 王越英：《户籍制度改革与农业转移人口的市民化》，载于《学术园地》2014 年第 3 期。

2. 户口身份代表的公共福利过多，改革难度加大

居民的教育、就业、医疗保险等公共服务与户籍制度有着密切的联系。城乡户口"含金量"存在差别，使得农民和市民在这些福利待遇的分配上有所不同，这人为地使城乡居民之间的不平等，增加了改革的难度。

3. 地方政府财政压力过大，改革成本过高

大量外地农民流入本地后，加剧本地的财政压力。若要实行户籍制度，政府需要更多的财政投入。据测算，全国进行农业转移人口市民化的成本约 51 万亿元。按目前我国的分级财政制度，社会福利支出放在各级地方财政中，最后由地方政府买单。改革成本过高，无疑会引起地方政府的强烈反应。由于地方政府的消极抵触，2001 年以来国务院推出的一系列户籍改革措施难以得到落实。

4. 现行的土地制度，不利于户籍制度改革

根据现行法律，农民获得城市户口就必须放弃农村土地。这就意味着，农民放弃在农村的唯一生计，进城谋生。任何一位理性的农民，都不会作出这样的决定。首先，万一农民在城市就业或创业失败，走投无路时还可选择回农村继续务农；其次，农民放弃预期的土地收入来到城市，却不能享受到和市民一样的公共服务和福利待遇。农业转移人口市民化的机会成本较大，弱化了农民市民化的意愿。

5. 区域经济发展不平衡，为改革带来一定的压力

经济发展水平是农民选择流入地的首要考虑因素。外地农村人口大量涌入国内发达的大城市，但大城市承载能力有限，出现交通拥挤、环境污染、房价上涨等问题；而一些中小城镇不如大城市发达，基础设施落后，公共服务水平低，产业支撑乏力，对农民缺乏吸引力。如果这些中小城镇能有所发展，可以缓解大城市的人口和环境压力。

6. 农业转移人口市民化意愿不高，主观上不利于改革的进行

虽然国家大力支持与鼓励农业转移人口落户城镇，但与户籍挂钩的相关福利和基本公共服务却相对滞后，还可能会遭受到一定的歧视。拥有城镇户口，农民必须放弃家中的土地，高昂的房价与生活成本使得农民市民化的机会成本较大。因此，农业转移人口的市民化意愿不高，主观上也不利于改革的进行。

(二) 现阶段户籍制度改革的路径

1. 确立户籍制度改革的法律，规范户籍管理制度

户籍立法，既是户籍制度改革的一项重要内容，也是户籍制度改革的必然要求。为保证户籍制度改革的顺利进行，有必要借鉴国外民事人口立法的经验。新加坡的《国民注册法》、挪威的《人口登记法》等都是相对完备和值得借鉴的户籍法典。在此基础上，结合我国具体国情制定出一部具有中国特色的户籍法典，

使得户籍制度改革有法可依。在执行法律过程中，可能会遇到不少阻力，可先行制定地方性法规，解决一些突出性的问题。积累一定立法经验后，最后再由全国人大制定全国统一的户籍法。

2. 剥离与户籍相关的福利政策，建立统一的居住证制度

我国现行的户籍制度异化了户籍制度原本的功能——人口登记和维护社会治安、稳定。改革户籍制度，其核心就是尽快剥离其福利功能，恢复户籍制度原有的功能。总体思路是：逐步让户口与福利脱钩，建立融合居住登记和就业、社保、教育等基本服务为一体的居住证制度。居住证持有人享受与当地户籍人口同等待遇。例如在武汉，只要持有居住证，就可享受社保、医疗、子女教育等10多项市民待遇。上海居住证总积分达120分以上的外来人口可享受子女教育、异地高考、社会保险、住房等基本公共服务待遇。

3. 改革公共财政体制，建立多元化成本分担机制

城市政府消极对待户籍制度改革，一个很重要的依据是担心给予农民平等的市民待遇会加重政府的财政负担，当前财政体制下地方政府无力承担这笔公共支出。农业转移人口的教育、医疗、住房、社保等服务亟须中央和地方财政的大力支持。甚至有学者提出，农业人口转移市民化的实质就是财政问题。户籍制度改革要想取得一定的成效，很有必要改革现行的公共财政体制。首先要完善分税制改革，保证地方财政充足的税源。利用地方政府转移支付给予基本服务定向补助，主要用于农业转移人口家庭及其子女的教育、就业、医疗等基本公共服务，逐步促进农业转移人口市民化。基础设施和基本公共服务的完善工作需要大量的资金，如果只让地方政府一方买单，只会加大改革的成本。这一巨额的改革成本，需要建立由中央和地方政府、企业、社会还有农民等共同参与的多元化成本分担机制。

4. 实行土地制度与其他相关配套制度改革

对于农民来说，土地是根本。重点保障农民在农村各项财产的情况下进城落户，首先，明确农民的土地产权，允许外出农民工以一定方式进行土地流转，使得农村转移人口进行市民化无"后顾之忧"。其次，允许农民带资、带财产进程，一方面可以保证农民在城市生活的成本，另一方面政府在土地改革过程中可以获取土地增值税等收入。

除土地制度以外，与户籍制度相关的教育培训、就业、社会保障、医疗等制度也要作出相应的改革。这些福利性的制度与农业转移人口家庭的生活息息相关。

5. 合理引导农业人口有序转移，加强中小城镇对农民的吸引力

北京、上海、广州、深圳这些大城市经济发展迅速，基础设施完善，市场广阔，对农村人口的有着强烈的吸引力。城市建设初期，农民工的加入为社会现代化建设做出一定的贡献。但随着人口剧增，许多城市开始出现交通拥挤、污染等"城市病"。另一方面，虽然中小城镇正处于发展建设的上升期，但与大城市相比，仍然是劣势。可是大城市的承载能力有限，吸收外来人口也有一定的上限。中小城镇虽不及大城市发达，但是随着现代化建设的展开，在农业人口转移上比大城市更具潜力。政府应在政策上向中小城镇发展倾斜，发挥大城市的辐射作用，改善中小城镇的基础设施，完善基本公共服务。实现大城市和中小城镇均衡发展，引导农民有序流向中小城镇。

6. 加强城市与农村的双向沟通，加强市民化意愿

其实，户籍制度人为地将城市与农村二元分割，这不利于社会文明的进步。农民与市民对彼此存在一定的偏见，缺乏沟通，导致对彼此的不尊重与不理解。政府应作好两类群体的"媒人"，加强农民与市民之间的沟通，动员企业、学校等社会力量加强对农业转移人口的教育、职业培训，提高农民的素质。市民也应矫正对农民的偏见，学会接纳，帮助农民更好地融入城市的生活。只有相互理解与宽容，这部分居民对城市才会产生认同感，市民化意愿也会提高。

第二节　土地流转制度与农业转移人口市民化

一、土地流转的含义及模式

（一）土地流转的含义

"土地流转"一词在国外的土地研究当中是比较少使用的，转而代之的是土地交易之类的概念。"土地交易"的概念，在具体内容上包含了土地买卖、土地租赁、土地抵押和土地征用等形式。在国内"土地交易"的概念使用较少，这主要是由制度因素所引起的。在《中华人民共和国土地法》第一章总则中的第二条明确指出"中华人民共和国实行土地的社会主义公有制，即全民所有制和劳动群众集体所有制。任何单位和个人不得侵占、买卖或者以其他形式非法转让土地"，这样使得土地买卖在我国属于一种违法行为，但是这也并不代表着国外的"土地租赁、抵押、征用"和国内的土地转让、征用等相一致。我国的土地流转指的是土地使用权的流转，指拥有土地承包经营权的农户将土地经营权（使用权）转让给其他农户或经济组织，即保留承包权，转让使用权。这样，国外的包含"土地买卖"的"土地交易"概念，从根本的所有权性质上就是异于我国对土地流转的界定。也因此，"土地流转"这一概念很少在国外的土地研究中使用。

国内学术界对土地流转概念上有很多类似的概念，如农村土地流转、农用地流转、土地经营权流转，等等。本书所使用的土地流转概念是对土地承包经营权流转的简称。土地承包经营权一方面符合法定的名称，另一方面可以清楚地界定用益物权性质的农村土地民事权利的流转①。土地流转在内涵上主要包括以下几点：

（1）土地承包经营权流转是以我国土地所有权归属于国家和集体所有的制度为前提的。土地承包经营权的流转，是以其所有权性质不变为前提的。

（2）土地流转所针对的客体，即对什么的使用权进行转移，是《农村土地承包法》中所规定的土地，即农民集体所有或国家所有的，由农民集体使用，农民家庭所承包使用的耕地、林地、草地、原地、养殖水面等。

（3）土地流转后的土地用途应当继续用于农业生产。2004 年 12 月 24 日《国务院关于深化改革严格土地管理的决定》中关于严格执行占用耕地补偿制度的规定，明确要求非农建设用地对农用地的占用，应当补充数量、质量相当的农用地。这样，土地流转后的土地应当尽量保持原土地的基本农用性质，尽量避免其原有使用性质的变化。

（4）土地流转的主体，是农地的其他农户和种植大户或者一些农业经济组织。党的十七届三中全会的《决定》指出统一经营要向发展农户联合与合作，形成多元化、多层次、多形式经营服务体系的方向转变。因此，这里的经济组织不应当包括村集体。否则会容易出现一些农业用地的承包期限的混杂现象，带来更多麻烦。

（二）土地流转的基本模式

随着 2003 年 3 月 1 日起《中华人民共和国农村土地承包法》的实施，在遵循依法流转的原则下，土地承包经营权的流转正式在农村等实行，并日益活跃起来。土地流转的合法实现，在法理上使得我国农村劳动力有了一个更好的分层机会，为农村剩余劳动力外出进城务工解决了一个后顾之忧，也为我国农村土地流转市场开辟了一个值得认真实践和探索的领域。为此，国内学者对各地农村土地流转模式进行了积极的探索和总结。关于土地流转模式的划分学界主要有四种分类方法：第一类，是根据土地使用权的利用情况来划分。秦秀昌、蔡志荣通过大量的调查后研究发现，土地流转主要包括了转包、转让、拍卖、反租倒包、股份合作制等农村土地流转模式②。第二类，是根据土地流转的集中程度来划分。杜

---

① 丁关良、李贤红：《土地承包经营权流转内涵界定研究》，载于《浙江大学学报（人文社会科学版）》2008 年第 6 期，第 7 ~ 8 页。

② 秦秀昌：《农村土地流转模式刍议》，载于《经济师》2004 年第 5 期，第 195 ~ 197 页；蔡志荣：《农村土地流转方式综述》，载于《湖北农业科学》2010 年第 5 期，第 1210 ~ 1211 页。

朝晖依据土地流转的集中程度，将土地流转模式划分为三种模式：土地股份合作模式，典型的有枣庄模式、成都模式和扬州苏州模式；土地转包模式（土地分散租赁模式）和土地信用合作社模式（土地集体租赁的典型）①。李秉瑞、黄丽萍则将实践中的土地流转模式划分为分散流转模式和集中流转模式两类②。第三类，是通过分析农村土地流转的实践过程来划分。刘海运、李改英提出了四种模式：土地换保障型模式、留地和就业相结合模式、土地入股型模式和集中开发模式③。第四类，是按照土地流转主体的不同来进行划分。程飞按照流转主体的不同将流转模式划分为三种模式，即农户自发流转模式、市场参与流转模式和集体主导流转模式④。

综上所述，我国学术界对于农地流转，也并没有一个明确而统一的分类模式，都是基于某个角度对其进行划分。随着新型城镇化的逐步发展，农业转移人口市民化要求农村剩余劳动力要继续往城市进一步转移。这就反过来要求农村土地流转市场应当愈加充分和稳定，使得那些愿意进城的能够稳定地留在城里，而那些愿意继续从事农业生产的农民能够跟上时代步伐，努力实现农业规模经营和农业现代。

目前从我国农地具体的流转形式来看，主要有转包、转让、出租、互换、入股、代耕、"四荒"拍卖、抵押、土地信托、反租倒包、继承和赠与等方式。新型城镇化过程中，我们必须要考虑到农业转移人口的回流问题，因此在考察土地流转模式问题，应当将土地流转与农业转移人口市民化的稳定性相联系起来。为此本文将根据各种流转方式与农业转移人口与土地流转后的牵绊联系程度将土地流转模式划分为以下三种模式。

1. 暂时放弃型流转模式

这一流转模式主要包含了转包、出租、土地信托和抵押这几种形式。这几种形式都表明农户的土地承包经营权只是在一定时期内会流转出去，在合约或者协议等结束后，承包经营权会自动回到原来的农户手中。这样在农业转移人口市民化的过程当中，就不可避免地产生一种对农业转移人口回流问题的思考。在这四种流转方式中，转包、出租和土地信托所共同的是，土地的承包关系不会发生变化，只是经营权或者使用权会在一定时期内发生变化而已。针对抵押这一方式，在《土地承包法》中第四十九条规定依法取得土地承包经营权或林权证书的，土地承包经营权依法可以采取转让出租、抵押等方式流转。既然是抵押形式就必有

---

① 杜朝晖：《我国农村土地流转制度改革》，载于《当代经济研究》2010 年第 2 期，第 48 ~ 50 页。
② 黄丽萍：《中国农地使用权流转研究》，厦门大学出版社 2007 年版。
③ 刘云海、李改英：《可借鉴的四种失地农民安置模式》，载于《集团经济研究》2007 年第 6 期。
④ 程飞：《不同农村土地流转模式绩效评价研究》，中国知网，http：//epub. cnki. net/kns/brief/default_result. aspx。

赎回之时，因此这里将抵押归类于暂时放弃型流转模式当中。

2. 永久放弃型流转模式

这一流转模式主要包含了转让、入股、"四荒"拍卖、反租倒包和赠与这几种形式。转让是指承包方有稳定的非农职业或者有稳定的收入来源，经承包方申请和发包方同意，将部分或全部土地承包经营权让渡给其他从事农业生产经营的农户，由其履行相应土地承包合同的权利和义务①。这样通过转让，农户的承包经营权将彻底放弃。入股形式虽然没有变动原农户的土地承包经营权，但是无论是土地股份制还是土地股份合作制都要求不能退股，只能对相应的股权拥有一定的支配权。这样虽然在名义上原农户仍有承包权，但其经营权已经终身的放弃了。这样对于这类农业转移人口在进入城市后，将不会有对回流的太多考虑。关于"四荒"拍卖和反租倒包，这两者都涉及了村集体这一单位。无论是"四荒"还是反租都是集体经济组织对原来土地的承包经营权的异化式的收回，然后转包给农户。在实践的过程当中，变相收回承包权的农户，按照自愿原则不参与承包权的分享，则也就永久性的放弃了承包经营权。这是考虑到实际实践操作过程中的情况，将二者划分至永久放弃型流转模式当中。关于赠与，虽然法律中没有明确规定土地承包经营权的赠与情况，但实际现象中，赠与的一方，其实也将承包经营权永久性地赠与了授予方。

3. 承包权不变型流转模式

承包经营权不变的流转实质上对于农业转移人口并没有多大影响。因为这种流转只是具体的土地按照农户实际农耕操作时的便利程度来相互进行土地位置的相应调整而已。这种流转模式主要包括了互换、代耕和继承三种方式。互换形式的出现，是为了更好地方便具体农户进行规模经营和降低农业成本而出现的形式。代耕虽然在一定时期内，一方将土地的使用权给其他农户，但是这种代耕的初始目的在于前者希望后者能够使得其土地不至荒废而以便于自身在后来某个时期回来继续耕种。这里的回来，不同于第一种模式中的回流。这里的"回来"是农户本身就确定的事，而"回流"则在是否回归农村的问题上是不明确的。最后关于继承，我国农村土地承包经营权有着"增人不增地，减人不减地"的规定，这就使得土地的承包经营权具有继承性。

二、我国土地流转制度变迁

（一）农村土地流转制度的阶段性发展

始于 20 世纪 80 年代沿海发达地区的农村土地流转，随着工业化、现代化和

---

① 蔡志荣：《农村土地流转方式综述》，载于《湖北农业科学》2010 年第 5 期，第 1210 页。

城市化的逐步推进，从纵向和横向上逐步加快速度。随之而来的是一些农业用地使用效率低下的现象。为了提高土地资源的经济效率、保障国家粮食安全和促进农民增收，国家开始逐步放开农地承包经营（使用）权流转市场。整体上看，农村土地政策经历了由开始的禁止土地调整、到延长农地使用期限、再到鼓励并逐步开始实施农地使用权的确立，最终到激励农户在土地上的投资行为的系列政策转变过程。因此，改革开放以来，土地承包经营（使用）权在历史的演变过程中经历了以下几个阶段：

1. 土地承包经营使用权禁止流转阶段（1978～1983 年）

1978 年，安徽凤阳县小岗村"大包干"拉开了中国农村改革的序幕。由此，家庭联产承包责任制在全国得到迅速推广，家庭经营的模式占据了社会主导地位，旧形式的集体使用模式逐渐退出历史舞台。在这一阶段，国家法律和政策层面上，是不允许土地流转的，农地承包经营使用权在这一时期还是处于明令禁止的阶段。虽然如此，但在地方上已经出现了一些土地流转现象，这些流转现象都是一种小范围内农民自发的局部行为。1982 年《宪法》第十条第四款明确规定，"任何组织或个人不得侵占买卖、出租或者以其他形式非法转让土地"。同时，在《民法通则》中也规定"土地不得买卖、出租、抵押或以其他方式转让"。

2. 土地承包经营使用权流转解禁阶段（1984～1996 年）

继家庭联产承包责任制之后和农户内部局部土地私自流转行为之后，农村人口流动和非农化既成为农业人口增加收入的一个必备条件，也成为国家努力实现城市化、工业化和现代化的强大动力之一。20 世纪 80 年代后期，乡镇企业异军突起，农村出现了"离土不离乡"地从事非农业生产的现象。此时，农村中由于土地流转的限制，一方面农村出现一些土地撂荒现象，但另一方面一些希望获得更多土地的农民却陷入了没有政策支持的困境。为了应对这一窘境国家出台了一系列政策。1984 年 1 号文件《关于 1984 年农村工作的通知》首次将禁止流转的死渠从政策法律层面上打通了一个缺口，规定"社员在承包期内，因无力耕种或专营他业而要求不包或少包土地的，可以经集体同意后进行转包"。真正从法律意义上确认农地流转的合法性是在 1988 年 4 月的宪法修正案中"土地的使用权可以依照法律的规定转让"。继 1993 年十四届三中全会《建设社会主义市场经济体制若干问题的决定》的"允许继承土地开发性生产项目的承包经营权，允许土地使用权依法有偿转让"之后，1994 年 12 月 30 日，农业部在《关于稳定和完善土地承包关系的意见》中进一步指示"在坚持土地集体所有和不改变土地农业用途的前提下，经发包方同意，允许承包方在承包期内，对承包标的依法转包、转让、互换、入股，其合法权益受法律保护，但严禁擅自将耕地转为非耕地。"

20 世纪 90 年代中后期，乡镇企业发展速度趋缓，农村劳动力转移主要向城市进军，成为主流。随着改革开放的进一步深入和对外开放的进一步扩大，国家

对农村劳动力的流动，由"限制流动"和"规范流动"转变为"鼓励流动"和
"公平流动"。因此，农村中土地流转所呈现的相关现象不仅包括了撂荒，还包括
了一些土地久年未耕的现象。

3. 土地承包经营权流转合法化阶段（1997~2005年）

为了应对农业生产中各种问题的出现，1997年中央农村工作会议指出："强
调稳定土地承包关系，并不是不让流转，而是说流转一定要建立在农民自愿的基
础上，发展适度规模也必须坚持条件、适度、多样、引导和服务的原则。"在
2006年之前，农业当中有这样一个现象，那就是农民承包的农地需要缴纳一笔
农业税，这样在"民工潮"的涌动下，农民工有着一种想法，就是自己撂荒的承
包地希望能够转包出去，这对转入农户来说，会有一种额外的负担感。此外，在
农业技术不断进步的前提下，剩余劳动力数量的不断增加，国家在这一阶段制定
的有关土地流转政策，主要是基于农业用地避免撂荒和推动剩余劳动力转移考
虑。2002年通过的2003年3月1日实施的《中华人民共和国农村土地承包法》
进一步明确了农业用地流转的合法地位，标志着家庭长期承包经营，土地合法流
转的新型土地制度正式确立。2005年，国家颁布实施《农村土地承包经营权流
转管理办法》详细规定了与土地流转有关的细则问题。由于中国经济发展的不平
衡，各地在土地流转问题上有着各种情况，但总体上中国农村土地流转制度体系
于2005年年底基本形成[①]。

4. 土地承包经营权规范化阶段（2006年至今）

随着我国农村土地流转制度基本体系的形成，2006年1月1日开始实行的取
消农业税政策，标志着我国几千多年来的农业税退出历史舞台，相反农民种地还
有了一定的国家补贴或补助。这一实施，使得我国农村的土地生产成本和收益发
生了一次巨大的变动，也使得农村人口转移流动和农村土地流转在实践层面上出
现了更加复杂的情况。2007年中央1号文件《关于积极发展现代农业扎实推进
社会主义新农村建设的若干意见》提出了要对土地承包经营权的流转加以规范。
这样，我国农村土地承包经营权流转从最初的禁止，到解禁，再到合法化，最终
逐步进入了规范化阶段。在这样一个逐步发展的过程中，我国的农业人口非农化
的过程中也逐步出现了"离土不离乡"、民工潮和民工荒等现象。

十七届三中全会通过了《中共中央关于推进农村改革发展若干重大问题的决
定》强调"赋予农民更加充分而有保障的土地承包权，现有土地承包关系要保持
稳定并长久不变"；"允许农民以转包、出租、互换、转让、股份合作等形式流转
土地承包经营权"以及"逐步建立城乡统一的建设用地市场"。这次全会使得我

---

① 刘淑春：《改革开放以来中国农村土地流转制度的改革与发展》，载于《经济与管理》2008年第
期，第24页。

国农村土地流转制度的继续规范化有了更加坚实的政策基础。

2010 年中央一号文件《中共中央国务院关于加大统筹城乡发展力度进一步夯实农业农村发展基础的若干意见》明确强调"加强土地承包经营权流转管理和服务，健全流转市场，在依法自愿有偿流转的基础上发展多种形式的适度规模经营。严格执行农村土地承包经营纠纷调解仲裁法，加快构建农村土地承包经营纠纷调解仲裁体系。"这对农村土地流转的运行机制和管理机制的规范发展提出了更高的要求。

2012 年中央一号文件《关于加快推进农业科技创新持续增强农产品供给保障能力的若干意见》中提出"加快修改完善相关法律，落实现有土地承包关系保持稳定并长久不变的政策。按照依法自愿有偿原则，引导土地承包经营权流转，发展多种形式的适度规模经营，促进农业生产经营模式创新。"这一方面要求继续稳定和稳固农村土地政策的基本走向，另一方面还要求了农村土地流转方面应当适时地加以创新。这引导着我国农村土地流转工作向更高一层次的方向发展。

（二）农村土地流转制度的发展特征

我国农村土地流转制度的发展和变迁经历了一个不断动态变化的过程。总体上而言，这一动态变化过程是由现实的经济发展走势和农民自身发展需求所共同决定的。在这个动态的发展过程中，围绕着农业人口的转移，土地流转制度主要呈现出以下几个特征：

1. 倒逼型与引导性相结合式的变迁

无论是倒逼型还是引导型的土地流流转制度的发展，都是基于城市化发展过程中，实际出现的问题而产生的。倒逼型发展形式，是迫于农村中土地流转实际所发生的具体问题，为了解决这些问题，而颁布或者出台这些相关制度。这种倒逼型的主要是为了解决已经出现并且迫切的土地流转问题而出现的。引导性的也是基于现实问题的考量，但是其侧重的不是对问题的暂时性解决，而是基于现实问题并防止问题衍生而诞生的，并对这种衍生进行制度设计或其他布局。这种制度的安排更加具有前瞻性和指导性。

我国农村土地制度的发展变化，总体上是将二者有机地结合了，但在各个时期有所侧重。在禁止流转阶段和解禁阶段，我国农村土地流转制度偏重于倒逼型的发展演进方式。在这两个阶段，由于开始产生和初步产生农业劳动力的转移，以及农业劳动力的转移空间方向上并不是一种大范围的长距型的转移，这样土地的流转问题相对而言，不那么复杂，这样在解决土地流转问题上，暂时只需要考虑到问题的解决就好。然而这种暂时性的解决，在形势的继续发展情况下，并不能够使得问题得到一个长远的有系统的解决。因此，在农业人口大量转移和转移人口问题复杂多变的情况下，就需要有规范化的、法律化的、程式化的相关政策来解决这些问题。此外，随着农业人口大量的转移，农村中土地的流转也越来越需要更加创新的方式来解决农业中具体的生产方式问题。这样在合法化阶段和规范化阶段当中偏重于引导式的制度式变迁。

2. 滞后性质上的渐变式演进

我国农村土地流转制度的发展变化，总体上也是随着整个国家的改革开放步伐的层层深入而层层深入。但是在步伐的前进中，农村土地流转总体上是一种滞后性的调整，并不是一步到位，而是滞后性的渐变式演进。

首先，农业人口的初步转移使得部分农地或者农田等出现撂荒搁置等现象。这种撂荒搁置的现象是不利于农业生产发展的，于是出现了农地小范围的流转。但是随着经济发展的逐步深入，农业的相对优势不断减少，相反农业小规模经营的劣势再进一步恶化。这使得农民们在考虑选择何种生存方式上，产生了巨大的心理选择变化。因此，大量农业人口非农化转移后，就产生了多种问题，这使得相关的土地流转制度必须出台来应对这些情况。其次，随着这些土地流转的相关制度出现了，随着实际的流转过程的发展，其他问题也逐渐诞生了。这些问题主要包括了流转主体和客体之间围绕土地的一系列核心权益而出现的问题，这就使得现行的土地流转政策需要进一步做考虑，以致上升到法律层次，进而更好地解决这一系列的问题。最后，新时期，相对于城市居民和农村居民而言，这种城乡间的综合利益差距是在逐渐缩小，这就使得一些土地流转问题出现了前所未有的新情况，即原土地承包经营者有了不想放弃土地承包经营权的驱动。这一问题的出现，就更加需要国家在宏观政策和具体的微观政策上做出更加细致、明确、前瞻性的规定。

3. 诱致性与强制相伴生式的演进

通常而言，一项制度的演进，都不会是单纯的诱致性变迁或单一的强制性变迁。这主要是由问题诞生的具体温床所决定的。若是单纯的诱致性变迁，就会进入一个杂乱无序的变迁循环当中，损害市场效率；若是单纯的强制性变迁很容引发一些制度性障碍问题，损害政府效率；只有二者相互结合才能相得益彰。

具体来讲，农民进城或异地外出务工是一种基于自身未来可得收益的角度来进行选择，既然有所选择，即必有所放弃，这个放弃的便是土地的使用收益。因此，撂荒和搁置的土地，相对于无法外出务工的人来讲却是一种可以获得超出现有收益的一项重要来源。这样自发性的交易选择就出现了。为了维护这种自发性交易的利好性，就需要相关的制度来进行规范和支持。这便是诱致性的土地流转制度变迁。然而这种利好性的交易，需要的是行为双方的自行谈判，当外界条件发生变化时，这种自发式的交易，就有冲动突破原有利益范围的限制。这会加大问题的复杂性和降低交易的成功率。这就需要相关部门以政策法律这种强制性的方式来规范具体的交易，防止交易行为产生较大的负外部性。在中共十七届三中全会后，中央和地方在土地流转制度方面做出的一些安排，都有着明显目的的强制性变迁特征。

三、土地流转制度对农业人口转移的制约

土地流转的程度如何与农业人口转移的效率之间有着一个相互关联的性质。李淑芬（2013）曾指出土地流转的顺利与否与农业劳动力的转移有着莫大的关系：其前提是农业人口的转移，相反土地制度的顺利流转可以促进农业人口的非农化转移和农业人口的市民化进程[①]。进而土地流转效果的好坏也关系到我国新型城镇化发展的质量问题。土地流转制度对农业人口转移的制约主要体现在两个方面：一个是"转得出"的约束；另一个是"留得住"的制约。

（一）土地流转制度对农业转移人口"转得出"的约束

农业人口要想转得出去，首先需要解决的是相关农业人口必须使得其在农村当中的既有利益和既有牵绊斩断，才有可能彻底地转移出去。农村土地流转制度至少在以下几个方面约束了农业人口转的出的步伐。

1. 农村土地所有权者——村集体的限制

从目前的农地流转的实践过程中来看，农民手中的土地或农地只要能够找到愿意接收其所承包经营的农地，同时农户自身也愿意和土地流转后不做使用内容的改变，这一流转都是成立的。但是，从我国土地流转的众多法律政策文件中可以明确地看到这样几个字眼"经发包方同意"。这也就是说，虽然没有在实践中形成这种阻碍，但是一旦出现村集体组织的小集体主义的出现，农户土地流转将变成一种"空中楼阁"式的流转。出现此种情形时，土地承包经营权就会回到原承包方或者发包方。为了避免土地撂荒和搁置，这样发包方会经过商议的形式，将农地重新发包出去，进而损害到原承包经营农户的利益。因此，这种政策安排会给土地流转的长久性和稳定性埋下一个不确定性因子，也给农户本身选择落户城镇带来更多的考量和顾虑。

2. 承包土地在现阶段可以变相地称作为一种额外财产

自从2006年元旦我国农业税在全国范围内的取消和农业补贴政策的诞生，我国农村土地就变相地有了一种可收益性。对于那些在外地务工的农民来说，自己所拥有的承包地即使没有农用、弃荒在那里，也能够获得一部分微博的收益。因此，在选择是否放弃农村土地时，农民就更加不愿意放弃。关于这一点，虽然

---

① 李淑妍：《农民工市民化视角下的农村土地流转问题研究》，中国知网，http://epub.cnki.net/kns/brief/default_result.aspx。

国家在政策支持上是鼓励农业用地尽量多农用不能抛荒而补贴农户以促进他们进行生产。但是这一政策的出台却在实践当中出现困境，即真正种田多少与农业补贴之间并没有搭上关系，相反这种补贴只是根据农户所承包的土地多少来进行补贴。这就无形中，损害了农民种田种地直接补贴的初衷了。同时另一方面，这一扭曲的现实做法，还加剧了农村土地流转的交易成本。这主要是和原来在交农业税的情况相比较之下而呈现的。在原有的交税制下，对于抛荒土地来说，交税以一种额外负担，若是将土地流转给他人耕种，自己不会损失什么，甚至可以获得多一点的承包费用；对接收的经营者而言，他们可以获得更多的产出收益。这种流转是方便且效率高的一种表现。但是在取消农业税之后，抛荒对他们进城务工的收益来讲是一种额外的收益，因此他们宁愿保留自己的承包经营权。因此，实践中对农业种植户的补贴政策应当落实到农户实际种植的田亩多少来，才是更加公正的实践。

3. 土地流转的时间效果短

根据黄延信等（2011）的调查，我国农村土地流转的期限是以短期为主，各地土地流转期限普遍较短，多为 5 年以下①。这种短期型的土地流转形式大多数是以非正式的合同来进行的，这样就使得农业转移人口不能真正地长久地放弃他们关于农村土地的考虑。在合同期之后，甚至会有一部分非农化的人口转移回农村。据实际的调查来看，目前这一阶段的新生代农民工有着较强的留城意愿，而那些回乡的农民工，大多数是老一辈的农民工。这种分化源起于我国改革开放伴生下的民工潮。

土地流转时间短就预示着农业转移人口市民化并没有得到根本性的制度层面解决，至少在土地流转这一方面不能够得到保证。要想加快土地流转的长期稳定，切断农民工回乡的可能，在土地流转方面，要有促进流转的长效机制出现。

（二）土地流转制度对农业转移人口"留得住"的约束

新型城镇化的发展，不断要求着我国农业转移人口要根据有条件、可适应性的原则来促进农业人口转移到城镇并进一步定居在城镇，做一个永久性的市民。首先的一个问题便是，哪些人群是适合条件的可转移对象呢？现有的法律上并没有明文规定何种农业人口或者其他异地人口可以落户城镇。相反，关于落户城镇或城市的规定，大部分见于各个地方政府的相关政策文件当中。总体上来看，这种落户为常住人口的规定，基本上很难直接体现在土地方面的要求，其真正要求在于农业人口落户为城市常住人口的先决条件上，把这种落户的选择权力直接利用政策性文件将这种选择的权利或者责任推向选择落户为城市常住户口的农业人

---

① 黄延信等：《农村土地流转状况调查与思考》，载于《农业经济问题》2011 年第 5 期，第 4 页。

口身上。因此，关于土地流转制度对农业人口"留得住"的约束主要体现在能够防止农业非农化人口的返农化的土地流转制度的设计上。

要使得农业转移人口市民化长久稳定，从农村土地的依赖性上来看，没有了依赖性，也就没有了返乡的根源了；从现有的土地流转制度来看，我国土地流转制度建设上还没有更具超前的设计，基本的设计是在于加快土地流转，促进农业产业化、规模化和现代化的经营上，并没有考虑到这种土地流转期到限后的农地承包经营权的归属问题。

四、改革土地流转制度，推进农村土地合理流转

（一）土地流转制度在新时期的突破

随着我国新型城镇化步伐的步步深入，经济结构的不断优化升级，劳动力结构需求的相对型扩张，农业转移人口市民化已成为一个新时期发展的一项亟待解决的重大问题。继 2012 年中央 1 号文件《关于加快推进农业科技创新持续增强农产品供给保障能力的若干意见》的出台之后，我国土地流转方面的相关政策较之以往又有了新的举措。

（1）新出现"建设调解和仲裁体系"和服务网络化建设。在 2013 年中央一号文件中，明确指出"抓紧研究现有土地承包关系保持稳定并长久不变的具体实现形式，完善相关法律制度。坚持依法自愿有偿原则，引导农村土地承包经营权有序流转，鼓励和支持承包土地向专业大户、家庭农场、农民合作社流转，发展多种形式的适度规模经营"，"规范土地流转程序，逐步健全县乡村三级服务网络，强化信息沟通、政策咨询、合同签订、价格评估等流转服务"和"加强农村土地承包经营纠纷调解仲裁体系建设"[1]。

（2）首次明确提出土地流转"三权分置、经营权流转"的格局。2014 年 9 月 29 日中央全面深化改革小组第五次会议中，习近平指出了"要在坚持农村土地集体所有制的前提下，促使承包权和经营权分离，形成所有权、承包权、经营权三权分置、经营权流转的格局"[2]。

（3）十八届四中全通过了有关于农民股份合作和农村集体资产股份权能改革试点方案。这次试点的目标在于探索赋予农民更多财产权利，明晰产权归属，完善各项权能，激活农村各类生产要素潜能，建立符合市场经济要求的农村集体经济运营新机制。这是农村改革的一项重要顶层设计，是农村集体经济改革重大制

---

① 源自于 2013 年中央 1 号文件。
② 《习近平定调农村土地制度改革 明确三权分置》，载于《第一财经日报》2014 年 9 月 30 日。

度创新①。

（二）深化土地流转制度的实践操作，推进农地合理流转

在新型城镇化的不断推进过程当中，农村土地的合理流转，不仅是为了我国新型农业现代化、集约化的发展，而且也是为了促进有条件的农业转移人口市民化。从目前的各项政策措施和具体安排，我国农村土地流转制度的制度建设层面上已经取得了长足的发展和进步，已经从最初倒逼式的改革过渡到前瞻性的顶层设计，已经有了比较完整的流转体系了。但是在实践当中这一效果还没有显现出来。因此，有必要从实践的角度来审视我国土地流转制度的推进。

（1）农业补贴应朝着以农民实际所耕耘的田亩数来进行补贴。在这方面，应当加强我国农地的承包经营权流转后的实际审核工作安排，使得补贴真正补到那些真正耕耘了田地的农户。

（2）大力推进农地入股式的流转使用，并努力保证相关的龙头企业有一个较为稳定的发展过程，以免农业型龙头企业的倒闭、土地回流。

（3）放宽集体组织在农地流转中的约束性作用，让农地流转真正实现以农业用途不变的基础上的充分流转。按照"三权分置"的原则，将所有权代理人即发包方退出"经发包方允许"的框架制约，转换其职能，使得发包方成为防止土地农业用途异变的监管者。

第三节　教育培训制度与农业转移人口市民化

一、教育培训制度的内容及其模式

（一）教育培训制度的基本内容

新型城镇化中农业转移人口市民化，不单指农民落户城市、成为一名城镇人员，在城市之中拥有一席经济利益之地的过程，还应当包括其在城镇中可以有效和谐地与原有市民相融合的一个过程。在这个更具多元要素要求下的过程中，农业转移人口市民化所包括的内涵将更加丰富，而不是单纯地指"农民工培训②"、

---

① 高超：《十八届四中全会今日召开 农地改革等领域机会涌动》，载于《投资快报》2014年10月20日。

② 岳红伟在《我国农民工职业培训问题研究：基于人力资本投资视角》中，认为农民工培训通常是指农民在结束正规的中小学义务教育之后，根据其在城市中的发展要求，接受的各种生活及职业技能培训等。

"农村劳动力转移教育培训①"等。这些有关农业转移人口市民化的教育培训的界定，并不能够全面地对这一概念给予较为充分的解释和阐述。中共十八大明确提出"加快改革户籍制度，有序推进农业转移人口市民化，努力实现城镇基本公共服务常住人口全覆盖"；十八届三中全会为了推进农业转移人口市民化的进程，明确提出了要建立完善农业转移人口市民化成本分担机制；在 2014 年 9 月 16 日，国家发改委城市和小城镇改革发展中心副主任乔润令表示，新型城镇化的试点首先要建立农业转移人口市民化成本分担机制，让中央、各级政府和企业共同负担成本。这样，在农业转移人口市民化的道路上，教育培训的涵盖面也必将扩大。同时，农业转移人口市民化的教育培训也应当由中央、各级政府和企业来共同承担，这样才能够为我国新型城镇化阶段农业人口转移市民化的成功进行奠定一个夯实的社会基础。

农业转移人口市民化是一个逐步的渐进的过程，这不仅包括了部分农民工的个体转移过程，还包括了一部分符合条件的整个农民家庭的整体转移过程。这样教育培训的内容将有一个更大范围的涉及或者安排，也即广义上的教育培训。它是指使得农民在新型城镇化的发展进程中，能够获得适应和融入城镇经济社会文化生活的一系列教育培训措施和途径，可以使得农民本身具有与新型城镇化相适应的技能、态度、习惯、情感、知识等。根据中央、地方和企业共同分担的机制的原则，农业转移人口市民化之教育培训在内容上应当包括两个维度，即受教育程度和技能培训参与情况。

1. 受教育程度

针对本书而言，就农业转移人口市民化中农民的受教育程度，主要是以文化程度来衡量。2011 年和 2012 年我国农民工的文化程度构成情况如表 4－1 所示，表明我国农民工中初中文化水平的占据了绝大多数。2013 年，全国农民工初中高中以及中专一共占据了总体农民工总数的 76.7%，小学及以下的占到 16.6%，而获得大专及以上学历的农民工人数占到了总人数的 6.7%②。

从农民工受教育程度的占比情况而言，近些年来是基本稳定的。从总量上来看，2013 年全国农民工总数为 2.69 亿人，其中新生代农民工中，初中以下文化程度仅占 6.1%，初中占 60.6%，高中占 20.5%，大专及以上文化程度占 12.8%。在老一代农民工中，初中以下文化程度占 24.7%，初中占 61.2%，高中占 12.3%，大专及以上文化程度占 1.8%。高中及以上文化程度的新生代农民

---

① 李国强在其博士毕业论文《山东省农村劳动力转移教育培训研究》一文中，将农村劳动力转移教育培训界定为：以农村劳动力为对象，以促进其实现非农职业转换为目的，以适应职业岗位要求的多种形式的就业技能为主要内容的农村教育和职业教育培训。

② 资料来源：中华人民共和国国家统计局：《图解 2013 年中国农民工》，http://www.stats.gov.cn/tjsj/zxfb/201405/t20140512_551634.html。

工占到 1/3，比老一代农民工高 19.2 个百分点[①]。

表 4 – 1		2011 年和 2012 年农民工文化程度构成			单位：%
年份	文盲	小学	初中	高中	中专	大专及以上
2011	1.5	14.4	61.1	13.2	4.5	5.3
2012	1.5	14.3	60.5	13.3	4.7	5.7

资料来源：中华人民共和国国家统计局网站"最新发布"栏，《2011 年农民工监测调查报》，http：//www. stats. gov. cn/ztjc/ztfx/fxbg/201204/t20120427_16154. html 和《2012 年农民工监测调查报告》，http：//www. stats. gov. cn/tjsj/zxfb/201305/t20130527_12978. html。

2. 技能培训参与程度

2013 年接受过技能培训的农民工占 32.7%，比上年提高 1.9 个百分点。各年龄段农民工接受培训比重均有提高。表 4 – 2 显示了接受过技能培训的农民工各年龄段的比重。

表 4 – 2	接受过技能培训的农民工比重			
项目 年份 指标	接受技能培训		接受非农职业技能培训	
	2012	2013	2012	2013
合计	30.8	32.7	25.6	29.9
20 岁及以下	24.0	31.0	22.3	29.9
21～30 岁	34.0	35.9	31.6	34.6
31～40 岁	32.0	34.1	26.7	31.8
41～50 岁	30.5	32.1	23.1	27.8
50 岁以上	25.5	25.9	16.9	21.2

资料来源：中华人民共和国国家统计局：《2013 年全国农民工监测调查报告》之表 2《接受过技能培训的农民工比重》，并进行了部分调整，http：//www. stats. gov. cn/tjsj/zxfb/201405/t20140512_551585. html。

近年来，职业技术培训机构毕（结）业生总数呈现下降的趋势，由 2007 年的峰值人数 6 003.1763 万人逐年下降到 2012 年的 4 823.3605 万人[②]。表 4 – 3 显

---

① 资料来源：中华人民共和国国家统计局：《2013 年全国农民工监测调查报告》，http：//www. stats. gov. cn/tjsj/zxfb/201405/t20140512_551585. html。

② 资料来源于中华人民共和国国家统计局之年度数据，http：//data. stats. gov. cn/workspace/index? m = hgnd。

示了近四年来职业技术培训机构毕（结）业人数的变动情况，其中在职业技术培训机构毕（结）业人数中，农村成人文化技术培训学校（机构）毕（结）业人数占职业技术培训机构毕（结）业人数的比重是最大的，基本在74%左右。相比而言，职工技术培训学校（机构）毕（结）业人数的比重并没有那么高，只占到6%左右，其他培训机构的比重占到20%左右。

表4-3　　　　各年职业技术培训机构毕（结）业人数及其构成占比

指标 ＼ 年份		2009	2010	2011	2012
职业培训机构毕业生总人数（万人）		5 430. 5125	5 252. 2921	5 146. 5876	4 823. 3605
职工技术培训学校	毕业人数占比（%）	6. 12	6. 42	5. 84	5. 58
农村成人文化技术培训学校		73. 87	73. 73	72. 60	76. 06
其他培训机构（含社会培训机构）		20. 01	19. 85	21. 56	18. 36

　　资料来源：中华人民共和国国家统计局之年度数据，http：//data. stats. gov. cn/workspace/index？m＝hgnd，并通过相关比重计算获得。

（二）教育培训制度的基本模式

　　农业人口的教育培训是提升农业劳动力人力资本质量和实现新型城镇化阶段农业转移人口成功市民化的重要途径。根据舒尔茨的人力资本理论，教育资本是人力资本的主要成分，它可以增强客体的生产能力，是经济增长的一大重要源泉，在解决贫困问题上，也是一个有效的手段。根据《2013年全国农民工监测调查报告》显示，有超过一半以上的农民工就业于制造业、建筑业和批发零售业；并且从业于这三个行业的农民工占农民工总数的比例分别为31.4%、22.2%和11.3%。这些行业都是我国经济发展的基础性产业，但农民工们自身的人力资本（文化水平和综合素质）偏低直接导致了其社会地位的低层次、收入偏低，更甚至在这些行业不辞辛苦地做出巨大贡献后，却得不到应有的尊重和认可，与就业所在地市民之间并不能够很好地融合，难以融入城市生活。随着新生代农民工的一些新特质（教育程度普遍提高、就业消费观念城市倾向等）的涌现，现有的教育培训制度亟待发挥更大的作用。

　　目前，我国有关于农民工的教育培训模式主要包括了两个模块五种模式（见图4-4）。由于农业转移人口市民化是一个逐步转移的过程，农民工的教育培训需要考虑到基础教育和就业培训两个方面，因此，在这里将教育培训的模式分为两块，即教育模块和培训模块。

```
          ┌─────────────┐
          │  教育培训模式  │
          └──────┬──────┘
        ┌────────┴────────┐
   ┌────┴────┐       ┌────┴────┐
   │ 教育模块  │       │ 培训模块  │
   └────┬────┘       └────┬────┘
   ┌────┴────┐    ┌───────┼───────┐
┌──┴──┐ ┌──┴──┐ ┌─┴─┐ ┌──┴──┐ ┌──┴──┐
│义务  │ │普通  │ │政府│ │民营  │ │劳务  │
│教育  │ │高中  │ │主导│ │机构  │ │对接  │
│     │ │职高  │ │式培│ │与职  │ │式企  │
│     │ │教育  │ │训 │ │高合  │ │业培  │
│     │ │     │ │   │ │作   │ │训   │
└─────┘ └─────┘ └───┘ └─────┘ └─────┘
```

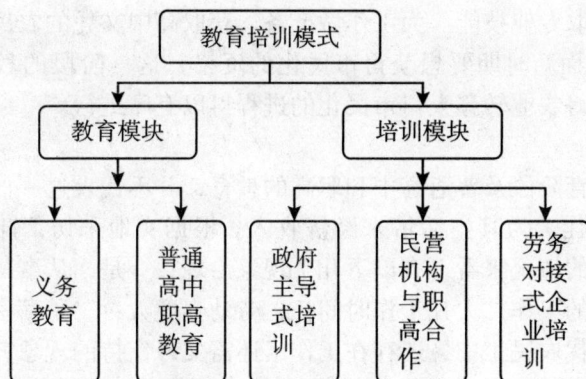

图 4 - 4　教育培训模式

1. 教育模块

我国农民工这一群体关于教育培训方面，存在着一个特殊的现象，即"有效供给不足"和"需求不旺"同时并存的现象。然而这种现象的存在是由多方面原因引起的，其中农民自身所受的教育是一个重要因素。通常而言，受教育水平的提高和工人接受就业培训的比率之间呈正向关系，也即受教育程度越高，接受相关工作的培训的概率更大。根据《2012 年全国农民工监测报告》表明，在农民工中，接受过农业技术培训的占 10.7%，接受过非农职业技能培训的占25.6%，既没有参加农业技术培训也没有参加非农职业技能培训的农民工占69.2%。另外，受教育年限的扩大，也能够使得农业转移人口市民化率大大提高。有学者经过统计分析认为，受教育年限为 1 年、6 年、9 年、12 年、14 年的市民化综合指数平均水平分别为 0.450、0.459、0.471、0.499、0.532 和 0.563，表明随着受教育年限的增加，乡—城流动人口市民化指数逐渐提高[①]。因此，在关注新型城镇化的过程中，不得不重新审视一下，我国当前的教育体制。

在教育模块之中，根据教育所承担的职责，将这一模块归为两类模式，即义务教育及普通高中和职高教育两个模式。针对目前农村农业人口而言，义务教育主要承担的任务有两个：一是扫文盲，普及基本知识；二是升学，更高阶段的学习。从目前文化程度的构成来看，我国农民群体中，有相当一部分是初中毕业的，但仍有一部分文盲，这就有必要彻底扫除文盲。然而针对这一群体，紧接着的任务就是，初中毕业之后是毕业还是升学，还是进入职业类高中就读。这是作为选择主体自身的一个重要选择。普通高中和职高教育，于农民工群体而言，还存在各种各样的门槛。同样，这一阶段的教育也有两个任务：一是升学，进入高

---

① 王晓丽：《中国人口城镇化质量研究》，中国知网，http://epub.cnki.net/kns/brief/default_result.aspx。

等教育；二是获取专业技能，为工作做准备。获取高中文凭的农民工只占到总体的13%～14%，而新时期要想获得市民化的资格，这一阶段的教育必须有所提高，这样才能使得农业转移人口市民化的进程得以有序进行。

2. 培训模块

完成义务教育阶段及普通高中和职高的教育，并不代表这一群体就可以直接在社会上找到工作，为其生活带来经济收入。根据实地采访，针对初高中毕业生，从社会就业的情况来看，有以下几个现象出现：一是，从事的工作都是一些不太需要高技能的工作，大凡工作时间长，劳动强度大；二是薪资水平低，没有结余，甚至新生代农民工中，还存在工作了还需父母支持的现象；三是转换工作现象比较频繁，没有一个稳定的人力资本积累过程；四是对城市的感觉五味陈杂，缺乏安全感。为了应对这些情况，农民工的教育培训继义务教育阶段和普高职高教育之后，就是要适应和融入城市生活和工作的各类培训。毫无疑问，这类培训都是针对具有法律民事行为能力的人。在培训模块中，主要包含了三种模式，即政府主导式的培训、民营机构与职高的合作和劳务对接式的企业培训。

第一，政府主导式培训。政府主导式培训主要是政府完全出资兴办的各类培训机构，相对而言具有较强的资金支持，培训的针对性、齐全性比较好，但是相比较而言却存在着专业技能设置的效率低，在执行过程中往往存在培训质量偏低的倾向。

第二，民营机构与职高的合作式培训。这一典型就是"富平模式"。"富平模式"是一种"民办公助"的培训—就业—权益保障一体化的农民工培训就业新模式①。这种合作式的培训，既避免了贫困地区或者贫困家庭失去参与技能培训的机会，又可以获得国家的资金支持和生源的稳定。目前这种模式的运行正处于一种探索和初运行阶段。

第三，劳务对接式的企业培训。这一培训模式对于接受培训的农民工而言是最为有效率的，然而问题在于何以做到劳务对接。目前很多地方正在探索这一模式。黑龙江省2005年在省内召开了各种形式的劳务对接会，累计签订劳务合同2.3万份，落实培训岗位60余万人②。

二、我国农民教育培训制度的发展历程及其特征

（一）我国农民教育培训制度的发展历程

从所涉及的教育培训发展的内容来看，农业转移人口市民化的教育培训政策

---

① 李湘萍：《富平模式：农民工培训的制度创新》，载于《教育发展研究》2005年第6B期，第83页。
② 吴昊、丁敏：《论农民工培训体系的构建》，载于《特区经济》2007年第8期，第139页。

主要包括文化教育政策、专业技能培训政策、安全教育政策、生理及心理健康教育政策、生活习惯培养政策等诸多类别①。从国家已有的政策文件来看,马桂平(2004)指出,农民工教育培训政策还没有细化,开展农民工教育培训的许多具体工作尚无政策支持②。从现有的对农民教育培训研究的文献资料来看,对农民工教育培训政策的发展历程研究,主要是对农民工教育培训体系做了初步探索,其中比较典型的是:张胜军(2012)对农民工的教育培训政策体系进行了三阶段的划分③。本节将根据教育培训模块来对我国1978年至今的国家所颁布的各项有关农民的教育培训政策的发展历程进行梳理。

1. 教育模块相关政策的发展变迁

根据我国相关部门颁布的各项有关农村基础教育这一方面的文件,其内容在发展上主要呈现三个方面的逐步转变:

第一是在课程内容上,农村教育由一开始的"为农村服务",逐步转向为"为社会经济发展服务"。1983年的中共中央、国务院《关于加强和改革农村学校教育若干问题的通知》要求在课程改革目标上要突出"农村教育要为农村服务"的宗旨;在内容上课程内容应当与农村生产实践相结合,服务农业生产。1987年基础教育改革的目标则调整为主要为当地建设服务并兼顾升学。在1992年《九年制义务教育全日制小学、初级中学课程计划(试行)》中,增加了有关职业技术教育的内容。2006年《中华人民共和国义务教育法》中,没有规定农村义务教育专为农村经济服务的提法,而是将课程内容的要求定为"内容力求精简,精选必备的基础知识、基本技能,经济实用,保证质量"。在2010年印发的《国家中长期教育改革和发展规划纲要(2010~2020年)》中,提出了"坚持以人为本,全面实施素质教育"的战略主题。

第二是在教育经费上,由一开始的分地区逐步免除学杂费到全区域的免除学杂费,再到义务教育均衡发展的规定。2011年所有省(区、市)通过了国家"普九"验收,我国用了25年全面普及了城乡免费义务教育④。新型城镇化阶段,由于人口的不断流动,以及部分农业人口的居家迁移,使得地区间教育资源

① 肖前玲:《我国农民工教育体系构建政策研究——以包容性发展理念为视角》,中国知网,http://epub.cnki.net/kns/brief/default_result.aspx。

② 马桂萍:《农民工培训的制约因素及突破思路》,载于《高等农业教育》2004年第11期,第88~91页。

③ 张胜军在《我国农民工培训政策的问题与前瞻》一文中对这三个阶段划分的情况是:第一阶段从1978年至1990年,是"服务乡镇企业发展,关注县城内农村劳动力的就地转移培训"的阶段;第二阶段从1991年至2000年,是"服务城市社会发展,开始关注跨地域流动的进城农民工培训"的阶段;第三阶段从2001年到现在,是"服务城乡社会转型发展,全面推进农民工培训"的阶段。

④ 资料来源:中央政府门户网站《国务院关于深入推进义务教育均衡发展的意见》,2012年,http://www.gov.cn/zwgk/2012-09/07/content_2218783.htm。

的不均衡分配，促使有关教育费用的新情况出现。这也是相关政府部门正在努力解决的事。

第三是在农民工子女教育问题上，由最初的无到有，逐渐形成了一个系统的政策体系。虽然在解决实际问题时会有一些迟滞，但在具体的相关规定上是逐渐升级的，由最初的随迁子女入学问题到后来的升学考试问题，是一步步升级的。其中最典型的文件有三个：一个是 2003 年国务院办公厅转发教育部等部门《关于进一步做好进城务工就业农民子女教育工作的意见》的通知，另两个是 2012 年教育部等《关于做好进城务工人员随迁子女接受义务教育后在当地参加升学考试工作意见》和《国务院关于深入推进义务教育均衡发展的意见》。

2. 职业教育和培训相关政策的发展变迁

职业教育培训政策的发展变迁，是随着我国市场经济的不断发展而逐渐演进的。肖前玲（2012）根据政策和农民工教育培训的相关程度，将我国农民工教育培训政策分为五个阶段：第一阶段是萌芽期（20 世纪 90 年代~2003 年以前），第二阶段是初步建立与发展期（2003~2005 年），第三阶段是快速发展时期（2006 年~2008 年 9 月），第四阶段是应急调整期（2008 年 10 月~2009 年），第五阶段是新的发展时期（2010 年至现在）。根据这些阶段的划分，我国农民工教育政策在自身发展的体系上，出现了三个转变：

第一个转变是农民工教育培训政策由政策目标的单一化逐步转向政策目标的多元性。这一转变，不仅是目标群体的扩大，而且还包括了农民工培训侧重的能力也多元化了，包括了"择业竞争能力"、"就业适应能力"、"自主创业能力"及"农业技能"。2000 年 4 月，《劳社厅关于印发劳动预备制度培训实施办法的通知》将"农村未能继续升学并准备从事非农产业工作或进城务工的初、高中毕业生"纳入劳动预备制度的主要对象。2002 年 7 月《劳社部关于印发〈加强职业培训提高就业能力计划〉的通知》要求继续推进劳动预备制度，"面向城乡初、高中毕业生和进城务工的农村劳动力，加大组织开展职业培训的力度。" 2004 年 3 月《教育部关于印发〈农村劳动力转移培训计划〉的通知》要求深入开展农村劳动力转移前培训，并动员社会各类教育培训资源，开展进城务工人员的教育培训。2007 年 5 月《国务院批转教育部〈国家教育事业发展"十一五"规划纲要〉》中，提出实施"成人继续教育和再就业培训工程"，加强对农村转移劳动力的职业技能培训和创业培训。农民工培训政策向着"引导农民工全面提高自身素质"方向转变。

第二个转变是教育培训经费由个人和用人单位承担，逐渐转向多方面主体共同承担，另外在培训费用上有着更为具体细致的规定和完善。1999 年《国务院办公厅转发劳动保障部等部门〈关于积极推进劳动预备制度加快提高劳动者素质的意见〉的通知》，对培训经费做出了规定："对承担劳动预备制培训任务的职业学校和培训机构，其培训费可参照当地各类职业学校或培训机构的收费标准，报经同级物价部门审批后执行，并报当地劳动行政部门及学校主管部门备案。对家庭经济确有困难的学生，可酌情减免培训费用"。2002 年《国务院关于大力推进职业教育改革与发展的决定》要求各级人民政府要安排一部分农村劳动力培训经费。2003 年《国务院办公厅关于做好农民进城务工就业管理和服务工作的通知》提出培训经费"由农民工自行选择并承担费用，政府可给予适当补贴"。2004 年 3 月《财政部和农业部关于农村劳动力转移培训财政补助资金管理办法（试行）》对农村劳动力转移培训财政补助资金管理做出了原则性的规定①。2005 年《财政部和农业部关于农村劳动力转移培训财政补助资金管理办法》对补助对象，补助资金来源，补助原则与方式，资金的申报、拨付与使用，资金管理与监督等做了较为详细的规定。12 月《国务院办公厅关于进一步做好改善农民工进城就业环境工作的通知》提出"各级财政要在财务支出中安排专项经费扶持农民工职业技能培训工作，用于补助农民工培训的经费要专款专用"。2008 年 2 月《国务院批转〈劳动和社会保障事业发展"十一五"规划纲要〉的通知》提出对"进城务工农村劳动者通过初次职业技能鉴定，取得职业资格证书的，给予一次性的职业技能鉴定补贴"，并对"符合条件参加职业技能培训和职业技能鉴定农民工提供补贴或奖励"。2009 年 1 月《人社部、发改委、财政部关于实施特别职业培训计划的通知》提出对进城务工人员的职业技能鉴定进行补贴，并适当减免鉴定费用。2010 年 1 月《中共中央、国务院关于加大统筹城乡发展力度进一步夯实农业农村发展基础的若干意见》提出要"提高农村教育卫生文化事业发展水平，逐步实施农村新成长劳动力免费劳动预备制培训"；要"继续完善农民工培训补贴办法，试点实行'培训券'制度"。2011 年 3 月《我国国民经济和社会发展"十二五"规划纲要》提出要"建立农民工基本培训补贴制度，推进农民工培训资金升级统筹"。

　　第三个转变是农民工教育培训组织机构的转变或者调整，撤销了原来的国务院农民工工作联席会议，重新成立了国务院农民工工作领导小组，作为国务院议事协调机构。2013 年 6 月《国务院办公厅关于成立国务院农民工工作领导小组的通知》决定成立国务院农民工工作领导小组，作为国务院议事协调机构，撤销国务院农民工工作联席会议，职责在于组织拟订和审议农民工工作的重大方针、政策、措施，组织安排农民工工作，督促检查各地区、各部门相关政策落实情况和任务完成情况，统筹协调解决政策落实中的重点难点问题。这一通知的发布标志着我国在农民工工作上的组织机构上有着一个重要的转变，使得相关农民工工作有了一个切实可靠的组织单位对其进行组织协调和管理。

---

① 这一管理办法于 2005 年 5 月被废除。

无论是农民工教育政策培训多元化的转变、教育培训相关制度的升级还是有关农民工事项的组织决策机构的重新诞生，都是我国在经济发展过程逐步发展和适应新形势下农民工群体出现的新特点的情况下所应运而生的。总体上农民工教育培训政策经历了一个由开始的零散式逐步转向系统式，由单向出发到多维入手，由短期政策上升到长期的发展战略的成长过程。随着新时期我国城镇化的不断深入，教育培训政策将会进一步发展。

（二）我国农民教育培训制度的现实特征

近些年，农民工群体受到我国政府的高度关注，这也是新时期经济发展所必需的一件大事。党和国家把解决农民工教育问题看做是"建设中国特色社会主义的战略任务"，不断要求加强农民工的教育和培训，不断强调要提高这一群体的建设能力和文化素质以及其他相关方面。然而当前政府出台的一系列有关农民工教育培训政策的出发点都是为经济发展铺平人力资源道路，更多地体现出一种工具性价值取向。具体而言有以下几个方面的特点：

1. 市场需求导向型的供给

从改革开放到市场经经济体制的确立到现在，我国农业劳动力的素质提升，对于我国经济的发展有着举足轻重的作用。根据国家统计局抽样调查结果，2013年全国农民工总量 26 894 万人，占到农村人口总数的 42.72%，全国城乡总人口数的 19.76%[①]，这样大的群体对我国现代化、城镇化建设有着不可估量的作用。一国的人力资源存量和发展状况是该国经济发展的重要源泉。现阶段我国经济社会的发展，对高素质、高技能型人才的需求大增，使得我国关于农民工教育培训的政策有了一个现实的导向。无论是"民工潮"还是"民工荒"的出现，在很大程度上都对农民工教育培训政策产生一个巨大的拉动性影响。

"民工潮"的出现使得大量农村剩余劳动力涌向各大城市，一方面为城市的发展带去了巨大的劳动力资源，为城市的建设提供了充足的劳动力；另一方面大量农村劳动力的汹涌式转移，给城市的基础设施、文化教育、城市风貌等方面带来了重大挑战；更为重要的是为城市管理者在这种大潮涌动下提出了巨大的管理挑战。农民工"民工潮"的出现所带来的问题，使得当局和相关部门必须要出台相关教育培训政策。这一方面是为了协调城乡居民的融合，另一方面也是为了城市经济发展的更加有序合理。例如，《2003～2010 年全国农民工培训规划》提出，"要研究农村劳动力资源状况，做好劳动力市场需求预测，按照不同区域、不同行业要求，区分不同培训对象，采取不同的培训内容和形式"。

根据有关学者的解释，2009 年年底开始出现的"民工荒"，其根源于我国经

---

① 数据来源于中华人民共和国国家统计局年度数据，并计算得出。

济结构的逐步转型。这种经济结构的渐变式转型，给了我国最广大的工作群体——农民工一个新的挑战：人文素质和技能水平跟不上经济结构转型的人才素质要求。若是我国广大农民工跟不上这种经济结构的转型的素质要求，则出现的就是"工业剩余劳动力"。而这种剩余劳动力的存在，将是对潜在人力资源的巨大浪费。为了应对就业新形势的挑战，国家出台了一系列农民工教育培训政策。2010 年《关于进一步做好农民工培训工作的指导意见》强调农民工培训必须"以市场需求为导向，增强培训的针对性"。2011 年 6 月《人社部关于印发〈人力资源和社会保障事业发展"十二五"规划纲要〉的通知》提出要让农民工在就业、培训等方面平等享受基本的公共服务，要"加强农民工职业技能培训"，并要求推进农村中等职业教育免费进程，重点培养技能适用型和技术熟练型农民工，提高农民工就业能力。

2. 就业指向型的教育培训

综观我国针对农民工教育培训的各项政策，其中最为突出的一个特点就是，在指向上以农民工的就业型教育培训为主，至于农民工的人文素质等方面的教育和培训，始终都处于一个次要地位。当然这种次要地位的显现，并不是说明国家对这一块不重视，相反，这反映了我国在经济转型时期的当务之急，在于搞好就业，发展好经济这个层面。这种情况的出现也是由现实的经济原因所导致的。当时，民工潮大量出现，为了真正切实地解决好他们的就业问题，短期内行之快而有效的办法就是提高技能培训，尽早实现就业，推动经济发展。相对而言，人文教育培训政策属于一个长期的建设任务，在短期并不能够缓解这种涌现的状态。因此，在一开始，教育培训政策的出台都侧重于农民的技能培训。几乎在所有的教育培训政策中，都强调技能培训。2005 年《关于大力发展职业教育的决定》强调要"促进农村劳动力合理有序转移和农民脱贫致富，提高进城农民工的职业技能"；2010 年《关于进一步做好农民工培训工作的指导意见》也强调"以提高就业能力和就业率为目标"，"使培训总量、培训结构与经济社会发展和农村劳动力转移就业相适应"，等等。同时，近些年来出现了几个大的重点培训计划，如1991 年的"燎原计划"、2004 年的"农村劳动力转移培训阳光工程"和贫困地区的"雨露计划"、2006 年的"星火培训计划"、2007 年的"一网两工程"、2009 年的"百日百万"培训计划和"春风行动"系列活动，都侧重强调培训农民工这一群体的技能培训，以适应就业。然而随着新型城镇化的发展，为了达到使得农业转移人口市民化，这远远是不够的，还应在农民工的人文素质方面加以培训，以适应新型城镇化的市民要求。

3. 市场运作为主的操作模式

无论何种教育培训政策，都需要通过具体的政策执行才能使得教育培训的目标达到，否则教育培训政策只能是空头文字。我国当前的农民工教育培训政策一方面强调政府的指引性，然而另一方面在操作层面上实行的是"政府支持、市场运作"的基本原则。这一点在 2010 年的《关于进一步做好农民工培训工作的指导意见》中有明确地提出来，要求"发挥市场机制在资金筹措、培训机构建设、生源组织、过程监管、效果评价等方面的积极作用，鼓励行业、企业、院校和社会力量加强农民工培训"，等等。从实际的效果来看，政府在企业具体需求什么样的人才方面只能从宏观上进行把握，而在微观层面上，是具体的企业用工需求主导着农民工的真正就业，因此这就需要微观主体利用市场机制来保证教育培训的实际效果。这样一方面可以充分地根据适应市场的变化情况来培训农民工，另一方面这又可以充分地发挥社会各界的力量，充分整合社会资源，增强农民工教育培训的竞争性，为其发展提供源源不断的活力。

三、教育培训制度对农业转移人口市民化的制约

我国新型城镇化阶段的到来，为我国农业转移人口市民化带来了各种挑战，其中已有的教育培训制度，在对农业转移人口市民化产生支持影响下，也产生了一些约束性影响。这种约束性影响体现在两个方面："转得出"的约束和"留得住"的制约。

（一）教育培训制度对农业转移人口"转得出"的约束

新型城镇化中，农业转移人口市民化要想转得出去，在教育培训制度这一方面，就必须能够真真切切地使得农民这一群体可以转得出去。从农民自身的角度来看要想转得出去，在教育培训制度方面，他们主要有以下几个担心：子女受教育问题、部分农民群体的心理疏导教育问题和自身职业技能及就业的可达性。换句话说，要想使得农业转移人口成功地转出去，在教育培训方面至少要解决好他们的后顾之忧。

1. 农村居民子女受教育情况对"转得出"的约束

中国传统文化中，就深深扎根了上一代对下一代的教育思想。虽然我国现阶段农业人口中受教育水平普遍在初中文化，但是他们在期望获得自身教育培训技能增强之外的愿望上，更期待的是他们的子女能够受到更好的教育。子女的受教育问题在他们考虑是否外出打工的问题占了很大的比重。有些为了便于子女在身边得到更好的教育，而采取举家外出的形式。随迁子女在就读方面常常出现比较严重的问题，其中，农业户口随迁子女辍学率达到 0.68%[①]；在 2002 年中国儿

[①] 张翼、周小刚：《我国流动人口子女受教育状况调查报告》，载于《调研世界》2012 年第 1 期，第 17 页。

童中心完成的一项抽样调查中，流动人口处于义务教育年龄阶段的孩子有 9.3%
处于失辍学状态，近半数适龄儿童不能及时入学，而到了继续教育阶段，在学率
仅为 47.1%，低于全国平均的 51.7%①。这样一来，基于对子女入学和学习质量
的考虑，农业转移人口能否"转得出"必须重视这一点。

目前，虽然我国义务教育法有明确规定适龄儿童必须接受义务教育，但是在
执行的过程当中却面临着诸多的制度性障碍。首先就是流入地外来民工子女受教
育的接收学校的选择问题。由于一方面打工子弟学校收费便宜，门槛低，另一方
面当地公立学校学费高，入学门槛高，接纳能力有限，使得打工子弟学校成为子
女入学的首选。然而，随着新型城镇化的逐步发展和近年来外出务工农业人员教
育素质的普遍提高，在面临这一问题上都有所顾虑，这势必影响我国农业转移人
口市民化的顺利实现。

2. 农民工对融入城市的心理对"转得出"的约束

农业转移人口市民化的实现，必然会遇到进入的农业人口原城市居民之间的
融合问题。然而在这一个融合过程当中，农业人口在心理上是处于弱势地位的。
另外，在融入的过程中，青年农民工群体承受着不小的压力，包括生活、文化、
情感和家庭等各个方面。在心理健康上，也是存在问题的。根据何雪松、陈蓓丽
和刘东对 195 名青年农民工的调查发现，这个群体承受着较大的压力，心理健康
状况不佳，对现行的管理体制不满②。这样在新型城镇化阶段，要想实现农业转
移人口市民化，对农业人口的心理教育培训和疏导成为一个必要的条件。只有将
市民化的农业人口的心理疏导之后，并获得对新的环境的认可和主动接受，才能
够算真正意义上的建立和谐社会。否则，带来的只是一个群体的心理发展逐渐畸
形和不同群体之间的矛盾，长久而言，不利于社会的长治久安，更谈不上真正意
义上的新型城镇化。

3. 农民职业技能水平对"转得出"的约束

农民工的技能培训一直是我国教育培训政策的核心内容。在进入城市就业
时，很多农民工所选择的渠道是亲朋好友的介绍，真正从职业介绍机构和政府相
关部门获得就业的相对来说比较少。这与农民工自身的文化水平有着直接的关
系。那些没有进行职业教育培训或者是企业对接式的教育培训的农民工群体，找
工作时，几乎不能够获得其他外在帮助。他们要想进入城市工作，只能是亲友互
相介绍和"碰运气式"的探索。这样，农民工在考虑是否进城务工时，会考虑到
企业对自身的技能需求，期望通过技能培训来增加可以转得出的砝码。20 世纪
80 年代，农民工进入城镇务工，主要以"体力型"输出为主，但进入 90 年代，

---

① 高慧：《中国流动人口子女教育问题研究》，载于《当代青年研究》2006 年第 11 期，第 1~2 页。
② 何雪松、陈蓓丽、刘东：《上海青年农民工的压力与心理健康研究》，载于《当代青年研究》2006
年第 11 期，第 22 页。

随着市场竞争加剧，城市企业和乡镇企业对农民工的素质要求越来越高，从而推动农村劳动力由"体力型"输出为主加快向"技能型"和"复合型"为主转变①。

目前，对农民工的就业前的技能培训，存在着诸多问题。第一，农民主动参与积极性不高。农民工本身在对这个问题的认识上就存在一些认识不足的问题，更为关键的是就业前的培训会产生实际的费用，这使得很多农民工产生放弃就业前培训的想法。第二，农民工的实际培训效果不佳。在实际的培训过程中，存在着理论教学与实际操作脱节的现象，另外有些农民工为了能拿到资格证书，往往忽视真正的技能的吸收。第三，相对于农民而言培训渠道狭窄。一般而言，农民参加培训的渠道有职业技校、临时课程、企业在岗培训等，然而这些培训针对那些大部分为进城就业务工的农民工而言会有较长期的时间成本和机会成本，进而引起他们对就业前的培训的忽视。因此，在教育培训体制上，为了能使农民工获得就业前的技能培训，相关部门应当从农民工这一群体真正面临的就业技能培训的困难入手，才能够使得农民工减少这方面的系列成本，进而转得出去。

（二）教育培训制度对农业转移人口"留得住"的制约

在新型城镇化的建设中，为了保证农业转移人口能够在城市"留得住"，就需要相关部门采取综合性的措施才能达到这一点。目前出现的一个实际问题就是每年都有大量农民工回流的现象。这一方面是农村本身的含金量的上涨的原因，另一方面更重要的是城市空间对于农民工而言存在着一种隐形的排斥机制。从另外一点来看，"民工荒"的现象也是农业人口能否"留得住"的一个生动反映。"民工荒"的出现，一方面暗示着农民本身职业技能和多方面素质不能适应城市产业结构的发展和转型，另一方面预示着新的城镇化过程中出现了一些不利于民工"留得住"的经济、社会、文化等方面的影响因子。

1. 在农民工融入城市的社会教育培训方面存在着缺失

目前的教育培训体制，主要侧重的是对农民工的基本技能的培训，而在农民工的基本人文素养和融入城市生活的疏导性教育普遍存在缺失。一些农民工进城之后基本上就只有工作，根本没有其他的文化娱乐等时间。他们从事的脏乱差的环境，使得部分人群一方面产生对目前工作的排斥心理，另一方面又产生对城市生活的望尘莫及。这一部分，在目前的教育培训机制中几乎没有体现，这使得一部分农民工在心理上产生一种没有归属感的感觉。

2. 农民工子女的长期性教育的问题制约了农民工的"留得住"

前面已经提到，举家进城的农民工家庭子女虽然可以有学校可以读，然而子

---

① 刘平青、姜长云：《我国农民工培训需求调查与思考》，载于《上海经济研究》2005 年第 9 期，第 82 页。

女受教育的根本目的是为了提升人力资本水平，而长期内的流动式教育必然影响其人力资本提高的效率。部分农民工在谈到对子女教育时认为，虽然进城打工，子女也在身边，也可以得到教育，然而在升学和学习质量上存在很大问题，并且子女长期稳定的教育需要一个稳定的环境。因此，部分农民工选择在外闯荡几年，然后在子女学习的关键时刻，流回原籍所在地，以实现子女更好的教育。因此，能否做到和实现农业转移人口子女的长期教育问题和异地升学问题，也是农业转移人口"留得住"的一个重要方面。

3. 综合技能教育培训存在对"留得住"的制约

新型城镇化的发展，也是我国当前经济发展的必然。城镇化的发展，内在地要求无论是城镇居民还是乡村居民都需要达到一个综合的文化素质和教育水准，否则新型城镇化也只能空有其表，还有可能带来一些负面影响。因此，在经济结构转型中的新型城镇化，不仅对农民工提出了技能素质的要求，还提出了其他方面的综合素质要求，如人生价值观、生活行为方式、社会文化水平等要求。这些对非职业技能素质的要求，也使得一部分农民工适应不了新时代的发展。而这种发展，从短期来看只能通过代际替换来得到解决。要想使得农民工在城市留得住，就必须对我国目前的农民工的人力资本做一个重大的均衡性调整，以使得农民工的各项素质能有一个均衡性的增长，这样为农民工在城镇的"留得住"打下一个素质基础。

四、改革教育培训制度，突破制约农业人口流动瓶颈

（一）教育培训制度改革的瓶颈

教育培训制度的改革是服务于社会人群的全方面素质的发展需求的。目前我国的教育培训制度，存在的一个重要的特点就是"就业指向性"。正是因为这种就业指向性的特征，使得我国关于农业转移人口的教育培训制度在实际执行操作过程中偏向于农民工的职业技能培训，而在客观效果上将农民转移人口的其他方面的教育培训置于一个次要的地位。然而随着我国经济的发展和经济结构的逐步转型，这种客观上有所偏颇的教育培训制度亟待改革。否则，这种已存的教育培训制度非但不能促进和谐社会的建设，相反，到一定程度会影响和谐社会的建设进程。

面对这种亟待改革的教育培训制度，存在着哪些改革瓶颈呢？

1. 政策体系系统性不足

综观 2003 年之后的有关于农民工的教育培训政策虽然繁多，但是这些政策都比较独立，没有一个系统性，缺乏相互之间的联动性。另外，这些政策的出台

涉及众多不同的职能部门，既有中共中国务院、国务院办公厅，还有人社部、农业部、教育部、财政部、扶贫办等，使得我国有关农民工教育培训的相关政策处于一种多头齐发的状态。

2013年6月成立的国务院农民工工作领导小组，作为国务院议事协调机构，代替了原国务院农民工工作联席会议。其职责在于组织拟订和审议农民工工作的重大方针、政策、措施，组织安排农民工工作，督促检查各地区、各部门相关政策落实情况和任务完成情况，统筹协调解决政策落实中的重点难点问题。然而这种涉及具体如何去解决发生的问题不能够没有一个现成的章程，使得有关这类的教育培训政策处于一个无序混乱的状态。更为关键的是，这些政策的出台包含了关于监督和检查的一些政策，但是关于监督检查出的一些问题，并没有一个很好的应对机制。这使得对现实问题的解决变得相当的空洞和乏力。

2. 教育培训费用不足

无论何种教育培训，都会产生费用问题，而关键的问题是，费用由谁承担才好。根据市场的原则，谁接受教育培训谁就应该支付教育培训费。这一点在我国的农民工劳务市场是行不通的。最终出现的只能是教育培训市场的消退。第一，农民本身时间不够充足、收入不多，而且培训费用相对较高。第二，农民接受教育培训存在着效果的不确定性，这种不确定性会使得农民工在接受教育培训时产生反向情绪。第三，教育培训这一服务的供给者本身在投资时也需要大量的资金，而这一部分资金，从目前国家的相关政策来看，国家会承担一部分，但大部分仍由企业自行负责。这样双向的供和需将出现不一致，最终会使市场缩水。农民工教育培训这一产品不同于其他服务类产品，它本身有着持续时间长、效用滞后性体现的特征，这种独特的特性增加了相应市场的不确定和不完整性。要想使得这种不确定性和不完整性获得解决，可以借用一些类似契约之类的制度设计。这种有效的契约制度设计，在我国目前是缺失的。

（二）教育培训制度改革新时期的突破

根据农民工落户城镇意愿的分析来看，农民工在教育培训方面的最主要影响因子就是随迁子女的受教育问题和自身的职业技能培训两个方面。

（1）切实保障随迁子女的平等受教育权。《国家新型城镇化规划（2014～2020年)》中第七章明确指出了一系列保障措施，如学籍信息管理系统的建立，教育经费的政府支出性质以及加入流入地高考的实施办法，等等。其中最为亮点的是，那些就读于私立学校的随迁子女受教育问题，规划中提出"对未能在公办学校就学的，采取政府购买服务等方式，保障农民工随迁子女在普惠性民办学校接受义务教育的权利"。

（2）为了应对农民自身科技文化素质和职业技能培训的担忧，要继续完善公共就业创业服务体系。这一方面需要政府作为推手的不断努力，另一方面还需要市场机制的充分发挥，才能解决这一担忧。按照《国家新型城镇化规划（2014～2020年）》的规划，相关主体主要在就业技能、岗位技能、高技能人才和创业、劳动预备制、社区公益性等方面对农民工进行培训，使得农业转移人口无论从心理、技能、文化素质上都能够适应城市的生存。

第五章

制约农业人口"留得住"的
制度困局与突破

第一节 投资制度与接纳农业转移人口

一、从无序"民工潮"到脏乱差的"城中村"

(一) 城乡二元结构带来农业人口转移

新中国发展初期，经济落后且发展速度缓慢，为实现经济的起飞，中央政府采取了区域不平衡的发展模式：通过"工农产品剪刀差"，即政策压低农产品价格、提高工业品价格以促进工业化发展；通过将社会大部分资源中集中与东南沿海地区，通过产业集聚以带动东南沿海地区的经济增长与城镇化建设，以实现中国经济发展的突破。但在长期实行的不平衡发展战略影响下，东南沿海地区经济快速腾飞，涌现大量现代化城镇，基础设施、教育医疗等公共服务日益完善，市民生活水平得到大幅度提高。而广大中西部地区，城镇化建设尚处于起步阶段，多数乡村经济落后，尚未形成完整的现代工业体系，基础设施建设与公共服务相对落后，且传统农业生产经营所得远低于在城市中现代工业生产的报酬，农业人口生活水平较低，形成明显的二元经济结构。同时，东南沿海地区因实行出口导向型发展战略、发展劳动密集型产业，创造出大量就业岗位，吸引大量农业人口放弃农业生产经营，转移进入城市务工、经商，形成大规模农业转移人口，实现"农村剩余劳动力非农业化"。

　　中国改革开放 30 多年来，以改革开放先行城市为中心，辐射带动了周边城镇化的发展；近年来，产业扩散效应开始显性，东南沿海部分产业逐渐向中西部地区转移，带动中西部地区工业经济发展；中央政府对"三农"问题的重视，大量惠农政策的出台，农业人口生活水平有所提高。但区域间经济发展差异依然较大，我国东部地区 11 省面积仅占全国的 11%，而 2013 年地区生产总值却占全国生产总值的 55.6%[①]。同时，反映城乡二元结构程度的两个指标：城乡二元对比系数[②]与城乡居民收入差异系数[③]，它们 2013 年的得数分别为 12.92% 与 32.23%，表明中国处于城乡二元经济状态，农村经济与城市经济存在的较大差异是农业人口转移的动力（见图 5-1、图 5-2 和表 5-1）。

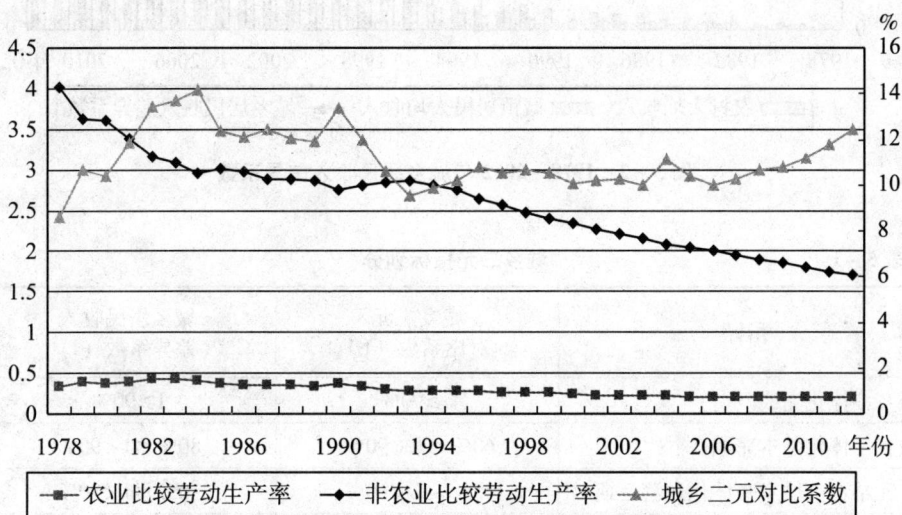

图 5-1　1978～2012 年中国城乡二元对比系数

---

　　①　我国东部地区 11 省包括：北京、天津、河北、辽宁、上海、江苏、浙江、福建、山东、广东、海南。资料来源：《中国统计年鉴（2014）》，中国统计出版社 2014 年版。通过整理计算而得。

　　②　城乡二元对比系数：为农业比较劳动生产率（农业 GDP 比重/农业就业人口比重）与非农业比较劳动生产率（非农业 GDP 比重/非农业就业人口比重）的比率。其中农业 GDP 比重为第一产业生产总值占国内生产总值比重，农业就业人口比重为农村常住人口占总人口比重；非农业 GDP 比重为第二、第三产业生产总值占国内生产总值比重，农业就业人口比重为城镇常住人口占总人口比重。资料来源：《中国统计年鉴（2013）》，中国统计出版社 2014 年版。

　　③　城乡居民收入差距指数：为城镇居民可支配收入与农村居民人均纯收入之比。资料来源：《中国统计年鉴（2014）》，中国统计出版社 2014 年版。

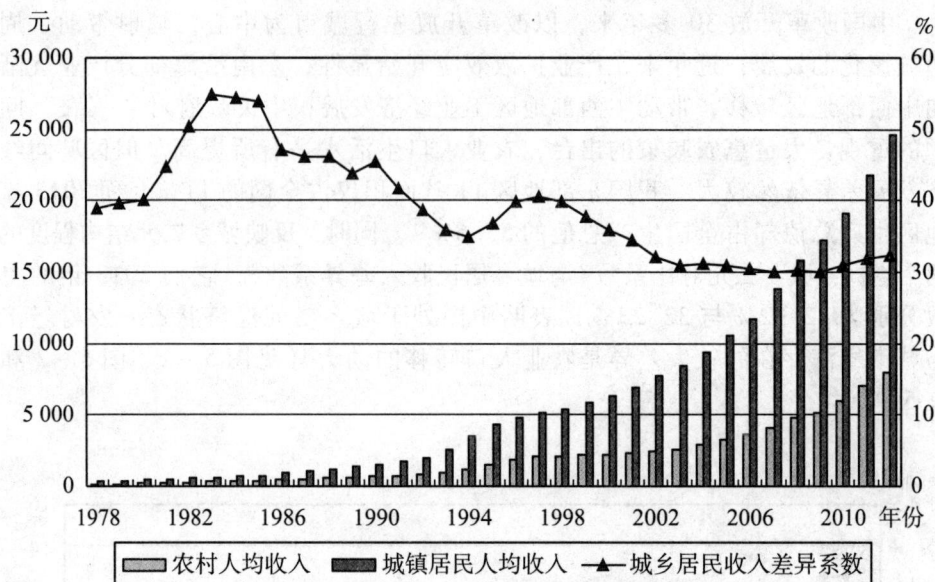

图 5 – 2   1978～2012 年城乡居民收入差异系数

表 5 –1 城乡二元指标划分

指标	城乡二元 对比系数（L）	城乡居民收入 差异系数（I）
城乡一体化完成	L≥90%	I≥90%
城乡一体化基本完成	60%≤L<90%	80%≤I<90%
二元结构向城乡一体化过渡后期	45%≤L<60%	70%≤I<80%
二元结构向城乡一体化过渡前期	30%≤L<45%	50%≤I<70%
二元结构状态	L<30%	I<50%

（二）民工潮的形成与消退

改革开放以来，农业生产效率的提高，对劳动力需求减少，农村大量劳动力"剩余"；农业人口摆脱土地的束缚，进入城市就业生活。而城乡二元结构中，城市可以提高更多的就业机会、更好的收入、更好的生活条件，吸引农业人口大量涌进城市。这一人口转移活动在 20 世纪 90 年代达到顶峰，被称为"民工潮"。如此大规模的人口运动却没有统一的指挥调配，没有及时准确的信息平台发布就业相关信息；多数农业转移人口没有特定的目标城市，仅依靠所掌握的少量信息，就盲目涌向被认为能提供就业机会的城市，希望进入城市后能在城市就业生活，即使一时难以就业，也不知该去往何处，因而在城市继续逗留、流浪；他们仅携带少量资本进入城市，依靠出卖劳动力换取生活所需与积累回乡资本。

由于城市中大量农业转移人口的存在，"农民工"被认为是廉价而且过剩的劳动力。然而，这一劳动力市场供求关系在 2004 年后发生了改变，浙江、福建、广东的企业家发现，他们无法像以往一样，以十分低廉的成本雇佣到大量劳动力，即出现了"民工潮"开始消退，被"民工荒"所取代；特别是在国际金融危机过后，2009 年下半年开始，城市出现对农业转移人口需求的巨大缺口。

从"民工潮"到"民工荒"，劳动力市场在短时间内发生截然相反的变化。在宏观层面，这预示着中国人口红利①的减退与刘易斯拐点②的出现。但现阶段，中国约有 13.5 亿人口，其中 6.5 亿农村人口③；2013 年，我国常住人口城镇化率达到 53.7%，而户籍人口城镇化率只有 36% 左右，之间 17.7% 的差额就是约 2.5 亿农业转移人口；而《2013 年全国农民工检测报告》显示，我国农业转移人口逐年递增，2013 年农业转移人口总量达 2.69 亿人，其中外出农业转移人口 1.66 亿人（见图 5-3），劳动力市场整体格局仍呈现供大于求。而"民工荒"现

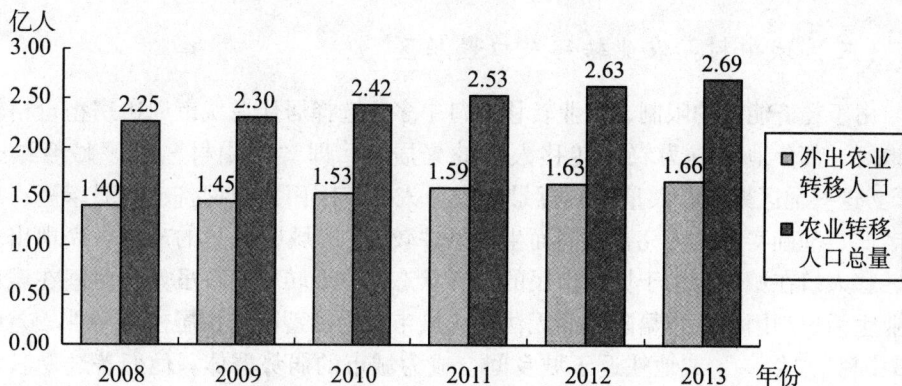

图 5-3　2008~2009 年中国农业转移人口数量

资料来源：《2013 年全国农民工检测发展》。

---

①　人口红利：是指一个国家的劳动年龄人口占总人口比重较大，抚养率比较低，为经济发展创造了有利的人口条件；此时，整个国家的经济呈高储蓄、高投资和高增长的局面。2013 年 1 月国家统计局公布的数据显示，2012 年我国 15~59 岁劳动年龄人口比上年减少 345 万人，在相当长时期里第一次出现了绝对下降。

②　刘易斯拐点：劳动力过剩向短缺的转折点，是指在工业化过程中，随着农村富余劳动力向非农产业的逐步转移，农村富余劳动力逐渐减少，最终达到瓶颈状态。达到刘易斯拐点后，城市工业部门必须提高工资，才能雇佣到更多劳动力。

③　资料来源：《中国统计年鉴（2013）》，中国统计出版社 2013 年版。

象更多地体现为劳动力市场结构性失衡，就业信息的不对称一方面造成大量劳动力需求缺口，特别是部分对劳动者有技能要求的就业职位大量空缺，而另一方面大量农业人口却在等待就业，空间与时间上的错位形成民工荒现象。而金融危机前后，企业订单数量大幅度波动，先是全球经济危机中企业订单减少，东南沿海加工制造企业裁减大量"农民工"，多数农业转移人口返乡。而后，全球经济回暖，经济危机中被积压的需求释放，因而企业订单突增，而城市里却没有大量等待就业的农业转移人口，于是，农业转移人口供需错位导致严重的"民工荒"的出现。

在微观层面，由于农业转移人口进入城市后无法实现稳定的就业、快速上涨的城市生活成本与较低的工资水平、农业转移人口在城市公共服务和社会保障上遭受到歧视，因此，农业转移人口难以在居住地市民化，使他们流入东南沿海城市的意愿减弱。中西部地区经济发展、农业收入的提高和中小城镇的建设使更多农村人口留在家乡或进入中小城镇发展，分流了进入东南沿海加工制造业聚集区的农业转移人口，导致部分地区"民工荒"的出现。数据显示：2008～2013年间农业人口流动情况发生了巨大改变，流入东部地区农业转移人口比例从71%下降到29.7%，而中部、西部地区则分别由13.2%、15.4%上升到38.7%、31.6%，其中东部地区农业转移人口以就地就近转移为主，中、西部地区以外出为主。①

（三）城中村：农业转移人口聚居区

由于经济能力的限制，农业转移人口中多数选择居住在城市周边房租价格较低地区，部分地区成为农业转移人口的聚居区，即"城中村"与"城乡结合部"。这些地区聚居着大量不同背景的农业人口，因而人口拥挤、犯罪率高；房屋老旧、基础实施尚未完善，因而生活条件较差。"城中村"的产生，表现出农业转移人口在城市有别于城市市民的生活状态：农业转移人口虽然长时间在城市就业生活，却因城乡户籍阻碍而无法融入城市，为储蓄而选择居住了条件较差的"城中村""候鸟"式地往返于城乡间，成为城市的弱势群体。他们普遍受教育程度较低，在就业中备受歧视，经济地位与社会地位较低；未能享受市民化的城市公共服务与社会保障，成为城市的"边缘人"。

二、从全民的"造城（镇）运动"到大规模的"空城（镇）现象"

（一）曾经城镇化：造城（镇）运动

改革开放以来，城镇化率伴随经济的高速增长快速提升，1978～2013年间，

---

① 资料来源：《2009年全国农民工检测报告》、《2013年全国农民工检测报告》。

城镇化率从17.92%上升至53.73%（见图5－4）。特别是多数经济学家认为，城镇化建设与区域经济发展有双向带动作用：一方面，区域经济的发展表现为地区内产业集聚与发展，带动区域内人口的集聚和相关配套设置即服务业的发展，形成城镇。另一方面，城镇的建设、扩张，基础设施的完善，将吸引人口与企业的进入以发展城镇工业与服务业；从农村到城镇，居民消费需求增加，带动地区经济发展。因而各地地方政府力图通过政府主导下的经济建设，加速城镇化进程、完善城镇基础设施，促进产业集聚并带动地区经济发展。20世纪90年代末开始的住房制度货币化改革，加速了城镇土地流转与城镇房地产市场发展使城镇化率的增长速度显著提升。在原有的土地及财政制度体系中，地方政府作为土地一级市场的垄断者，通过将农村土地转为城市建设用地，在土地出让环节中获取了巨额土地财政收入。大规模造城（镇）运动在各地兴起，使中国城镇化进程进入加速发展阶段。

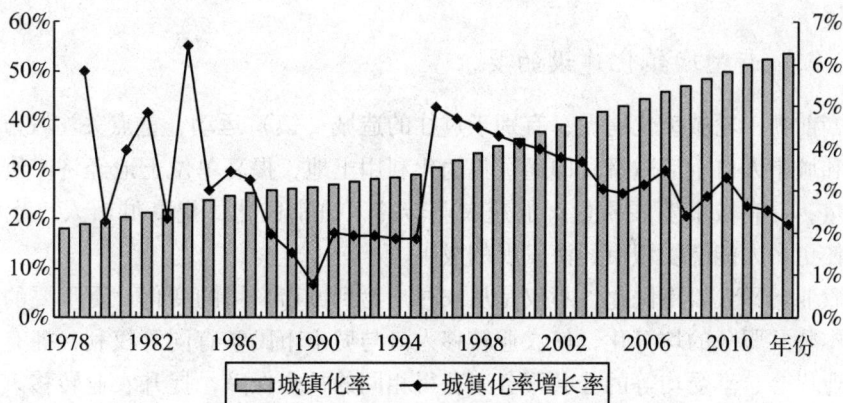

图5－4　1978～2013年中国城镇化率增长趋势

资料来源：城镇化率指标采用常住居民城镇化率，即城镇常住人口占全国总人口百分比，其中1978～2012年数据来自《中国统计年鉴（2013）》，2013年数据来自《2013年国民经济和社会发展统计公报》。

（二）空城（镇）现象

在过往的城镇建设中，人口的城镇化及城镇实体经济生产力的提升落后于城镇的扩张，城镇化的质量并未出现较大程度的提高，地方政府通过不断拆迁和现代化商业区与居民社区的建设扩大城市规模；将农村土地转为城市建设用地，并投资建设交通、通信的基础设施，实现城市规模的扩张，但也造成资源的极大浪费："1996～2012年，全国建设用地年均增加724万亩，其中城镇建设用地年均增加357万亩；2010～2012年，全国建设用地年均增加953万亩，其中城镇建设用地年均增加 515 万亩。2000～2011 年，城镇建成区面积增长 76.4%，远高于城镇人口 50.5% 的增长速度。"[1]

城镇化的建设带动了房地产行业的繁荣，大量现代化商业区与居民社区如雨后春笋般快速出现在城市中，房价更是井喷式上涨，远超经济增长速度，而城市人口收入水平近年来却增长缓慢，难以跟上房价上涨，也低于经济增长的速度。2000～2012 年间，国内生产总值增长了 423.05%，而城镇居民人均可支配收入仅增长 391.16%[2]。特别是对于城市新居民——农业转移人口而言，较低收入水平不允许他们在城市中拥有住房，也难以负担日益增加的城市租房成本，他们中大多数人只能居住在城市边缘的"城中村"与"城乡结合部"，并随着城市建设不断向外迁移留下城市中心成为空城。因此，在城镇化的建设中，一方面是城市中大量新建现代化住房被空置；另一方面是大量农业转移人口居住在拥挤、破旧的城市周边"城中村"与"城乡结合部"地区，形成大规模空城（镇）现象。

（三）新型城镇化建设的要求

当前新一轮城镇化建设，有别于过往的造城（镇）运动，重点关注城市发展质量和城市人口生活质量。即通过集约化利用土地，提高单位土地经济产值和人口容量，提高城市发展质量；加速农业转移人口市民化，提高城市人口生活质量，使更多人能享受城市经济发展的成果。

农业转移人口市民化，不仅是从农村户籍到城市户籍的变化，更重要的是实现基本公共服务的均等化，使农业转移人口与城市市民享有同等权利，拥有一样的就业机会、享受均等的公共服务、获得相同的社会保障，提升农业转移人口在城市的生活水平。但现阶段城市空间资源的限制使城市所能容纳的"市民"有限，特别是像北京、上海、广州等一线城市"市民"容量已趋近饱和，二三线城市的人口压力不容乐观，无法接纳所有有意愿进入城市的农业转移人口成为市民。无限度接纳农业转移人口成为市民只能造成农业转移人口与城市已有市民、农业转移人口之间激烈地争夺城市资源，从而形成农业人口市民化的阻力。因此，只有提高城市综合承载力，发展经济、促进就业、增加城市公共服务总量，在不降低已有市民平均生活水平条件下接纳新"市民"，才能更好地实现农业转移人口市民化。这其中所指的"城市"是一个总体的概念，提高城市综合承载力即包括扩大已有城市人口容量，也包括建设新的城市。

---

① 资料来源：《国家新型城镇化规划（2014～2020 年）》。
② 资料来源：《中国统计年鉴（2013）》，中国统计出版社 2013 年版，将 2012 年与 2010 年国内生产总值与城镇居民人均可支配收入相除计算得出。

三、优化投资体制，提高城市综合承载力

(一) 城市综合承载力的内涵

城市综合承载力，指一个城市在可以预见到的期间内，利用区域资源及其他社会条件，在保证符合其社会文化准则的物质生活水平条件下该区域能持续供养的人口数量。城市综合承载力包括衡量该区域经济发展水平的城市经济承载力与衡量该区域自然资源环境的城市生态承载力。

现代社会中，区域经济发展水平高低决定，区域人口生活水平的高低。当一座城市的经济承载力增长快于城市市民总量的增长，就意味着在不降低已有市民平均生活水平条件下，城市有更多的资源提升生产力水平接纳农业转移人口成为"市民"。提高城市经济承载力，关键是需要大量投资以推动城市经济社会的发展。其一，投资形成产能并创造更多就业机会，使农业人口转移进入城市后得以就业，并以此获得在城市生存的收入来源；其二，投资以生产出更多物资资料得以容纳更多人在城市生活；其三，经济增长后，政府能取得更多的税收收入，以提供更大范围、高水平的政府公共服务和社会保障。

除了城市的经济发展水平，生态环境也同样制约着城市市民容量，而考量城市生态承载力的首要影响因素为城市面积。土地既是重要的生产要素，也是人口居住生活所必要的条件。通过城市周边土地开发和卫星城的建设，可以使城市范围扩大，但其扩展始终有限。中国政府划定了 18 亿亩耕地红线，国内粮食供应安全限制着城市盲目通过占用耕地实现边界扩张。另外，城市的扩展、新城镇的建设需要大额投资建立起现代经济体系与配套的基础设置，因而盲目增加城镇建设用地，将造成资源的极大浪费。因此，扩大城市生态承载力要求改变原有粗放低效的发展模式，通过高效的城市区域规划提高土地利用效率的生产力水平。多年以来粗放型经济增长模式的影响下，片面追求经济增长而忽视对环境的保护，大量重污染的低端生产能力盲目扩张，造成当前中国钢铁等重工业领域严重的产能过剩，导致城市生态环境日益恶化，环境污染降低了城市生态承载力。因此，城市的可持续发展必须建立在严格保护生态环境制度的基础上。

若说城市规划是城市生态承载力的加项，那环境污染则是城市生态承载力的减项。发达国家经验显示，随着工业化发展，城市环境多出现先下降、后治理回升轨迹；在多数发展中国家，由于对经济发展的片面追求而忽视对环境的保护，导致城市生态环境日益恶化，而城市可持续发展要建立在切实保护生态环境的基础上。2010 年起北京市连续多日雾霾天气使 PM2.5 这一空气污染物名词进入公众视野，2015 年 2 月的最后一天，柴静上传了她自费创造的视频《苍穹之下》，

再一次为中国人敲响了空气污染的警钟，城市空气质量成为衡量城市宜居性标准之一。监测数据显示，2013 年全国 74 个执行新环境空气质量标准（GB3095 – 2012）的城市中，只有 4 个城市空气质量达到及好于二级的天数超过 330 天，并有 42 个城市空气质量达到及好于二级的天数不足 300 天，其中空气污染最严重的石家庄市，一年中仅有 49 天空气质量达到及好于二级，而首都北京的居民一年中有 54.25% 的时间被严重污染空气包围①。大气污染影响当地交通与居民身体健康，水体污染使城市用水紧张，固体垃圾挤占城市空间，都降低了城市生态承载力，限制了城市所能接纳人口总量。而改善城市环境需要大量投资以提高生产效率、降低生产污染，并治理被污染的城市生态环境。

（二）投资战略

当前，中国经济总量虽然已位居全球第二，并逐步拉近与美国的经济差距。但人均收入水平仍低于世界平均水平②，仍需要大量的投资以推动城镇化、工业化发展，实现经济总量的增长。然而中国内部各省（市、自治区）经济发展不平衡，特别是澳门特别行政区、香港特别行政区、台湾地区三地人均 GDP 遥遥领先于中国内地。2013 年，中国内地共有 6 省（市、自治区）人均 GDP 超过世界平均水平，其中天津市最高，达 16 085 美元，与排名第 44 的立陶宛相当；而贵州省最低，仅为 3 701 美元，仅为天津市的 1/4，并只与排名第 110 的圭亚那相当③。经济发展的不平衡使社会贫富分化严重，人与人、人与自然的矛盾日益激化，威胁社会稳定。同时，在产业结构中，国内低端劳动密集型工业结构难以维持经济持续高速增长，中国经济需要转型，需要找到新的增长点。因此，在当前新一轮城镇化建设投资中，应注重投资的质量，避免盲目投资，实行平衡投资战略，推动资源的优化配置和地区、城乡、行业的平衡发展，最终实现社会经济的可持续发展。

1. 促进中西部地区发展

改革开放初期，政策对部分区域的倾斜以及各地区资源禀赋差异造成了区域间经济社会的不平衡发展：东南沿海地区实现经济腾飞，而中西部地区社会发展缓慢，由此形成了农村富余劳动力从中西部地区向东南沿海大城市的人口流动。但东南沿海城市经济承载力有限，无法容纳所有农业转移人口；而且，大量中西部劳动力人口离开家乡，留下大量留守老人、留守儿童，不利于中西部地区经济发展。因此，应推进西部大开发战略的实施，以"丝绸之路经济带"的建设为契

---

① 资料来源：《中国统计年鉴（2013）》，中国统计出版社 2013 年版。

② 2013 年中国人均 GDP 为 6 629 美元，排名全球第 86，而同期世界人均 GDP 为 10 096 美元。数据引自国际货币基金组织网站数据库。

③ 《中国内地 6 省份人均 GDP 超世界平均水平　天津最高》，载于《经济参考报》2014 年 7 月 3 日。

机，推动沿海部分产业向中西部地区转移，促进资源的整合和空间上的合理配置加快产业集群发展，在中西部地区培育发展若干新的城市群，使中西部地区丰富的自然资源、旅游资源得以充分利用；并达到合理分流农业转移人口，使农业人口可以就地、就近市民化的目的，促进新型城镇化发展。而东部地区，可以借此契机，实现产业调整和产业升级策略，壮大先进装备制造业、战略性新兴产业和现代服务业；推进对外开放，增强自主创新能力，形成地区发展的核心竞争力。

2. 城市群建设

除东、中、西部发展的不平衡外，各区域内部经济社会的发展也十分不平衡，发达大城市周边也存在众多不发达农村地区；各大城市内部空间有限，人口趋近饱和，而小城市却有待发展。应发挥中心城市辐射带动作用，带动周边中小城镇投资发展，强化综合交通、通信网络支撑，深化城市间分工协作和功能互补。这既有助于大城市发展，为优化城市布局提供经济发展空间，同时，又可带动周边农村人口的市民化，并为农业转移人口提供更大的生存空间。

目前，中国已形成国家层面上京津冀、长三角、珠三角和长江中游城市群的四大城市群以及省级层面上若干中小城市群的战略发展规划。

专栏：京津冀城市群建设

北京市作为中国政治、经济、文化中心，吸引了大量外来人口，特别是农业转移人口在北京市工作生活。截至 2012 年，北京市共有 2 069.3 万常住人口，其中外来人口比重超过 38%[①]；而国内人均 GDP 最高省份天津市，2012 年常住人口达到 1 472.21 万人，其中外来人口 440.91 万人，外来人口增量占常住人口增量的 81.2%[②]。考虑到北京市行政规划面积只有 16 808 平方公里，而天津市也仅有 11 919 平方公里土地，其人口承载力十分有限，环境污染、城市拥挤、房价高涨、生活成本高居不下等"大城市病"尤为突出，因此，需要部分产业、部分人口"撤离"市区，以实现两市长远发展。

而环绕北京、天津两市的河北省，其经济相对落后，地区经济总量 26 575.01 亿元，居全国第六，但人均 GDP 仅为 36 584 元，低于全国平均水平，并在教育、医疗、社会保障等多方面与北京、天津两市存在明显差异，形成由河北省进入北京、天津两市的人口流动。2012 年，河北省常住人口 7 332.61 万人、全省面积 18.88 万平方公里，是北京、天津两市面积的 6.6 倍，人口密度相对较低[③]。因此，河北省的区位、地理条件十分有利于承接北京市、天津市转移产业。

2011 年 3 月十二五规划纲要发布，提出"推进京津冀、长江三角洲、珠江三角洲地区区域经济一体化发展，打造首都经济圈"。2013 年 8 月，习近平主席在北戴河主持研究河北发展问题时，提出要推动京津冀协同发展。次年 2 月，习近平主席召开京津冀协同发展工作座谈会，明确将环首都经济圈提升至国家战略。同年 3 月 5 日国务院总理李克强在 2014 年作政府工作报告中提出，加强环渤海及京津冀地区经济协作。

京津冀一体化提出以来，三地共签订多项合作协议，涉及交通、通信、环境等多个领域；涵盖北京市、天津市以及河北省保定、唐山、石家庄、邯郸等 11 个地级市，并意图将河北省保定市建设成为全国政治副中心，涵盖国土面积约为 12 万平方公里，人口总数约为 9 000 万人。在北京、天津两市的经济带动下，实现区域合作互补，统筹推进户籍制度改革和基本公共服务均等化，河北省力图实现 1 000 万农业人口市民化，有序推进新型城镇化发展。

注：①数据引自《北京市统计年鉴（2013 年)》。

②数据引自《天津市统计年鉴（2013）》。

③数据引自《河北省统计年鉴（2013）》。

3. 产业结构优化

改革开放以来，中国大力发展劳动密集型加工制造业和资源密集型重化工业，实施出口导向型发展战略，发展外向型经济。2012 年，中国对外依存度超过 47%①，远高于 30% 的世界平均水平，使得中国经济发展极易受到国际市场的波动冲击。同时，劳动力成本的上升、自然资源的短缺、生态环境的恶化以及众多行业内出现的产能过剩危机，都使得原有粗放型经济增长模式难以适应当前经济发展的需求。

因而长期中，中国的发展不能依靠低附加值的传统制造业，也不能依靠当前火热的房地产行业，需要发展高新技术制造业等新时代尖端行业，以培育本土的核心经济增长动力，实现集约型经济发展。推动产业升级，并逐步淘汰过剩、落后产能，使经济重心从重工业领域向民生工业领域转移，发展技术密集型高新技术产业与信息产业、物流业、服务业等第三产业，这是经济可持续发展的必然选择。另外，通过经济结构的调整改变劳动力需求结构，使之与逐步提高的人口教育水平相适应，从而减少结构性失业，使劳动力资源得以充分利用。

其中，应对日益恶化的生态环境和日趋枯竭的自然资源，推动节能减排、发展低碳环保行业成为必然选择，关键是法制的建设与相关投资。一方面，利用法

---

① 外贸依存度 =（出口额 + 进口额）÷ 当年 GDP。以上数据来自《中国统计年鉴（2013）》，中国统计出版社 2013 年版。

制手段与财税政策限制污染物的排放，以推动相关领域投资、促使企业采用新技术，淘汰落后产能。另一方面，通过投资加强生态保护和环境治理、研发新技术降低单位产值能耗与污染；同时，投资形成规模效应，降低新技术、新型环保设备的使用成本，使其能更快地推广应用。

（三）投融资主体的优化

加大城镇化投资，提高城镇化质量和城市人口承载力，完善相关制度建设以推进农业转移人口市民化的制度建设，实现基本公共服务的均等化，使农业转移人口和城市已有市民都可以享受到相同、优质的市民福利，使所有人都共同分享经济发展的成果。中国城镇化的发展需要建立在巨额有效率的投资基础上，但当前，融资困难、投资效率低下成为推进农业转移人口市民化的最大阻碍。据国家发展研究基金会（2010）测算：实现3亿农业转移人口市民化的总成本约30万亿元。而国务院发展研究中心课题组（2011）认为这个数值为24万亿元。《国家新型城镇发展规划（2014~2020)》出台后，财政部副部长王保安表示，我国建设新型城镇化的投资需求为42万亿元；并据国家开发银行预计，未来3年，我国新型城镇化投资融资需求就达25万亿元。融资困难成为当前农业转移人口市民化的瓶颈，通常的政府拨款、银行贷款、私人自筹资金都无法独立满足城镇化投资需求。因而，需要创新投融资模式，加强政府资金与多方私人资本合作，共同满足实现农业人口市民化投资所需。

1. 政府投融资

新中国成立后至改革开放前，中国实现单一的公有制计划经济，中央政府统一指挥使用社会劳动力和相关物质材料进行经济建设，政府投资即等于社会总投资。随着市场经济的发展，私人投资逐渐占据市场主导地位，但政府投资仍在国民经济发展中发挥着至关重要的作用。

现阶段中国政治经济体制使政府可以通过宏观调控手段，短时间内汇集大量资金投资于政府主导的经济建设，成为政府投资的一大优势。近十年来，在政府的推动下，中国多数地区用很短的时间，完成了其他国家需要数十年、数百年才能完成的城镇化过程，实现农村到城市的转变，形成中国经济发展的奇迹。同时，政府投资的行业多是政府未来重点需要发展的领域，将对私人投资起到适当的引导作用。

除了经济投资，提供社会公共服务、实施社会保障也是政府财政支出的重要组成部分。政府需要将有限的财政资金在二者中进行合理分配。政府提供公共产品，应不以营利为目的，也不以追求短期经济增长为目的，但当前以 GDP 为核心的政绩考核体系，使得政府财政支出在经济建设与提供公共产品分配中更倾向于前者，而导致政府的公共服务支出不足。另外，由于有限的财政约束，人口迁入地地方政府与人口迁出地地方政府相互推诿为农业转移人口提高公共服务的职责，农业转移人口难以在城市享受市民化的公共服务。农业人口转移使迁入地人口压力增加，地方政府教育、医疗、保障性住房等方面财政支出大幅度增加，加剧了迁入地地方政府本就紧张的财政压力。

然而政府投资经济建设存在"天生的缺陷"，决策者权利与责任不对等，用行政命令代替市场的资源调配中的作用缺乏灵活性，更缺乏投资风险约束机制和投资成果评价标准，导致政府投资"资金—产出"的效率低，并对民间投资产生挤出效益。政府投资的资金属于政府财政支出，而地方政府财政紧张一直是政府投资的瓶颈，特别是分税制体制下地方政府财权和事权的不对等。作为城市投资的主体，许多地方政府举债融资进行经济建设，随着投资项目的增加，地方债务不断攀升，相关政府债务风险加剧。国家审计署公布的数据显示①，截至"2013年6月底，地方政府负有偿还责任的债务108 859.17亿元，负有担保责任的债务26 655.77亿元，可能承担一定救助责任的债务43 393.72亿元"。地方政府融资主要用于基础设施建设和公益性项目，"在已支出的政府负有偿还责任的债务101 188.77亿元中，用于市政建设、土地收储、交通运输、保障性住房、教科文卫、农林水利、生态建设等基础性、公益性项目的支出87 806.13亿元，占86.77%"。部分地区地方政府债务风险加剧，"截至2012年底，有3个省级、99个市级、195个县级、3 465个乡镇政府负有偿还责任债务的债务率高于警戒水平100%；其中，有2个省级、31个市级、29个县级、148个乡镇2012年政府负有偿还责任债务的借新还旧率（举借新债偿还的债务本金占偿还债务本金总额的比重）超过警戒水平20%。"

财政收入不足与沉重的债务负担使地方政府大量依赖土地财政维持收支。2012年全国土地出让面积和合同成交价款分别为32.28万公顷和2.69万亿元②，而同期全国以税收为主体的财政收入仅为11.73万亿元，其中地方财政收入6.11万亿元。土地出让金也是地方政府融资担保与债务偿还的主要方式。审计署数据显示③，"截至2012年底，11个省级、316个市级、1 396个县级政府承诺以土地出让收入偿还的债务余额34 865.24亿元，占省市县三级政府负有偿还责任债务余额93 642.66亿元的37.23%。"出卖土地使用权获取土地出让金，虽然可以缓解地方政府一时财政困境，但有限的土地资源无法支持政府长期巨额的财政支出。

因此，为实现新型城镇化建设、促进农业转移人口市民化，政府投资必不可少，却也无法独立承担。

---

①③　资料来源：中国国家审计署：《全国政府性债务审计结果（2013年12月30日公告）》。
②　资料来源：国土资源部网站。

2. 私人资本投融资

相比于需要层层审批的政府投资，私人投资权责明晰，具有其效率优势：由于投资者通过投资获得了投资项目的所有权或使用权，既享受经营成果，也需要承担经营风险，因此投资决策的动机更加明确，更为主动地实施投资行为。随着政府放开私人参与基础设施建设的门槛，大量私人投资参与新型城镇化的建设。在充分竞争的市场经济中，多个私人资本投资相同或相似的领域，能带来大量的就业岗位并满足居民的多样化生活消费需求。在成熟经济中，私人投资总量远超政府投资总额，对促进地区经济增长起到更为重要的作用。例如，2012年，国内社会总投资中，国家预算资金占比不足5%，而外资与国内私人自有资本投资比例高达68%。[①]

虽然私人投资总量巨大，但绝大多数单个私人投资额度较小，因此，当私人投资要涉及大型项目时，融资成为最大的门槛。相对于股票、债券等历时漫长、程序复杂、成本高昂的直接融资方式，向银行、信托等资金中介机构贷款的间接融资方式成为私人资本的主要融资渠道。但银行的营利性、风险防控要求使其倾向于为有良好信誉、并能足额担保的大型企业发放贷款，因此，导致中小企业融资困难长期持续存在，融资困境将大多中小私人投资排除于新型城镇化投资之外。此外，私人投资追求利润最大化，但市场信息的不对称使其流向具有盲目性，难以与国家产业规划完全相匹配；且市场交易中巨大的交易成本使依靠私人投资实现市场资源的过程非常漫长，需要有效的宏观调控措施对私人投资进行引导，使私人投资与国家经济发展规划相适应。

而在社会公共产品领域，由于公共产品的非竞争性与非排他性特征，易产生"搭便车"问题。私人投资追求利润最大化的本质使其无法生产出满足所有社会公共产品的数量；且由于私人提供的公共产品数量少，单位产品分摊固定成本较多，使得产品更加昂贵，不利于提高居民生活水平；而保险产品中存在的"逆向选择"风险使私人投资的产品价格难以降低，只有依靠政府的强制力，才能在低费用水平下，在全社会建立统一的社会保险体系并实施相关的贫困救济。

以上私人投资的弊端使其也无法独立承担新型城镇化建设、农业转移人口市民化的投资需求。

3. 政府与私人资本相结合的投融资模式

政府与私人资本投融资各有其优势与劣势，政府拥有强大的宏观调控能力，政府投资虽不能涉及社会经济的所有领域，但能引领产业格局的变动，指明经济增长方向。而私人投资极大地丰富了社会总资本，并对政府投资起到必要的补充作

---

① 2012年，中国全社会固定资产投资实际到位409 675.7亿元，其中国家预算资金18 958.7亿元，国内贷款51 593.5亿元，利用外资4 468.8亿元，自筹资金277 792.4亿元，其他资金56 862.4亿元。资料来源：《中国统计年鉴（2013）》，中国统计出版社2013年版。

用。通过市场竞争、优胜劣汰促使私人资本不断创新技术、管理以提高生产效率，既满足了居民消费需求，也提供了大量就业机会。因此，政府与私人资本都是社会投融资体系中不可缺少的组成部分。

市场经济中，政府通过政府转移支付、政府购买等方式与私人资本发生联系；政府投资与私人投资的紧密联系可以使其相互合作，克服各种弊端，以满足新型城镇化的投资需求，促进农业人口市民化。

4. 引入国际资本参与城镇化建设

进入 21 世纪以来，中国与世界市场的融合程度不断提高，资本在国际市场上流动更加频繁，引入国际资本参与国内城镇化建设，可以弥补国内资本的不足，加速城镇化的发展，同时，通过外资所带来的技术溢出效应提高国内生产效率。近年来，在"一带一路"的发展战略中，中国积极倡导欧亚大陆各国在基础设施建设领域的合作，组建亚洲基础设施投资银行，以提高中国及其周边地区城镇化建设的投融资效率。

（四）融资方式的优化

新中国改革开放以来，2004 年国务院颁布《关于投资体制改革的决定》，要求发展多种融资方式，放宽社会资本的投资领域，允许社会资本进入法律法规未禁入的基础设施、公用事业及其他行业和领域。2005 年，国务院出台《关于鼓励支持和引导个体私营等非公有制经济发展的若干意见》，明确提出允许非公有资本进入公用事业和基础设施领域。党的十八届三中全会进一步提出，"允许社会资本通过特许经营等方式参与城市基础设施投资和运营"。

现阶段在中国，政府私人资本的合作不断增强，在基础设施的建设及社会公共服务领域创造出多种投融资合作模式。

（1）BOT 模式（建设—经营—移交）：政府为建设某项特定基础设施授予项目公司一定范围的特许经营权，由私人部门全部或者部分承担投资建设成本，政府拥有相关基础建设设施的所有权，对相关产品、服务的数量、价格有一定的控制权。私人部门在特许经营权有效期内，通过向设施的经营使用或政府财政补助获取收益，到期后，政府无偿取得项目建设经营成果。1993 年，为吸引外资参与国内经济建设，国家计委首次提出引入 BOT 模式进行融资，1995 年，广西来宾 B 电厂、成都第六水厂、长沙电厂作为项目引入中国的试点单位，均取得了成功。

在传统 BOT 模式上，又演化出不同的变异模式，在各地的经济建设项目中大量使用。例如，BT 模式（建设—移交），私人部分为政府有偿建设固定资产。BOO（建设—拥有—经营）模式，项目投资建设成果始终归私人投资者所拥有，但政府拥有其产品、服务的数量、价格的控制权。BOOT（建设—拥有—经营—

转让)模式,私人部门在特许经营权期限内对项目拥有所有权,独立实施生产经营决策,政府不加干预特,但许经营权到期后,政府依然无偿取得项目建设经营成果。BLT(建设—租赁—移交)模式,私人部分投资建设完成后,政府租赁相关设施并支付租金,协议租赁期结束后,政府取得该项目所有权。

(2)TOT模式(转让—经营—移交):政府将已经投产运行的基础设施项目一定期限内移交给私人部门经营,从而一次性获得一笔原项目经营使用权转让收益,用于新建基础设施的投资项目。约定期届满,私人部门再将原项目经营使用权交还政府。山东省是最先实行TOT模式融资的省份。1994年,山东省交通投资开放公司以一条烟台至威海的全封闭、四车道一级汽车专用公路的经营权为标的,以TOT模式向天津天瑞公司(外资企业)融资12亿人民币,用于投资建设其公路,从而实现了公路设施建设资金的快速周转。

(3)PFI模式(民间主动融资):政府根据社会需求提出建设项目,以授予特许经营权方式使私人资本进行相关项目的建设与经营,在特许经营权使用期结束后,私人部门将该项目建设成果移交给政府;期间,政府购买私人部门提供的产品或者服务。近年来,北京四环路建设项目、上海外环隧道建设项目都是采用PFI模式进行融资。

(4)PPP模式(公私合作模式):不同于传统的政府融资或政府购买、项目外包等模式,PPP模式强调政府与社会主体建立起"利益共享、风险共担、全程合作"的共同体关系,是当前最新引入中国的用于基础设施建设的模式。其典型结构为:政府对某一经济建设项目招标,中标的私人部门负责特定基础设施的建设运营,同时政府与金融机构达成协议,使中标的私人部门可以比较顺利地获得金融机构的贷款。其实质是:政府通过给予私人部门长期的特许经营权和收益权来加快基础设施建设及有效地投资运行。目前,由亚洲开发银行提供贷款支持,哈尔滨市"既有建筑节能改造"、"职业技术学院职教实训基地"和洛阳市"市政路桥和污水处理打包项目"PPP试点正在进行,而黑龙江、河南、浙江、湖南、福建、上海等多个省市正在密集展开调研,着手筹备项目。早在2005年,北京市政府与香港地铁公司合作建设北京地铁四号线项目就被认为拉开了国内PPP模式的序幕。

政府与私人部门的经济合作可以广泛应用于教育、医疗、卫生、能源、环保、交通及其他公共服务领域,既减轻了政府的财政负担,降低项目经营风险,也提高了公众参与社会管理程度,利用市场经济竞争提高资金利用效率,实现政府与私人部门的双赢。在英国,PPP模式中私人部门进行基础设施工程施工,在达到相关质量要求同时可节省17%的政府开支。80%的工程项目按规定工期完成,而常规招标项目按期完成的只有30%;20%未按期完成的、拖延时间最长没有超过4个月。同时,80%的工程耗资均在预算之内,而一般传统招标方式只能达到 25%；20% 超过预算的是因为政府提出调整工程方案。

为加强私人资本更好地与政府合作进行相关基础设施的建设，政府必须慎重选择合作模式，与私人部门签订契约，规范管理，明确政府与私人部门的权利与义务，各司其职。首先需要有相关知识技术、人才的支撑，合理评估项目收益、识别相关风险，以便在政府与私人部门间分配相关利益、分担相关风险。其次，需要建立一套相应的法律法规及管理体系，以及时处理相关纠纷，并能提供相应的融资服务。最后，在合作者的选择上，需要建立一套透明规范的招投标体系，防止贪污受贿的发生。

第二节　就业制度与留住农业转移人口

一、增强农业转移人口就业服务

（一）就业服务制度的目标

当城市发展，综合承载力提高，可以接纳更多的农业转移人口时，如何吸引足量农业转移人口，如何使农业转移人口就业需求与企业用工需求快速配对，提高资源配置效率，需要高效的就业服务制度来实现。广义上就业服务制度也包括对农业转移人口就业技能培训，与传统文化素质教育不同，就业技能培训更强调针对特殊岗位的技能、业务操作流程的培训。过去，这个过程大多由用工企业的岗前培训完成，但随着市场竞争的日益加剧，多数企业希望将此过程部分转移出企业由社会实施，减少企业招聘员工后员工教育培训成本。因此，加强市场就业信息的有效性、增加劳动力在搜寻就业过程中职业技能的培训，有助于就业服务效率的提高，减少摩擦性失业和结构性失业。

提升农业转移人口就业服务，促进就业是政府"三农"政策的重要组成部分。2004 年国务院发布的《国务院办公厅关于进一步做好改善农民进城就业环境工作的通知》，要求加强为进城求职农民提供就业服务；2006 年劳动与社会保障部要求在全国开展完善农民工就业服务的"春风行动"；2007 年8 月国家颁布了《就业促进法》，要求发展针对农业转移人口的就业服务与培训体系。

农业转移人口可以通过三种途径获取就业服务，首先是政府提供的就业信息平台与职业技能培训。政府拥有提供就业服务的优势基础：政府是最具公信力的机构，提供的就业服务最具可靠性，覆盖全国的行政体系有利于就业信息在全国范围内传播；由于政府是就业政策的制定者，能更好地提供如政策法律咨询等其他就业服务；提供的就业服务和职业技能培训也是政府公共服务体系的重要组成部分。其次是社会中介机构。随着信息技术的发展与普及，相关职业信息、政策法律信息在互联网上快速传播，"智联招聘"、"58 同城"等新型网络职业信息平台发挥着日益重要的作用，大量公开的岗位信息在网络上发布，用户可以获取大量的免费就业信息，相互比较、应聘最适合农业转移人口个人的岗位。传统职业中介机构与各类招聘会继续发挥其作用，搭建了农业转移人口就业需求与企业用工需求配对的现实平台。同时，提供各类职业技能培训的社会服务机构数量快速增加，通过市场竞争降低培训价格、提高培训质量。最后是农业转移人口利用其人际关系网络，通过老乡、亲友介绍获取就业岗位信息，相互学习职业技能。

（二）现有就业服务体系的缺陷

首先，在城市就业的农业转移人口，绝大多数通过老乡、亲友介绍获得就业岗位，直接通过企业公开发布的招聘信息寻找就业岗位的人数较少，通过政府提供的职业介绍服务找到工作的人数更少，因此，政府职业服务体系没有发挥其应有职能，用工需求通过政府网络在省际间传递效率较低。其次，无论是政府还是社会职业中介机构，都缺少对各类用工企业岗位信息质量的监管审核，也没有后续跟踪与信息反馈，使企业与农业转移人口掌握职业信息不对称。造成农业转移人口到达实际工作单位后，发现企业工作条件、工资待遇与在求职过程中掌握的信息不符，或被迫接受这"不合意"的工作岗位，或必须重新寻找就业岗位；加之"黑中介"的不良社会影响，导致政府和社会职业中介机构的公信力降低、无法发挥本应发挥的作用。而通过老乡、亲友提供的、他们曾经工作过、实地考察过的职业信息，相对而言更具可靠性，因此，成为农业转移人口获取就业信息的主要渠道，从而阻碍了充分竞争、充分流动的劳动力市场发展。

政府所提供的就业服务难以满足农业转移人口需求的另一个表现为：政府提供的就业培训效率低，普遍存在"重形式、轻内容"、"重过程、轻结果"的现象，其培训内容没有针对性，不符合实际职业应用的需求，也不能令农业转移人口满意。这种情况下，社会营利性就业培训机构在市场竞争压力下，为争夺培训收入，将自发改革教学模式，改变教学内容，以适应用工企业与求职者需求。然而，市场化职业技能培训服务费用昂贵且培训结果不确定，所以，通常情况下农业转移人口难以负担该就业培训成本。

（三）提升就业服务的制度设计

提升针对农业转移人口的就业服务水平，被认为是政府职责而由政府提供相关服务，近年来政府为此投入了大量资金，但成效并不显著。《2003～2010年全国农民工培训规划》中要求将农业转移人口就业服务和培训纳入公共财政的范畴，开放城市公共职业介绍机构，免费向农业转移人口提供就业信息、职业指导和职业介绍服务。但受政府财政约束，地方政府投入农业转移人口就业服务上的资金有限，因此，提升就业服务，关键在于提高该笔财政资金的使用效率，减少形象工程，使农业转移人口可以真正从中收益。

除了鼓励社会非营利性组织参与为农业转移人口提供就业服务，增加就业服务供给。另一种可行的办法是：政府退出就业服务的具体实施领域，交由市场中介机构完成，政府则着力规范和管理市场就业服务机构，以提高就业服务水平；并通过政府合理补贴降低农业转移人口接受就业服务的成本支出。但该制度的实施是对现有政府就业服务机制的较大变革，涉及众多利益相关者，具体的制度设计与实施存在困难，且需要以充分竞争的就业服务中介市场为基础。而对于政府补贴，需要确定合理的补贴幅度和补贴方式。例如，在农业转移人口接受市场就业培训后，凭相关证明材料领取政府补贴，使政府补贴可以真正用于为农业转移人口提供就业服务。

此外，还可借鉴发达国家的"行业工会制度"来提升我国就业服务水平。在美国，各行业工会拥有强大的市场势力，在劳动力市场上，求职者通过行业工会获取岗位信息与其他就业服务，而用工企业也通过行业工会获取求职者信息，进行相关面试招聘。行业工会凭借其对相应行业职业信息的专业知识的掌握，可以为劳动者提供更好的服务，成为最主要的就业服务机构。反观行业工会在我国的发展，由于相关法律法规的缺失，各行业工会缺少必要的资金运作支持，导致工会独立性不足而多依附于企业，难以提供高效的就业服务。因此，提升就业服务，也可从国内工会发展入手，通过壮大工会的力量，使行业工会更好发挥其为农业转移人口提供就业服务的职能。

二、消除农业转移人口就业歧视

（一）农业转移人口遭受就业歧视的现状分析

除就业服务的不足，加速农业人口就业转移还存在另一个阻碍：就业歧视。目前涉及农业转移人口在应聘就业及职业晋升过程中遭受到的是农村户籍歧视。在现有城乡二元就业结构中，农业户籍人口主要通过两种渠道实现转移进入城市就业：一是农业转移人口通过在城市接受高等教育后留在城市就业；二是农业户籍人口在农村或跟随父母在城市接受过义务教育或中等职业教育后就在城市务工生活。第一种情况下的农业转移人口积累了更多的人力资本，更易获得在"正规部门"中就业，也更少遭遇到就业歧视；而占比更大的、没有接受过高等教育的农业转移人口所受到的就业歧视较为严重。

农业转移人口群体在城市中多遭受就业歧视，其就业呈现以下特点：（1）农业转移人口就业多集中于制造业、建筑业、批发和零售业等传统经济部门占比最多的制造业集中了31.4%的农业转移人口，其次是建筑业22%，难以进入金融、保险等现代经济核心部门（见表5-2）；多集中于私营经济部门，较少进入国有经济领域就业。（2）农业转移人口从事职业所需劳动技能水平低，但工作环境差、劳动强度大、危险性大。（3）农业转移人口与城镇单位就业人员收入差距明显。数据表明，近年来，农业转移人口无论是劳动收入和其增长率均低于城镇单位就业人员。更有直接针对农业转移人口歧视的"同工不同酬"、"同工不同权"现象发生。（4）进入企业后，农业转移人口难以获得职业晋升和发展。

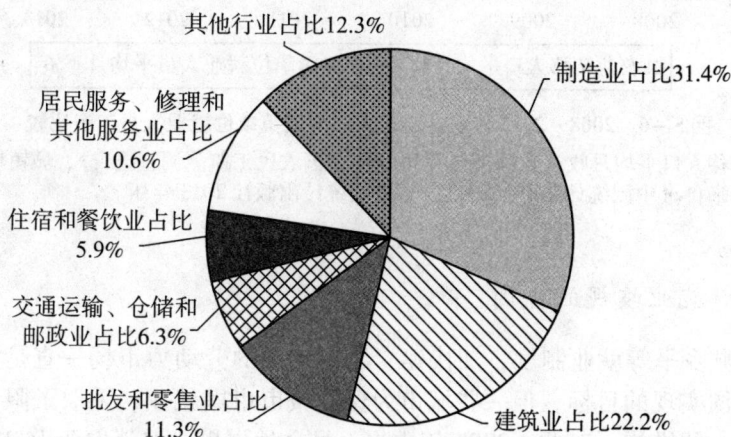

图5-5 2013年按就业方式和行业分的农业转移人口人数构成

不同地区农业转移人口就业存在略微差异，在东部地区就业以从事制造业为主，在中部地区就业从事建筑业与制造业并重，在西部地区就业以从事建筑业为主。农业转移人口多为受雇就业，数据显示，83.5%的农业转移人口为受雇就业，其中65%从事第二产业；16.5%的农业转移人口为自营就业，其中82.1%从事第三产业。

同时，农业转移人口与城镇单位就业人员在工资待遇上存在明显差距且差距呈现不断扩大趋势。

2013年农业转移人口均月收入（不包括包吃包住）2 609元，是2008年的2

倍，5 年间年均增长率达到 14.25%。城镇单位就业人员 2008 年工资水平如图 5-6 所示。低工资、高强度劳动条件使得农业转移人口常因不满足当前工作状态而频繁更换职业、工作地点。当农民工离开家乡、离开农村，而在一个城市中却找不到合意的就业岗位时，他们就会转移进入另一个城市，形成"工漂族"，使农业转移人口这一群体普遍具有较强的流动性，不利于农业转移人口的职业技能积累和就业提升。

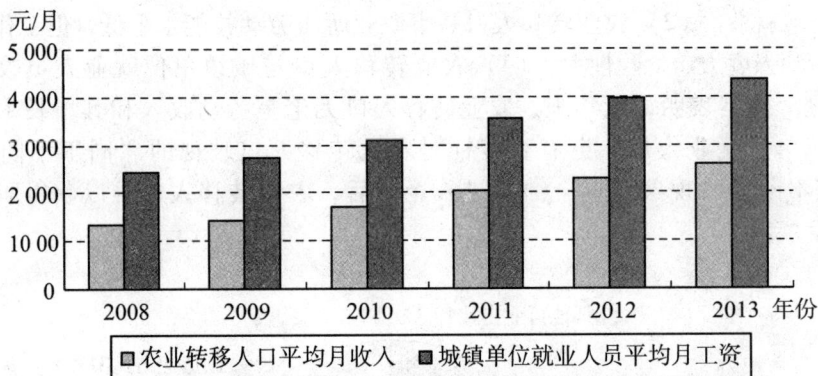

图 5-6　2008~2013 年农业转移人口与城镇单位就业人员工资比较

农业转移人口平均月收入数据来自《2013 年全国农民工监测调查报告》，城镇单位就业人员工资数据来自《中国统计年鉴（2013）》，中国统计出版社 2013 年版。

（二）就业歧视的成因

构建城乡平等就业制度，加快建立城乡统一的劳动力市场一直是中央政府近年来力图实现的目标，但一些城市为保护城市市民就业，采取了限制农业转移人口进入的措施。对此，2004 年中央 1 号文件提出：取消农业人口进城就业限制，保护其合法权益。2006 年发布的《国务院关于解决农民工问题的若干意见》，强调要消除农业转移人口就业歧视和促进机会均等。2008 年 1 月 1 日起实施的《就业促进法》第 31 条明确规定，农村劳动者进城就业享有与城镇劳动者平等的劳动权利，不得对农村劳动者进城就业设置歧视性限制。然而，在实施中却遭遇来自用工企业和地方政府的阻力，市场隐性就业歧视仍十分普遍。

农业转移人口自身普遍受教育程度偏低是其遭遇就业歧视的一个重要因素。数据显示，农业转移人口以初中文化程度为主（见图 5-7），较少的人力资本积累使农业转移人口在劳资谈判中处于不利地位。

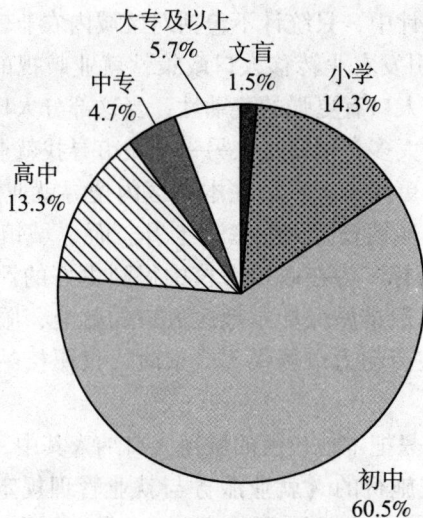

图5-7　农业转移人口的文化程度构成

资料来源：《2012年全国农民工监测调查报告》。

目前中国的劳动力市场基本实现自由竞争，成百上千万劳动力在市场上自由选择雇主，各种企业也在劳动力市场上公开招聘人才，各种就业配对都是企业、劳动者双方相互选择的结果，就业歧视也是。首先，对企业而言，特别是金融等高收入行业，其提供的就业岗位需要高水平人才，而平均人力资本较低的农业转移人口在应聘就业及职业晋升时处于劣势。其次，在就业竞争中，城市市民较农业转移人口在人际网络等社会资本上更具优势。最后，企业对所招聘员工的职业技能培训是企业的成本支出，越是高层次的就业岗位，员工教育培训支出越为庞大。因此，企业在招聘相关人才时将更多地考虑所招聘员工就业的稳定性，即希望该岗位员工在掌握相关职业技能后长期留在该企业工作。但农业转移人口普遍具有较强的流动性，企业为减少员工培训支出与人才损失对企业生产经营的影响，会更少招聘与提拔除本地区市民户籍外的外来人口。基于以上种种原因，在企业招聘及提拔员工过程中常带有户籍歧视，农业转移人口难以在城市找到"体面"的工作岗位。

企业基于岗位需求而产生的就业歧视，制度政策难以直接干预；但政府所建立的政策制度应消除除此以外的就业歧视，以期营造更加公平、竞争更加充分的就业环境。但现实政策取向却往往与此背道而驰。政府在公务人员招聘与公务人员晋升过程中表现出的就业歧视，对市场产生了不良示范效应；暂住证等管理制度加大了农业转移人口在城市就业的"办证门槛"、对安置城镇户口下岗职工给予税收优惠政策等，都加剧了劳动力市场中对农业转移人口的就业歧视。

当前政府失业率统计中，只统计不包括对区域内农业转移人口的"城镇登记失业率"，这被认为是引发农业转移人口政策性就业歧视的直接原因。多数政府决策者认为，农业转移人口有更强的流动性，当这部分人口在一个城市难以找到合意的工作岗位，他们大多会转移进入另一个城市寻找就业岗位，而地区内原有居民却不是这样，他们更倾向于继续在本地区内搜寻就业岗位而处于失业状态，造成该区域内统计的"城镇登记失业率"上升。而"城镇登记失业率"高低是地方政府重要的考核指标。为在政绩考核中得到更好的评价，地方政府在劳动力市场供过于求时，采取措施保护本地区人口的就业，限制以农业转移人口为主体的外来人口；而在劳动力市场供不应求时，仅愿接纳缺额部分的农业转移人口。

当前失业统计制度只把本地户籍的城镇人口纳入其中，这一做法存在诸多弊端。2008年1月1日起施行的《就业服务与就业管理规定》明确要求，将已在用工地稳定就业半年以上的农业转移人口纳入失业登记范围，登记失业后的农业转移劳动力可享受城镇登记失业人员的相关就业扶持政策。但在政策的具体实施中却遭遇困难，失业登记繁琐的手续和繁多的证明材料是农业转移人口难以提供的，其原因是农业转移人口的流动性强造成的管理困难。在当前户籍体制下，农业转移人口在各个城市之间流动，其失业应在哪个城市登记，应有哪座城市为失业的农业转移人口提供失业救济和相关的人口管理是失业统计制度改革的一大难题，显然各地方政府并不愿意承担这份额外的支出。只有明确农业转移人口的管理归宿，改革户籍管理制度，才能改变这一现状。

而在我国，为消除对农业转移人口的就业歧视，提升社会公平，可以从以下几个方面入手：第一，在政府内部以及政府可以直接干预的国有经济领域消除就业歧视，为市场起到正确的导向作用。第二，改革统计制度与人口管理制度，采取调查失业率替代城镇登记失业率，作为政府绩效考核指标，不仅能更好的反映出国民就业状况，更能避免政策性就业歧视的产生。

（三）消除就业歧视的国际经验借鉴

相关制度的建立、政策的实施可以减少就业歧视，印度的做法值得我国借鉴。印度有超过12亿人口，2012年人口贫困率达到21.9%①，经济发展水平落后于中国。在印度社会中种姓制度仍十分盛行。与户籍制度类似，种姓制度将印度人口分为四个等级：婆罗门、刹帝利、吠舍、首陀罗。但在城市的劳动力市场，政府采取大量维护农业转移人口劳动权利的措施，很大程度上消除了对农业转移人口的就业歧视。

---

① 资料来源：国家商务部网站，http://www.mofcom.gov.cn/article/i/jyjl/j/201307/20130700215130.shtml。

专栏：印度消除农业转移人口就业歧视的做法

一、印度是个私有化的社会。印度人口重视其自由就业的权利。印度没有暂住证管理制度，农业转移人口进入城市工作不存在阻碍。印度的法律政策保护农业转移人口就业权利，对农业转移人口在城市就业的工资标准、支付方式、雇主责任与义务作了明确的规定，有限降低了其进入城市就业的成本。例如：（1）农村人口在城市就业的假期、工作时间和加班工资以及其他的服务条件，不能低于当地雇员的水平。（2）农村人口从居住地到工作地所花费的路费，雇主应该予以补助。（3）当在城市工作的农村人口或他们的家人生病时，雇主应该免费提供治疗。

二、印度实施"全国农民就业保障计划"，设立专门保障城市中非正规就业人员生活的福利基金，为印度大量涌进大城市的农业转移人口提供就业服务与生活保障，为在城市失业的农业转移人口提供救济与免费的技能培训和就业服务，避免农业转移人口沦为城市贫民，改变其在就业竞争中的不利地位。

三、保障农业转移人口劳动权益

（一）保障农业转移人口劳动权益的意义

农业转移人口就业歧视的另一个表现就是农业人口劳动过程中，其权益时常遭受损害，最突出的表现为频繁发生的生产安全事故和欠薪事件。保护农业转移人口劳动权益不受侵害，不仅是社会主义国家性质要求，也是促进城镇化建设、实现农业人口市民化的要求。因此，必须使农业转移人口的各项权利得到切实的保护，减少欠薪的劳资纠纷；改善工作环境条件，减少工作对劳动者的伤害，使农业转移人口得以在城市实现稳定就业，并在城市"定居"，减少频繁人口流动对资源的浪费。

（二）农业转移人口劳动权益保障遭受损害

《中华人民共和国劳动法》规定了劳动者在劳动关系中的各项权利：劳动就业的权利、选择职业的权利、取得劳动报酬的权利、获得劳动安全卫生保护的权利、劳动中休息的权利、参与社会保险的权利、接受职业技能培训的权利、提请劳动争议处理的权利。然而，农业转移人口在城市就业多集中于私营经济部门，私营企业为获取更多经济利益时常导致农业转移人口劳动权益受到侵害：

（1）企业不与农业转移人口签订劳动合同，使得劳动者权益难以得到保障。我国《劳动法》第16条第2款规定："建立劳动关系应当订立劳动合同"，劳动合同也是劳动者重要的维权工具。但据针对农业转移人口的调查数据显示，农业转移人口与所就业企业签订了劳动合同，但绝大多数农业转移人口未能取得劳动合同，难以在发生劳资纠纷时有效地维护自身劳动权利。

2013年，58.6%的农业转移人口未与所就业企业签订劳动合同，14.3%签订了无固定期限的劳动合同，3.9%签订了一年以下劳动合同，23.2%签订了一年以上劳动合同（见图5-8）。

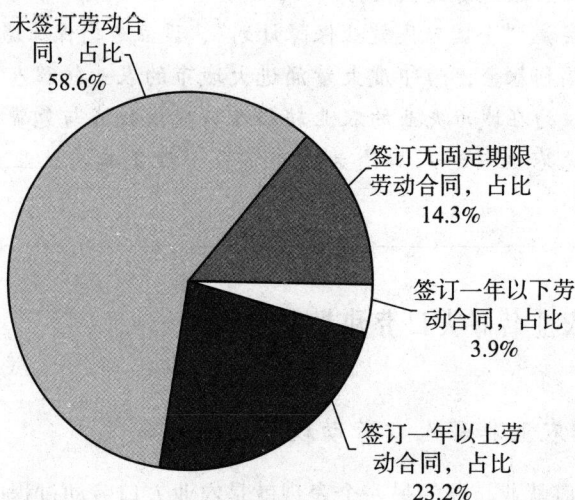

未签订劳动合同，占比 58.6%
签订无固定期限劳动合同，占比 14.3%
签订一年以下劳动合同，占比 3.9%
签订一年以上劳动合同，占比 23.2%

图5-8 农业转移人口签订合同的比例
资料来源：《2013年全国农民工监测调查报告》。

（2）生产安全措施不足导致安全事故频繁。我国《劳动法》第52条规定："用人单位必须建立健全劳动安全卫生制度，严格执行国家劳动安全卫生规程和标准，对劳动者进行劳动安全卫生教育，防止劳动过程中的事故，减少职业伤害。"但现实生产中，用工单位为节约生产成本，违反有关法律法规，造成劳动生产环境污染严重，大量农业转移人口因此患上了不同程度的职业病，其健康权受到侵害；不安装安全生产设备或怠于维护导致安全生产设备老化，损害人身安全权利，导致工伤事故频发。2013年，全国共发生48起重大安全事故（死亡人数10人以上），包括4起特别重大安全生产事故（死亡人数30人以上），其中28起安全事故涉及企业安全生产。而2014年前三个季度，全国共发生 26 起重大安全事故，其中 13 起涉及企业安全生产①。

（3）劳动报酬被恶意拖欠，劳动者获取劳动报酬的权利受到侵害。随着政府对农业转移人口被欠薪问题的坚决治理，近年来，该类事件的发生有所减少，但却并非完全被杜绝，2013 年，仍有近 200 万（以全国 2.5 亿农业转移人口乘以 0.8% 的被拖欠工资比例计算得出）的农业转移人口被雇主拖欠工资（见图 5-9）。此外，大量用工企业还存在支付工资低于地方政府最低工资标准，即加班工资加倍难以兑现的问题。

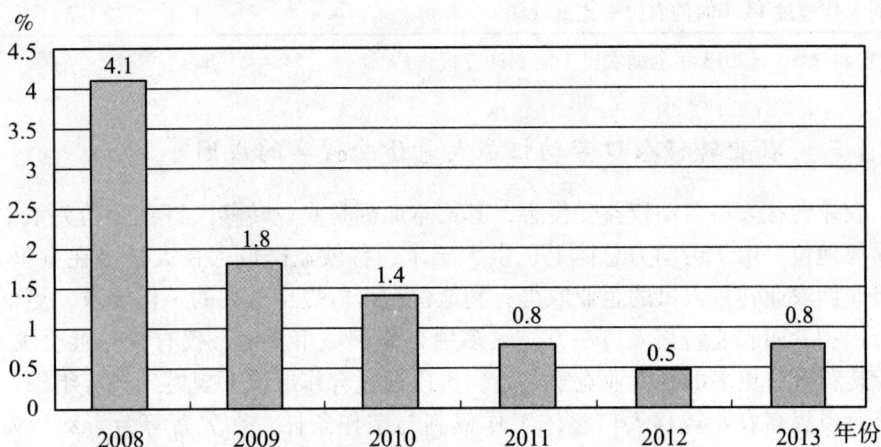

图 5-9　农业转移人口被拖欠工资的比例

资料来源：《2013 年全国农民工监测调查报告》。

当前，部分用工企业违反相关法律规定，不为其雇佣的农业转移人口办理社会保险，使劳动者参与社会保险的权利受到侵害；同时，企业克扣了企业所需为职工负担的养老保险支出，这些支出构成了劳动者总体收入的一部分，也是对劳动者取得劳动报酬的权利的侵害。

（4）高强度劳动、超时工作，损害了劳动者休息的权利。我国《劳动法》规定劳动者每周劳动时间为 40 小时。但企业延长劳动者工作时间所需支付的单位小时成本小于雇佣新劳动力的单位小时成本，企业为减少成本支出因而以"加班"的方式延长劳动时间，这一现象在农业转移人口集中的制造业、建筑业等劳动密集型产业更为严重，强制加班成为行业潜规则。

2013 年，超过 40% 的农业转移人口日工作时间超过 8 小时，超过 80% 的农业转移人口周工作时间超过 44 小时（见表 5-2）。

---

① 资料来源：国家安全生产监督管理总局政府网站事故查询系统。

表 5 – 2　　　　　　　　　2012 年、2013 年农业转移人口从业时间和强度

指标 \ 年份	2012	2013
全年外出从业时间（月）	9.9	9.9
平均每月工作时间（天）	25.3	25.2
平均每天工作时间（小时）	8.7	8.8
日工作超过 8 小时的农民工比重（%）	39.6	41.0
周工作超过 44 小时的农民工比重（%）	84.4	84.7

资料来源：《2013 年全国农民工监测调查报告》。

（三）农业转移人口劳动权益大量遭受侵害的成因

农业转移人口劳动权益受侵害，其根本原因是农业转移人口在劳动关系中处于弱势地位。由于劳动力总体上仍供大于求，各就业岗位存在大量潜在竞争者，使得雇佣农业转移人口的企业取得有利地位，可以提出更高的工作要求、更低的工资福利。而农业转移人口一方，大多独自来到城市就业，仅有少量社会关系；农业转移人口更多的是就业竞争关系，难以通过合作形成大规模工会等组织与企业谈判以提高农业转移人口整体工作福利与工作条件。在欠薪等劳资纠纷发生时，没有工会组织的集体维权行为，单个农业转移人口维权意识薄弱、维权难度大、维权成本高，使其个人劳动权益难以得到保障。

另外，保障农业转移人口劳动的法律制度的不健全也是造成农业转移人口劳动权益大量遭受侵害的原因。首先表现为相关法律体系的不完善，对劳务双方权利义务、工资的支付等缺乏明确规定，存在法律漏洞。其次，政府监管力度不足，使相关法律制度难以得到有效落实。最后，部分法规的缺陷助长了侵害农业转移人口劳动权利的违法行为。例如，对于违法拖欠工资的行为，《劳动法》只是设定了50% 到 1 倍的赔偿金，使企业的违法成本很小；我国《劳动法》还规定："劳动争议发生后，当事人可以向本单位劳动争议调解委员会申请调解；调解不成，当事人一方要求仲裁的，也可以向劳动争议仲裁委员会申请仲裁；对仲裁裁决不服的，可以向人民法院提起诉讼。"虽然《劳动法》建立了仲裁制度保护劳动者权益，但在执行程序中对仲裁程序设定 60 天的时效期限，并由劳动者一方举证，且不适用诉讼终止和中断程序，造成劳动者时常错过该时限，或在该时限内难以提供有效证据，使得农业转移人口维权困难。

专栏：日本终身雇佣制度

日本终身雇佣制度，指对正式录用的员工，企业将一直雇佣直到该员工退休，除非企业面临极度的经营困难，否则即使企业实施重大结构调整，也只改变员工岗位性质，绝不随意解雇其正式员工。这一在传统经济学中严重影响劳动力市场资源配置效率的做法却在日本广泛实施，并在推动日本经济发展中发挥了重要作用。1972年，OECD在其《对日劳动报告书》中认为终身雇佣制度、年功序列制度、企业内工会制度是日本经济高速增长的"三大神器"。在日本，企业管理者认为，终身雇佣制度有利于企业发展：

（1）增加员工归宿感与对企业的忠诚度，提高企业管理效率，有利于保护企业技术安全和提高组织内部的稳定性。

（2）确保了企业对员工的人力资本投资得以回收，从而增加员工知识储备、提高员工劳动技能，促进新技术、新产品的研发。

（3）减少人才流动从而使企业减少用于招聘员工的支出。

日本企业中实行的终身雇佣制度使员工的就业权利得到了较好的保障，员工在企业中稳定就业，为追求晋升，将自发提高工作效率。但在中国，除少量政府、事业单位，市场经济中绝大多数企业都实施短期劳动合同制度，企业、员工间"自由"选择。而且，雇主与雇员之间存在大量矛盾，就业歧视与侵害农业转移人口劳动权利的事件时有发生，因此消耗了大量社会资源。劳动者希望在中国实施类似于日本的终身雇佣制度，但这一制度在中国缺少现实基础，难以实施，其原因在于：首先，日本产业结构中技术密集型占比较大，该类型企业需要大量高知识储备、高技术员工，企业培训员工的成本较大，因而企业注重维持员工的稳定性以降低企业招聘培训员工的成本。而中国产业结构中大量为低端劳动密集型制造业，大量招聘农业转移人口，企业只需对员工进行简单的劳动培训，员工即能完成生产操作，因此，员工流动对企业生产的影响较小。因而多数企业只注重短期利益，以侵害员工劳动权益方式获取短期最大利润。其次，国内劳动法律制度不健全也是终身雇佣制度难以在国内实施的原因。

（四）保护农业转移人口劳动权益的制度设计

要保护农业转移人口的劳动权益，首先，发展工会等农业转移人口联合组织，利用工会的力量改变农业转移人口在劳动关系中的弱势地位，以改善劳动生产环境、提高工资福利、降低单个劳动者的维权成本，使农业转移人口能更好地维护其劳动权益。其次，完善劳动法律制度，细化相关法律法规，做到有法可依。逐步提高城镇最低工资标准，让农业转移人口的收入能随城市发展而同步增长。改变劳动仲裁制度，延长劳动者维权有效期限，并采用企业逆向提供相关证据方式，减少农业转移人口维护劳动权益的成本支出。在执法过程中，采取奖励与处罚并重的方式，一方面，对切实维护农业转移人口劳动权益的企业提供奖励，发挥其示范作用，激励企业主动改善劳动条件、工资福利。另一方面，加大对侵害农业转移人口劳动权益企业的处罚力度，使保护农业转移人口的劳动法律制度得以落实。还需要完善失业救济制度，当农业转移人口在就业、劳动合同、职业病保护等受到侵害时，提供法律人员、经费的援助，更好地保护农业转移人口的劳动权益。最后，通过日本终身雇佣制度的分析可以看出，在知识密集型、技术密集型企业中，当人才成为企业发展的关键，企业将自发为劳动者提供更好的生产条件以留住人才。因此，保护劳动者权益，还需社会的产业结构调整，提高个人人力资本存量、发展高新技术产业。

四、扶持农业转移人口自主创业

（一）农业转移人口自主创业群体

农业转移人口作为一个庞大的、在城市中生活的社会群体，部分人通过创业经商使个人财富增加的同时也为地区经济发展做出了贡献。在我国，大体可以将农业人口创业群体分为三类：

（1）务农农业人口创业群体。他们在农村务农中，不断扩大其生产经营规模，最终实现创业。

（2）返乡农业人口创业群体。他们利用其进城务工所获取的技术、资本，在家乡农村或临近城镇创业，带动了城市工业体系的扩张。

（3）进城农业人口创业群体。他们因失地或追求更好生活等原因来到城市生活，他们充满冒险精神，不甘于一份就业收入而选择了自主创业。本节主要涉及此类创业群体。

（二）农业转移人口创业困境

当前农业转移人口在城市创业，大多集中于创立小规模商业、服务业，在城市租用店面或小作坊生产经营，难以得到更好的发展。其原因不是农业转移人口创业动机不强烈，也不是农业转移人口中没有拥有企业家才能的人才，而是他们的创业面临着诸多现实困境：资金不足、企业经营管理技能缺乏与创业歧视。

资金不足是农业转移人口创业面临的最大困境。在城市生活，农业转移人口所拥有的自由资金大多不足以支持其创业；他们也没有可抵押的固定资产，难以获得足额贷款用于创业。即使其中少数人拥有征地补偿或通过其他途径积累了一定财富，其资金也仅能满足小规模经营的需求。

企业经营管理技能缺乏是农业转移人口创业的另一大困境。农业转移人口中大多没有经过系统性创业知识的培训，对国家政策导向无法准确把握，仅通过其对城市经济的简单判断选择投资行业，投资风险较大；缺乏企业经营管理技能，致其所创企业难以发展，甚至难以维持正常生产经营活动。

除了农业转移人口自身资源不足外，城市人为设定的某些制度更增加了农业转移人口创业的难度。例如，设立企业、开始经营前复杂的行政审批手续；政府、国有企业在选择合作对象与采购对象中对农业转移人口设立的企业的歧视等。

（三）扶持农业转移人口创业的制度设计

企业家创业的成果与否，既取决于外在的创业环境，也取决于企业家个人才能与品质。因此，扶持农业转移人口创业也应从两方面入手：

一是营造公平、宽松的创业环境。为支持农业转移人口创业，特别是农村户籍大学生创业，简化相关审批手续，提供高质低价的创业政策、创业法律咨询服务，以及必要的政策性贷款与税收优惠；公平对待城市企业与农业转移人口创业企业，放宽农业转移人口创业企业参与城市基础设施建设与涉及其他公有经济领域的门槛。

针对农业转移人口创业融资难题，所需的制度设计不仅要使银行等贷款机构一方放宽对农业转移人口信用贷款的限制，更为重要的是，加快实现农村土地流转、开放农村土地贷款，使农业转移人口能用其拥有的土地资源换取在城市创业的初始资本。

二是通过创业服务，提升农业转移人口对国家经济政策的敏感度和企业经营管理技能，培养企业家才能。

第三节 公共服务制度与农业人口市民化

一、完善农业转移人口社会保险制度

（一）城乡二元社会保险体系

保险的本质是一种投资，当被保险人支付一定数额的保险费后，获得对约定

未来可能发生的事故的经济补偿的权利。而社会保险则是通过国家政策强制推动在社会上建立统一的保险体系，帮助个体公民抵御衰老、疾病、事故、失业等风险，实现"老有所养、病有所依"。为公民提供更好的社会保障，是全面建设小康社会、实现社会公平的要求，也有助于降低农业转移人口对土地的依赖，以便更好地推动农村土地的流转；减少个人为养老与应对其他事故而进行的储蓄，增加社会消费，其中，社会保险作为社会保障的最主要部分，对经济发展有着重要意义。改革开放以来，中国在城市与农村建立了有区别的社会保险体系，城镇职工社会保险采取社会统筹和个人账户相结合的模式，由省级人民政府实现统筹管理，涵盖养老、医疗、工伤、失业、生育五种保险类型；而在农村采取以家庭保障为主、与社区扶持相结合的模式，由县级人民政府管理，仅包括农村养老保险与农村合作医疗。

总体而言，城镇居民社会保险体系更加健全，保障水平较高，但保险费用也更加高昂。城镇与农村社会保险体系的差距是造成城乡二元结构的重要成因之一。对于农业转移人口而言，他们在城市就业，因而参与城镇社会保险体系、享受社会保障是他们应有的权利，但现实中却因各种因素难以实现，成为市民化的最大阻碍。

（二）农业转移人口参与社会保险现状及成因分析

从表 5-3 数据可以看出，即使城镇职工社会保障的保障程度更高、但农业转移人口参保比例较低，其中参保比例最高的工伤保险覆盖面也不足农业转移人口总数的 1/3，参保比例最低的生育保险仅为 6.6%，而造成这一现状的成因是多方面的：

表 5-3　　　　　　　外出农业转移人口参加社会保险的比例　　　　单位：%

类型 \ 年份	2008	2009	2010	2011	2012	2013
养老保险	9.8	7.6	9.5	13.9	14.3	15.7
工伤保险	24.1	21.8	24.1	23.6	24.0	28.5
医疗保险	13.1	12.2	14.3	16.7	16.9	17.6
失业保险	3.7	3.9	4.9	8.0	8.4	9.1
生育保险	2.0	2.4	2.9	5.6	6.1	6.6

资料来源：《2013 年全国农民工监测调查报告》。

1. 农业转移人口参保意愿低

农业转移人口参保比例较低，首要原因是农业转移人口自身参保意愿较低，一方面是农业转移人口对参与社会保险的重要性认识程度不够，未能主动保障自身参与社会保险的权利。但更多情形中，农业转移人口主动要求企业不为其办理社保保险，因为对于他们而言，社会保险作为一种投资，参保的成本收益较低。

由于农村社会保险体系与城镇职工社会保险体系难以对接，因而省际间社会保险衔接存在阻碍。由于现有户籍制度的阻隔，农业转移人口对城市没有归宿感，当他们认为未来将离开现在居住的城市回乡养老或前往城市寻找更好的就业出路时，当期参保不能获取收益，因而放弃参保。以城镇职工养老保险为例，该险种设有 15 年的缴费年限要求，同时，由于省际间养老保险体系衔接存在难题，个人需要在同一省份参保缴费满 15 年后才能在退休后领取养老金。由于农业转移人口的流动性，需要在不同城市、不同省份中寻找最好的就业机会和更多的收入，并未决定留在某一特定城市，因此，难以满足在同一省份达到 15 年缴费年限的要求。

同时，尽管农村社会保险水平较低，但能享受到政府和集体补贴，个人缴费较低，因而受到农业人口的欢迎。而城镇职工社会保险参保费用较高，企业所需缴纳费用达所支付工资总额的 31%，职工个人也需缴纳工资总额的 11%。并且，由于社会保险缴费基数最低为上年度当地职工月平均工资的 60%，而农业转移人口工资多低于这一标准，导致农业转移人口参与社会保险实际缴费占收入比例上升。而农业转移人口在城市就业收入水平较低，城市高昂的物价水平，特别是房租高涨，使其在城市生活中的收支盈余较少，导致多数农业转移人口预期不会在城市定居，因此，为积累更多返乡资本，主动放弃参保以获取企业更多的工资支付。这也造成年末农业转移人口返乡高峰前夕各大城市的 "退保潮"。

2. 企业怠于为农业转移人口办理社会保险

大多农业转移人口就业于非正规私人部门。由于政府监管的缺漏，部分企业通过侵犯农业转移人口参与社会保险的权利，减少为员工支付社会保险的支出，从而达到降低劳动力成本的目的，导致城镇农业转移人口参与社会保险的比例较低。

（三）创新农业转移人口参与社会保险模式

为提高农业转移人口参与社会保险的比例，扩大社会保险覆盖面，使更多人享受社会保险的福利，需要加强政府监管，督促各企业为其农业转移人口员工办理社会保险；更需要改革现行社会保险体系，创新社会保险模式，其核心是实现改变社会保险体系的城乡二元结构与各省份独立实施的社会保险模式，建立全国统一的社会保险体系，使农业转移人口不会因迁移流动导致缴费的中断而难以获取参与社会保险的回报。

首先，必须改变各省独立的社会保险账户管理模式。由于各省社会保险账户管理方式、收支情况存在较大差异，城镇职工社会保险采取社会统筹和个人账户相结合的模式，其中个人账户被允许取出转移，而社会统筹难以分割转移。对此，2010年1月1日起施行的《城镇企业职工基本养老保险关系转移接续暂行办法》中规定：包括农业转移人口在内的参加城镇企业职工基本养老保险的所有人员，其基本养老保险关系可在跨省就业时随同转移；在转移个人账户储存额的同时，还转移部分单位缴费；参保人员在各地的缴费年限合并计算，个人账户储存额累计计算。但在政策具体操作过程中，城乡间、各省份经济发展水平的差异，导致各地区社会保险缴费基数、保障程度的不同，造成城乡二元社会保险体系与省际间社会保险体系衔接的困难，短期内难以实现建立全国统一的社会保险体系的目标。

其次，应降低农业转移人口参与社会保险的负担。加强财政支持，减缓农业转移人口参保后社会保险资金账户压力是一方面；建立多层次城镇职工社会保险体系以满足不同收入水平、不同需求个体参保需求是另一方面，在这一方面，北京、浙江、深圳等地采用的"双底模式"和上海、成都等地采取的"综合保险模式"走在全国前列，值得推广（见表5-4）。

表5-4　　　　　　　　　农业转移人口主要社会保险模式

指标＼模式	城镇职工养老保险（全国）	双底模式（北京）	综合保险模式（上海）
保险项目	养老、医疗、工伤、失业、生育	养老、医疗、工伤、失业、	养老、医疗、工伤（外地施工企业仅涉及医疗、工伤保险）
缴费基数	一般为职工实际工作，上下限分别为上年度当地职工月平均工资的300%和60%	为上年度全市职最低工资标准	上年度当地职工月平均工资的60%
参保费率	养老：20%（企业缴费）+8%（个人缴费） 医疗：6%（企业缴费）+2%（个人缴费） 工伤：0.5%、1%和2%三种比例（企业缴费） 失业：2%（企业缴费）+1%（个人缴费） 生育：1%（企业缴费）	养老：19%（企业缴费）+8%（个人缴费） 医疗：2%（企业缴费） 工伤：0.5%、1%和2%三种比例（企业缴费） 失业：1%（企业缴费）	普通企业12.5%（全部由用工企业缴费） 外地施工5.5%（全部由用工企业缴费）
管理机构	政府社会保险管理机构	政府社会保险管理机构	政府主管机构委托商业保险公司支付和运作

资料来源：黄锟：《中国农民工市民化制度分析》，中国人民大学出版社2012年版，第89页。

　　在"双低模式"中，对农业转移人口参保实行"低门槛进入、低标准享受"。即在当前通行的城镇职工社会保险下，为支付能力较低的农业转移人口参保另设相类似的社会保险账户，其中各类社会保险项目实现较低缴费基数和缴费，以降低农业转移人口参保成本。同时，容易与城镇职工社会保险相衔接，方便农业转移人口在具备条件时将"双低"的社会保险变更为普通城镇职工社会保险。

　　而在"综合保险模式"中，则是为农业转移人口建立专门的社会保险模式，有别于城镇职工社会保险与农村社会保险模式，由政府主管机构委托商业保险公司支付和运作。其主要特点是将农业转移人口的工伤、医疗、养老三项保险捆绑在一起，实行较低费率标准，并完全由用工企业缴纳。

二、制定农业转移人口住房保障制度

（一）改善农业转移人口住房的现实意义

　　衣食住行是人们最基本的生活需求。随着市场经济的发展，衣食等生活物质资料日益丰富，交通运输业的发展使出行不再成为阻碍，住房问题由此凸显，成为农业转移人口在城市生活最大的难题。改善农业转移人口住房条件，在社会学层面上，有利于实现公平，促进社会和谐发展；在经济学层面上，提供固定的居住条件有利于增强农业转移人口的就业稳定性，减少劳动力流动所导致的资源消耗，也将促使农业转移人口在城市定居，加速农业转移人口市民化进程，增强其消费意愿，扩大城市消费市场。

（二）农业转移人口住房现状分析

　　近十年来，房价井喷式的上涨，城市租房成本也随之上涨，超出绝大多数人的承受范围，特别是对于农业转移人口，他们中绝大多数在经济上处于弱势地位，无力改善其住房条件。每当提及农业转移人口住房，多数人会联想到拥挤而恶劣的居住条件，现实也大多如此，近年来也不乏"农业转移人口居住在桥洞、地下管道等恶劣环境"的报道提醒政府当局和社会大众：城市底层人口的居住仍亟待改善。

　　当前，导致农业转移人口住房困难的主要因素有：

　　（1）城市居住人口的增加导致住房需求增加，加之房地产市场上投机行为推高了房价与房租，一方面，大量商品房被闲置，另一方面，农业转移人口收入较低，难以负担市区高额房屋租金，因而大多居住于城市周边的低价房屋中。这些地区集中了大量农业转移人口，但房屋建筑老旧、公共基础设施尚未完善，社会治安管理相对薄弱，整体居住条件较为恶劣。

通过市场显然无法满足中低收入者的住房需求，如此只能要求政府履行其提供公共服务与社会保障的职责，为住房困难者提供保障性住房。但现阶段，政府保障性住房总量不足，难以满足城市所有改善居住条件人口的需求。而且，在城市市民和农业转移人口竞争政府保障性住房时，农业转移人口一方处于劣势。此外，现有保障性住房体系多要求申请者长期居住，因此对外来人口申请保障性住房设定工作年限和保证金要求，将大多数农业转移人口排除在城市保障性住房体系之外。这种制度设置使保障性住房无法满足农业转移人口的短期住房需求。

（2）多数农业转移人口收入低，难以负担改善居住条件所需支出。另外，他们对城市的归宿感和对在城市生活的预期，使得他们为增加储蓄而减少对于居住的消费，因此主动选择更差的居住条件。

（三）农业转移人口住房的制度变革

农业转移人口数据显示：2008~2013年，能够在务工地自购住房的农业转移人口占比不足1%。2013年，46.9%的农业转移人口从雇主或单位得到免费住宿；通过市场租赁住所居住占比为36.7%；8.2%的农业转移人口享有用工企业的住房补贴，近3成农业转移人口必须独立承担住房成本，如图5-10所示。

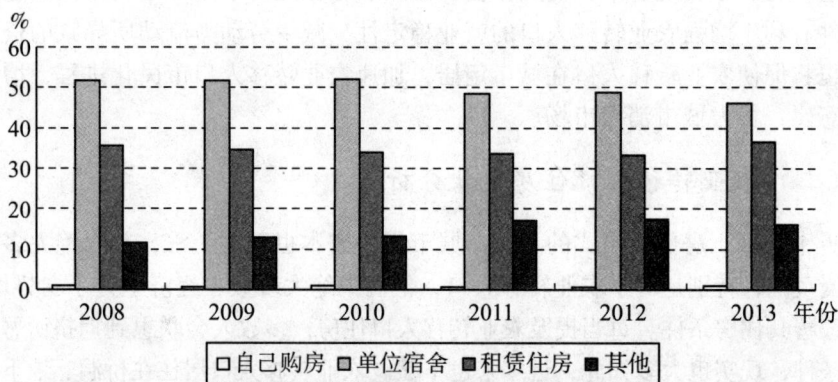

图5-10 2008~2013年农业转移人口住房类型构成

资料来源：《2012年全国农民工监测调查报告》、《2013年全国农民工监测调查报告》。

近半数农业转移人口居住在单位宿舍、工地工棚和其他生产经营场所，因此改善农业转移人口住房条件应首先从改善企业宿舍的居住条件入手。相关政策制度的实施需要促使企业改善其职工宿舍的安全性与其他居住条件，奖优惩劣，并在必要时提供贷款与财政资金支持，才能提高该部分农业转移人口的住宿条件。

　　另外，自住房货币化改革以来，中国房地产行业持续火热，城市住房数量不断增加，但并未真正改善农业转移人口的住房条件。因此改善在市场中租住房屋的农业转移人口的住房条件，政策的实施重点因在于农业转移人口聚集区的管理。在城市发展无法立刻将"城中村"、"城乡结合部"变为现代化居民社区的区域，并且在不增加居民生活成本的条件下，改善农业转移人口聚集区内普通民房的安全卫生条件成为难题。

　　因此，随着城市的发展与城市内部矛盾的激化，政策方向也应该随之发生改变，停止城市的盲目扩张而导致的农业转移人口外移，力图将农业转移人口"接进"城市，"接进"城市居民区。这需要提高农业转移人口收入水平以提高其对居住场所的支付能力，涉及提高农业转移人口收入水平和保障农业人口劳动权益等诸多社会发展问题，其中，实施将农业转移人口纳入城市住房公积金制度管理体系的政策，能更好落实企业对员工相关福利政策的支付。

　　将农业转移人口纳入政府保障性住房体系，也是政府近年来为改善农业转移人口住房条件而努力发展的方向。这要求更多的财政资金用于政府保障性住房建设，并制定更加公平合理的制度，以在城市已有居民和农业转移人口中分配该保障性住房。只有放宽地方政府受财政资金与投资制度的约束，使保障性住房供给总量上得以大幅度扩张，才能降低申请保障性住房的门槛，使相关政策福利可以惠及更多人口。政府应提供多样化保障性住房，满足城市人口长期居住和农业转移人口短期居住的不同需求结构。同时，也需要改进保障性住房的管理体制，提高审批居住效率，使农业转移人口和城市已有居民能公平共享城市公共服务和社会保障。

三、出台农业转移人口随迁子女教育制度

（一）改变农业转移人口子女教育政策的现实意义

　　常言说道"再穷不能穷教育，再苦不能苦孩子"，大多数中国人都对其子女寄予了美好的希望，希望子女能够成才，能为其家庭带来更富足的生活，实现自身无法实现的理想。越是拥有社会地位、接受越多教育的人，越重视对下一代的教育，使其子女能够接受最好的教育，避免其被激烈的社会竞争所淘汰。近年来，举家迁移的农业转移人口数量逐年递增，从 2008 年的 2 859 万人增至 2013 年的 3 525 万人，这必然造成城市教育需求的持续增加。但多数农村户籍学龄儿童却在现行教育体制中遭受诸多歧视，无法享受公平的受教育权利。

　　改革农业转移人口子女教育政策，为的是使农业转移人口的子女能更多地跟

随父母在城市接受教育，这有利于农业转移人口子女的成长，更有着重要的经济、社会意义。其一，社会主义民主社会实现公平正义的原则要求保护所有公民的受教育权利；其二，农业转移人口子女通过教育积累人力资本，实现个人能力提高的同时，使劳动力市场平均受教育水平提高，这是实现产业升级的必要基础；其三，由于子女在城市接受教育，农业转移人口在城市定居与"市民化"的意愿增强，带动农业转移人口就地消费倾向增加，有利于扩大城市消费市场。

（二）农业转移人口子女受教育现状分析

教育是我国的一项基本国策，而农业转移人口子女教育是现代教育体系的一个重要组成部分，农业转移人口子女与城市市民子女拥有同等的受教育权利，应受到保护。2000 年以前，政府对农业转移人口随迁子女的教育多采取限制性管理制度：1996 年，国家教育委员会制定了《城镇流动人口中适龄儿童、少年就学办法（试行）》，允许农业转移人口随迁子女以"借读"方式就近在城市入学、鼓励民办民工子弟学校发展。1998 年《流动儿童少年就学暂行办法》要求："流动儿童少年常住户籍所在地人民政府应严格控制义务教育阶段适龄儿童少年外流"。农业转移人口随迁子女只能在城市"有条件的地方""借读"上学，而且要缴纳一定数额的"借读费"。

2000 年后，政府教育政策开始转变，逐步支持农业转移人口随迁子女在城市接受义务教育。2003 年《关于进一步做好进城务工就业农民子女义务教育工作意见的通知》规定：开放城市公办中小学在有条件时接收农业转移人口随迁子女，确立以流入地政府和以全日制公办中小学"两为主"的管理原则。2006 年国务院出台了《关于解决进城务工农民问题的若干意见》规定"以全日制公办中小学为主接收农民工子女入学"，且明确强调，公立学校不得向前来就学的农民工子女收取借读费。同年修订的《义务教育法》更从法律层面上对农业转移人口随迁子女受教育权利进行了保护。

但当前，只有少数农村户籍学生能进入公办学校与城市户籍学生一同接受教育，城市教育体制将多数农业转移人口子女排除在外，使得农业转移人口子女教育成为社会一大难题。首先体现在城市公办学校的"入学难"上。随着社会经济的发展，中国的教育模式逐渐由精英教育转向大众教育与九年义务教育的普及，更多人接受到更好水平的教育。统计资料显示，2011 年，国家各类教育经费投入达到 23 869 亿元，10 年间增长了 5 倍，其中国家财政性教育经费为 18 587 亿元，10 年间增长了 6 倍①。基于中国目前庞大的人口基数，虽然教育投资总额巨大，但人均水平较低。2011 年，中国人均财政教育经费只有 1 379.5 元，仅占人

---

① 资料来源：《中国统计年鉴（2013）》，中国统计出版社 2013 年版。

均 GDP 的 3.9%①，低于世界发达国家 7% 的平均水平。因此，教育在我国仍是多数人争夺的稀缺资源。

受精英教育的影响，为保证社会所需高精尖人才的培养，教育资源常集中于部分领域。在教育资源不均等分配中，城市公办学校分配到更多教育资源，拥有良好的教学设施和大量优秀教师，能给学生更好的教育条件。但面对日益增加的农业转移人口随迁子女，城市公办学校招生名额有限，无法满足城市所有学龄儿童的入学需求。而且，在当前的教育制度中，城市公办学校要在满足城市户籍学生的入学需求后，才将剩有的少量名额放出，根本难以满足众多农村户籍学生的入学需求；甚至多数城市公办学校都设置了较高的农业转移人口随迁子女入学标准。而城市民办学校无法获得国家教育经费的支持、教育费用相对较高、教育水平也参差不齐，大多数农业转移人口难以负担，只能将子女留在户籍所在地的农村入学，形成农村中大量留守儿童。

另外，农业转移人口子女在受教育过程中，普遍存在学业困难、辍学率高、升学率低的问题，这其中有多方面的原因：对农村中大量留守儿童来说，他们在成长中缺少父母关爱和教育约束，容易因外界不良诱惑而放弃学业，走向歧途。而在城市接受教育的农业转移人口随迁子女，其教育难题更多体现在城市对他们的歧视，对农村户籍学生心理健康产生不利影响，从而影响其学业。同时，农村户籍学生参加高考成为一大难题。在现有教育体系下，对异地高考有着严格的限制，大多农业户籍学生需要回到所在城市参加高考，影响农业户籍学生的备考复习。而城市高中、大学普遍每学年数千元的学费，农业转移人口家庭也难以负担，虽有国家助学贷款和国家、社会助学金的支持，但无论覆盖面还是资助力度都无法保证所有学生顺利入学（特别是就读于民办学校的学生群体），依然有部分农村户籍学生因为家庭生计压力放弃继续就读。

（三）农业转移人口随迁子女教育难题成因分析

近年来，城市对农业转移人口子女教育问题上歧视性的制度，引起大量社会矛盾，农业转移人口呼吁实施更加公平的教育资源分配制度，使其子女能在城市就近入学，获得与城市市民子女相同的受教育机会，但却因多方阻力难以实现。首先是来自城市市民的阻力。由于教育的重要性与教育资源的稀缺性，使城市市民阻止、排斥农业转移人口的市民化，不愿其子女进入城市教育体系争夺教育资源。同时，因城市市民长期在城市中生活，对地方政府的政策制定有很强的影响力，造成对农业转移人口随迁子女歧视性教育制度的尝试。由于城市市民的教育观念与社会强势地位在短期内难以转变，城市教育制度、农业转移人口随迁子女

---

① 资料来源：《中国统计年鉴（2013）》，中国统计出版社 2013 年版。

入学难问题也难以在短时间内改变。

而作为提供教育产品的学校一方，也不愿过多接受农业转移人口随迁子女入学。首先，现行教育经费以户籍学生为标准拨付，而农业转移人口随迁子女教育经费没有相应的教育经费随之转移支付，因而对学校而言，为农村户籍学生提供教育所能获得的收入更少。其次，农民工子女的频繁流动给所在学校维持正常的教学秩序和学籍管理带来困难。最后，在城市人口对农业转移人口固有歧视性观念的影响下，部分学校教育者考虑到农村户籍学生无法在当地参加升学考试以作为学校的教育成果，且该类学生多为文化知识薄弱、学习能力差的孩子，家长多忙于工作，难以配合学校对学生的教育，因此将农业转移人口随迁子女列为差一等的教育对象，为保证学校的升学率，而不接收农业转移人口随迁子女入学，或对他们进行差别化管理。此外，即使不是出于教育者的主观歧视，在社会普遍歧视观念的影响下，学校也会迫于城市居民学生家长的压力，对农业转移人口随迁子女实施带有歧视性的教育方式，影响农村户籍学生心理健康，使农村户籍学生难以在城市接受教育。

专栏：异地高考动了谁的奶酪

多数农业转移人口随迁子女因为户籍的限制，无法在其接受教育学校所在地就近参加高考，而必须返乡参加高考，既影响了考生备考，也形成了对外地考生的歧视。针对这一社会问题，异地高考制度应运而生。异地高考制度操作上并无太多的困难，但由于各高校分配给各省的招生名额固定，实行异地高考，对本地高考考生家长而言，意味着更多外地考生与本地考生争夺接受高等教育的机会，降低本地考生录取概率，因而招致大量反对与抵制，使异地高考制度难以顺利推行。

异地高考政策的实行，随之而来的是大批"高考移民"，被社会所诟病，并成为异地高考制度难以推进的一大原因。高考移民是指部分有钱、有权势的家庭中，父母为使其子女上更好的大学，向录取分数线比较低、录取率比较高的省份流动。高考移民是当前中国高考制度下的特有产物，是中国教育资源分配不均的表现。

异地高考难以推行的最主要原因是高考制度，每个省份高考录取分数线、招生名额、竞争人数、考题难易程度均不相等，北京、上海等大城市，以及海南等政府扶持地区的高考招生名额更多。以北京大学与清华大学这两所全国最高学府招生为例，2013 年，北京有 7.3 万考生参加高考，北大、清华分配给北京的招生名额为 426 个；而河南有 15.84 万考生参加高考，但北大、清华分配的招生名额只有 185 个。因而北京考生被北大、清华录取比例高出河南考试 24 倍。

（四）改善农业转移人口随迁子女教育条件

从根本上说，农业转移人口随迁子女教育面临的困境是由政府教育投入不足与教育资源不平衡分配造成的。因此，需要改革当前教育资源配置模式，增加城市教育经费投入、扩大招生规模。同时，在财政上适度向农业转移人口随迁子女进行倾斜，通过银行贷款、财政拨款资助他们顺利完成学业是改善农业转移人口随迁子女受教育条件最有效的措施。但当前，城市已有公办学校已十分"拥挤"，为保障教学质量，难以扩大学校招生名额，需要新建更多学校以满足农业转移人口随迁子女入学需求。而我国基础教育长期实行"地方负责、分级管理、以县为主"的体制，各级地方政府，特别是县级政府是基础教育的主要提供者，面临较大教育经费压力，政府财政资金难以满足新建学校所需支出，因而发展民办教育、鼓励私人资本参与教育事业成为社会所需。

2002 年，《民办教育促进法》的颁布实施，标志着民办教育交易合法化，并进入快速发展的阶段。2012 年，全国民办小学、初中、高中、高等教育学校分别达到 5 213 所、4 333 所、5 020 所、707 所，约占同类学校的 3%、8%、19%、29%[①]。虽然民办教育在规模上得以发展，但其教学质量仍有待提升，需要政府财政支持以促进其发展和严格的监管以保障就读学生的权益。同时，针对劳动力市场对职业技能人才的大量需求，发展高质量的职业教育更符合农业转移人口的教育需求。

同时，建设全国中小学生学籍信息管理系统，为学生学籍转接提供便捷服务，以满足农业转移人口随迁子女流动性特征，使农村户籍学生不会因迁移造成入学困难。并加大对经济困难学生的财政扶持，真正做到"不让任何一个学生因家庭经济困难而失学"。

而通过政府、学校、社会非营利机构举办的免费文化艺术活动，可以使农业转移人口随迁子女获得与城市学生一样的学习文艺技能的机会。

四、加强建设农业转移人口社会管理制度

（一）农业转移人口社会管理需求

对于农业转移人口个人而言，市民化意味着他们能享受更好的社会保障与公共服务，其根本是农业转移人口被纳入城市人口管理，被置于与城市市民同等地位，在同一水平下分享社会福利、接受政府治安管理、实现政治权利。中国拥有

---

① 资料来源：《中国统计年鉴（2013）》，中国统计出版社 2013 年版。

13亿人口分布在全国各地，政府的资源调配是综合考虑地区经济发展水平、人口数量、资源环境等因素后的结果，其中人口数量通常以户籍人口为衡量标准。但随着经济发展，人口流动日趋频繁，大量农业转移人口居住在城市暂未拥有城市户籍，造成户籍人口分布与常住人口分布相偏离，所以，继续执行户籍人口管理模式将造成资源的错配。因此，需要创新人口社会管理模式，以居住人口管理代替户籍人口管理；发挥基层、居住地社区管理体系的优势，对农业转移人口进行跟踪持续管理，为其提供更好的社区服务，以维持社会秩序、优化资源配置并提高人口社会管理效率。

（二）农业转移人口社会管理的现状与困境

2013年10月，北漂青年连续6趟回乡办理护照未果的事件被爆出，引起社会的愤慨。当大众指责北漂青年户籍所在地政府公务人口官僚作风时，也需意识到从中折射出的当前社会人口管理模式的弊端，是北漂青年必须多次往返于北京与其户籍所在地办理护照而不能直接在北京就近办理护照，造成北漂青年时间与金钱的浪费。

首先，农业转移人口在城市就业、生活，需要办理暂住证、外来人员就业证，育龄妇女办理外来人员婚育证或暂住人口计划生育证。虽然办证费用不高，但准备相关材料及办证过程中的时间耗费，使农业转移人口付出了较多的机会成本，更为重要的是，造成对农业转移人口的歧视，仿佛农业转移人口不属于城市，只是暂时性流动到城市，而在城市社会秩序管理中被"重点监控"。

其次，依照户籍人口管理模式，上级政府在调配公共资源时未将农业转移人口考虑在内，而基层管理机构也把农业转移人口排除在提供公共服务的范围之外，使农业转移人口无法享受社区免费医疗卫生服务与计划生育服务，无法获得独生子女奖励与城市低保救济；也无法进入城镇教育体系和保障性住房体系。

最后，由于现行选举制度与户籍挂钩，多数农业转移人口游离于城市政治生活之外，无法实现其参与社区管理与人民代表选举的政治权利。

（三）农业转移人口社会管理制度变革

只有实行与户籍脱钩居住人口管理模式，使户口与居民享受社会福利脱钩，发展普惠公共服务，并合理调配公共资源与更加公平地分配公共资源，才能提高农业转移人口的生活水平，加速其市民化。

因此，首先，需要大量的投资以推动城市间互通的人口管理系统的建设，使财政资源分配随个人迁移而转移，农业转移人口可以更正当地享受城市公共服务。其次，发挥社区、农业转移人口就业企业在人口管理中的作用。以社区为主体，强化治安管理；提供就业培训服务，促进农业转移人口就业；进行失业登记即贫困登记,以便更好地服务弱势群体;同时,提供卫生疾病防疫、计划生育服务和其他平价医疗服务,以有利于公共服务均等化的实现。

上海实施的外来人口社区化管理新模式,通过建设"市级综合协调,区级综合管理,社区具体实施"的外来人口管理体制框架,加快社区外来人口信息管理系统建设、"一门式"服务窗口,完善社区来沪人员综合管理机构,极大提高了农业转移人口就业生活的便利性。

第四节 非正式制度与农业转移人口文化融合

一、文化隔阂成为市民化阻碍

若说投资、就业、公共服务、社会保障等正式制度可以因国家政策改革而在短期内发生改变,那文化观念等非正式制度的转变则需要较长的时间,同时也是相关正式制度得以顺利实施的社会基础。一个城市的社会文化观念越是能够包容外来人口、外来文化,农业转移人口在城市的市民化道路就越顺畅;反之,城市对外来事物的排斥将成为农业人口市民化的阻碍。但现实中,农业转移人口固有的行为方式、思维观念难以适应城市人已有的生活模式,使得农业转移人口和城市市民间缺乏理解和交流,两者社会文化观念的隔阂使城市市民没能正视农业转移人口对当地城市经济发展的推动作用。中国城乡经济长期不平衡发展导致城市市民形成的自我优越感和对农业转移人口的歧视和排斥,认为农业转移人口只是低文化素质"农民工",他们进入城市,挤占原本只属于城市市民的资源、造成城市拥挤、推高了房价等。

随着第一代农民工老去,带着他们辛勤工作得来的"血汗钱"回到家乡,新生代农业转移人口正逐步成为由农村至城市的人口迁移主力军。"新生代农业转移人口"特指在20世纪80年代以后出生,在城市就业的农村户籍人口。他们是第一代"农民工"的延续,但却呈现出与第一代"农民工"不同的群体特征:

(1)他们更早地离开了农村土地、农业活动在城市就业、生活,虽拥有农村户籍却缺乏农业技能,对土地的情节弱化,融入城市的意愿更强,更倾向于就地消费。

(2)他们较早接触现代城市文化,因而思想更加自由开放,更易适应城市生活,形成与城市市民相同或相似的行为方式、思想观念。他们追求的不仅是谋生的工作,更是个人发展的空间。

(3)他们接受过更多的文化教育,大多达到初中文化水平,并形成较强的公平观念和权利意识,渴望在城市中获得受认可的社会身份地位,并与城市市民享受同等待遇。

(4)他们年龄多在20~30岁,多数未婚;人生阅历较短,没有体验过改革开放前农村艰苦的生活条件,更少从事农业生产而没有感受过由于城市务工带来的收入水平的提高。他们体会到的更多的是他们在城市就业、生活所遭受的歧视和排斥,容易形成不平等心理。

现实生活的困境和在城市生活所遭受的歧视,使新生代农业转移人口大多长期游走于城市边缘;他们在不同的城市间穿梭却无法融入某一城市;他们无法在城市过上他们最初期盼的长期稳定生活,且处于年轻气盛的阶段,在某种不特定因素的刺激下容易以激烈方式爆发出来并产生极端行为,包括轻易地结束生命,甚至走上了犯罪的道路,影响社会的安定。

专栏:富士康连环跳楼事件

富士康科技集团创立于1974年,是全球最大电子机械产品代工企业。1988年进入内地投资建厂,为苹果等全球知名公司代工生产相关产品。现今在内地拥有30多个厂区,吸收劳动力120万,多为农业转移人口。自2010年1月23日富士康员工第一起跳楼事件发生以来,截至2010年11月5日,不到一年的时间内共发生14起跳楼事件,引起社会各界乃至全球的关注。

实施绩效管理的富士康工厂,注重生产效率而对员工的心理问题却十分漠视:每天都有一大批员工从富士康离职离开,又有另一批人进入富士康就业,员工间无法形成固定交际圈、业余生活匮乏;流水线作业下,超时劳动、不断重复同样的操作导致身心疲惫,有些更要忍受长时间高温、粉尘污染等工作条件;扁平化的公司治理结构,使得基层员工晋升发展机会渺茫却要长期忍受严格的员工管理制度……一系列因素最终导致了富士康员工中普遍的心理问题,这被认为是引发富士康连环跳楼事件的原因。

最终,2010年富士康连环跳楼事件以富士康董事长郭台铭先生出面道歉、安抚员工,富士康基层员工基础工资上涨以及其他旨在维护基础员工心理健康的措施中而暂告一段落。但富士康企业与员工核心矛盾,即绩效管理方式、流水线作业带来的基层员工精神文化上的贫乏没有得到根本性转变,相关悲剧依然会发生。2013年5月11日和2014年1月11日,内地富士康又发生了2起富士康员工跳楼的悲剧。

资料来源:王瑞忠:《富士康自杀事件》,载于《法制时报》,http:fzsb.hinews.cn/php/20150207/150771.php。

富士康，只是农业转移人口在城市工作生活状态的一个缩影，当他们的基本生理需求得到满足，其精神文化的需求就显得更为迫切。中国存在无数个类似富士康的代工工厂，甚至部分工厂的生产条件、劳动强度较之富士康更为恶劣。这些代工工厂的存在有其时代意义，他们提供的就业岗位不需要特殊职业技能，满足大多数低文化教育水平农业转移人口的就业需求。但也因此，农业转移人口多聚集在制造业、建筑业等部分行业，空间上的分割以及企业、工会对相关问题的漠视，使得多数农业转移人口业余生活匮乏，缺少相互之间以及与城市人口之间的交流融合；长时间、高强度的工作使农业转移人口疲于主动与他人交流、感受城市文化。

农业转移人口在城市中受歧视，且其经济和社会地位较低，容易形成自卑心理而缺乏对城市的认同感和归宿感。他们迫切地寻找能体现其群体存在价值的特性，并认为这就是他们的农村文化，因而固执地坚持他们已有的行为方式、价值观念，自发抗拒城市文化。而城市市民对农业转移人口的固有偏见难以在短时间内发生改变。因此，两种文化的隔阂发展成为农业转移人口成为城市"市民"的非正式制度性障碍。

二、农业转移人口融入城市文化的制度设计

消除农业转移人口心理问题对城市发展的不利影响，加速农业转移人口形成"市民"文化，需要个人、企业、政府多方共同努力，重构农业转移人口社会网络，增加农业转移人口社会资本①。

农业转移人口与城市已有居民作为两种文化的承载文体，其文化隔阂的消除需要两个群体的交流和理解。一方面，通过交流互动改变农业转移人口固有文化观念，主动融入城市文化；另一方面，城市已有居民需要意识到农业转移人口对城市经济发展，居民生活水平提高做出的突出贡献，消除歧视，接纳农业转移人口参与城市生活，共享城市资源。这个过程虽然困难且漫长，但并非不可实现。

除了消除政府行政管理制度上对农业转移人口的歧视，还应在企业层面构建农业转移人口的社交平台。企业文化、企业内员工的人际关系对农业转移人口融入城市文化都会产生重大影响。首先，使农业转移人口不再频繁地更换工作，能与周边的同事建立稳定地人际关系。其次，切实发挥工会作用而非使之成为摆设，参与企业员工管理，为企业建立更加和谐的人际关系；丰富农业转移人口的

---

① 法国社会学家布尔迪厄在 1986 年提出，社会资本指现实或者潜在的资源集合体，这些资源与拥有制度化的共同熟识和认可的管理网络有关。

业余生活，组织农业转移人口参加志愿者服务等社会公益活动，提高农业转移人口的社会形象，为农业转移人口与城市市民的交流创造契机。

消除农业转移人口心理问题对城市发展的不利影响，加速农业转移人口形成"市民"文化，通过个人、企业、政府多方共同努力，重构农业转移人口社会网络，增加农业转移人口社会资本，使农业转移人口在文化上真正融入城市。

第六章

农业转移人口市民化的国际经验与启示

第一节　发达国家和地区农业转移人口市民化的主要经验

一、构建完善的农业转移人口法律保障体系

（一）完善促进就业立法

农业转移人口在社会中是一个弱势群体，他们的很多劳动就业权利都没有得到应有的保护，在城市化过程中因年老体弱、生病、生育、工伤事故或因失业而失去了收入保障，从而陷入贫困。虽然发达国家在城市化和农业转移人口市民化的时间和进程上有所不同，转移的模式上也各有差别，但在保障农业转移人口就业的问题上，各国都纷纷出台了各项法律措施，采取立法手段来保护劳动者的就业，并通过立法来明确政府在就业中的职责和位置，确保就业政策的有效实施。

英国是世界上农村人口向城镇流动开始得最早、流动规模最大、农村人口比例下降得最快的国家。英国农村人口向城市的转移最早开始于 11 ~ 12 世纪，这是世界上出现的第一次农村人口向城市持续转移的浪潮。到 15 ~ 17 世纪，英国又出现了第二次劳动力快速向城市转移的浪潮，迁移的对象主要是商人、工匠和青年女性，迁移的目的是为了更好的前途和获得丰富的生活资料。英国劳动力流动最稳定、规模最大的时期是从 18 世纪中叶工业革命以后，工业的发展使得大量的移民涌入城市。1520 年，英国农业人口占国家总人口的 76%，到 1801 年，下降为 64%。1851 年，英国成为世界上城市人口最早超过农业人口的国家，城市人口占总人口的比例达到 51%。20 世纪初，英国城市人口占总人口的比例达

到75%。英国人口城镇化如此迅速离不开就业立法的完善。英国政府于1834年通过了《济贫法》修正案，即新《济贫法》。新《济贫法》中强调，需要社会救助是公民不可剥夺的一项基本权利，是政府不可推卸的责任。1942年，英国著名的"贝弗里奇报告"把救济贫困的概念由原来的救济贫民变为保障国民的最低生活标准。1946年通过《新城法》，1948年英国针对"二战"后的社会情况颁布了《国民救助法》，1952年颁发了《城镇发展法》。此外，英国政府通过制定《工人赔偿法》、《老年养老金法》、《国民保险法》等一系列法律法规，将国家福利保障体系制度化、程序化，保证了制度的稳定性、合法性。而且，在教育方面立法保障转移人口的教育权力，提升他们的就业素质。1870年英国通过了《初等教育法》，由国家提供基本的初等教育。1876年颁布了《桑登法》，明确规定家长有义务使子女受到足够的教育，否则将受到处罚。1880年颁布《芒德拉法》，规定全面实施强制入学制度。1899年，英国义务教育的年限已提升至12年。到1924年，英国工党执政，提出了"人人接受中等教育"的口号。英国的义务教育制度为农村人口向城市迁移提供了良好基础。这些法律的出台有效保障了英国农业人口的转移。

1870年之前，美国是一个以农业为主的国家，3/4的人口生活在农村，乡村社会是美国社会的主要特征。1840年，美国的城镇人口占总人口的比重仅为10.6%，1860年为19.8%，1880年为28.14%，到1920年时，美国城市人口占全国人口的比重已经达到51.2%，基本实现城市化。在这个过程中，美国有较为健全的法律为其"保驾护航"，在促进就业和失业保障方面的法律、法规就多达几十部。针对经济大萧条，罗斯福政府在1933年颁布了《联邦经济救济法》并成立了联邦紧急救济署。1946年美国颁布了《1946就业法》，1962年肯尼迪总统签署了《人力发展和培训法案》，1964年颁布《就业法案》，1973年尼克松总统签署了《就业和人力培训结合法》，1982年里根总统签署了《职业培训合作法》，而1994年1月颁布的《劳动保障法案》，是对美国20世纪30年代以来失业保险制度所作的全面修订。

日本虽然在第二次世界大战之中遭到沉重打击，但在日本经济崛起的进程中，城市化与工业化是同步推进的。随着多功能、高效率农业机械的大量采用，每一农业劳动力可能负担的经营规模成倍扩大，迫使农业劳动力向农外产业大规模转移。大批农业劳动力向城市的转移，为日本实现工业化提供了充足的劳动力。日本农业人口占总就业人口的比重，1947年为54.2%，1955年为40.2%，1975年为13.9%，1997年为5.2%。第二、三产业就业人口占总就业人口的比例从1946年的46.7%迅速上升到1970年的80.7%，城市人口比率从1955年的56%增加到1970年的72%。在不到15年的时间里，日本形成了以东京、大阪、名古屋为中心对人口极具吸引力的三大城市圈，达到了发达国家的城市化水平。

目前，日本已经基本完成农村剩余劳动力转移的任务。为使农业转移人口能够平稳地实现从农民到产业工人的身份上的转变，日本政府采取了一系列措施。早在20世纪60年代，日本就制定了《国民收入倍增计划》、《农业基本法》、《农业现代化资金筹措法》等，并建立了"全体国民均保险"的社会保障体系，为农村剩余劳动力的转移提供了制度保障和物质保障。而且，日本颁布了《偏远地区教育振兴法》、《孤岛振兴法》、《过疏地区特别措施法》等法律，以振兴偏远地区农村的教育，促进了偏远农村地区劳动力的转移。

英国、美国、日本这些立法和法律的实施有效地保障了就业者的权利，促进了就业的发展。

（二）完善劳动权益保障法律体系

从发达国家为维护农业转移人口的权益所采取的措施来看，一个重要的手段就是建立完善的法律保障体系，通过立法，将对农业转移人口权益的保护纳入法治轨道，使对其权益的保障能够做到有法可依。同时，在构建完善的法律体系的同时，完备的劳动司法审查体系更是必不可少的。当然，"硬件"设施能充分发挥效能还需要"软件"系统的支持。大部分发达国家依法治国的思想深入人心，可以说，法律已成为这些国家国民的又一"信仰"。只有当法律真正成为"信仰"，才会被完全遵守，一个法治国才会真正建立起来。

针对劳动争议，各国也相继出台法律法规，完善劳动争议调解法治体系。1935年美国国会通过了《国家劳动关系法》。该法是在美国社会大骚乱期间通过的，目的在于帮助治理这一社会骚乱时期与工人争议相关联的混乱和冲突。在几十年间，这一治理被证明是非常有效的。1947年美国国会通过了《劳资关系法》。根据该法成立了联邦调解调停局，该局起一个中立方的作用，以一个由调解人组成的基础架构随时向劳动者和管理层提供帮助。日本出台的《劳动关系调整法》、《劳动基准法》和《劳动组合法》，合称"劳动三法"，构成了日本规范劳资关系最基本的法律体系。之后，经过多次修改、完善和补充，"劳动三法"与《劳动安全卫生法》、《男女雇佣机会均等法》等配套法律一起，成为日本政府、企业和劳动者共同遵循的基本准则，也是日本政府制定相关劳动法规的基本依据。

另外，为保证农业转移人口的权益，挪威于1916年依据《劳动争议法》建立调解机构；瑞典的劳动争议调解始于1906年的《调解法》；1953年9月3日，德国颁布《劳动法院法》。这些国家不仅拥有完善的劳动立法体系，而且拥有完善的劳动司法体系，还拥有素质很高的专业法官和兼职法官队伍，因此，农业转移人口的合法权益能够得到较好的保障。

二、健全农业转移人口社会保障制度

（一）消除农村人口自由流动的制度性障碍

农业人口城市化的过程也是自由迁徙权利明确的过程。自然经济下的农民被束缚在土地上，庄园和劳役制使很多农民沦为农奴，没有迁徙的自由。工业化则促使了农奴制的瓦解，并催生出一系列保障人口自由迁徙权利的法律和制度，也包括土地制度改革等，为农村人口向城市流动提供了契机。

在英国，始于 15 世纪的圈地运动使许多自耕农丧失了土地，被迫向城市流动，失地进城的农民被看成流浪汉和"懒汉"。在"光荣革命"以后，英国政府对农村流动人口从兼用救济和惩罚的政策逐步过渡到以救济为主的政策。1795年开始对贫困人口实行政府补贴制度。工业革命开始后，由于对劳动力的需求大量增加，英国通过立法明确了人口自由迁徙的权利，消除了限制人口流动的制度障碍。18 世纪中后期，英国工业革命使城市对劳动力的需求激增，英国政府调整政策，通过颁布新法，打破了人口流动的制度壁垒。1846 年颁布了《贫民迁移法（修正案）》，一些贫民不再被遣返原籍；1865 年议会通过《联盟负担法》，扩大了救济贫民的区域范围和贫民居住地范围，不再限制定居地。人口流动约束因素的消除，保证了农业转移人口向城市迁移的自由，促进了英国的城市化进程。

日本通过明治维新，消除了农村人口向城市流动存在的制度障碍。1869～1871 年，取消了宫廷贵族、武士、农民、商人和贱人的官方划分。1871 年，日本政府废除了幕府时代的户籍制度，颁布了《户籍法》，废除了"士农工商"的封建身份的等级制度，赋予日本国民居住自由、迁徙自由和选择职业的自由等一系列权利。其后，日本多次制定或修订了《户籍法》。户籍管理制度的不断完善，为日本农村劳动力的转移扫除了障碍。日本在"二战"后进行了农地改革，国家征用土地并廉价卖给农民。1951 年《土地征用法》、1952 年《农地法》等的颁布，从法律上确立了农民所有制的永久地位。从 1959 年起，日本政府对《农地法》数次进行修改，先后颁布了《农地振兴整备法》（1969）、《农地利用增进法》（1980）和《经营基础强化法》（1995）。这些法令积极促进了小型农户劳动力向非农部门转移，优化了土地资源的配置，也推动了农村劳动力的转移。

美国作为一个移民国家，未经历封建制度，开国时便建立在资本主义经济基础之上，农民享有自由迁徙的权利。但形成于 17 世纪的美国奴隶制度则束缚了黑人劳动力在全国范围内的流动，美国通过南北战争消除了这一阻碍因素，促进了美国南部农业人口向城市的流动。而且，美国的土地政策对促进农村劳动力的转移起到了重要作用。1785年《土地令》的颁布，启动了西部国有土地开发的进程，奠定了近代美国土地制度的基础。19世纪后半期采用了多元化的以土地赠予为主的土地分配政策，主要包括赠予军人土地、资助教育事业的赠地、对铁路公司赠予土地等。在1881年前后，实行《宅地法》的地区分到宅地的人中50%～60%获得了土地所有权。美国政府这些土地法律、条例的实施促进了东部地区的农民和城市失业劳动者，甚至欧洲的移民向西移动，加快了人口迁移速度。

（二）建立农业转移人口救济保障制度

在农业转移人口转移过程中，与资本一方相比，劳动者一方始终处于弱势地位，而且农民失地也导致了劳资双方的紧张关系。这种紧张关系的存在，必然会对经济的发展以及工业化进程的深入带来极大的消极影响。针对这一问题，发达国家和地区各级政府以解决就业问题和社会福利为突破口，将失地农民纳入社会保障体系，其内容包括失地农民的养老保险、医疗保险、失业保险、最低生活保障、为失地农民提供法律援助等。设立失地农民社会保障基金是发达国家和地区对失地农民权益保障的通行做法，以降低失地农民面临的风险，促进社会稳定发展，最终建立社会福利失业救济制度，保障最低收入群体生活。这有助于缓解各种矛盾，保持社会稳定，大幅降低农民失去土地后所面临的各种风险。

英国早在1834年就建立了为贫困无助者提供居住和工作的济贫制度。英国现代社会保障的基本框架构成中，包括英国1909年的《劳动介绍所法》、1911年的《失业保险法》、1908年的《养老金法》及1911年的《国民健康保险法》。1948年英国颁布了《国民救济法》，正式建立了国民救济制度。《国民救济法》颁布以后，新的国民救济制度代替了济贫法制度。英国《都市与乡村计划法（1962年修正案）》提出被征土地按市价补偿（包括被征土地价格和毗邻土地损失），土地征用费和土地赔偿款构成失地农民的全部补偿收入。其中土地征用费大体等于土地价值，土地赔偿是对失地农民因土地被征用而造成的经济及其他损失的弥补。法律规定对失地农民的补偿往往超过土地的市场价值，以保证失地农民的原有生活水平不会降低。同时，避免土地资源的浪费，促进土地资源的优化配置。

日本将失地农民纳入社会保障体系，内容包括失地农民的养老保险、医疗保险、失业保险、最低生活保障、为失地农民提供就业与培训的机会以及提供法律援助等。

日本政府于1947年制定了《失业保险法》，1974年制定的《雇用保险法》取代了《失业保险法》，在结构与功能上都对原失业保险制度进行了积极的调整，发展成为以生活保障为基本任务、以促进就业为根本目的的就业保障制度。

美国的失业保险制度建立于 1935 年，20 世纪 70 年代开始改革失业保险制度，鼓励和推动失业者再就业。美国国会于 1935 年通过了《社会保障法》，这也是世界上第一部社会保障方面的立法，其受益者主要为农民、城市中产阶级的社会群体。美国联邦政府根据这一法律成立了社会保障署，并规定了社会保险包括四个方面：（1）养老金；（2）失业保险；（3）老年保险；（4）对盲人、需赡养的儿童和其他遭遇不幸者的救济。同时，工人开始享有参与最低工资和最高工时的立法及谈判的权利。从此，美国的社会保障体系初步形成，农业转移人口在向城市转移的过程中，其生活得到了基本保障。

（三）提供农业转移人口的基本社会公共服务

世界主要发达国家和地区的发展经验表明，在农业人口转移进程中不失时机地选择适合本国国情的手段统筹城乡基本公共服务供给，以此缩小城乡差距，顺利完成经济社会结构的转型，是带有普遍性的发展规律的。这些国家（地区）根据本国（地区）的具体实践采取有效措施缩小城乡基本公共服务供给差距，取得了很好的效果。

发达国家和地区社会公共服务的发展过程经历了三个阶段：第一阶段是从 19 世纪 80 年代到 20 世纪 20 年代。为缓和工业生产领域资本家和工人之间的阶级矛盾，德国、英国和瑞典等国家相继通过了一些社会保障法案。第二阶段是从 20 世纪 20 年代末到第二次世界大战。为解决工业生产能力扩张引发的经济危机和社会动荡所引起的失业和老年人生活问题，社会公共服务保障在欧美各国得到较快的发展。美国 1935 年 8 月通过了世界第一个由联邦政府承担义务的全国性的社会保障法案——《社会保障法》。社会保障还被用作国家干预、刺激和扩大社会需求、缓和生产过剩经济危机的手段。第三阶段是第二次世界大战后时期。这是社会公共服务保障制度进一步扩大、发展和完善的时期。

美国一般采取立法形式保障对农业转移人口的基本公共服务供给，并采用项目计划管理。美国国会通过了大量有关农业的法律法规，各个时期的法律均规定了政府对农业政策的基本取向及政府干预经济发展的基本权限，从要素、产业、社会保障各个领域制定了一系列条款保障对农业转移人口的基本公共服务供给，形成了一套完善而又详细的法律法规体系，确保了美国农业转移人口收入支持政策体系的顺利运转。

欧盟各成员国在保证最低社会保障、初级卫生保健和义务教育的基础上，以保护农业转移人口贫弱者为重点，扩大社会保障覆盖面，实现了人人享有基本公共服务的目标。欧盟成员国的农业转移人口享受到政府提供的社会保障基本公共服务主要包括社会救助、社会保险、社会福利三部分内容，其中社会救助、社会福利两部分是专门针对社会最低收入人群的。德国是第一个建立社会保障制度的国家，在 1883～1889 年先后实行了产业工人养老、医疗等社会保险，随着工业化和经济的发展，还在社会保障制度中强调权利和义务的对等性。以瑞典为代表的北欧模式是全面公平的社会保障模式，同时政府还为农业转移人口专门制定了较完备的社会保险计划，主要有：救济金计划，为畜牧业经营者生病、休假等提供代理人工资，其中 50% 的资金由政府提供；劳动安全计划，目的是预防耕作中出现的职业病和事故，其费用的 40% 由政府基金提供；农民社会保险计划，包括工伤保险、集体健康保险和生命保险等。英国的社会保障制度是基本全面公平型的制度，从 1834 年开始英国政府就相继制定了《济贫法》、《国民保险法》、《国民救济法》、《国民健康服务法》等一系列有关城乡居民社会保障方面的法律，逐步建立起"从摇篮到坟墓"城乡统一的社会保障体系。

三、提升农业转移人口的素质

（一）保障游民和农村转移劳动力的受教育权利

仅通过社会保障体系，为其提供基本的生活保障，并不能完全保障农业转移人口的权益。况且国家的财力总是有限的，不可能放任"坐吃山空"。提升农业转移人口素质，为其解决就业问题，才是维护其权益的根本途径，这也是农业人口向城市市民转变的根本目的。

英国早在 18 世纪下半叶就出现了"星期日学校运动"，目的是对工人阶级及其子弟进行一些基本的道德和文化教育。1833 年英国议会通过 2 万英镑的拨款，由全国贫民教育促进会和不列颠和外国学校协会负责分配给所属学校。1870 年英国通过了《初等教育法》，由国家提供基本的初等教育。1876 年颁布了《桑登法》，明确规定家长有义务使子女受到足够的教育，否则将受到处罚。1880 年颁布《芒德拉法》，规定全面实施强制入学制度。1899 年，英国义务教育的年限已提升至 12 年。到 1924 年，英国工党执政提出了"人人接受中等教育"的口号。英国的义务教育制度为农村人口向城市迁移提供了良好基础。英国政府采取普及中学教育、改善就业环境等措施，提高了农业转移人口的劳动技能和专业素质，从而进一步提高了劳动生产效率，确保了劳动力素质的稳步提升，同时，实现了对农业转移人口受教育权的有力保障。

日本自明治维新以来对国民教育非常重视。在"二战"前，日本的义务教育就相当普及，已成为世界文盲率最低的国家之一。1947 年，日本政府颁布了

《基本教育法和学校教育法》，规定所有适龄人口的义务教育从 6 年延长至 9 年。1965～1973 年期间，日本的公共教育投资年均增长 17.6%，超过了同期经济增长率。20 世纪 80 年代，日本普及了高中教育。日本政府也重视对农村的职业培训制度，对农民进行职业技能培训，使其适应工作环境并获得劳动技能，因此，农村劳动力和城市劳动力基本不存在差距。

韩国"二战"后的教育投入大幅度增加，多数年份教育经费的增长率超过同期经济增长率。教育的超前发展使韩国的农村剩余劳动力普遍具有一定的文化素质，使其能够顺利转移到城市非农产业中去。

（二）重视农业转移人口的职业教育和技能培训

自第二次工业革命开始，工厂、企业对劳动者的知识、技能上的要求日益提高，单纯的体力劳动已不能满足工业化的要求。因此，劳动力的质量逐渐与数量并重，到现在，甚至已超过对数量的要求。在现代社会，无论是第二产业还是第三产业，甚至第一产业，知识、技能的掌握程度越来越成为获得就业机会的可靠保障。发达国家和地区都采取了义务教育的全面普及以及大规模职业技术教育的措施，通过帮助农业转移人口获得并提高自身知识、技能，使之能够充分获得就业机会，通过就业保障其能够充分维护自身权益。

美、日、德等发达国家在城市化发展过程中都十分重视农业转移人口的职业教育和技能培训。20 世纪 70～80 年代，由于石油危机的影响，美国出现了经济滞胀和高失业率并存的现象。为了促进经济增长，提高就业率，美国实施了积极的人力政策，制订了一系列的就业培训制度，加大了对劳动力的就业培训和继续教育，不断完善就业服务，通过综合治理政策来促进和扩大劳动力的就业。如1978 年，美国总统卡特向国会提出修改《综合就业和培训法》的建议，把对少数民族提供有效的就业帮助作为修改该法的主要内容。美国对职业教育和培训方面的立法就有十几部，如《职业教育法》、《就业机会法》、《人力资源开发与培训法》，等等。例如，《职业教育法》规定家庭年收入少于 1 200 美元的农户，若其家庭成员被认定为失业，则有优先选择或被推荐接受训练的资格。《就业机会法》着重进行一体化的农村发展计划，包括政府援助兴建成人教育、就业服务、医疗服务设施等。《人力资源开发与培训法》为农村青年和妇女提供训练和受教育机会。1964 年，政府组织 16～21 岁青年待业人员接受技能训练。《就业机会法》还为低收入农户提供贷款、帮助他们开办非农业企业或参加合作社、向农村失业者提供迁居费方面的资助等。

日本政府历来重视职业教育，通过加大教育经费的投入，全面提高各个层次国民的文化素质和职业技能。1965～1973 年，日本对教育的投资年均增长17.6%，超过同期的经济增长率。为了解决农村转移人口的就业问题，日本政府还在农村推行了一套职业训练制度，对农民进行职业技能培训。与此同时，政府还鼓励财团法人、行业协会、企业和个人开办职业学校和培训机构，旨在鼓励社会各界力量办学，为农村转移人口就业提供各种学习机会，提高其就业技能。

德国是一个高度重视职业教育的国家。在德国城市化的过程中，大批农村转移人口的职业教育成为一个亟待解决的社会问题。德国一方面通过一系列的政策措施，引导农村转移人口到就近的职业学校参加职业教育，另一方面鼓励企业对员工进行职业培训，加强对学徒工的技术指导与训练。

第二节　发展中国家与地区农业转移人口市民化的主要经验

一、推进农业转移人口市民化，必须以扩大就业为前提

（一）发展劳动密集型产业

农业转移人口市民化的程度，或农业劳动力占总劳动力比重高低，不仅从一个方面反映了一个国家工农业生产的发展水平，而且直接关系到经济结构、技术结构、生产力布局和人口城乡分布等一系列影响国计民生的重要问题。农业劳动力向非农业劳动力转移，是伴随着经济发展、农业劳动生产率提高而必然出现的。中国台湾地区是农业转移人口市民化速度最快的地区之一，目前农业劳动力的份额已降至20%以下，同第二次世界大战结束初期相比，下降了50%以上，基本上完成了农业剩余劳动力转移的任务。中国台湾地区在经济起飞过程中曾实行过以劳动密集型工业为重点的工业发展战略。例如，20世纪60~70年代期间，中国台湾地区借助于国际市场上对劳动密集型工业产品需求急剧增加的机会，相继发展了纺织品、合成板以及电子、成衣、家具、鞋类、塑胶、家电等一大批劳动密集型出口工业企业。这不仅扩大了产品出口，增加了外汇，而且吸收了大量农业剩余劳动力，从而使岛内的失业率由50年代的7%，下降为70年代末的1.2%。

印度在工业化过程中，受历史发展所处的特殊环境限制，跨越了发展轻工业、基础工业的阶段，直接采取了发展资本密集型重工业的战略，劳动密集型的轻纺工业的比重很小，严重影响了工业部门对劳动力的吸收，因此，农村劳动力转移进程缓慢，就业结构呈现"凝固"状态。

（二）积极拓展就业渠道

从农业劳动力转移的方向看，无论是转移快的国家和地区，还是转移慢的国家和地区，一般都是直接转向城市，转向城市的工业和服务业。但是在不同发展时期，转向工业和服务业部门的规模是不同的。总的看，转向工业部门的劳动力在完成工业化任务之后逐年减少，而转向服务业部门的劳动力则逐年在增加。因此，要按照重点与时序积极拓展不同行业的就业渠道。例如，中国台湾地区的工业部门在20世纪60年代劳动密集型、工业迅速发展时期，吸收农业剩余劳动力的数量占相当大的比重，从70年代开始逐年减少，80年代有的年份甚至出现负增长。而转向服务业部门的劳动力的比重，60年代为30%多，70年代为40%多，80年代达60%多。

巴西是南半球最大的国家，人口约1.76亿，居拉美地区首位，世界第五位，劳动力资源丰富，就业压力大。历史上，巴西曾经是单一农业经济国家。20世纪初，巴西开始工业化和城市化进程，经济发展迅速，其中1967～1974年经济年均增长达到10.1%，创造了"巴西奇迹"，初步建立起较为完整的工业体系。巴西城市化率由1960年的56%提高到1980年的67.6%，2000年的81.2%，成为战后发展中国家城市化发展速度最快和目前发展中国家中城市化率最高的国家之一。巴西现政府自2003年1月就任以来，高度重视解决就业问题，通过采取有效的宏观经济调控政策，严格控制通货膨胀，维护市场的稳定，为增加就业创造了良好的经济环境。同时，实施就业优先的经济发展战略，把解决好就业问题作为经济发展的先决条件和社会稳定的基础。将发展战略逐步由"经济增长优先"向"就业优先"转变，并为全面实现"就业优先"的经济增长策略创造良好的环境。加大对基础设施建设的投资，以创造更多的就业岗位。2004年，为增加就业，巴西政府实施了一项总投资为57亿雷亚尔的基础设施投资计划，一是投向能源建设，建设35座水电站，其中大部分是中小规模水电站；二是解决住房和公共卫生方面的问题，改善人民生活。

与巴西相邻的秘鲁政府也在农业转移人口市民化过程中采取积极拓宽就业渠道的措施，制订了一系列增加就业岗位的计划。政府首先确定了年经济增长率为4%～5%的较高目标，以经济发展促进就业机会增加。由于政府实施的经济改革政策较为成功，秘鲁经济已开始出现较快增长势头，2004年，国内生产总值比上一年增长了5.2%，是拉美地区经济增长速度最快的。据官方估计，这一经济增长率至少带来了30万个就业机会。秘鲁政府推出了"我的住房"和"自家屋顶"住房计划，通过向贫困家庭提供廉租住房、解决贫困人口住房困难等方式增加就业岗位。秘鲁政府还推出了一些临时的就业项目，其中包括修建公路、铺设乡村道路以及电力、饮用水、卫生服务设施等公共设施工程，据官方估计，这些项目的实施至少解决了 10 万人就业。

二、推进农业转移人口市民化，农业转移人口素质的提升是核心

（一）增加农村职业技术教育比重

在推进农业转移人口市民化的过程中，提高劳动者素质，开展职业教育培训是解决就业和再就业问题的重要环节，必须采取有效措施，迅速提高农业人口素质。亚洲有些国家在抓农村基础教育方面有很大的借鉴意义。例如，马来西亚、菲律宾、泰国等都实行了初步教育免费普及制，其中马来西亚免费普及制已扩展到中学；70 年代中期，泰国学龄儿童入学率已高达 99.4%，人口识字率达 82%；文莱则大、中、小学甚至出国留学的一切费用都由国家提供。为发展农业，一些国家非常重视农村科技骨干的培养。到 70 年代末，菲律宾已培训近 4 万名农业科技人员；泰国先后举办过 5 万多次农业科技人员学习班，培训出 20 万农业科技骨干。这些做法，一方面推动了农业生产的发展，另一方面也为农业劳动力转移奠定了文化技术基础。

中国台湾地区的农村职业教育在过去 50 余年曾经蓬勃发展，为各阶段经济发展提供了充足的优秀人才。台湾岛内有农民 400 多万，农业人口占总人口的19%。中国台湾地区十分重视农业人才培养，于 1948 年试办五年制农业职业学校（1986 年中国台湾地区农业职业学校的数量达 21 所，占总职业学校数的12.8%；学生数为 17 917 人，占总职业学校人数的 5.701%），相比于建校初期，农业职业学校数量与学生人数都有明显增加。中国台湾地区的农村职业教育主要以传授农业生产、经营、销售技能为主，培养与农业经济发展相适应的适用人才。学生在整个受教育过程中，接受理论教学的时间占 30%，接受实践教学的时间占 70%。中国台湾地区的农业职业教育教学与实际结合较紧密，教学主要是围绕实际生产需要而开展。随着中国台湾地区产业结构的发展变化和 21 世纪的社会变迁，其农业职业教育正朝着国际化、信息化、科技化以及多元化的办学方向发展。在中国台湾地区，95% 以上的农民具有初中以上学历。目前，全岛有农业博士 600 多人，专门从事农业科技研究。

（二）发展乡村产业提高产业后备工人职业技能

发展中国家农业剩余劳动力不能指望像发达国家那样，大量地转移到城市。解决农业剩余劳动力问题，除在农业内部进行产业之间和地域之间流动外，其主要途径是通过大力发展乡村产业来实现就地转移。泰国北部清迈市郊的做法很有说服力。它通过发展农业以外的各项产业，不仅安置了当地的农业剩余劳动力，

而且吸引了外地的大批农业剩余劳动力。孟加拉、尼泊尔等国，尽管经济很落后，但比较重视发展乡村产业，以此来带动农业全面发展和农业剩余劳动力就地转移。

为消除农民大量涌入城市带来严重的社会问题，巴西、秘鲁政府采取多种措施解决农村人口就业问题。巴西政府认为，合作社是增加就业和人员收入的重要渠道，应充分发挥农业合作社的作用。巴西目前有 7 549 个合作社，其中农业合作社 1 624 个，涵盖了大约 500 万农民，实际间接人口可能到 1 500 万，大约占巴西农村人口的一半左右。2003 年，巴西政府建立了由政府 10 个部门及巴西中央银行、巴西国家社会开发银行参加的部际协调工作组。工作组的宗旨在于研究推动和加强劳动合作社的发展，并使其现代化。另外，巴西政府还加强与国际劳工组织的合作，国际劳工组织以资助等方式，向农业合作社提供支持，充分发挥合作社的中介作用，促进农民就业，增加农民收入。秘鲁则通过发展旅游观光农业，促进农民就业和转移就业，促进农村劳动力有序转移，以减轻大量农村劳动力向大城市集中所带来的压力，并提高后备工人的职业技能。

三、推进农业转移人口市民化，加快城市化进程是保障

(一) 拓展城市空间规模

合理把握好城镇化进度，拓展城市空间规模，才能为农业转移人口市民化提供生存空间，为农民进城就业创造更多的机会和更好的制度环境。

在第二次世界大战期间，由于英国放松了控制，印度的民族工业得到较大发展，在城市中创造了大量的就业就会。数量庞大的失地农民涌向功能聚集、经济相对发达的城市寻找工作，使得一些城市如孟买、加尔各答、马得拉斯等城市人口迅速膨胀。1872 年印度城市化水平为 8.7%，1951 年就达到 17.92%。但是这些转移的农业人口大多数集中在几个百万人口的大城市，如孟买、加尔各答、德里、马德拉斯等。而未受殖民经济影响的中小城市发展却停滞不前，甚至日益萎缩。大城市和特大城市发展迅速而中小城市发展缓慢形成了一种畸形化的城市发展模式，这种模式在印度独立后也没有得到修正。因此，近年来印度大规模推进"新城市运动"。例如，建设"德里孟买工业走廊"，项目承载着印度发展制造业、促进就业和缓解大城市人口压力的希望。到 2040 年，这里将变成一座有 200 万人口的新城，并拥有自己的国际机场，包括托莱拉在内，未来几十年，24 座工业城市将在印度西北部拔地而起，分布在连接"政治首都"新德里和"经济首都"孟买的 1 483 公里铁路沿线，土地总面积超过日本。

伴随着农业转移人口市民化的进程，巴西城市化出现了以下特点：(1) 大城

市化。农村人口集中进入大都市。1980年圣保罗人口为1 350万；里约热内卢人口为1 070万。现在全国51%的人口在千万以上人口的城市中，其中9个大都市占全国人口的29%。（2）大城市群形成。圣保罗城市地区由周围的39个市组成，1990年为1 700万人。（3）沿海地带城市密集。在巴西，由圣保罗城至里约热内卢城两大城市之间，卫星城市、新城市不断填充，在东南沿海一带，已构成集合城市，或称城市带。

（二）完善基础设施建设

城市基础设施是农业转移人口市民化的前提，是城市正常运行和健康发展的物质基础，对于改善人居环境、增强城市综合承载能力、提高城市运行效率更具有重要意义。例如，俄罗斯的西伯利亚大铁路不仅大大促进了农业人口转移，也促进形成新兴城市，有利于加快城市化进程。铁路西起莫斯科，东到符拉迪沃斯托克（海参崴），总长9 332公里，跨越8个时区，是目前世界上最长、最壮观的铁路，共有大约1 000列货运和客运列车奔跑在这一钢铁大动脉上。西伯利亚大铁路竣工后，给国家带来了巨大的利益。通车后，这里的第一个变化就是人口迅速增长。1863年时，西伯利亚人口仅有286万，到1914年已达962万人。在大铁路沿线两侧，众多的城市涌现出来。西伯利亚一跃成为俄国的主要农牧业基地，到十月革命前，西伯利亚谷物产量已占全国的17%。同时，采煤业、木材加工业、冶金业等随着铁路的建设和运营在远东应运而生，西伯利亚的工业发展，拉动了整个国家的城市化进程。

南非在农业人口市民化过程中，为了国家发展和迎合所有公民的需求，十分注重核心基础设施的投资，对基础设施的投资需求位居首位，特别是对水电的需求呈现增长趋势。为了更好的经济发展和市政服务基础设施，南非通过制定法律及修改政策以改善基础设施建设。南非颁布了《基础设施发展法案》，以加快基础设施建设，增强国力。该法案赋予总统基础设施总协调委员会法定权利，还明确了基础设施建设征地、赔偿等问题，并表示要缩短基础设施项目审批时间，旨在确保基础设施建设的顺利完成。南非交通基础设施建设吸引了大量海外投资，促进了农业人口市民化的进程。

（三）提升社会公共服务水平

均等化的城乡公共产品供给体系是保障城镇化进程中农业人口有序转移的社会安全网。社会公共服务水平的提升为社会的全面进步提供了安全底线，为社会的和谐发展提供了良好平台，是农业转移人口的社会身份顺利转型的重要保障。

巴西加大了力度构建政府的就业公共服务体系。巴西劳工部从1975年开始推广实行"全国工作体系"，规定各级政府要设立专门的劳动中介机构，旨在向求职者提供有关的就业信息，向用人单位提供劳动力资源信息。目前，各级政府劳动局均设有专门的公共就业协会，它们充分利用网络、媒体等手段，建立人才库，随时跟踪劳动力市场的供求情况，为供求双方建立畅通的联系渠道，这对促进劳动力资源的流动起到了积极作用。据统计，有78%的求职者通过各级公共就业协会找到了就业岗位。为保证失业者的基本生活，帮助他们重新就业，政府在全国范围内建立了失业工人保险金机制。政府还向持有劳动及社会保障证、被解雇前曾连续工作6个月以上的失业者发放救济金。

俄罗斯的公共服务体系是由苏联与计划经济体制相适应的"国家包揽"模式转变而来的。俄罗斯实行"休克疗法"后，一段时间内公共服务水平随着经济的急剧下滑和快速的私有化进程而大幅度倒退。为缓解尖锐的社会矛盾，政府对已有的社会保障制度进行了一系列的改革和修补，如建立失业救济制度、改革退休金制度、健全社会救助机制等。主张在经济和社会领域建立完整的国家调控体系，把消除贫困和提高居民的实际收入作为社会政策的重点，先后启动了劳动报酬改革，社会保障改革，住房、医疗、教育改革，以期提高农业转移人口的生活水平，让他们过上应有的生活。实施社会改革以来，俄罗斯主要社会指标不断改善。

印度着眼于满足普通国民的基本公共服务需求。如在公共医疗服务方面，印度实行了"全民免费免疫计划"和"公立医院免费治疗项目"，保证了绝大多数人享受近乎免费的公共医疗卫生保障。印度力争用最少的投入产生最公平的效果。如2000年，印度的公共医疗卫生投入只占国内生产总值的0.9%，占卫生总费用的17.8%，但按照世界卫生组织成员国卫生筹资与分配公平性评估，印度却排在第43位。

四、推进农业转移人口市民化，就地转移是主流

（一）拓展本地就业的产业空间

一些发展中国家和地区，如马来西亚、泰国等，农业劳动力转移的速度虽然不快，但是，它们在推进农业转移人口市民化方面很有特点，有些做法很值得我们借鉴。它们的做法是在农村和小城镇围绕农业开辟加工业和服务业，使农业剩余劳动力实现就地转移。马来西亚海岸带广阔，早在独立之前就是西方资本重点开发的地区。独立之后，为了稳定农村，防止农村人口大批流入城市，在海岸带广大农业地区开辟了农产品加工业，同时进一步充实和提高了那里关于交通、通讯、电力等基础设施的服务能力。另外，政府还通过财政、银行等部门对在这里从业的劳动者定期予以补贴。通过这些措施，稳定和吸纳了大批农业劳动力，既

提高了农业劳动生产率，又避免了城市人口膨胀。泰国北部的清迈是一座具有数百年历史的城市，但至今人口只有 10 万，仅是首都曼谷人口的 2%。为什么清迈人口没有出现剧增？其原因就是在该市周围的广大乡村发展了众多的村镇，各村镇布满了各类手工业作坊、工厂、食品店、百货店、餐馆、加油站等非农行业。这些非农行业吸收了郊区及其以外地区的相当数量的农业人口，20 世纪 80 年代末，郊区总人口增加到 6.3 万，相当于市区人口的 62%。这样做的结果，不仅稳定了农村，推动了农业发展，而且避免了城市人口过度膨胀，减少了城市就业压力。

（二）多元组织形式参与本地产业开发

农业人口"就近就地"城市化不仅需要当地的产业支撑，更需要设计出多元化的居民参与机制，让更多的转移人口能真正地融入本地。

在印度，合作社经济与股份公司、私人经济形成鼎立之势，是国民经济中的重要力量。据统计，目前全印度共有 50 多万个各种类型的农业合作组织，入社成员两亿多户，总运营资本近 30 万亿卢比，覆盖全国 100% 的村庄。20 世纪 40 年代，印度的奶业被一些牛奶公司和中间商控制，奶农获利很少。为了改变自己在利润分配中的不公平地位，古吉拉特邦凯拉区的奶农在 1946 年组织起来，建立奶业合作社，直接向孟买和其他城市的市场供应牛奶。邻近的村庄也纷纷仿效凯拉奶业合作社的做法，类似的奶业合作社如雨后春笋般在古吉拉特邦建立起来。合作社作为奶农和消费者的桥梁，不仅可以保证农户的牛奶能够获得市场渠道，使农户获得宝贵而稳定的收入，而且它还近似地垄断奶业市场，将牛奶加工、销售环节的利益返还给农户，增加农户的额外收益。合作社承担着牛奶的质量监督、奶制品的加工与储藏、品牌建立和营销宣传等工作，这样不仅增加了牛奶的市场竞争力，也保证了农户和消费者的共同利益，减少中间商的压榨和欺骗。印度合作社很重视对成员进行知识教育和技术培训，从而大大吸引了人口本地就业，以此来促进当地生产力的发展与城市化进程。

以色列的合作社组织为人口就地转移奠定良好的基础。1948 年前，包括基布兹、莫沙夫、储蓄和信贷合作社、消费合作社等形式的合作组织陆续建立起来。1948 年以色列建国以后，随着大批新移民定居，农业得到了快速发展，农业合作社数量进一步增加，以基布兹、莫沙夫为代表的合作社组织在以色列国民经济发展（特别是农业的发展）、国防事务安全、移民安置、社会保障等方面发挥了重要作用。目前，有超过 50% 的以色列农民生活在这两种合作组织内。在以色列，合作社在生产之前，首先要对来年的市场进行预测，然后根据市场需求组织社员进行生产，以确保合作社产品销售通畅，并在市场上取得高价。合作社一般都拥有或者通过联合构建生产、加工、销售一体化链条，提高农产品附加值，进而大幅增加社员收入。以色列合作社多为外向型，瞄准国际市场，同时注重研发，应用先进的种植、加工生产和管理技术，基本上都实现计算机控制，这是以以色列具有高素质的农民和高素质的管理人才为基础的。

巴西农村民间组织特别是经济合作组织比较发达。巴西的农牧业合作社从19世纪末在东、南部已经出现，并快速在全国发展起来。农业合作社不仅是粮食的主要生产者，还从事农村工业的生产，参与政府发展计划，为农村经济、社会的发展做出了贡献。除了农业合作社等经济组织外，政治性的民间组织组织如农民联合会等组织数量也越来越多，在吸纳转移人口管理中的作用也日益突出。

第三节　农业转移人口市民化国际经验对我国的启示

一、完备的法律体系是农业转移人口市民化的根本保障

（一）完善农业转移人口就业保障法律体系

无论是国外发达国家还是发展中国家和地区，他们对农业转移人口的就业法律保障都极其重视，并为转移人口市民化的稳定性奠定坚实的基础。如美国在就业培训环节具有完善的法律体系。这些法律法规不仅明确了联邦和州（省）政府各自的职责、受训对象、实施程序等，而且确定了各项培训计划和服务的经费来源。如劳动力投资法案、青年机会拨款法、工作培训伙伴关系法等明确了不同群体人员参加培训的经费渠道。我国积极稳妥推进城镇化，既要促进农业人口向城镇转移，又要着力解决深层次问题，努力提高城镇化质量。实现稳定就业是城镇吸纳农业转移人口的关键，非农产业向城镇集聚是农村劳动力向城镇转移的基础。因此，需要在顶层设计的法律体系构建上保障农业转移人口的就业保障。

我国虽然很早就出台了一些保护劳动者就业相关的法律法规，如《劳动法》、《劳动合同法》等，但是到目前为止仍还很不完善，没有形成完整的保护劳动者就业权益的法律体系。农业转移人口在社会中是一个弱势群体，他们很多劳动就业权利都没有得到应有的保护，他们在就业过程中，遭受着严重的就业歧视，个人权利屡屡受到侵害，在预期就业发展空间上尤为局限。另外，一些地方政府以农业转移人口没有明确纳入到社会法律保障为借口，推脱和逃避向农业转移人口提供社会就业和市民服务，就业机制的空缺直接影响了农业转移人口的市民化转移效率。因此，应该尽快健全劳动就业方面的法律法规体系，加强司法监督，切实保障农村转移人口的就业权利和合法劳动权益。第一，需要出台一份公平合理

的就业保障机制，在薪酬方面予以法律保护，杜绝恶意拖欠工资等情况的发生。第二，要在就业岗位设置方面，加大对民营经济的扶持，为农业转移人口提供更多的就业机会，并在农业转移人口群体就业的过程中，建立企业人事档案，促使农业转移人口群体树立无论就业时间长短，均需签订务工合同的意识。第三，在薪酬支付方面，推行实名电子卡支付，便于后期薪资支付记录的查询，政府方面需严格要求用人机构，对于农业转移人口薪酬的结算不能低于城市就业最低薪资标准，规范健全农民工工资支付体系。最后，还应引导农业转移人口自发构建农民工协会等工会组织，进一步强化农业转移人口对劳动法及劳务关系和法律援助等层面的知识掌握，通过合理的法律途径维护自身权益，避免在自身权益受到损害时盲目冲动解决而触犯法律，以此实现和谐社会下的劳务关系创新。

（二）完善农业转移人口权益救济保障法律体系

从各国和地区对农业转移人口权益保障方面的措施看，完备的法律体系都是必不可少的。只有建立完备的劳动保障法律体系，将农民工权益保障纳入法治轨道，才能促进农民工的权益得到法律的有效保护。尤其是我国目前在司法方面还存在着许多漏洞，诸如农业转移人口工资待遇低、超强度超时间劳动、劳动环境差职业病频发、企业恶意拖欠农业转移人口工资等诸多权益问题时有发生，我国劳动保障法律法规原则性条文过多、缺乏可操作性。因此，第一，要建立和健全以农业转移人口权利为本位的法律体系。要根本解决农业转移人口权益保障问题，要求法律规制上实现从义务本位向权利本位转变，让法律真正成为捍卫包括农业转移人口在内的所有劳动者合法权益的"法宝"。立法部门应根据当前我国农业转移人口劳动权益保护的现状，尽快充实相关法律法规条文，及时颁布相关法律法规的实施细则，明确纠纷处理程序，增强法律法规的可操作性，改变农业转移人口的弱势地位，应尽早制定《农业转移人口权益保障法》，将农业转移人口的社会保障纳入城市社会保障的范畴，才能从根本上为农民工提供法律、制度上的保护和保障。第二，要加快司法改革，构建农业转移人口公正司法体系。首先，进一步实行劳资纠纷"举证倒置"。考虑到"农业转移人口"市场完全是供方市场现状，可以借鉴我国司法改革经验，凡未签订劳务合同的，应由资方举证证明自己无过错，否则将做出有利于劳方的裁定。其次，开辟农业转移人口诉讼绿色通道。针对农业转移人口追索劳动报酬纠纷案件的实际情况，法院应进行优先立案、优先审理、优先执行；对经济确有困难的可缓交诉讼费用；符合司法救助条件的，要及时做出减、免、缓交诉讼费的决定；情况紧急的，则依法直接采取证据和财产保全措施及先于执行措施；要加大执行力度，最大限度地保证裁判文书的执行，切实保证农业转移人口的权益。最后，加强劳动仲裁机构建设。考虑到农业转移人口的流动性以及权益纠纷的现实性，应在各大中小城市应建立为农民工服务的劳动仲裁部门，切实解决农业转移人口因拖欠工资、生病工伤甚至死亡等问题引发的纠纷中的权益，及时防范、化解劳资矛盾。第三，建立对农业转移人口的社会保障组织体系。要认真执行国家有关法律法规，努力发展农业转移人口加入用人单位的工会组织，通过工会积极主动地引导好农业转移人口的维权意识、维权要求并帮助其维权。同时将对农业转移人口的法律援助纳入到整个法律援助体系之中并加以突出，还要根据条件因地而宜，按轻重缓急的原则逐步建立起包括五大保险在内的全方位、多层次的农业转移人口社会保障法律制度。

二、完善的社会保障体系是农业转移人口市民化的基本条件

（一）建立城乡统一的劳动力市场

发达国家与发展中国家或地区的实践表明，无论是农村非农化或农村城市化，城乡之间的差别进一步缩小，许多发达国家基本上不存在城乡差别，其中很主要的特征就是建立了城乡统一的劳动力市场，避免农业转移人口市民化的"就业歧视"。

目前，我国劳动力市场作为要素市场的组成部分发育还不充分，效率还很低下，尤其是长期形成的城乡二元分割的状况依然存在，由城乡行政区划衍生出的非市场化劳动力资源配置手段还在起着作用，成为培育统一开放劳动力市场的制约因素。农业转移人口市民化的问题，实质上主要是农民转移就业问题。要解决这个问题就要改革城乡分割的就业管理体制，逐步实行城乡平等的就业制度，建立城乡统一、平等竞争的劳动力市场，逐步形成市场经济条件下促进农村富余劳动力转移就业的机制，为城乡劳动者提供平等的就业机会和服务。一方面，要坚持公正原则对待农业转移人口。政府部门要同时做好城乡劳动力的就业促进工作，拆除人为的就业政策藩篱。消除对农民工制定的限制性就业政策，清理和取消各种针对农民工进城就业的歧视性规定和不合理限制，清理对企业使用农民工的行政审批和行政收费，不得以解决城镇劳动力就业为由清退和排斥农民工。在就业服务、职业培训上对城乡劳动力一视同仁；用人单位在劳动力管理上对城乡劳动力不能区别对待，在劳动时间、劳动条件、劳动保护、劳动报酬上城乡劳动力实行统一标准。另一方面，要提升农业转移人口的城市地位。虽然近来各地开始进行了不同程度的制度改革，但是并没有从根本上打破城乡劳动力的身份限制，农民工的身份印记并没有完全消除，我们要从根本上消除城乡劳动力在就业问题上的不同对待，解决就业问题不仅是要解决城镇劳动力的就业问题，更要促进就业这个问题上对城乡劳动力统筹考虑。政府举办的公共职业介绍机构要全方位对进城的农民开放，为他们在城里就业提供必要的指导服务。而且，要保证农

业转移人口参加政治生活的权利，农民工要像城镇劳动力那样有参加工会的权利。工会作为工人自己的组织，当农民工的利益被侵犯时，可以有为他们提供帮助的组织；当他们有一定的诉求的时候可以有站出来替他们说话的人。

（二）建立完善的多元保障体系

发达国家和地区中，无论是英国、美国、还是日本等都构建了一系列农业转移人口的保障体系，特别是失业法律保险制度，成为以生活保障为基本任务、以促进就业为根本目的的就业保障制度。

我国由于受城乡二元体制的影响，农村社会保障的发展明显滞后于城市社会保障，大量农业转移人口虽然已经进入城市就业，但因为其户口仍在农村，便无法被纳入城市的社会保障体系中。大量农业转移人口在城市失业后得不到社会救助，在工伤事故中得不到及时的医疗救治。故应以广大农村转移人口的切实需要为根本出发点，针对农村转移人口的自身特点，建立起包括工伤保险、失业保险、基本医疗保险、养老保险等的社会保险制度。一要明确责任。建立完善的多元保障体系，必须进一步明确农业转移人口所在地政府和用工企业在农业转移人口社会保障方面应承担的责任，逐步将农业转移人口纳入所在城市（镇）的养老保险、医疗保险、最低生活保障和住房保障体系等社会保险覆盖范围，为农业转移人口的生存和发展提供坚实可靠的基本保障。二要重点突破。最主要、最迫切的是工伤医疗保险和失业救助制度。农业转移人口群体的工作环境较差，工作强度较大，容易在工作过程中受到这样或那样的伤害，而工伤保险是一种能够给劳动者提供全方位保障的险种。三要建立保障组织。由于目前我国社会救助制度的缺失，大量农业转移人口失业后往往无法得到及时救助而又被迫返回农村。故应尽快建立起符合农业转移人口需求的社会救助制度和社会公益劳动组织，由政府提供相应财政支持，使符合规定条件的失业农业转移人口享受到最基本的生活保障。这不仅对农业转移人口自身有利，也对社会的稳定有利。

（三）健全城市公共服务体系

在农业转移人口市民化过程中，无论是发达国家还是发展中国家和地区的城市公共服务体系都面临新的挑战，应对妥当，将有效促进城市化进程，否则，大量劳动力涌向工业发达的大城市，会造成交通拥挤、住房紧张、污染严重等"大城市病"。

我国半个多世纪城乡分割的户籍制度造成了农民工与城市公共服务之间的历史鸿沟，现有的城市公共服务体系正是基于城乡分割的户籍制度架构起来的，带有明显的计划经济年代的烙印和城市原居民偏向。城市接纳了农民工的血汗以及所纳的税，但在城市公共服务的领域大都排斥农民工。不仅如此，在就业工种、子女教育、社区生活等方面的歧视性政策和做法更使农民工在城市里的工作和生活面临诸多困境。目前，我国城市公共服务本身基础条件就差，服务资源短缺和服务水平低下之问题一直并存，农民工对城市公共服务的正当需求与城市公共服务供给不足之矛盾将长期存在，农民工对城市公共服务的满意度甚低。国内外任何一个城市都是由移民的不断迁入而发展起来的，而城市公共服务存在的正当理由正是不断满足新旧市民日益增长的城市公共服务需求。

因此，要伴随着农业人口城市化进程，不断健全城市公共服务体系。一方面，城市公共服务建设要融入"农业转移人口满意"的理念。目前，在城市公共服务中，不仅存在"市民"范畴的事实局限性，还存在着诸多对农民工群体的公共服务信誉危机、公共服务责任缺失等问题，其原因就在于所提供的服务有失公平、公正，且经常伴随低效运作。特别是在城市中强势群体与弱势群体分化越来越明显，而城市公共服务经常出现自觉不自觉地偏向强势群体的倾向。强势群体本来就因拥有政治经济上的优势，能够轻松争取与维护自己的利益，甚至能够利用其强势地位侵占本不应属于自己的那些利益。而弱势群体则因其弱势地位，其权益往往得不到社会应有的公正对待，农民工群体维权难的问题频频发生，其实就是对现有城市公共服务水平的严肃质疑。要在公共服务全过程中强调"农业转移人口满意"之理念，使这一理念逐渐渗透到城市公共服务的各个领域，还要将"农业转移人口满意"实质性地变成考量城市政府绩效的重要指标之一。另一方面，城市公共服务内容选择应该及时回应农业转移人口的正当需求。包括三个方面：其一是城市公共精神需求，如基于人权的保护农业转移人口群体不受其他阶层歧视的需求、支撑农业转移人口健康生活和工作的精神支柱需求、农业转移人口归属与爱、尊重以及自我实现的精神需求等；其二是城市公共制度需求，如科学权衡公平与效率的农业转移人口户籍管理制度、劳动保障制度、子女就学制度等；其三是具体公共服务需求，如基于同情弱者的农业转移人口基础教育补课、就业指导、社区关怀等。

（四）提升城市社会公共治理能力

从发展中国家和地区的农业转移人口市民化的教训可以得知：农业转移人口市民化进程过快，大量转移人口在城市面临失业，进而带来贫富悬殊、治安恶化、环境污染等社会公共问题。目前，我国社会的发展必然使越来越多的社会问题呈现出结构不良性，也就是说多数社会问题都会涉及可见和隐蔽的诸多利害相关者，而他们通常具有不同的价值观和效用标准，因而很难假定一个或几个利害相关者，有着始终如一的价值选择和偏好，农业转移人口市民化的群体间的利益冲突可能持续存在甚至激化以致引起社会的不稳定，社会治理压力不断增大。

在这样的背景下，要积极提升城市社会公共治理能力，解决农业转移人口市民化进程所带来的各种社会矛盾。一要以改善民生为治理目标。强化公共服务，不断保障和改善民生是社会治理能力提升的归属点。在农业转移人口市民化进程中，保障和改善民生尤其需要与公共服务供给的数量和质量结合起来。城乡发展差距扩大、发展成果不公平分配、不同群体不平等待遇等问题仍然不容忽视，已成为民生发展中的棘手问题，而加强和改进公共服务，实现公共服务均等化对于这些问题的化解具有重要的推动作用。特别要创新农业转移人口社区管理体制、丰富社区自治形式、完善社区服务制度、优化社区服务手段。二要提高政府公共行政效率。政府作为现代社会治理的主体，法治是协调社会关系、化解社会矛盾、规范社会秩序的稳定的治理制度。提升党和政府的社会治理能力，迫切需要将社会治理活动纳入到法治化的轨道上来，以法律来规范政府、市场、社会和公众的力量，充分保障人民群众的合法权益，防止公共权力侵犯公民权益。要转变政府职能，加强公共行政的质量管理和服务是提高行政效率的着眼点。推进机构改革，建立合理的行政管理体制，改革人事管理制度，提高行政人员的素质，加强社会民主监督意识，加强来自外部力量的监督。三要培育壮大社会协同治理力量。在城市社会公共治理中，政府不能以"全能"的角色和"单向"的管理思维来处理社会问题，而应以"协同合作"的网络化思维来应对复杂社会问题的治理。在网络化的治理思维中，政府不仅需要公众参与的力量，还应广泛借助社会组织、新兴媒体的力量，并且要善于根据各方力量的优势、劣势来合理确定政府公共权力的边界和功能，避免政府错位、缺位、越位、失位，充分利用和发展社会中多元化的协同力量。特别要着力矛盾化解，推进农业转移人口参与性治理，强化协商与对话，加强和创新农业转移人口参与治理的制度和机制，把农业转移人口参与的力量有效地导入社会治理过程中。

三、制度创新改革是解决农业转移人口市民化问题的主要途径

（一）户籍制度改革

农业转移人口市民化的过程也是自由迁徙权利明确的过程。国外工业化则促使了农奴制的瓦解，并催生出一系列保障人口自由迁徙权利的法律和制度，为农业人口向城市流动提供了契机。

目前，我国城乡二元体制导致了农村和城市的分割，使得劳动力不能在农村和城市之间自由流动，给农业转移人口的就业带来了巨大障碍，而城乡二元分割的根本原因就在于户籍制度。户籍制度的存在，使国家对农村和城市区别对待，造成了城市和农村事实上的不平等。近年来，国家和地方政府也出台了一些户籍改革的政策措施，对户籍迁移的限制也越来越宽松，在一些中小城市和小城镇，

人们的户籍观念也越来越淡薄。但是从大中城市的情况来看，户籍制度仍起着重要的作用，户籍制度的根本性质并没有改变，城市户口还具有较高的附加值，其往往与优先就业、享受教育、医疗、住房等优惠政策挂钩。

因此，必须加快现行户籍制度改革步伐，加快制度创新，从制度上消除限制农业劳动力转移就业的一系列障碍。要改变现行户籍制度，一是要降低依附在户籍制度上的各种福利制度，弱化户籍所带来的物质利益，将农业转移人口纳入到所在城镇的养老保险、医疗保险、最低生活保障和住房保障体系等社会保障覆盖范围，为农业转移人口的生存和发展提供与城镇居民同等的社会保障和社会福利，从而在物质保障方面拉近城乡差距。二是要进一步降低进城门槛，放宽户口迁移政策。允许农业转移人口进入城镇，只要具备一定的居住条件和较稳定的收入，均可办理户口迁移；对在农村或小城镇居住，要求迁入大中城市投靠配偶、子女、父母生活的人员，降低迁移条件要求，根据自愿申请原则，为其办理户口迁移手续；对在城市经商、投资、购买商品房，投资金额或购房面积达到一定数额的，允许本人与其亲属将户口迁入城市。在有些条件允许的城镇可以进一步降低进城门槛，只要身份合法，有较固定工作和居住条件，即可允许迁入城市落户。三是要彻底转变社会观念，通过加大宣传力度、加大对第一产业资金投入等措施的实施，逐渐扭转人们心中普遍存在的城乡差别，使农业转移人口群体真正做到与城市人群在社会保障、医疗卫生服务、就业等各方面的平等。对于政府而言，只有积极主动消解户口迁移的障碍性制度，为农业转移人口自由流动创造条件，才能促进和加速劳动力转移进程。

（二）土地制度改革

土地制度的变革是农业实现规模化和机械化的前提条件。国外无论是发达国家还是发展中国家与地区，都积极通过土地制度变革促进农业人口向城市集中。

当前我国农业规模化、机械化的程度较低，根本的原因在于农村集体土地所有制对农地的流转有制度约束，从而制约了农业的规模化和机械化。而且，农村土地制度方面存在的问题，使长期在城镇工作和生活的农业转移人口难以在放弃土地权益时得到合理补偿。这制约了他们顺利融入城镇，也不利于农村土地适度规模经营。因此，一要适时调整土地政策，改变土地制度的二元权利格局。在新型城镇化的建设中，应该改变同一块土地因所有制不同、权利设置不同的格局，赋予集体所有土地与国有土地同等的占有、使用、收益和处分权。将集体土地和国有土地纳入统一的土地市场，无论是城市规划区内，还是城市规划区外，集体土地都可以入市交易。对两种所有制土地所享有的权利予以平等保护，实现宪法和相关法律保障下的同地、同价、同权。二要确定农民的土地承包权。要明确"落实土地承包关系长久不变"为承包农户的土地承包权长久不变，切实保护农民土地权利提供法律保障，为保障土地财产权、便利土地权利交易提供基础性制度服务。在此基础上，完善农户土地承包权与承包土地的经营权可分离的制度安排。在法律上明确农户土地产权的可分离，即将土地承包权与承包土地的经营权进行分离，承包权为田底权，经营权为田面权。承包权由承包农户永远持有，由其自主决定可使用、可收益、可转让权和可处置权。经营权是由承包权派生出来的权利，承包农户按承包权收取地租，承租承包权的经营者享有合约约定下的土地使用、收益、转让、抵押权。三要深化土地流转制度的改革。建立健全土地流转机制，在坚持依法、自愿、有偿原则的基础上，通过政策引导，鼓励农民从事非农生产和经营，使更多的农民与土地分离，促进土地的集约化经营；采取科学合理的土地流转方式，探索土地置换、转包、租赁、互换、股份合作等多种形式流转土地承包经营权，提高土地的使用效益，实现劳动、资金、技术的优化组合；建立规范的土地流转市场，加强软硬件建设和完善土地流转程序，使土地有偿流转在规范的市场中有序进行。监督流转的土地切实用于农业生产和经营，杜绝以任何形式剥夺农民土地承包权，严禁耕地资源转化为非农建设用地。

（三）公共服务均等化改革

发达国家和地区的历史经验表明，消除农业转移人口市民化过程的公共服务制度障碍能够大大加快城市化的速度。统筹制定公共服务均等化政策，会加快消除制度壁垒。目前，我国新型城镇化的核心是人的城镇化，而人的城镇化的关键要保障进城的农业转移人口能够享受与所在地城镇户籍居民平等的基本公共服务。长期以来，农民虽进城务工经商，但户籍身份并没有改变，而城镇户籍缺失的背后是无法享受与市民同等的一系列基本公共服务待遇，如进城农业转移人口工作没有培训，住房没有保障，失业没有救济，看病难以报销，子女就读公办学校无门。我们要形成以常住人口为对象的基本公共服务供给体系，这是破除农业转移人口市民化障碍的釜底抽薪之策。

第一，要以转变政府职能为重点，加强政府公共服务机构建设。要改变公共服务机构"上下一般粗"、职能趋同化严重的现象。从中国的实际看，应将中央专属事项、中央和地方共管的事项、地方自有事项严格区分开来，中央和地方共管事项也应尽量用列举法明确各级政府的职责，尽量避免在同一区域内按管理对象分工，由多层政府管理同一公共事务。要克服公共服务管理事务分工过细，有关部门职能交叉、相互扯皮的现象。按照"一件事由一个部门主管"的原则，合理界定各部门之间的职责分工。凡相同或相近的职能应由一个部门承担，防止政出多门、多头管理现象的发生。根据国际经验，中国可以在时机成熟、条件具备的情况下进行试点大部制管理模式。按照构建公共服务体系的要求，统筹设计和推进事业单位改革。事业单位改革的基本目标是建立统一、有效的公共服务体系。要把事业单位改革置于公共服务体制建设框架下统筹设计和安排，这项改革就有可能取得实质性突破。

第二，要改革完善公共财政制度。调整财政支出结构，把更多资金投向基本公共服务领域。进一步加大财政在教育、卫生、文化、就业、社会保障、生态环境、公共基础设施、社会治安等方面的投入。加强对重点支出项目的保障力度，向农村倾斜，向社会事业发展的薄弱环节倾斜，向困难地区、困难基层、困难群众倾斜。以基本公共服务均等化为导向，进一步深化省以下财政管理体制改革。探索推进省直接管县的财政管理体制，减少政府间财政关系的层级逐步形成合理、平衡的纵向与横向财力分布格局，逐步强化基层政府供给基本公共服务的体制保障能力。完善和规范中央财政对地方的转移支付制度，优化转移支付结构，增加一般性转移支付规模，使其成为转移支付的主要形式；强化政策规划、指导和监督职能；建立监督评价体系，着力提高中央财政转移支付效果。

第三，农业转移人口市民化的基本公共服务均等化要守住"底线"，要做到公平。一方面，均等化的核心是机会均等，不是简单地平均化和无差异化，在实施过程中要认真考虑薄弱地区、弱势群体和薄弱环节三大领域，基本公共服务供给向农村、欠发达地区和困难群体倾斜。另一方面，基本公共服务要有底线托住，政府主要保基本，以人为本是最迫切、最直接的原则，基本公共服务均等化要注重"底线均等"，如办义务教育，让农业转移人口最穷的学生也能上学。

四、提升人口素质是农业转移人口市民化可持续的前提

（一）重视基础教育

近代以来，世界主要工业国在解决农业转移人口市民化问题的过程中，都将必要的基础教育作为有效措施之一。如日本基础教育的特色就是要求平等，不管是多么穷困的地区，都争取拥有和繁荣都会区一样的资源。基础教育客观上实现了农业转移人口受教育权，使其在进入城市后，具备了一技之长，有维持基本生活的能力，更具备继续个人发展的可能。目前，由于教育资源的稀缺，我国广大农村的基础教育与城市有着较大的差距，基础教育资源大都聚集在城市。在农村，一要采取有力措施，改善办学条件。国家应高度重视农村基础教育资源不足的问题，积极采取有力措施，改善农村中小学的办学条件。给予政策上的倾斜，尽可能向薄弱、偏远的农村中小学倾斜。加大投资力度，健全监督机制，保证专款专用，不被截留、挪用。多渠道筹措教育经费，调动多方投资办学的积极性，积极倡导社会、个人和企业投资办学和捐资助学，最大限度地改善农村中小学办学条件，缩短城乡之间的差距，保障农村学生受教育的基本权利。二要加强师资

队伍建设，提高农村教师素质。各级政府和教育主管部门要加大对农村中小学教师的管理力度，提高农村中小学教师的地位和待遇，想方设法改善他们的工作环境和生活条件，让每位教师都有幸福感，以饱满的热情投入到教学中去。特别要加强对青年教师的培养，创造条件和机会让他们出去学习深造。三要进一步改变农村基础教育的性别歧视。20 世纪 90 年代以来，我国政府为保证基础教育中的性别平等虽然做了很多的努力，也确实取得了不少的成绩，但是仍有不如人意的地方。要提升农业转移人口的素质，必须从基础教育抓起，实现性别公平是世界全民教育的目标，而在现实的基础教育中，性别歧视恰恰是妨碍全民教育目标实现的最棘手的问题。因此，要通过立法和制定政策促进性别公平，加强综合治理优化教育环境，深化教育内部改革促进女童教育发展，努力消除男女在接受义务教育机会上的差距，对贫困边远和少数民族地区的农村女童在政策保障、经费投入等方面给予倾斜，建立无性别歧视的教育和教学模式。

（二）重视职业教育

美、日、德等发达国家和地区在农业转移人口的市民化发展过程中都十分重视职业教育和技能培训。当前，我国农业转移人口受教育程度整体偏低，专业劳动技能缺乏，在城市就业过程中缺少专门的就业技能培训。大多数农业转移人口在城市就业过程中从事的都是简单的体力劳动，脏、累、苦是他们劳动过程中的真实写照。目前，我国政府举办的各种就业培训也主要集中在为城镇就业者服务，针对农业转移人口的就业培训服务很少，而且大多数企事业用人单位也不愿意花钱对其进行系统的职业技能培训。

为了促进农业转移人口的城市就业和提高他们在就业市场的竞争能力，必须提供适应农业转移人口就业需要的职业技能培训服务，这样不仅可以提高农业转移人口的劳动技能和竞争能力，增加其收入水平，而且对于提高农业转移人口的个人素质，融入城市生活都会产生积极的影响。一方面，强化政府对农业转移人口职业技能培训的投入。建立健全农业转移人口自主选择、产学结合、校企结合的市场导向和政府购买服务的培训教育体制，加快实现农业转移人口培训资金省级统筹和国家统筹。以企业、技工院校和农业转移人口培训基地为主，力争每年新增转移就业的农业转移人口都能得到一次技能培训。尽快实现农村"两后生"（初、高中毕业未能继续升学的贫困家庭中的富余劳动力）免费接受中等职业教育。另一方面，要构建有效的教育培训网络。选择交通便利，场地设备、师资力量等各项条件较好，有相应资质的培训机构作为定点培训基地，明确培训专业和范围，确定培训内容和要求。加强培训基地与当地劳动力市场的信息交流，及时掌握劳动力需求信息，有针对性地开展培训，也可采取"订单式"培训、"定向型"培训和委托培训等多种形式，提高培训效果和就业率。充分利用广播电视和远程教育等现代手段，向农民传授外出就业基本知识。农业、教育、劳动保障等归口部门要通力合作，整合现有的培训资源，充分加以利用。要以现有各类成人学校、就业培训中心和农技培训中心为基础，积极引导园区、企业、科研机构和工会、妇联、共青团等群团组织参与农业转移人口培训，逐步形成市、县、区和镇（乡）、街道三级培训网络。

（三）塑造农业转移人口的市民化观念

国外发达国家和地区很关注农业转移人口与城镇居民在综合素质、价值观念、职业分布、生活方式、行为习惯、社会地位等多个方面的差异。通过法律政策权力保障与交往平台构建等积极塑造农业转移人口的市民化观念。然而，我国农业转移人口由于户籍、就业、住房、社保等制度改革较为滞后，未能给予农业转移人口理应在城镇享有的基本生活权利、劳动权益、居住权利和公共服务权利等充分可靠的保障，导致他们逐渐陷入了"非市民化"困境。

因此，要帮助农业转移人口真正融入城市，一是农业转移人口要改变观念。农业转移人口自身要转变社会观念，转变价值观念和行为习惯，主动与同事、邻居交流来往，结交更多的市民朋友，推动自身社会交往网络向更高层次和更大范围拓展。二要搭建沟通交流的多元平台。应依托培训，积极帮助农业转移人口增强社会交际能力，并可考虑通过开展社区联谊会、一对一结对帮扶活动等形式为他们提供与市民交往的平台。在农业转移人口较为集中的社区和街道，也可考虑成立专门为他们提供服务和咨询的组织，如农民工职业介绍与技能培训服务中心、农民工信息交流中心、农民工法律援助中心、农民工互助会等。同时，还可考虑为农业转移人口搭建参与城市建设和发展的平台，逐渐培养起他们的城市主人翁意识。三要积极宣传农业转移人口对城市建设的重要性。市民应认识到农业转移人口为当地建设和发展做出的贡献和牺牲以及农业转移人口市民化的必然性和重要意义，自觉转变观念，消除心中对他们的偏见、排斥、歧视和不满，采取包容、理解的态度，帮助和支持他们早日真正成为当地的一分子。

五、提高农业劳动生产率是释放农业转移人口市民化的动力

（一）推进农业生产的规模化

国外经验告诉我们：农业生产力的提高是实现劳动力转移的根本保证，其中规模化更是机械化的基础。改革开放以来，我国农业生产力取得了历史性进步和飞跃，但同世界发达国家相比仍存在相当差距。以英国为例，在19世纪中叶时，英国从事农业的人口就已经降到总人口的1/4左右。而一个半世纪后，我国依然

有70%的人口在土地上寻求生计，农业生产力水平较低，粮食产量的增加更多是依靠大量人力投入来实现，农业生产总体上呈现一种劳动密集型特征，这就严重制约着劳动力向城市转移。一方面，要大力发展设施农业。设施农业是综合利用工程技术、生物技术、信息技术和环境技术，整合土地、资金、技术、人力等要素，有效提高土地产出率、资源利用率和劳动生产率的集约型农业，是现代农业发展的一种重要形式。设施农业不但能够规避自然灾害，拓展农业发展空间，还有利于优化产品上市时间，确保农产品稳定、安全、有效供给，具有高投入、高产出、高回报的特点，是实现农业增效、农民增收最现实、最有效的途径。加快设施农业发展，不仅事关农业转型升级，而且事关农业、农村经济发展和现代农业建设，有利于促进农业转移人口市民化。另一方面，要积极培育新型经营主体，推进规模农业高效化经营的模式。加快建设农民合作社示范社并推进其规范化建设，引导农业企业与基地农户建立更加紧密的利益联结机制。鼓励农户、农民专业合作社以土地、资金、技术等要素作价入股农业企业，实行股份合作、按股分红；推广"农业企业＋合作社＋农户"的经营模式，让合作社、农户承担种养环节的生产管理，增产增效部分双方分成，推动农业企业与农户形成利润共享、风险共担的利益共同体。

（二）推进农业生产的机械化

我国在解决农村富余劳动力问题及释放农业转移人口市民化的动力的过程中，应充分借鉴国外经验，重点放在推进农业生产的机械化。要实现劳动力向城市转移就必须首先提高农业生产力，从而为劳动力转移奠定坚实的物质基础和前提条件，使农业变成劳动力转移过程中的"推力"，用科技手段推动经济发展，将剩余劳动力"推出"土地。我国大面积推广农业机械化作业，发挥农业科技化、机械化和现代化的优势，就能够较为迅速地提高农业生产力水平，从而将一部分乃至大部分农业劳动力从土地上解放出来，就会推进我国城市化发展进程。

第一，促进农业科技创新与推广。要实施新一轮农业创新与产业化工程，加强与国内外科研机构合作，加强科研院校与农民创业园及示范基地共建产业创新联盟、农科教基地和协同创新中心，进一步加强基层农业技术推广体系改革与建设，加快乡（镇）农技推广机构条件建设，加快推进农业机械化。开展科技培训，提高农业机械普及率。从农业机械基础知识、使用常识，安全生产，政策宣传入手，对广大农民进行培训，营造农机推广工作良好的工作氛围。通过宣传培训，提高了农民对农业机械化的认识。

第二，要大力培育农业机械生产企业。从信息服务、政策争取等方面加大对农机生产企事业的扶持。积极协助农机生产企业开展产品鉴定，申报农机产品推广目录。牵线搭桥，促进企业开展产学研合作，提高企业创新能力。为农业机械生产企业申报各级科技项目，壮大企业研发实力。

第三，着力培养新型职业农民。实施新型职业农民素质提升工程，培育壮大新型职业农民队伍，逐步形成现代农业建设骨干队伍。依托涉农高校，采取本土化就业"直通车"办法，招收乡镇农技推广紧缺专业的定向委培生，开展专升本"直通车"学历教育，要积极培育更多的农机作业能手、维修能手、经营能手，催生更多种植大户、养殖大户，造就更多高素质新型职业农民、发展现代农业的中坚力量和社会主义新农村建设的带头人。

第七章

福建农业转移人口市民化的试点探索

第一节　福建探索农业转移人口市民化总体概况

一、福建农业转移人口市民化试点的概况

在 2014 年 6 月 16 日，福建省委、省政府正式印发了《福建省新型城镇化规划（2014~2020 年)》，阐明了福建省新型城镇化的发展方向、主要目标和战略任务，提出要着重解决"人进城、建好城、管好城"的问题，走具有福建特色的以人为本、优化布局、生态文明、文化传承的新型城镇化道路，实现"百姓富、生态美"的有机统一。这份规划书主要明确了福建省新型城镇化建设的六大重点任务，分别是：（1）有序推进农业转移人口市民化；（2）优化城镇化布局形态；（3）强化城镇化发展产业支撑；（4）提高城镇综合承载能力；（5）推进城乡发展一体化；（6）创新城镇化发展体制机制。从中可见，推进农业转移人口市民化是作为福建省新型城镇化建设的首要任务的，在这一方面福建省相继出台了农业转移人口市民化 8 条措施等一系列政策措施鼓励农业转移人口市民化。此外，自 2013 年开始福建省又相继推出了石狮市全域城市化、德化县做强城关统筹城乡、晋江市农业转移人口市民化、光泽县建设"中国生态食品城"、邵武市产城融合等 5 个主题鲜明、各具特色的新型城镇化试点，探索多样化的农业转移人口市民化道路。

这五个试点本身各具特色，基本代表了福建省不同地理区位、不同经济发展水平的地区在实现农业转移人口市民化这条道路上的不同发展策略，所以说这五个试点的探索对于全省甚至全国在最终完成农业转移人口市民化具有很好的借鉴意义。在推动新型城镇化建设的背景下，各试点也都因地制宜地提出了各自的农业转移人口市民化战略。

石狮市提出的"三年打基础、五年全推开、八年一元化"的"358行动计划",使各阶段任务得以明确,分解实施项目,落实保障措施,力求每个阶段都有新进展。将新型城镇化这一终极目标分解为短期的和中长期的目标,这样稳扎稳打,循序渐进,具体的步骤是到2015年实现居住证制度全面推开,居住证制度与户籍制度、公共服务的衔接基本实现。全域城市化规划管理体系基本建立,产业空间布局明显优化,城市组团发展格局基本形成。城市公共服务基本实现全域覆盖,社会保障水平显著提高。土地管理制度、行政体制和社区管理等各类试点工作取得显著成效。创建成为国家生态城市、国家卫生城市;到2017年,城市基础设施基本实现全域覆盖,与全域城市化相协调的产业体系基本形成。各项改革全面铺开,中心城区、环湾片区实现镇改街和村改居,与全域城市化相适应的土地管理制度、行政管理体制基本确立。以常住人口为基础的公共服务配给制度、全域统一的社会保障体系更加完善,城市人居环境显著改善,创建成为国家文明城市;到2020年,实现全域城市化目标。传统产业转为现代产业,传统农业转为现代都市农业,农村居民转为城市居民,外来人口转为本地市民,村委会转为居委会,乡镇转为街道,城乡二元土地管理制度转为全域城市化土地管理制度。

德化县在结合自身陶瓷特色产业的同时明确空间定位,推动经济社会发展规划、土地利用总体规划、城乡规划和生态建设规划等"多规融合"。加快"中心集聚、两翼伸展、三片联动"城镇体系建设,形成以城区为中心、中心镇为依托、省道沿线建制镇为纽带,景区、库区、林区、矿区、农场等片区联动发展的城乡格局。围绕建设"中国瓷都·生态旅游宜居城市",加快中心城区和周边镇区改造建设,拓展城区范围,完善功能分区,优化空间布局,提升景观风貌,增强承载辐射能力,最终使得"大城关"战略顺利实现。

晋江市作为民营经济高度发达的沿海城市,在推进农业转移人口市民化这项工作上起步早,基础扎实。围绕打造中国品牌之都、现代产业基地、滨海生态城市,以人的城镇化为核心,全面提高城镇化质量,稳步推进基本公共服务常住人口全覆盖,努力消除农业转移人口市民化的成本、制度和文化障碍,构建基础设施完善、公共服务高效、产业发展健康、城市环境优美的现代新城。要坚持以人促产、以产兴城,推动产业结构优化调整,提高城市综合承载力;坚持公平共享、普惠均等,不断提高人口素质和居民生活质量,促进人的全面发展和社会公平正义;坚持城乡统筹、优化布局,推进规划、建设、公共服务、社会管理一体化,促进产业发展、城镇建设与人口集聚的有机统一;坚持改革创新、先行先试,深化重点领域和关键环节改革,努力营造具有鲜明特色、成熟和谐的市民化制度环境。提出了"由点到面、由量到质、分步分批分层"的"153050"计划,实现农业转移人口居住证全覆盖和居住证制度与入户制度、公共服务的衔接,形成农业转移人口市民化制度体系。

光泽县位于福建省西北部，农业发达，所以为了发挥光泽的产业和生态优势，将光泽打造成中国生态食品城，提出了围绕打造中国生态食品城、建设美丽光泽的目标，构建"小县大城关"的发展格局，实现到 2015 年，城市片区联动发展格局基本形成，产业结构和空间布局明显优化；城市公共服务和社会保障水平显著提高；户籍、土地、农村产权、投融资和行政管理体制等各项改革进展良好；到 2017 年，城市基础设施基本实现全覆盖；与城镇化相协调的产业体系基本形成；以常住人口为基础的公共服务提供制度、社会保障体系基本建立；到 2020 年，全县常住人口 15 万左右，城区常住人口 8 万以上，城镇化率 60% 以上，吸纳农业转移人口 3 万人的目标。

邵武市提出以人的城镇化为核心，以提高城镇化质量和水平为目标，以产业与城市互动融合发展为主线，以园区升级行动、城区融合行动和旅游区建设行动等"三区行动"为抓手，促进产业园区向城区聚拢、产业活动向园区集中、城市功能向园区拓展，构建要素匹配、功能齐备、服务完善的"产业－城市"空间复合体，形成产业发展、城镇建设和人口集聚协调统一、互促共进的良好态势。推动规划建设、人口管理、土地管理、环境保护、公共服务、体制机制等关键领域改革，建成"百姓富、生态美"的宜居宜业宜游城市。加快"三区行动"的进展，发展产城融合，产业空间布局与城市空间布局进一步协调，林产加工、纺织服装和新材料三大主导产业转型升级，食品和旅游等新兴产业培育呈现良好发展态势，商贸物流进一步发挥集聚和服务功能，"一城四翼"城市框架初步形成，主要产业园区的城市功能得到增强，城市基础设施和公共服务基本覆盖新城区。

二、福建农业转移人口试点探索的主体角色定位与分工

（一）政府的角色定位与分工

因为中国的国情决定了政府在各项事业中的主导地位，所以政府在农业转移人口市民化过程的角色定位必须起到统领全局的作用。

首先，要建立政府、企业、个人成本分担机制，根据农业转移人口市民化成本分类，明确成本承担主体和支出责任。政府承担农业转移人口市民化在义务教育、就业服务、基本养老、公共医疗卫生、社会保障、保障性住房以及市政设施等方面的公共成本。努力推动企业落实农业转移人口与城镇职工同工同酬制度，加大职工技能培训投入，依法为农业转移就业人口缴纳职工养老、医疗、工伤、失业、生育等社会保险费用。积极引导农业转移人口参加城镇社会保险、职业教育、技能培训等，提升融入城市社会的能力。

其次，要合理确定各级政府职责，省政府制定全省农业转移人口市民化总体安排和配套政策，增加对吸纳外来农业转移人口较多市县的财政转移支付，增强市县提供基本公共服务的财力保障。市、县（区）政府负责制定本行政区农业转移人口市民化的具体方案和实施细则，出台落户标准，提供基本公共服务，承担相应财政支出。

最后，政府还应配合完善农业转移人口的社会参与机制，推进农业转移人口融入企事业、子女融入学校、家庭融入社区、群体融入社会，建设包容性城市。提高各级党代表、人大代表、政协委员中农业转移人口代表和委员的比例，积极引导农业转移人口参加党组织、工会和社团组织，有序参政议政和参加社会管理。加强科普宣传教育，提高农业转移人口科学文化素质。鼓励农业转移人口参与社区公共活动、建设和管理，加强对农业转移人口及其随迁家属的人文关怀，丰富精神文化生活，增强责任感、认同感和归属感。

（二）企业的角色定位与分工

1. 企业的角色

中国经过 30 多年的改革开放，逐步建立了社会主义市场经济体系，国民经济运行以市场为导向，由商品市场和各种生产要素市场组成的、结构完整的竞争性市场体系的形成激活了经济发展的内在活力。而企业正是活跃市场经济的主体，依靠民营经济与有效的市场机制相结合为推进新型城镇化的建设提供经济基础。因为民营企业是完全独立的市场主体，与地方政府和地区性合作经济组织没有隶属关系，易于突破地域限制，在生产要素流动和重组上完全可以根据效率原则来选择。民营经济的快速发展提高了农业转移人口的收入水平，这就使得农业转移人口迫切要求提高生活质量。与农村相比，城镇生活设施较为齐全，文化生活丰富多彩，这对于他们无疑具有强大的现实吸引力。

此外，新型城镇化建设也离不开金融支持。一方面，金融的支持可以引导产业优化升级，促进经济结构调整，提高资本配置效率，可以引导城镇因地制宜发展具有区域禀赋优势的新兴产业和特色经济，进一步促进产业的规模化发展，提高区域经济的发展速度和对相邻区域经济的辐射能力。另一方面，金融的支持可以减轻农业转移人口市民化的经济阻力，促进城镇居民充分就业，并改善劳动者生活质量。而这些都要依靠企业的力量才能取得长久的保障，所以说企业在建设新型城镇化，实现农业转移人口市民化的进程中提供了重要的经济基础，是新型城镇化顺利推进的重要保障。

2. 企业的主要作用

企业为城镇化的发展凝聚人气。一个城镇的发展，如果没有人气的凝聚，就会陷入凋敝，只有人气旺盛，城镇才会繁荣发展。城镇化是一项规模浩大的系统工程，相应的也就需要规模巨大的资金支持，仅仅依靠政府来负担这项支出既不现实也会带来大量的寻租问题，而大量经营性企业的加入不仅会带来大量的社会资金，也可以促进竞争提高效率，减轻建设过程中的寻租问题。

企业的大力发展能够吸引大量的生产要素的聚集，从而增大城市对劳动力的需求和容量，促进城镇化的良性发展，而城镇化的推进对农业转移人口市民化的作用尤为突出。从农村剩余劳动力转移的实际情况来看，城镇化促进农业转移人口市民化的作用主要体现为：

（1）城镇化能够产生集聚效益。城镇化的本质之一就是生产要素在地理空间上的集聚，这种集聚使劳动和资本等生产要素在集中而产生高效益。同类企业集聚在一个区域，便于开展专业化协作，相互促进，为企业间的各项交流提供便利。这种聚集也有助于加强平等竞争，共同提高技术装备水平和产品质量，从而使每个企业都能分享集聚所产生的效益，也就为企业带来了外部经济效益。随着企业的集聚，城镇的规模不断得到壮大，城镇就业人口的比重也逐步提高，根据托达罗的预期收入理论，农业转移人口之所以愿意向城镇集聚是因为他们预期未来在城镇会取得更高的收入水平，而更高的就业概率意味着更高的收入水平，根据陆铭等人的研究表明城市规模每扩大 1%，个人的就业概率平均提高 0.039 ～ 0.041 个百分点，所以说城镇规模的扩大会大大促进农业转移人口的市民化。另外，城镇化也会促进人们整体素质的提升，因为大部分城市居民从事着较高级的产业活动，有着较高的生活质量，生活方式与价值观念都与农村居民有显著的差异，具有不同于农村居民的身份特征和社会地位，对于身份和地位的追求就成为驱使农村剩余劳动力进城的动力之一。从一般性经验来看，城镇化会带动第三产业的高度发展，是某些细分的消费需求成为规模化的市场，为第三产业的生存和发展提供可能。越是人口密集、经济发达的地方，消费市场也就越大，第三产业就越发达。伴随着城镇化的不断推进，原来从事传统第一产业的劳动力转向从事现代经济效益更好的第二、三产业，产业结构逐步升级吸纳更多的农业转移人口。

（2）城镇化能够产生扩散效益。城镇投资回报率一般都较农村地区要高，具有吸纳农业转移人口的强大潜力。一个城市发展到一定阶段后就会有较强的扩散和辐射效应，可通过资本输出、技术转让、信息传播、产品转换等方式带动周边地区的经济社会发展，使城市的周边地区的第二、三产业得到发展，而二、三产业本身对于劳动力有很强的吸纳作用，从而使城市的周边地区成为农业转移人口市民化的新热点，这也就为乡镇企业的发展提供了很好的契机。根据经济发达国家城镇化经验与规律，城镇化率达到 30% 以上时，城镇化将进入快速发展期；而城镇化达到 70% 时，城镇化将进入平稳发展期。我国目前的城镇化率已接近40%，而乡镇企业也步入调整期。所以此时加快城镇化的步伐是适时适当的，但如果按着传统渠道来转移农村人口，那就要慢得多。而通过乡镇企业来吸纳农村人口，则会快很多。其次，乡镇企业的发展同样也为城镇化的发展集聚了财力。在国家财力有限、投入有限的情况下，以经营城镇的观念来对待乡镇企业入驻城镇，为城镇规模的扩大，提供必需的产业支撑。

（3）城镇化能够产生规模经济效益。城市的基础设施较好，技术水平和信息化水平高，经济规模大，资源利用的效率较高，吸引了大量企业进驻，降低了每一个企业分担的固定成本，利于产业的集中和发展，郭炳南等人的研究也证实城市化水平是经济增长的格兰杰原因，即在一定的城市规模下，城市化程度越高，经济效益就越好。城市规模的扩大一方面集聚了人口，而城镇化又会改变农民传统的消费观念和分散、封闭的消费环境，激活农民消费，为商品市场的发展提供了必要的消费市场，增加了对企业的吸引力，扩大了城市的就业规模；另一方面又使得城市内部的劳动生产率提高，使城市劳动力获得较高的工资水平，而城市的实际工资率与预期收入差是正相关的，所以城市规模的扩大会推动农业转移人口的市民化。

企业的集群与城镇化在人口集聚、产业集聚与扩散、区位品牌、要素整合、信息外溢、技术创新、规模经济、生态经济、结构调整和在经济增长上的耦合发展，互动互利、相互依存、同生同长、共生共荣，推动经济、社会、科学的发展，最终为农业转移人口的市民化奠定经济基础。

（三）农村集体经济组织与农民的角色定位与分工

1. 农村集体经济组织与农民的角色

按照一般的解释，我国《农业法》所说的农村集体经济组织，是指土地等农业基本生产资料集体所有基础上形成的，按照农民居住村落划分的集体经济组织，具体包括乡（镇）农村集体经济组织、村农业集体经济组织和以村民小组为单位的村内农业集体经济组织[①]，我国的农村集体经济组织形成于合作化时期的农村互助组，历经初级社、高级社，并经人民公社体制延续下来，在实行家庭承包经营后原有的人民公社制度被废除，改称乡、村和村内集体经济组织。在当前条件下，我们认为农村集体经济组织是在农业合作化和人民公社"三级所有、队为基础"的体制基础上，经过家庭联产承包责任制和双层经营体制改革后形成的包括乡村、村民小组和部分农村共同所有的农村劳动群众集体所有制的经济组织；是农村统分结合的双层经营体制中的"统"方经营者，是农村集体经济的组织载体，是农村合作经济组织的重要组成部分，是与村民委员会并列的我国农村主要的基层经济组织。

---

① 骆友生等：《中华人民共和国农业法释义》，中国政法大学出版社 1993 年版，第 33 页。

　　农村集体经济组织是公有制经济的重要组成部分，体现了共同富裕的社会主义根本原则。发展农村集体经济组织有利于实现农民的经济利益，培育农民的民主意识，推进农村的文化建设，以及维护农村的社会稳定。随着城乡经济一体化程度的提高，特别是农村工业化、城镇化进程的加快，发达地区和城镇周边农村集体经济组织或多或少都面临着资源的重新配置，利益格局的重大调整，应当探索市场经济体制下集体经济新的实现形式，形成有效率的市场经济主体。农村集体经济组织作为地方经济发展的重要力量，非农产业占有很大的比例，可以在一定程度上解决农业转移人口的就业问题，从而实现这一部分人口的就地市民化，促进本地区的城镇化发展。农民作为农村集体经济组织的参与主体，也是农业转移人口市民化这项工作的主体，农民自身境况的好坏也就直接决定着这项工作能否顺利完成。新型城镇化的发展促进了农业劳动生产率、市场占有率、资源利用率、投入产出率及综合经济效益的提高，从而使大量农村劳动力从一家一户、面朝黄土背朝天的传统农业束缚中解放出来，人向高处走，水向洼处流。期盼加快增收致富步伐的广大农民群众，从农业经营转向兼业经营、从兼业经营转向专业经营，逐步从农业产业中分离出来转向第二、三产业，在实现经营内容非农化的过程中，也实现了自身角色非农化的转变，可以说农民自身的力量就是农业转移人口市民化的内在驱动力。

2. 农村集体经济组织和农民的主要作用

　　农村集体经济组织的发展不仅可以壮大农村地区非农产业的发展规模，在一定程度上使农民脱离传统的第一产业生产活动，为农民适应市民化的生活提供必要的过渡期，还大大提高了农民的收入水平，提升了农民的文化修养。这些都是最终实现市民化的必要准备，减少了农业转移人口市民化这条道路上的阻力。其主要作用体现为：

　　（1）农村集体经济组织是农村基层组织运转的重要保障。长期以来我国农村基层组织的运转经费一直由村级集体经济组织承担，保证了基层社会管理机构的正常运转，使得很多关乎农民集体利益的问题得以顺利解决。因为作为个体的农民总是希望实现自身经济效益的最大化，但是在涉及公共利益的领域，个人因为"搭便车"行为的不可避免导致没有个体愿意支付费用来谋求公共利益。农村基层组织就为农民解决此类问题提供了解决的平台，从而促进公共基础设施的建设，而农村基础设施是农业生产和农民生活的基本保障，其状况直接影响农业的生产能力和农民的生活质量，加快了农业转移人口市民化的进程。

　　（2）农村集体经济组织是促进农民收入增长的重要支撑。农村集体经济组织将农村地区分散的资源、人员集中起来，不仅方便了生产经营的正常开展，也易产生规模效益，同时农村集体经济实力强大就有能力为农民提供大量的就业机会，直接增加农民收入。一些较发达地区的农村集体经济组织，通过股份制改革，明晰产权结构，让农民成为股东，能够从集体资产的经营收益中分红。农民收入水平提高自然就会对自身的生活水平有所要求，这就为接下来的市民化提供了原始推动力。

（3）农村集体经济组织是市民文化积累的重要摇篮。实现农业转移人口的市民化，最关键的就是转变农业转移人口的生活方式，与城市生活相协调。但是生活方式作为一个长期养成的习惯，具有很强的惯性，在短期内是很难改变的，如果强行转变，结果可能会促使农业转移人口重回农村，带来逆市民化问题。农村集体经济的发展则为实现这一转变提供了很好的适应机制，一方面农村集体经济组织位于农村地区，但又进行大量的非农产业活动，这就使得农民从农业转移到第二、三产业有一个平稳的过渡期，而非农就业人员在潜移默化中逐渐脱离农业，也就改变了以往的生活方式，逐步积累着市民文化，使得市民化过程拥有文化方面相应的匹配。

农民作为农业转移人口市民化的主体，是这项工作中的主人翁。农民自身作为实现这一目标的内在驱动力，应当充分发挥自身主观能动性，在政府的指导之下，结合社会各方面的支持，加快农业人口向非农产业的转移速度，促进市民化的顺利推进。

三、福建推进农业转移人口市民化的主要制约因素与创新

（一）主要制约因素

福建省推进农业转移人口市民化的过程并不是一帆风顺的，在推进过程中遇到了很多问题，遭遇的困境主要表现为：

（1）全省的市场化水平在东部沿海各省市当中并不高，金融市场发展较为平缓，使得农业转移人口市民化所需的大量资金需要政府进行主导，缺乏经济效率。根据樊纲等人编著的《中国市场化指数 2011 版》显示，福建省 2009 年市场化指数在东部沿海 10 个省市中排名第 6 位，而金融市场化程度却只排名第 8 位。这就限制了民间私人资本的进入，迫使政府不得不进行大量的政府投资。然而，政府作为一个非经济部门，在进行投资建设的过程中往往会忽略效率问题，此外，行政审批制的存在也会滋生腐败，最终降低政府的工作效率，损害公共利益。金融市场的欠缺导致投资手段多样性的缺乏，在激烈的市场竞争中就会损失效率，间接促使民间资本失去对农业转移人口市民化这项工程的投资兴趣，无法形成政府与市场的良性互动机制，对于福建省的金融市场建设也是一项损失。

（2）产业结构升级调整，对劳动力需求减少。福建省正处于产业升级阶段，

传统第一产业比重从 2000 年以来逐年下降，由 2000 年的 17% 下降为 2013 年的 8.9%，比重在不断下降；第二产业所占比重总体上比较平稳，保持着稳中有升的发展态势，不过工业发展的质量却取得了较大的提升，工业实力有了明显的增强；第三产业的比重变化则比较平缓，围绕 40% 左右的份额在小区间内上下小幅波动，但其内在产业格局却发生了新的变化，传统的商贸服务业发展层次有所提升，呈现出规模化集聚化的发展特征，旅游、物流等现代服务业取得了较大的突破，发展势头比较强劲。总体上看，福建省产业结构 10 年来仍然保持着二三一的结构，但其结构始终处于优化的状态。工业化的大力推进将一些低端产业逐步淘汰掉，高端制造业及技术型企业发展迅速，但是第三产业增速始终在一个较低的水平徘徊，这些因素导致的共同后果就是减少对劳动力的需求，农业转移人口的就业岗位就会减少，在一定程度上打击了农业转移人口市民化的热情。

（3）制度性因素对于农业转移人口市民化的阻碍。制度性因素包括户籍制度、土地制度、就业制度、社会保障制度、教育制度等使农业转移人口游离于城市体制之外，由制度带来的不公平使农业转移人口市民化面临很多尴尬的处境。众多制度性因素中，户籍制度无疑是最主要的阻碍因素，附加在户籍制度之上的社会经济政策，以及由此形成的社会利益分配格局对农业转移人口的身份、就业、教育、生活等有种种限制。此外，农业转移人口在人力资本方面的欠缺也使得他们进入城市后，达不到城市所要求的程度，加大了他们融入城市社会的障碍。一方面，农业转移人口在提升自身素质时缺少外界的指导与协助，很难在短期内增长自身的技能、才干与经验，而面对城市激烈的竞争，他们往往最缺的就是时间。另一方面，政府及其他社会组织在加强对农业转移人口的职业技能培训上，投入不足或者是敷衍了事，无法取得实质性的进步，这就加大了农业转移人口在城市立足的难度，打击他们转变为市民的积极性。

（4）政府对城市的管理理念与方式不利于农业转移人口市民化。对于刚踏入城市的农业转移人口来说，社会保障并不完善，而且现行的社会管理体制还带有计划经济年代的烙印和明显的城市偏向，更多的具有服务城市的工具性导向，长期脱离农村的农业转移人口并没有被纳入城市社区管理与服务的范畴。一方面是因为农业转移人口的流动性增加政府的社会管理成本，影响一地区的社会治安，而地方政府迫于政绩考核的压力往往会趋于保守，对接纳农业转移人口持消极态度；另一方面是因为农业转移人口对政府的公共服务提出新的需求，要求政府增加公共财政支持，虽然农业转移人口能够对城市发展建设作出很大的贡献，但额外增加的公共服务使得地方政府会对吸引农业转移人口进行成本效益分析，往往促使城市更倾向于留下精英、有用的人，而限制大量低水平劳动人口进入城市，使得大量农业转移人口在城市留不住。

（5）非正式制度的大量存在对农业转移人口市民化的抵制。所谓的非正式制度，根据柯武刚和史漫飞在《制度经济学》中对非正式制度的描述："外在制度配有惩罚措施。这些惩罚措施以各种正式的方式强加于社会并可以靠法定暴力的运用来强制实施。非正式制度是从人类经验中演化出来的。它体现着过去曾最有益于人类的各种解决办法。其例子既有习惯，伦理规范，良好礼貌和商业习俗也有盎格鲁克逊社会中的自然法。违反非正式制度通常会受到共同体中其他成员的非正式惩罚"。可以说非正式制度就是指人们在长期的社会生活中渐渐发展形成的存在于国家制定实施的各项法律、政策、法规、条例等成文的正式制度之外的，通常依靠人们自觉遵守执行而非依靠国家强制执行的，诸如意识形态、风俗习性、伦理道德、历史传统观念、宗教观念甚至一些普遍的基本的信仰与信念，等等。由于长期的城乡分离制度，农业转移人口与城市人口广泛缺乏社会联系，双方了解较少，对于一些城市人口来说，新转移来的农业人口就是来与他们争夺有限的社会资源的，就会促生对农业转移人口的歧视。由于城市社会的排斥，降低了农业转移人口对城市的认同感，他们更倾向于通过挖掘内部的传统资源实现交往的"内卷化"建构，他们平常交往的或是老乡、亲戚。城市居民对他们产生一种拒斥意识，这些歧视、情感疏离等非正式制度因素使得城市居民与农业转移人口之间的陌生感增加，心理距离拉大使他们对所生活的城市没有归属感，增加了对城市社区的疏离感。

（二）创新之处

在面对种种制约的情况下，福建省为推进农业转移人口市民化也提出了自己的解决之道，并取得了一定的创新。具体体现在以下几个方面：

1. 突出融入融合，推动农业转移人口市民化

农业转移人口汇聚城市，成为城市工业化、现代化建设的主力军。让这些外来建设者融入城市、扎根城市，既是福建省新型城镇化要解决的最核心的问题，也是福建省一直以来努力探索突破的重点领域。近年来，福建省提出的"同城同待遇、保障全覆盖"的基本理念，丰富了居住证制度市民化待遇内涵，深化了户籍制度改革，逐步提高了农业转移人口基本公共服务均等化水平，让农业转移人口"进得来、融得入、留得住"。

（1）让农业转移人口"进得来"，就是解决他们的户籍落户、户籍福利问题。具体分两步走，双管齐下：一是率先实行"居住证"制度。2013年5月2日，福建省政府办公厅发出《关于印发加快现代农业建设推进农业农村改革发展的若干意见工作任务分工方案的通知》，提出要有序推进农业转移人口市民化。福建省将全面实行流动人口居住证制度，逐步实现流动人口凭居住证与当地居民在医疗卫生、计生服务、子女就学、住房租购、职业介绍等方面享受平等权益。通知提出，推进户籍管理制度改革，落实农业转移人口在城镇落户政策。积极探

索低保、养老保险、医疗保险和医疗救助制度在全省城乡居民之间的融合衔接。二是放开人口落户限制。福建省晋江市在 2012 年出台《晋江市流动人口落户管理实施意见》，将居住年限要求从 5 年放宽到 2 年甚至 1 年，住房条件限制由"稳定居所"放开到"无房"，并且实行"先落户、后管理"政策，只要符合落户条件的一律先行接收落户，再跟进计划生育等各项社会管理，让农业转移人口及其子女实现"无障碍"落户。同时，围绕解决"户口落哪里"问题，在规模以上企业建立集体户，一企一户，让其落户在企业集体户；针对部分没有房屋、没有工作单位的农业转移人口，允许落户在以镇村所在地作为公共地址的集体户。

（2）让外来人口"融得入"，就是从情感融入和文化融合入手，在工作、生活和政治待遇等方面，增强农业转移人口对城市的认同感和归属感。在全省成立农业转移人口服务管理专门机构，在镇、村建设农业转移人口服务管理所（站），在规模企业设立农业转移人口综合服务中心，形成市、镇、村、企业"四位一体"的农业转移人口服务管理网络。此外，鼓励农业转移人口参与城市的社会政治生活，平等参与推选和选举，充分表达利益诉求。在企业当中，加大企业文化平台培育，以创建"和谐企业"为载体，构建企业职工之家，培育企业与员工、员工与员工、企业与周边和谐统一互动的企业文化。同时以企业服务型党组织建设为主线，发动非公企业党群组织配合党政部门加强企业文化建设、流动人口管理、社会保险办理、慈善救助、矛盾化解、员工权益保障、员工素质提升和科技研发等工作，让员工从内心真正融入企业、融入城市。

（3）让农业转移人口"留得住"，就是解决农业转移人口的就业、住房、社保和公共服务等问题，把人留住。就业保障方面，不仅通过提供免费就业创业培训、免费就业对接服务等举措帮助农业转移人口"找工作"，更加注重维护合法工作权益，让其"安心工作"。例如，在薪资保障方面，建立健全工资支付监控网络，并建立欠薪举报奖励等制度，不让一名务工人员因恶意欠薪领不到工资；维权保障方面，在一些规模企业中建立劳动争议调解室，将劳动争议调解组织贯穿市、镇、村、企四级，健全劳动争议预防、调解、处理体系，不让一名务工人员维不了权。住房保障方面，从廉租房、公租房、经济适用房、安置房和人才房等 5 方面构筑多元化住房保障体系，让农业转移人口"有房住"。社会保障和公共服务方面，不仅让农业转移人口平等享受证照办理、生殖保健、预防接种、法律援助、急难救助、计划生育、公共卫生等基本公共服务，还赋予他们平等参加各项社会保险、职工医疗互助、新型农村合作医疗的社保待遇。

2. 突出同城同步，推动城乡发展一体化，为农业转移人口市民化提供良好的孕育环境

（1）大力推进城乡规划、社会保障、基础配套、劳动就业和公共服务一体化，努力破解城乡发展"二元"结构，推动农村工业化促进城乡产业齐头并进、同步发育。促进城乡产业互补发展，引导各个乡镇、农村因地制宜、发挥比较优势，有重点地发展块状经济、培育特色产业、打造产业集群，强化城乡产业统筹，推动城乡产业合理布局、相互补充、相互促进，实现联动协调发展。为农业转移人口的就地城镇化、就近市民化创造条件。（2）坚持新农村建设与推进城市建设同步，通过盘活城市低效开发用地和零散用地，把农业转移人口就地就近安置，把农村居民点适时适度聚集发展为新社区，并同步解决好这些农业转移人口的就业、资产盘活、养老保障等问题，消除他们转变为市民的后顾之忧。

3. 突出品质品位，推动城市产业结构升级

农业转移人口市民化的顺利开展，需要有较高发展水平的城市作为支撑，因此，福建省在鼓励农业转移人口市民化的同时，也对城市的建设提出要求，不断完善城市的产业结构，尤其是大力推进第三产业的发展。

在城市产业升级改造过程中，应当始终坚持"产城一体、融合发展"，以产兴城、以城促产、产城融合，推动城市建设与产业发展良性互动、协调并进。充分发挥产业作为吸纳城镇就业和容纳城镇人口重要经济基础的作用，持续推动产业"增量提质"，以产业升级提升城市内涵，促进人口聚集，带动城市繁荣。"增量"方面，深化实施"品牌经营"、"资本运作"、"创新驱动"、"龙头带动"和"全方位创新"等发展战略，全力抓龙头、筑链条、建集群，为城市持续发展吸引聚集稳定人流和充裕资金流。"提质"方面，鼓励优质企业退城入园，转型转产，淘汰低效污染企业，支持企业创新转型，培育知名品牌企业，带动城市知名度、美誉度的整体提升，吸引集聚一大批高端人才为城市建设发展出谋划策、贡献力量。其次，在城市更新改造中，集中构建一批转型升级、创新突破的平台，着力布局和培育工业设计、文化创意、现代物流、金融等生产性服务业，以及文教卫生、商贸流通、旅游休闲、娱乐健身、餐饮住宿、市政服务等生活性服务业，培育壮大新型业态，引领产业高端发展，最后达到产城融合的目标。

4. 完善机制体制，推动城市管理的高效化

积极应对城市大范围更新、大面积改造、带来的新形势、新挑战，不断调整优化城市规划管理、经营运作、建设管理等方面机制体制，提高城市综合管理水平。

（1）优化组织领导机制。围绕项目策划生成、跟踪落地、组织实施等环节，构建三级城建管理体系，就是实行城建领导小组一级统领决策、城建办二级统筹协调、项目指挥部三级具体实施的城建运作机制，实行一把手抓城建、四套班子抓城建、成建制抓城建、统筹统一抓城建，加强对城市规划建设管理的领导和统筹。

（2）优化经营运作机制。确立"政府主导、市场运作、自求平衡、滚动发展"城市发展理念，对城市规划建设层面所要注意的各种事项进行统筹，解决了在城市拆迁过程中各自为政，互相攀比，失去平衡，最后居高不下，整个城

市建设走向死胡同的问题。实行"五个统筹"，统筹征迁标准、统筹规划、统筹招商、统筹地价、统筹资金调度，实现全市城建大局平衡。推行"八个同步"工作法，就是同步推进项目策划、规划设计、手续报批、征地拆迁、招商选资、安置建设、公共配套和传统文化保护，采取立体推进、交叉运作的方法，用最短时间快速完成项目策划、征迁和落地，快速盘活土地、回笼资金，把投入产出时间成本降到最低。

（3）优化规划管理体制。切实把以人为本、尊重自然、绿色低碳理念融入城市规划全过程，明确要执行的具体指标，作为强制性要求，同时，分片区设立规划建设管理站点，下放审批权限，进一步扩大规划管理覆盖面。

（4）优化综合管理机制。成立城市管理委员会，统一指挥、调度城市管理资源，统一协调、组织、开展城市管理工作，建立"市级统一领导、镇街具体实施、社区共同介入"的城市管理新体制，推动城市管理无缝隙，责任全覆盖。二是实施网格化管理。全面推行网格化管理模式，统一搭建信息化管理平台、组建专业化网格管理队伍，实行"定网格、定人员、定职责"管理模式，建立村（社区）新型公共服务体系，推动村（社区）服务管理从条块分治向整体联动转变，从被动应对向主动服务转变，从传统管理方式向信息化管理转变。三是创新社区管理。在城市社区推行街道、社区、业主委员会和物业公司"四位一体"运行机制，调动社区多元主体参与社区治理的积极性，并且以政府购买服务方式，推进社区、社会组织和专业社会工作者"三社联动"服务机制，最大限度激发社区社会活力。同时，整合社区公共服务资源，在城乡社区建立一个布局合理、功能完善、管理有序的社区公共服务中心，进一步整合社区公共服务资源位，为社区居民提供一站式便捷服务。四是强化公共安全应急管理。建立社会治理应急指挥中心，整合部门平台和社会资源，实行"一中心多平台"指挥模式，对突发、应急事件和群众的求助，统一受理、统一调度、快速反应、高效处置，有效提高应急效能与社会治理服务水平。

第二节　福建农业转移人口市民化的试点探索及其评价

一、石狮市试点：全域城市化模式

（一）石狮模式的目标及具体内容

1. 石狮模式的目标

石狮市自 1988 年建市 26 年来，已经从海隅小镇逐步变为富裕安康、文明和谐的现代化城市，至 2013 年城市中心城区建成区面积达 34.8 平方公里，市域人口 66 万人，城镇化率达 75.9%，居全省县级市第一位，成为海峡西岸的一颗璀璨明珠。

作为福建省首批新型城镇化建设试点城市，石狮市提出了"三年打基础、五年全推开、八年一元化"的"358 行动计划"，即到 2015 年，居住证制度全面推开，居住证制度与户籍制度、公共服务的衔接基本实现。全域城市化规划管理体系基本建立，产业空间布局明显优化，城市组团发展格局基本形成。城市公共服务基本实现全域覆盖，社会保障水平显著提高。土地管理制度、行政体制和社区管理等各类试点工作取得显著成效。创建成为国家生态城市、国家卫生城市；到 2017 年，城市基础设施基本实现全域覆盖，与全域城市化相协调的产业体系基本形成。各项改革全面铺开，中心城区、环湾片区实现镇改街和村改居，与全域城市化相适应的土地管理制度、行政管理体制基本确立。以常住人口为基础的公共服务配给制度、全域统一的社会保障体系更加完善，城市人居环境显著改善，创建成为国家文明城市；到了 2020 年，实现全域城市化目标。传统产业转为现代产业，传统农业转为现代都市农业，农村居民转为城市居民，外来人口转为本地市民，村委会转为居委会，乡镇转为街道，城乡二元土地管理制度转为全域城市化土地管理制度。全市常住人口达 100 万人，城市化率 95% 以上；居住证常住人口覆盖率达 100%，吸纳外来人口总数 65 万人；人均地区生产总值 12 万元，居民人均可支配收入 7 万元；三次产业结构调整为 2：48：50；城市建成区面积达 70 平方公里，城市建成区面积占总建设用地的比例达到 70%，承载城市人口的比例 80% 以上；生态绿地覆盖率达 45%；城镇人均公共绿地面积 ≥12 平方米；道路网密度 12 公里/平方公里；城市污水集中处理率 90%、生活垃圾无害化处理率 98% 以上；工业园区产值占全市工业总产值比重 80%；城市公共交通出行比例达 30%；全面普及 15 年基础教育，每千人病床数 6 张以上。各阶段任务明确，对各项目分解实施，落实保障措施，力求每个阶段都有新进展。

2. 石狮模式的具体内容

石狮市在 2013 年 7 月获省政府同意并印发实施《石狮市全域城市化发展改革试点方案》，重点在人口、土地、规划和行政等方面进行体制改革和机制创新，着力破解制约城市化发展的结构性、制度性障碍。主要突出人口管理、产业布局、规划建设、土地管理、公共服务、社会保障、行政管理和城市管理"八个一元化"改革。逐步实现传统产业转为现代产业，传统农业转为现代都市农业，农村居民转为城市居民，外来人口转为本地市民，村委会转为居委会，乡镇转为街道，城乡二元土地管理制度转为全域城市化土地管理制度，具体体现为以下六个方面：（1）深化户籍制度改革，实施统一的居住证制度，逐步推动就业、教育等基本公共服务向居住证申领人群全覆盖。完善外来人口社会参与机制，推动符合条件的外来人口依法参选党代表、人大代表。(2) 加快产业转型和结构调整，建设创新型城市，培育战略性新兴产业。优先发展现代服务业，推动电子商务交易平台建设，推进总部经济、楼宇经济发展，培育都市型消费新业态，建设闽南地区消费中心。(3) 编制全域一体空间统筹规划，建立生态控制线管理体系，严格限制城市建设的无序蔓延。强化规划实施管理的约束性，真正做到"一张图作业"。(4) 支持石狮市向国土部申报列为集体经营性建设用地流转试点，将集体建设用地流转纳入国有建设用地交易平台，统一管理、直接入市，实现土地同地同权同价。探索征地制度改革，实行"人地挂钩"政策，根据吸纳外来人口的数量，确定城市建设用地规模，促进土地集约利用等。(5) 建设一体化的基础设施体系，建立均衡优质的区域教育体系，深化公立医院综合改革试点等，探索建立工伤预防制度，完善"五险统征"机制。完善住房保障体系，建立针对不同人群、不同方式的住房补贴制度。(6) 根据全域城市化进程和管理服务人口规模，科学核定党政机构数量和编制总量，整合行政职能，调整党政机构设置。适时推进"镇改街"、"村改居"、社区重划等行政区划调整。启动人事制度改革，深化公务员分类管理和薪酬制度改革，探索实行政府聘员制度。

(二) 石狮模式的分析与评价

石狮市作为福建省沿海城市中较早进行市场化改革的城市，城镇化率已经达到了一个较高的水平，因此在推进农业转移人口市民化时具有良好的实施基础，而在本次试点城市中，石狮市提出的全域城市化方案即是其结合城市本身的优势，通过在人口管理、产业布局、规划建设、土地管理、公共服务、社会保障、行政管理和城市管理这八个领域，同时跟进实施一元化改革，同时突破户籍、社会保障、城市管理、财政金融等领域的制度性困局，促进农业转移人口市民化的顺利开展。

具体的突破方案有：(1) 实施统一的居住证制度，逐步实现居住证对常住人口的全覆盖。持有居住证的外来人口或企业急需的人才，符合条件的可转为石狮户籍。省内农村进城务工人员落户石狮后，允许在一定时期内保留土地权益，执行原有计划生育政策。(2) 推动公共服务均等化，推动居住证持有人群与本地居民享受同等公共服务。积极扩大教育资源，保障随迁子女平等接受义务教育和学前教育。逐步实现重大公共卫生服务对居住证持有人群的全覆盖。推行无差别的劳动就业服务，将持有居住证的农业转移人口纳入保障房范围。对于持有居住证满两年以上的农业转移人口，可以选择参加石狮城乡居民社会养老保险，连续缴费满一定年限后可在石狮享受养老保险相关待遇。对符合产业需求的特殊人群，给予社会保险财政补贴。凡持有居住证且符合一定条件的农业转移人口，可选择参加居民医疗保险。完善城乡居民社会保险制度，建立省内户籍地委托石狮管理的协作机制，探索省内政府保费补助跨区转移方式，实行"钱随人走"的政府保费补助政策。与有关省份加强对接，探索建立社会保险异地委托管理协作机制。探索建立补充工伤保险制度。(3) 完善社会参与机制，探索持有居住证的农业转移人口社会权利在居住地的实现机制。对持有居住证、符合相关法律规定的农业转移人口，可推荐参选各级党代表，参加泉州市、石狮市两级公务员考试录用和事业单位公开招聘，按照选举法规定办理相关手续后参选人大代表。(4) 健全资金筹集机制，建立健全由政府、企业、个人共同参与的农业转移人口市民化的成本分担机制，明确成本分担主体和支出责任，加大省、泉州市对石狮市吸纳外来农业转移人口的财政转移支持力度。支持石狮创新城市化融资渠道，探索发行市政建设债、项目收益债等各种形式的地方政府融资品种，引导各银行机构对石狮城市化建设给予重点信贷支持。(5) 优先发展现代服务业。以专业市场为龙头，加快国际轻纺城、石狮辅料城、仓储物流园区等项目建设，优化石狮服装城和海博会的运营方式，打造现代化的专业批发市场、配送中心和物流中心，促进会展、市场、电商、物流等融合发展。推动基于云计算技术的电子商务交易平台建设，积极争取石狮海西电子商务园列为国家电子商务示范基地。鼓励各类金融机构在石狮设立分支机构，支持符合条件的金融机构升格或扩大审批权限、增加信贷额度，加快组建石狮村镇银行，鼓励石狮探索民间融资市场创新。推动永宁文化旅游小镇、祥芝渔港风情小镇建设，发展石狮滨海特色旅游。开展服务业综合改革。加快发展总部经济、楼宇经济，吸引咨询、设计、营销、品牌展示等多种业态集聚发展。提升发展传统消费产业，发展餐饮娱乐、文化体育、休闲购物等城市消费业，培育都市型消费新业态，打造闽南地区消费中心。

石狮市全域城市化方案，充分发挥自身原有的优势，以"八个一元化"改革为推动力，向着实现传统产业转为现代产业，传统农业转为现代都市农业，农业转移人口市民化的全域城市化目标不断前进，走出了一条以"民营经济为主、市场经济为主、外向型经济为主"的独特的经济发展道路。石狮市的试点方案为外向型城市推进农业转移人口的市民化提供了很好的蓝本，在发展外向型经济的同时，不断完善本地产业结构，实现全区域的均衡发展，使得全体成员共享经济发展的成果，成为城市的市民。

二、德化县试点：城关统筹城乡改革模式

(一) 德化模式的目标及具体内容

1. 德化模式的目标

德化位于连接沿海发达地区和内地山区的闽中，境内山多、水足、矿富、瓷

美，素有"闽中宝库"之称。陶瓷生产历史悠久，是我国陶瓷文化发祥地和三大古瓷都之一，陶瓷产品80%以上外销，销往190多个国家和地区，是福建省十大重点出口县（市）之一、全国最大的工艺陶瓷生产和出口基地，是中国著名的"陶瓷之乡"。作为现代化绿色瓷都，德化的陶瓷以其精美工艺名扬四海，陶瓷产业也正朝着明确的发展目标策马扬鞭。2013年，德化实现陶瓷产值150亿元创下历史新高。2014年，德化力争实现陶瓷产值175亿元；到2015年1亿元以上的陶瓷企业达40家、产值达200亿元；到2018年产值突破300亿元。

有着"中国白"这一支柱产业的带动，德化县城镇化思路十分明晰。早在1992年，德化县就正式提出"小县大城关"的战略构想，2006年又确立人口向城镇集中、企业向园区集中、居民向社区集中、耕地和山林向集约化经营集中的发展方向，持续做大城关，城关建成区面积和城市人口分别由1978年的不足1平方公里、1.03万人扩大到2013年的12.6平方公里、19.6万人，城镇化水平高达70.3%，位居全省第二位。

德化县在城镇化建设上起步早，特点鲜明的优势，使得它在2013年9月2日继石狮市之后成为福建省第二个新型城镇化试点，为此德化县出台了《德化县做强城关统筹城乡推动城镇化健康发展试点方案》，从陶瓷产业升级、城镇化布局和形态、城乡综合承载能力等六个方面，对德化新型城镇化发展道路作出了全面、详细的规划。规划目标是到2015年城镇化率超过75%，城市建成区面积达18平方公里，承载人口21万以上。工业集中度达82%，三产结构调整为5.5:54:40.5。森林覆盖率79.05%，城市人均公园绿地面积13.5平方米，生活污水处理率88%，生活垃圾无害化处理率98%。城镇居民人均可支配收入2.5万元，城镇保障性住房覆盖率30%。九年义务教育巩固率98%以上，每十万人公共文化设施数83个。每千人医疗机构床位数4张，每千名老人养老机构床位数30张以上。到2020年统筹城乡发展的体制机制基本完善，产城融合、片区联动发展水平稳步提升，现代化城市和新型农村和谐交融的城乡形态基本形成。城市建成区面积达22平方公里，承载人口24万。德化县做强城关统筹城乡推动城镇化健康发展，大力支持陶瓷特色产业，有序推动了农村富余劳动力向县城转移，为闽中地区探索农业转移人口市民化树立了标杆。

2. 德化模式的具体内容

德化县在建设新型城镇化，推动农业转移人口市民化的工作中，始终围绕着陶瓷产业这一本地区的特色同时也是支柱性的产业开展工作，并没有受困于本地区人口少、市区面积小等不利的现实环境，而是充分挖掘特色陶瓷产业，以产兴城，以城促产，形成产城发展良性互动机制。面对复杂的经济发展形势，德化坚持把产业转型升级作为主攻方向。打造陶瓷产业升级版。成立县陶瓷产业发展委员会，加快各类产业园区、转型基地和服务平台建设，提出国外国内并举、共性个性并举、工艺日用并举、线上线下并举"四个并举"思路，全力打造全国性陶瓷电子商务产业基地、中国茶具城和国际陶瓷艺术城，推动陶瓷从做产品向做品牌转变，从工业向文化升级。同时，德化不断深化户籍制度改革，让农业转移人口有市民的身份；推进农村产权林权改革，让农民有立足的本钱；逐步推进公共服务均等化，大力抓好就业、教育、医疗、社保等民生事业，推动城乡低保、养老保险、医疗保险、医疗救助等制度并轨，创新出台县外来德务工人员配偶及子女纳入新农合政策，让农业转移人口有平等的待遇。以人为本，让农业转移人口进了城有活干、留得下、住得好。

（二）德化模式的分析与评价

在 20 世纪 80 年代的时候，德化的陶瓷企业极其分散，城关地区的陶瓷企业仅占全县企业总数的 13%。针对这一现象，德化县委、县政府提出，"相对集中全县的人力、物力、财力，优先发展城关地区，发展乡镇企业，尤其是陶瓷业"。在政府的积极引导和推动下，德化陶瓷产业聚集度不断提高，经过 30 多年的发展，城关地区陶瓷企业从 229 家增加到 1 400 多家，从业人员从 1.2 万人增加到 10 万人，产值从几千万元增加到 120 多亿元。产业聚集推动了产业升级，走出了一条以日用瓷、出口工艺瓷为特色的产业发展道路，成为我国最大的工艺陶瓷生产和出口基地，改革开放后第一个获评中国瓷都。目前，陶瓷产业占德化县经济总量、税收收入、就业岗位的"半壁江山"以上。全县人口不足 32 万，在陶瓷及相关产业就业的就超过 10 万。2013 年前 11 月，陶瓷产业产值 131 亿余元，同比增长 24.5%。

与德化产业发展相匹配的新型城镇化建设方案，在促进农业转移人口市民化方面着眼于解决农业转移人口在进入城市并能留在城市的制度困局。就农业转移人口在城市中面临的户籍限制以及就业、住房、教育等各项社会保障性制度困局，德化县提出：

（1）扩容提质社会事业。在县域内按要求统筹安排专项补助资金，布局建设教育、医疗卫生、文化体育、社会福利、社会养老等公共服务设施。按市直事业单位的标准核定德化教育、卫生、文体等事业单位专业技术职务结构比例，开展事业单位职称制度改革试点。加大义务教育公共服务均等化专项资金扶持力度，落实县域教育布局规划，推进中小学校安工程和义务教育学校标准化、信息化建设，促进义务教育均衡发展。建立与常住人口规模相适应的医疗服务配套体系，加快县医院、中医院建设，支持统筹城乡急需的社区卫生服务中心、妇幼所、疾控中心服务能力建设；整合乡镇卫生院资源，提高卫生资源利用效率。依据人口规模，合理配置城乡文体公共服务建设点，逐步实现城乡文体公共服务设施建设同等标准。

（2）健全社会保障制度。建立城乡社会保障一体化体系，推动低保、养老保险、医疗保险和医疗救助制度等在城乡居民之间的并轨统一。探索统一城乡优抚对象抚恤补助标准和城乡居民交通等事故补偿标准。建立新型社会救助体系，发展社会福利和慈善事业。加强城乡养老设施建设，引进社会资金开办"民办公助"养老机构，大力发展城乡老年事业。推进县级就业和社会保障经办机构和乡镇、行政村（社区）劳动保障服务平台标准化建设，对基层服务平台分期分批进行建设或改造。支持德化县开展扩大失业保险基金支出范围试点。加强就业服务管理信息系统建设，建立城乡一体的就业、用工管理体系。鼓励城乡居民自主创业，按照国家规定在市场准入、小额贷款、税负减免等方面提供优惠政策。

（3）健全住房保障体系。在大城关周边统一建设造福工程、裕民小区；在中心镇、中心村实施安居工程；在工业区配套建设公共租赁房；逐步将农业转移人口纳入城镇住房保障体系；为转移到县城的农业转移人口所建设的住房，纳入全省保障性安居工程项目建设清单；属于国有垦区、林场、农场、危旧房改造和公共租赁住房、廉租房建设的，享受保障性安居工程优惠政策及资金补助。鼓励商业银行加大对保障性安居工程及其配套工程建设、中小套型普通商品住房的信贷支持。

（4）在产业政策方面，首先是突出打造陶瓷产业升级版，提升产业层次。建立健全中小企业公共服务平台、科技创新平台和产业技术创新战略联盟，支持企业技术改造和技术创新，加强创新人才、陶瓷大师和青年企业家培养。大力发展以陶瓷文化为主体的文化创意产业，培育一批陶瓷文化创业园和陶瓷骨干企业，创建省级文化产业园区和文化产业示范基地。其次是壮大产业集群。以提高经济效益和增加就业为核心，完善扶持中小微企业、产业集群发展等政策措施。发展高档日用陶瓷、高端科技陶瓷，培育发展陶瓷机械、陶瓷包装等产业，提升陶瓷生产标准化、自动化、信息化水平，优化陶瓷产品结构，延伸陶瓷产业链条。支持设立陆地港，推进德化县国家外贸转型升级专业型示范基地建设，在广交会展位安排上对德化县企业给予倾斜，大力拓展国内外市场。创建国家级陶瓷产业园区和国家新型工业化产业示范基地，扩大"中国瓷都"品牌效应，打造中国茶具城、国际陶瓷艺术城。省直相关部门在安排产业发展专项资金时，对德化县陶瓷产业项目给予优先支持。最后是优先发展服务业，吸收农业转移人口，解决他们的就业问题。加快电子商务等新型业态与陶瓷产业相结合，建设陶瓷垂直类电子商务平台，创建省级电子商务示范园区和创业孵化器，积极争取德化县陶瓷电子商务创业园列为国家电子商务示范基地，打造全国性陶瓷电子商务产业基地。加大版权保护力度，积极构建作品版权网络登记平台，优先考虑委托德化县直接开展作品版权登记工作。将德化县陶瓷文化旅游列入省市重点文化旅游扶持项目，建设屈斗宫古窑国家大遗址公园、月记窑陶艺博览村，打造陶瓷文化旅游综合体。支持德化县发展陶瓷特色物流中心，并建成省级重点示范物流园区。大力发展总部经济、会展经济、信息咨询、金融保险等新型服务业，推动金融机构设立针对陶瓷产业的特色支行（网点）。

（5）针对在推进农业转移人口市民化过程中需要大量资金投入的问题，应拓宽融资渠道，提高资金的利用效率，减轻政府财政负担。从财政部代理发行的福建省地方政府债券资金中，适当安排部分资金支持德化县项目建设。支持泉州"金改"政策向德化县倾斜。争取发行企业债券、短期融资券、中期票据、资产证券化产品等，筹集基础设施和市政建设发展资金；支持股权投资企业发展，省级创业投资基金优先予以扶持。组建并做大做强城镇开发建设投融资平台，发展村镇银行、小额贷款公司，推动德化县农信社改组为农商行。开展中小企业"助保金"贷款、"流水贷"等各类贷款业务创新；赋予金融分支机构开展小微企业、民生领域金融产品与服务创新相应权限，并在授信、绩效考核、不良贷款容忍度等方面给予倾斜。

通过这些措施突破户籍以及就业、住房、教育等各项社会保障性制度困局对农业转移人口市民化的限制，德化城镇化建设不断深化内涵与拓展外延，推动大城关由"大"向"优"转变，立足山区实际，通过集聚要素，实施大城关战略。考虑到陶瓷产业的分布格局存在地区差异，德化各地的经济发展水平也有所悬殊，因此在推进农业转移人口市民化的过程中不能盲目地讲究速度，而导致与经济发展脱节，应该在兼顾速度的同时保证质量。

三、晋江市试点：建设"品牌之都"

（一）晋江模式的目标及具体内容

1. 晋江模式的目标

晋江是古代海上丝绸之路起点之一，民营经济高度发达，县域经济基本竞争力连续 13 届位居全国 5～7 位，综合实力连续 20 年保持福建县域首位，是中国著名的鞋都、纺织工业基地、食品工业强县（市）、拉链之都、织造名镇、伞都、石材之乡、内衣名镇、休闲服装名镇和运动服装名镇。2002 年，时任福建省长的习近平到晋江调研，把晋江人民的探索和实践概括为"晋江经验"。而晋江在推进农业转移人口市民化这项工作上也起步较早，具有扎实的工作基础。

晋江模式可以概括为：围绕打造中国品牌之都，以人的城镇化为核心，全面提高城镇化质量，稳步推进基本公共服务常住人口全覆盖，努力消除农业转移人口市民化的成本、制度、能力和文化障碍，构建基础设施完善、公共服务高效、产业发展健康、城市环境优美的现代新城。针对自身的发展模式，晋江市提出了"由点到面、由量到质、分步分批分层"的"153050"计划：即到 2015 年，实现 15 万农业转移人口市民化；户籍管理、社会保障、土地管理、财税金融、行政管理等制度改革取得初步成效，基本实现农业转移人口居住证全覆盖和居住证制度与入户制度、公共服务的衔接；"全市一城、一主两辅"发展格局初步形成，城镇综合服务功能显著增强，中心城市辐射带动作用更加突出；产业集聚带动人口集中的能力更强、更稳定；城市人居环境显著改善，争创国家级生态城市。到 2017 年，实现 30 万农业转移人口市民化；以常住人口为基础的公共服务制度、全市统一的社保体系初步形成，与农业转移人口市民化相适应的户籍管理制度、土地管理制度、行政管理体制、行政区划体制基本确立；区域产业创新体系基本形成，产业空间布局明显优化；"九大组团"、"五大片区"全部纳入市政管理体系，"全市一城"发展格局基本形成，城乡人居环境显著改善。到 2020 年的时候，力争实现 50 万农业转移人口市民化，常住人口城镇化率达到 77%；城乡、地域"双二元结构"逐步消除，以常住人口为基础"全市一体"的社会保障体系全面确立，基本公共服务实现常住人口全覆盖，农业转移人口市民化制度体系基本形成；产业转型升级取得明显成效，区域经济综合竞争力显著增强；城市综合管理水平大幅跃升，城乡协调发展水平明显提高。

2. 晋江模式的具体内容

（1）突出同城同步，推动城乡发展一体化。一个是待遇均等化，在福建率先实现城乡低保、新农合、城乡居民养老、救助、优抚等社会保障城乡一体化；率先实现公办普通高中、中职免收学费；率先实现规划建设、配套设施、公共服务、社会治理城乡一体化，保障农民与市区市民享受同等待遇。另一个是就地城镇化、就近市民化，结合城郊村、城中村改造，投入 1 000 多亿，通过和谐征迁、优先安置、盘活资产、养老保障和就业扶持"五个措施"，成片改造石结构及危旧房 3.2 万幢，引导 9 万多农民就地转为市民。在征迁中，农民可以自愿选择"七个换"来盘活资产，包括换安置房、商务办公楼、店面、商场、SOHO、现金和股权等，实现增值保值。

（2）突出品质品位，推动城市建设现代化。主要是 4 个注重：一是注重规划先导，按照"全市一城、一主两辅"城市格局，把以人为本、尊重自然、传承历史、绿色低碳理念融入城市规划，实现一张图纸管到底。二是注重集约节约，近年来成片改造 16 个片区，每年盘活低效用地 1 万亩、提升城镇化率 2 个百分点，目前城镇化率达 62.5%。三是注重功能完善，将 2/3 土地用于建设公园绿地、基础设施和安置房，商业开发仅占 1/3。四是注重生态优先，以流域整治为突破口加强生态建设，近三年新、扩建公园 20 个、面积 6 300 亩，新增水面 3 100 亩，每年造林 1 万亩，市区绿化覆盖率达 43.85%。

（3）突出互动联动，推动产业升级高端化。一方面以产业提升带动城市繁荣，相继实施"品牌经营"、"资本运作"、"创新驱动"等发展战略，成功培育

7个超百亿产业集群、43家上市企业、137枚"国字号"品牌、600家超亿元企业，凸显智造名城、品牌之都的内涵与形象。另一方面以城市更新催生新型业态，引进8家国家级科研机构，布局8大专业市场、5个特色产业园、3大文化创意园、1个金融聚集区和一批高端商业综合体，加快培育新型业态，三年仅批发零售额就翻了一番多。正是这样产城联动，产业结构优化了，人才也引得来、留得住了，还兴起了回归潮，先后有232家企业总部、销售中心回归。

（4）突出根脉文脉，推动城市文化特色化。一个是固态保护，在全市保留修缮10个古建筑群、6 500多栋古建筑和一批古树、古桥、古驿道、古渡口、古码头，并注重在城市建设中注入闽南文化等元素。另一个是活态传承，即从传承人培育、活态表演、场地保障等入手，对高甲戏、木偶戏、南音、东石灯俗等7项世界级、国家级非物质文化遗产进行保护和传承。

（5）突出体制机制，推动城市更新高效化。在运作上，坚持"八个同步"（项目策划、规划设计、手续报批、征地拆迁、招商选资、安置建设、公共配套、文化保护），立体推进、交叉运作，节省成本、提升效率。在投融资上，除财政投入外，还实行政策性融资、发城投债、土地出让收入和社会投资"四轮驱动"。在社会治理上，在福建率先实行市镇村三级网格化管理，充分调动中介、社工及社会组织的积极性，构建街道、社区、业主、物业"四位一体"社区治理体系，变条块分治为共同缔造。

（二）晋江模式的分析与评价

城市的现代化基本内容就是工业化、城市化和社会事业的发展，但是在具体的实践模式上，不同的城市要立足于本地的实际情况，要充分依靠自身的力量。晋江市在实现农业转移人口市民化这项工作中所做的努力就充分说明了这一点。像中国其他城市一样，晋江市也是在改革开放的春风下迎来自身发展的黄金时代的，秉持着"敢为天下先、爱拼才会赢"，把一个原先的农业大县的地区生产总值从1.45亿元做到了2013年的1 363.94亿元，成为享誉全国的"品牌之都"，经济实力连续20年居福建之首。在发展初期，晋江也有"三来一补"和"三资"企业进来，但这并没有以牺牲本地企业的发展为代价，反而更好地促进了本地企业发展，最终使本地企业成为工业化的主导力量。晋江从小企业的"村村冒烟"到连片发展，再到产业集群，经历了从点到面再到集群、从小到大中小并存的过程。在本地区经济快速发展的同时，也吸引了大量农业转移人口来到晋江，共同分享经济发展的成果。截止到2013年末，全市常住人口204.5万人，其中户籍人口为109.02万人，外来人口比例接近一半。如何解决好外来人口户籍问题，促进农业转移人口的市民化就成为晋江市的主要问题之一，此外与户籍相关的就业保障制度、住房制度以及教育方面的制度规定都对农业转移人口能否顺利成为晋江市的新市民产生着重要的影响。此外，在当前产业转型升级的大背景下，晋江是巩固、提高现有的主导产业还是转向高科技产业发展，还是兼而有之，共同发展？第三产业是否将取代制造业而成为晋江经济发展的方向？

面对种种困局，晋江市再次从自身实际情况出发，探索出了自己的突破之道。具体包括：

（1）深化户籍制度改革。完善外来人口居住证制度，健全公共服务、社会保障、政治权利与居住证相挂钩机制。以"合法稳定职业、合法稳定住所"为基本条件，全面放开外来人口落户限制。2011年出台《晋江市实施流动人口居住证管理制度的意见》，允许年满16周岁，有稳定住所、稳定就业的外来人口申办居住证，赋予持证人员社会保险、医疗卫生、事业单位招聘等30项市民化待遇，让外来务工人员先成为晋江"新居民"。2012年又出台了《晋江市流动人口落户管理实施意见》，将居住年限要求从5年放宽到2年甚至1年，住房条件限制由"稳定居所"放开到"无房"，并且实行"先落户、后管理"政策，只要符合落户条件的一律先行接收落户，再跟进计划生育等各项社会管理，让外来流动人口及其子女实现"无障碍"落户。

（2）完善农业转移人口新农合参保机制。探索建立新农合省内异地双向转移接续、"钱随人走"保费补贴跨区域转移办法，允许申领居住证满两年的外来人口选择在晋江参保，享有与本地居民同样待遇。推进医疗机构、社区卫生服务机构建设，提高医疗资源供给服务水平。探索建立公立医院与基层卫生机构分级诊疗、双向转诊的工作机制。建立健全公共卫生服务体系，完善重大疾病防控、妇幼保健、卫生监督等专业公共卫生机构能力建设和计划生育服务网络。巩固完善基本药物制度和基层医疗卫生机构运行新机制，扩大基本药物实施范围，实现村卫生所药品零差率销售全覆盖。加快医疗设施建设，提高医疗资源供给服务水平。积极稳妥开展公立医院改革，鼓励和引导社会资本办医。健全全民医保体系，完善大病商业补充保险，加快医保付费方式改革，有效降低个人医疗费用。制定出台方便群众就医实施意见，提高医疗服务水平。

（3）建立就业和工资增长机制。健全劳动者自主择业、市场调节就业与政府促进就业、鼓励创业相结合的就业机制。把农业转移人口纳入公共就业服务范围，享受与城镇居民同等的职业指导、职业教育、职业介绍、技能培训、政策咨询等公共就业服务。推广企业工资集体协商制度，保障中低收入职工工资合理增长。

（4）完善住房保障供应体系。推进公租房建设及棚户区改造，优化保障性住房规划布局和设施配套，不断扩大住房保障覆盖面；健全保障房准入、使用、退出机制，落实"直接落户、就近入学、低额计税"等安置房转购鼓励措施，扩大农业转移人口住房保障范围，探索农业转移人口同等享受购房按揭贷款及适当放宽公租房套型面积标准和申请条件的具体办法，提高住房保障供给能力。

（5）保障农业转移人口平等受教育权利。加快推进教育资源整体规划、均衡布局，全面落实义务教育学校建设、教师编制、生均公用经费标准"三统一"，大力推广"集团式办学"、"小片区管理"模式，促进教育资源区域均等化、外来人口教育待遇无差异。加大对晋江教育资源均等化的引导和支持，支持引进优质教育资源。

（6）完善提升人才保障体系。深化省定人才强市试点，加快建立人才工作目标责任制和量化考核管理办法，修订优秀人才认定标准及评价机制，进一步优化人才引进认定、成长培育、创业服务等政策体系和配套环境。完善人才分类津补贴政策，对落户晋江的五类高层次紧缺人才予以医疗、住房、子女教育、家属就业等方面全方位保障。

（7）实施"支柱产业高端化"工程。加快建立差别化能源价格等政策倒逼机制，促进印染、陶瓷企业整合重组、改造提升，实现传统优势产业整体升级。加快组建产业联盟，引导企业在产能对接、市场拓展、品牌联合、销售定价、原材料采购等方面建立联盟机制，提升产业内部关联度和综合竞争力。以实施省级服务业综合改革试点为契机，加快发展现代服务业。大力推动金融创新，狠抓金融载体建设、机构培育、产品服务创新、市场体系和人才体系建设，支持全国性金融机构对入驻晋江的分支机构升格，支持晋江引进台港澳外资金融机构和发行各类境内债券、设立基金；支持晋江扩大跨境贸易和投资的人民币清算等业务；支持晋江具有"走出去"意愿的企业在香港、台湾发行人民币债券；支持晋江设立台港澳侨合资产业基金，争创"闽台金融合作先行区域"，构建与实体经济发展相适应的现代金融体系。引领外来人口和进城农村人口消费升级，培育适应外来人口消费需求的服务业态。大力引进高端创意机构、研发平台和创新人才，构建现代物流配送系统，加快建立与制造业提升发展相配套的生产性服务体系。实施"产业结构新型化"工程。制订出台新兴产业专项扶持政策，大力扶持成长性优秀企业做大规模，并遵循产业协作关系，加快策划引进一批龙头项目、上下游配套项目，进一步延伸拓展新兴产业链条。加快推动产业投资基金和创投引导基金的设立、运作，探索建立产业关键人才、关键项目服务团队，引进一批产业"灵魂人物"或"灵魂企业"，创造新兴产业的发展机会，拓展新的就业空间。

（8）构建农业转移人口市民化成本多元化分担渠道。鼓励金融资源向晋江市倾斜，进一步拓宽融资渠道，支持金融机构放宽晋江市金融产品创新的审批权限；加强融资性担保机构建设，大力发展融资租赁业；灵活运用城投公司市政建设项目债券、项目收益债券以及公私合营项目融资等长期、稳定、低成本融资工具；支持晋江探索设立城镇化建设股权投资基金，支持晋江市保障房建设项目通过省级或泉州市级保障房融资平台发债融资；支持晋江市设立直接债务融资发展基金，通过政府增信进一步扩大企业直接债务融资规模。争取晋江金融机构发行"三农"金融债券，化解农业、农村、农民贷款难题；探索实施基础设施建设与周边物业特许经营相挂钩的投资、建设、运营模式，广泛吸引社会各类投资主体参与城市建设，增强城市可持续发展能力。

（9）从情感融入和文化融合入手，在工作、生活和政治待遇等方面，增强"新晋江人"的认同感和归属感。融入学校方面，做出"不让一名务工人员子女失去接受义务教育的机会"的公开承诺，将全市公办学校向外来务工人员子女零门槛开放，赋予外来务工人员子女享受与晋江本地学生一样的就学升学权益（高中免学费等等），目前在晋江入学的外地学生已经超过了本地学生（20.33万），占在校生的58.7%，基本实现外来工子女免费接受义务教育全覆盖，帮助外来工子女解决高中异地就读、异地高考问题；融入社区方面，率先在全省成立市级流动人口服务管理专门机构，在镇、村建设流动人口服务管理所（站），在规模企业设立流动人口综合服务中心，形成市、镇、村、企业"四位一体"的外来人口服务管理网络，为外来人口提供租赁房屋、就业推荐、计生审验等"一条龙"服务；融入政治方面，鼓励外来人员参与晋江的社会政治生活，平等参与"两代表一委员"推选和选举，充分表达利益诉求；融入企业方面，加大企业文化平台培育，以创建"和谐企业"为载体，实施"一企一策一品牌"战略，构建企业职工之家，培育企业与员工、员工与员工、企业与周边和谐统一互动的企业文化。同时以企业服务型党组织建设为主线，发动非公企业党群组织配合党政部门加强企业文化建设、流动人口管理、社会保险办理、慈善救助、矛盾化解、员工权益保障、员工素质提升和科技研发等工作，让员工从内心真正融入企业、融入晋江。

晋江市从"进得来、融得入、留得住"三个方面入手，出台各项政策突破原有的限制农业转移人口市民化的制度困局，探索出了"晋江模式"，紧紧围绕打造"品牌之都"这一核心竞争力，合理引导人口流动、有序推进农业转移人口市民化，在城镇化建设上勇闯新路，认真处理好人与城市的关系，发展与生态的关系，本地居民与外来人口的关系，镇与村的关系，思路清晰，进退有序，环环相扣，有条不紊，为推进新型城镇化建设提供了晋江版的新注解。

四、光泽县试点："中国生态食品城"模式

（一）光泽模式的目标及具体内容

1. 光泽模式的目标

光泽县地处福建省西北部，闽江富屯溪上游，武夷山脉北段，是鹰厦铁路入

闽的"门户",也是福建与内地沟通的"窗口"。光泽生态环境优越。大气环境质量和水环境质量分别达到国家规定的一类和二类标准,适宜发展绿色食品、有机食品,全县耕地面积21.61万亩,是全国商品粮基地县。山木面积257.7万亩,森林覆盖率达76%,木材蓄积量1 011万立方米,竹山面积33.6万亩,是南方重点林区。在福建省的区域功能定位为"可持续发展的特色产业生态经济区",因此被认定为限制开发区域,即指以提供农产品和生态产品为主体功能,资源环境承载能力较弱、大规模集聚经济和人口条件不够好并关系到地区生态安全的区域,包括农产品主产区和重点生态功能区。2013年末户籍人口162 234人,常住人口约13万,城镇化水平43.3%,属人口净流出县。

在2014年1月,光泽县被福建省列为新型城镇化试点县。作为福建省内陆山区的代表,光泽县属于不宜大规模集聚产业和人口的限制开发区域,绿色、生态是光泽的最大优势,因此在推进农业转移人口市民化的工作当中,光泽县所选取的道路也就有了光泽特色。为发挥产业和生态优势,打造中国生态食品城,推进产城融合,提升城镇化发展质量和水平,推进农业转移人口市民化,光泽县提出建设"中国生态食品城"的试点方案,主要的目标是:到2015年,城市片区联动发展格局基本形成,产业结构和空间布局明显优化;城市公共服务和社会保障水平显著提高;户籍、土地、农村产权、投融资和行政管理体制等各项改革进展良好;到2017年,城市基础设施基本实现全覆盖;与城镇化相协调的产业体系基本形成;以常住人口为基础的公共服务提供制度、社会保障体系基本建立;到2020年,全县常住人口15万左右,城区常住人口8万以上,城镇化率60%以上,吸纳农业转移人口3万人;人均GDP达8万元,城镇居民人均可支配收入4万元;城市建成区绿化覆盖率达45%;城市污水处理率和生活垃圾无害化处理率分别达95%以上。城市发展模式科学合理,城市生活和谐宜人,城镇化体制机制更加完善。

2. 光泽模式的具体内容

光泽县具有地处源头的区位优势,丰富的自然资源、得天独厚的生态优势都为当地产业的发展提供了有力支撑,为"生态食品城"的建设打下了良好的基础。在利用当地的自然条件发展新型城镇化,推进农业转移人口市民化,走出光泽模式的过程中,主要采取的措施有:

(1)打造以圣农集团为主的千亿食品产业集群,建设中国生态食品城。长久以来,光泽县不遗余力地做大做强圣农食品产业,有力促进了农业人口向城市转移,并为这些农业转移人口实现市民化提供了多项支持。为有效推进国家级生态食品城建设,打造以圣农集团为主的千亿食品产业集群,光泽县充分发挥好圣农集团的龙头带动作用,2013年,圣农在光泽完成投资8.47亿元,新上了食品四厂、宠物饲料厂、机肥厂、海圣鸡副产品深加工等一批项目;实现工业产值56.7

亿元，增长 10.9%；销售收入 54.5 亿元，增长 17%；出口 4 300 万美元，增长 50%；在全球白羽肉鸡企业中排名上升到 15 位。2014 年，圣农新开工建设的冷链物流、祖代场、第四、第五食品厂等项目正在加紧施工。在打造以圣农肉鸡为主导产业的同时，建设水、鱼、酒、笋、油等其他食品产业同步发展的千亿元食品产业集群，积极推进国家级生态食品城建设。此外，光泽的茶叶产业迅速发展，步入发展快车道。光泽县以科学发展观为指导，立足资源优势，以农民增收为目的，以市场为导向，以企业为主体，以质量为核心，充分依靠科技进步，实施品牌战略，加快建设茶叶生产、加工、研发和市场营销体系，逐步实现茶叶种植基地规模化、加工企业现代化，生产标准化和销售品牌化，提高光泽县茶叶在国内市场知名度，扩大市场占有份额，推动经济加快发展，促进了农业转移人口的市民化。

（2）支持企业升级转型，加快培育新型食品企业。光泽县积极引进一批具有高技术含量的食品公司，鼓励光泽原有食品公司升级扩产，在增加光泽食品产业数量的同时提高产业的发展质量。一方面可以吸引大量的技术型人才进入光泽，提高城市的文化影响力；另一方面也对就业市场产生积极作用，促进农业转移人口留在城市，实现市民化的转变。

（3）培育发展中小企业集群，提高企业经营效率，降低外部成本，增加企业就业岗位，吸引农业转移人口。夯实现有产业基础，精心培育做大做强林产加工、矿产资源开发、机械制造等特色产业。积极引进和培育发展生物工程等新兴产业。走绿色低碳循环的发展路子，引导企业加大技改投入，深加工、上档次、创品牌，逐步做大规模，培育中小企业集群，降低企业运营成本，实现产业互补，增加企业利润，从而增加对于劳动力的需求，吸引农业转移人口进城，为农业转移人口市民化打下基础。

（4）集聚人口，构建"小县大城关"。光泽县紧紧围绕打造中国生态食品城、建设美丽光泽为目标，正逐步推进以人为核心的城镇化建设，实现构建"小县大城关"的发展格局。近年来，光泽县依托生态优势，延伸产业链条，扩大城区规划，推动人口和要素向县城集聚，坚持产城融合，以产兴城，以城促产，预计到 2020 年，实现全县常住人口 15 万左右，城区常住人口 8 万以上，城镇化率60% 以上，吸纳农业转移人口 3 万人，科学合理发展城市模式，实现城市生活和谐宜人。

（5）创新城市各项保障性措施，解决农业转移人口市民化的后顾之忧。以往城市发展的中心都是围绕着经济增长，而忽视了在增长背后分配的不平等，这对于城市文化建设产生很不利的影响。因为市民与非市民存在待遇的差异，农业转移人口无法顺利融入城市，所以非市民对于城市的不满会逐渐积累，导致他们不愿留在城市，往往将城市作为提高收入的工作场所而非长久居住地。通过创新城市各项保障性措施，逐步消除这种不平等的存在，让进城的农民切身感受到城市对于他们的关怀，增加对于城市的好感，同时也能在一定程度上缓解农业转移人口的生活压力，为市民化铺平道路。

（二）光泽模式的分析与评价

近年来，光泽县借力生态优势、特色产业，以圣农集团为龙头的食品加工产业加速发展，吸纳了大量农业转移人口，打造"中国生态食品城"，成为山区县绿色发展的典型。光泽在突破农业转移人口市民化进程中各项制度困局时，所采取的措施有：

（1）针对户籍困局，光泽提出深化户籍制度改革。以合法稳定就业和合法稳定住所（含租赁）为前置条件，全面放开县城落户限制。实施城乡统一的户口登记管理制度。全面实行无门槛的流动人口居住证制度，逐步推行凭居住证享受与当地城镇居民同等的公共服务和社会福利。允许农业转移人口从农村落户城镇后，一定时期内仍按农村户口享受计划生育政策，继续保留土地承包经营权、宅基地使用权、集体收益分配权，充分考虑农业转移人口市民化时间上的长久性与复杂性情况，让农业转移人口有一个充分的缓冲期。

（2）针对农业转移人口进城之后的社会保障不足的情况，光泽提出要推动基本公共服务均等化。首先，扩大社会保障覆盖面。鼓励农业转移人口积极参保、连续参保，逐步提高参保率并纳入城镇职工社保管理体系。允许灵活就业农民工参加当地城镇居民基本医疗保险，探索新农合、新农保和城镇居民医疗及养老保险异地双向转移接续办法。扩大农业转移人口参加城镇职工工伤保险、失业保险、生育保险的比例，条件成熟时将最低生活保障临时救助政策覆盖到已经申领居住证一定年限的外来人口。支持光泽县加快福利中心、救助站、救灾物资仓库等福利救助设施建设，从中央彩票公益金中给予补助。其次，在教育和医疗方面，要提高教育、医疗供给水平。加快推进与城市新区、食品产业园区配套的、功能相对完善的教育、文化、卫生、体育、计生等公共服务基础设施建设。加快城区中小学扩容建设，推动教育资源整合，提高薄弱校教育水平，通过 3~5 年的努力，城区新增学位 2 000 个。重视学前教育，加大城乡公办幼儿园扩容改造力度。加快推进职业教育发展，结合县情优化专业设置，加大教学改革力度，提升教育服务当地经济发展水平。科学规划社区卫生服务网点，建立覆盖全县的基层医疗卫生服务体系。加强农业转移人口聚居地的疾病监测、疫情处理和突发公共卫生事件应对。积极为光泽医疗机构培养本土化本科学历医学人才，将光泽县卫生系统本科层次医学人才委培计划，纳入南平市乡镇卫生院临床医学专业本科层次定向招生计划，并执行相应的招生录取政策。支持光泽县医院和中医院争取成为三甲医院的协作医院或教学医院。优先申报光泽符合中央预算内投资申报要求的医疗卫生服务体系项目。支持光泽创建全国基层中医药工作先进单位。最后，在住房保障方面要强化政府责任，加强保障性安居工程建设，建立健全以公租房、廉租房为主体，满足多层次群体、多元化需求的住房保障体系。加快推进拆迁安置房和城中村农民安置新村建设。优先安排保障性住房建设用地，完善保障性住房投融资机制。积极探索"省带县"、"市带县"的保障房债务融资模式，支持光泽县保障房建设项目通过省级或南平市级保障房融资平台贷款或发债融资。允许农业转移人口数量较多的企业在符合规定标准的用地范围内建设其集体宿舍。推进棚户区改造和旧住宅区综合整治。将具有光泽户籍的农业转移人口及申领居住证一定年限的其他外来人口纳入保障性住房范围。加强保障性住房管理，健全准入和退出机制。

（3）针对市民化过程中融资困难的情况，光泽提出要创新城镇化资金保障机制。加快建立管理规范、风险可控、成本合理、信息透明、运行高效的"大城关"建设融资机制，健全规范城镇开发建设投融资平台。鼓励各金融机构对光泽城镇化建设符合条件的项目及时授信，简化流程，扩大贷款总量。发展村镇银行、小额贷款公司，支持光泽县政府与域外银行合作。推动符合条件的企业通过银行间债券市场发行短期融资券、中期票据或通过资本市场以增发股票、发行公司债等方式募集建设资金。支持光泽中小微企业发行中小企业集合票据、中小企业集合债或区域集优票据。积极协助争取世行、亚行以及国家开发银行、农业发展银行的优惠贷款。放宽准入、完善监管，吸引社会资本参与城镇基础设施和公共服务设施建设和运营。

光泽模式依托光泽县的生态优势，打造"中国生态食品城"，适度发展特色产业，集聚人口，成为福建省限制开发区域城镇化发展的典范。这一试点体现出农业转移人口市民化的过程不是一朝一夕能够达到的，而是一个持续不断的过程。同时也体现出在新型城镇化发展方略下，推进农业转移人口市民化并非是转移到城市的人越多越好，而是要与城市的规模与长期发展规划相匹配，不能一味追求数量的增长，而忽视了城市的实际承载力。

五、邵武市试点：产城融合模式

（一）邵武模式的目标及具体内容

1. 邵武模式的目标

邵武市位于福建省西北部，地处武夷山南麓、富屯溪畔，史称南武夷。1983年10月撤县建市，现辖12镇3乡4个街道，全市总人口30万，其中，城区人口14万，全市土地面积2 852平方公里，建成区面积12.15平方公里。邵武是福建煤炭基地与商品粮基地之一，也是绿色产业之乡，是福建省规划建设的闽西北绿色产业带的重要组成部分，是福建重点林区和四大林产加工中心之一，林木蓄积量 1 506 万立方米，森林覆盖率 76.2%。作为闽西北新兴工业城市，邵武的工业基础较好，原是国家"小三线"工业建设基地，工业基础和配套能力强，劳动力资源数量充足，且素质较高，拥有一大批熟练的技术工人。邵武也是武夷旅游胜地，地处闽西北"绿三角"之旅的中心，北接"双世遗"武夷山，南邻泰宁世界地质公园，境内山川秀美，景观众多，旅游资源得天独厚。

在城镇化建设的进程中，邵武以人的城镇化为核心，以提高城镇化质量和水平为目标，以产业与城市互动融合发展为主线，以园区升级行动、城区融合行动和旅游区建设行动等"三区行动"为抓手，促进产业园区向城区聚拢、产业活动向园区集中、城市功能向园区拓展，形成产业发展、城镇建设和人口集聚协调统一、互促共进的良好态势。而此次邵武市又被选为福建省新型城镇化建设 5 个试点城市之一，为邵武在农业转移人口市民化这一难题上探索邵武模式提供了良好的契机。作为试点城市，邵武市提出自己的总体发展目标是：到 2015 年，"三区行动"进展顺利，产城融合发展初见成效，产业空间布局与城市空间布局进一步协调，林产加工、纺织服装和新材料三大主导产业转型升级，食品和旅游等新兴产业培育呈现良好发展态势，商贸物流进一步发挥集聚和服务功能，"一城四翼"城市框架初步形成，主要产业园区的城市功能得到增强，城市基础设施和公共服务基本覆盖新城区，中心城区人口承载力进一步提高。城市建成区面积扩大到 24 平方公里，市域总人口达到 28 万人，市区人口达到 18 万人，城镇化率达到 67% 左右，三次产业增加值比重调整为 16∶48∶36。人口管理制度、土地管理制度、行政体制机制等各类改革初显成效；到 2020 年，"三区行动"阶段性完成，产城融合发展目标基本实现，产业空间布局与城市空间布局高度一致，产业发展全面提升，工业壮大做强，旅游业成为重要增长极，主要产业园区的城市功能基本完备，"一城四翼"城区格局基本成型，城市基础设施和公共服务全面覆盖新城区，中心城区人口承载力显著提高。市域总人口达到 30 万人，市区人口达到 21 万人，城镇化率达到 75% 以上，三次产业增加值比重调整为 10∶50∶40。试点工作取得预期效果。

2. 邵武模式的具体内容

根据方案，邵武将以园区升级行动、城区融合行动和旅游区建设行动等"三区行动"为抓手，着力促进产业园区向城区聚拢、产业活动向园区集中、城市功能向园区拓展，构建要素匹配、功能齐备、服务完善的"产业－城市"空间复合体。作为邵武模式的特色举措，"三区行动"为邵武推进农业转移人口市民化工作的顺利开展提供了很好的思路，其具体的内容有：

（1）实施"园区升级行动"。按照产城融合理念，推动产业园区从职住分离向功能复合转变,从单一生产型区域向集生产、生活、生态为一体的多元化、多功能、多点支撑、边界清晰的城市产业功能区转型。积极打造特色产业园区,以园区积聚企业,以企业振兴产业,重点推进邵武经济开发区、金塘循环经济示范园区等工业平台建设。积极创造条件,争取邵武经济开发区升级为国家级经济开发区;支持金塘循环经济示范园区扩区并作为邵武经济开发区的组成部分。在建设特色产业园区的同时,推动产业转型升级。按照抓龙头、铸链条、建集群的总体思路,推动主导产业转型升级,积极培育战略性新兴产业。林产加工业要发挥龙头带动作用,提升科技含量,提升工艺水平和高端产品研发能力,形成规模化、标准化、精深加工、品牌效应的现代生产经营模式,向竹浆粕、竹木复合等方向拓展,延伸产业链条;精细化工业加快与新材料技术、纳米技术、生物技术等融合,加大研发投入,向环保新材料方向拓展;纺织服装业进一步突出纺织纤维及家用洗洁巾特色,以新技术、新工艺、新业态进行改造提升,争创中国驰名商标。依托现有产业基础,培育壮大食品加工、机械制造、生物医药等新兴产业。大力发展工业设计、工业服务、物流配送、电子商务等现代服务业,推动产品创新、品牌创新、技术创新和商业模式创新。创造新兴产业就业岗位,吸引高素质人才的流入,带动农业转移人口进入城市,为农业转移人口在城市立足创造良好基础,并为最终的市民化创造条件。

(2)实施"城区融合行动"。开展"多规合一"规划管理试点,推进经济社会发展规划、主体功能区规划、土地利用总体规划和城市总体规划等"多规融合",加强规划之间有效衔接。按照产城融合目标要求,推动东翼的金塘循环经济示范园区发展,南翼的邵武经济开发区建设,西翼的生态休闲旅游区开发,北翼的水北片区规划,构建"一城四翼"融合发展的城市格局。提高中心城区对园区的辐射带动能力,通过城市二环路建设工程,扩大城市建成区框架。推动芹田片区、坪上片区和苦竹湾片区的整体开发,扩大城市容量,为吸引农业转移人口落户创造洼地环境。按照覆盖园区要求,进一步完善城市公共基础配套设施,坚持公交优先,建设中心客运站和公共停车场等配套设施,完善公交线路和站点设置,改善城市交通环境。完善市政公用设施,加快城市第二饮用水源、城市排水、管道燃气等设施建设。科学规划公共服务配套项目建设,加快园区公共租赁房、基本生活配套设施建设。加快商业业态布局,大力发展专业市场,形成辐射闽赣周边的商贸流通集散中心。发挥"山、水、绿"优势,建设精品山水园林城市。

(3)实施"旅游区建设行动"。积极融入大武夷旅游圈,加快建立完善旅游公共服务体系,以优良的生态环境为"硬实力"基础,以张三丰太极文化、儒学和平文化为"软实力"依托,加快养生游、文化游、休闲游、乡村游产品开发。加大和平古镇、金坑红色旅游资源保护开发力度,高水准做好和平旅游度假小镇规划，着力推进和平古镇省级旅游度假区建设，深入挖掘历史文化，整合博物馆、民俗馆、李纲馆等资源，提升天成奇峡、云灵山漂流、国家森林公园等山水旅游景区，打造以文化山水为品牌，以欢乐体验为主导的文化山水欢乐走廊，发展养生旅游。完善吃、住、行、游、购、娱等旅游服务配套设施建设，丰富旅游产品线，提升旅游接待能力和服务水平，打造优秀旅游目的地和旅游经济强县。将旅游业打造成为邵武第三产业中的领军产业，带动相关岗位的就业，吸引农业转移人口投入到这一行业，在不断壮大邵武第三产业的同时也能提高邵武农业转移人口的收入，加快他们转变为市民的步伐。

"三区行动"，从城市建设、产业发展等方向着力促进非农就业岗位的创造，吸引了大量农业转移人口到城市就业，配合了新型城镇化的建设需要，为邵武的农业转移人口市民化工作烙下了深深的邵武模式的烙印。

（二）邵武模式的分析与评价

邵武市作为一个新兴的工业城市，在推进农业转移人口市民化，探索邵武模式过程中提出的"三区行动"方案，对于吸引农业转移人口进城并在城市中取得生活的依靠实现市民化作用显著，首先，能够提高农业转移人口的收入水平。经济是城市生活的基础，预期在城市能够获得更高的收入是农业转移人口向城市迁移定居、实现市民化的主要因素。在农村务农收入水平既定的条件下，两地收入差异越大，城市的吸引力就越强，从而他们的市民化倾向就越明显，也就是说，农业转移人口在城市取得的收入越高，市民化意愿倾向就越强烈。相反，由于城市的生活成本、就业成本和子女教育费用比农村高，农业转移人口没有一定的经济收入预期将很难维持家庭在城市的生活，难以实现市民化。其次，在"城区融合行动"中，扩大了城市的容量，城乡居民的隔阂逐步消融。对于农业转移人口，市民对他们的态度越好、越友善、排斥心理越少，则农业转移人口市民化意愿越强；反之，如若市民对农民工的态度是讨厌、看不起、冷漠、不关心，则农业转移人口市民化的意愿将降低。所以说农民工融入城市，除了经济融入外，社会融入、特别是与当地市民的融合也十分重要。当然，想要"三区行动"顺利落实，对一些制度性困局的突破就十分必要了，具体表现为以下几点：

（1）针对城市扩容，城市建设用地增加的情况，邵武提出要创新土地管理，促进土地集约节约利用。结合产业布局和区域统筹规划，引导项目向产业集中区集聚，在低丘缓坡地试点范围内，依照试点的优惠政策办理有关征地手续、平整土地，条件成熟时支持向国土部申请扩大试点范围。对保留原有地貌景观且不改变农用地性质的项目用地，允许只办理农用地征收，不办理农用地转用。在符合土地利用总体规划的前提下，允许造福工程、地质灾害威胁搬迁等符合"一户一宅"用地条件的农民，跨村、跨乡镇到规划中心村、中心城镇建房。在符合规划前提下，公共租赁住房允许按总建筑面积的一定比例（10%～15%）配建商业服务设施，并以有偿出让方式办理供地手续。全面落实和谐征迁工作法，探索留地（物业）安置、入股安置、住房安置等多种安置模式，提高被征地农民在土地增值收益中的分配比例。探索农村宅基地有偿退出机制。允许以自然村（组）为单位，以农户自愿为前提，开展农村住宅置换城镇住房工作，在城镇规划区内国有土地上新建房屋置换其原有农村住房，置换的城镇住房参照拆迁安置户的规定办理产权证。允许宅基地以外的集体经营性建设用地使用权和农民房屋进行登记、评估、以抵押方式进入国有融资平台或在本市范围内的农业人口之间流转。探索利用农村集体建设用地建设农业转移人口宿舍。城区低效工业用地在原土地使用者自愿申请的前提下，由政府收储并公开出让，土地出让增值收益可按一定比例与原土地使用者进行分成。

（2）为鼓励农业转移人口进入城市并能在城市留得住，邵武市推出各项完善公共服务，放宽限制条件的政策。

在户籍方面，全面放开落户条件，实行无门槛的流动人口居住证制度，建立健全户籍与居住证相互补充、有效衔接的人口管理制度，推动居住证持有人与本地居民享受同等公共服务。在邵武的务工人员及其父母、配偶、未婚子女均可将户口迁入邵武。省内农业转移人口从农村落户邵武城镇后，允许在一定时期内仍按农村户口享受计划生育政策，继续保留土地承包经营权、宅基地使用权、集体收益分配权，按照我省现行规定参加城乡居民社会养老保险或城镇职工基本养老保险制度、城镇居民医疗保险或新型农村合作医疗制度。

在农业转移人口就业问题上，提出完善农业转移人口就业政策，建立城乡一体的就业、用工管理体系。持有居住证的异地务工人员，享受城乡劳动力均等的公共就业体系服务，失业后可以在邵武进行失业登记，享受与城镇登记失业人员同等的所有促进就业创业的优惠政策。支持邵武市按规定开展扩大失业保险基金支出范围试点。加强"就业促进、技能培训、就业服务"三大体系建设，持续完善人力资源市场建设。

对于农业转移人口子女的教育问题，邵武提出要推进教育均衡发展。科学规划学校布局，教育用地优先纳入城镇建设规划，加快城区及城乡结合部中小学和城乡幼儿园扩容建设，在旧城改造和新城新区建设中，同步规划建设中小学和幼儿园。推行城区"小片区"管理模式，大力改善办学条件和加强师资队伍建设。义务教育阶段农业转移人口随迁子女就学纳入邵武普及九年义务教育工作范畴，与城市学生享受同等教育。所有高中面向农业转移人口随迁子女开放招生，平等享有参加中考、高考的权利。

对于农业转移人口的社会保障问题，邵武提出建立健全城乡社会保障一体化体系，推动低保、养老保险、医疗保险和医疗救助制度等在城乡居民之间的并轨统一。农业转移人口已在企业等用人单位稳定就业的，可按规定参加社会保险并享受同等的城镇社会保险权益。持有居住证的本省农业转移人口，在邵武城镇从事个体经营以及灵活就业的，可以按基本养老保险省级统筹的政策规定在邵武参加或接续城镇职工基本养老保险。出台城乡居民社保与城镇企业职工社保之间的接续转移办法，全面实现区域范围统一的医保政策。完善保障性住房的准入和退出机制，重点发展公共租赁住房。鼓励、引导企业和社会资本参与公共租赁住房建设，支持工业园区和劳动密集型企业建设集体宿舍类公共租赁住房。继续深化医药卫生体制改革。将医疗机构设置规划和布局纳入新型城镇化规划，同步落实医疗机构、社区卫生服务机构建设，提高医疗资源供给服务水平。在医疗卫生服务机构基础设施建设上给予政策支持，鼓励引导社会资本建设养生医院或保健中心。

（3）因为农业转移人口市民化需要大量资金支持，因此有必要探索各种融资方式，为市民化提供可靠的经济保障。邵武提出按照财力与事权相匹配的原则，省级财政加大支持力度。适当放宽政策限制，通过采取专项政策和资金支持的措施，加大财政对产业转型升级的扶持力度。鼓励金融部门对邵武改革项目给予信贷资金支持，倾斜信贷资金配置。支持邵武发行企业债券、短期融资券、中期票据、公司债券、区域集优票据、中小企业私募债等，帮助企业发展；发行城投债和通过设区市级以上融资平台发债融资，为农业转移人口市民化工作募集资金。

邵武模式以园区升级行动、城区融合行动和旅游区建设行动等"三区行动"为推进农业转移人口市民化的推动力，以产业与城市互动融合发展为指向标，为农业转移人口市民化提供了邵武的注解。

六、福建农业转移人口市民化试点探索的总体评价

（一）试点探索的优点

在国家实行新型城镇化的发展战略的指引下，福建省出台了《福建省新型城镇化规划（2014～2020年）》，提出要着重解决"人进城、建好城、管好城"的问题。在这一轮新型城镇化建设的浪潮当中，农业转移人口市民化成为推进城镇化建设的重要命题，成为提高农业转移人口融入城镇的能力、提高劳动生产率与职工经济竞争力的必然选择，成为破解城乡二元结构，进一步释放社会生产力和内需潜力，促进农业与工业、乡村与城镇的和谐共进的有力武器，也成为中国实现现代化的重要支撑。但是农业转移人口市民化问题的解决必须要有进度、有顺序，不可能一蹴而就，目前的主要任务是解决已经转移到城镇就业的农业转移人口落户问题。全面放开建制镇和小城市落户限制，有序放开中等城市落户限制，

合理确定大城市落户条件，严格控制特大城市人口规模。推进农业转移人口市民化要坚持自愿、分类、有序，充分尊重农民意愿，因地制宜制定具体办法，优先解决存量，有序引导增量。

福建省在全面推进全省农业转移人口市民化之前，有重点地选择了5个主要的试点城市，为今后的全面推广积累经验。这5个城市结合自身实际情况，分别探索出了各自的推进模式。5个试点城市分属闽东沿海、闽中和闽西山区，从各个试点城市的实现方案可以看出，各试点城市都是在结合本地原有的特色产业，通过对各项制度性困局的突破，逐步扩大城市规模，使农业转移人口进的来并留得住。例如，对于城市户籍制度的限制，各个试点城市都有出台户籍制度改革方案，通过居住证制度全面放开农业转移人口的进入限制，逐步解决这一困局。考虑到农业转移人口市民化过程的长期性，试点城市皆将各项推进措施制度化或成立专门的结构来进行管理，使推进的过程更加规范化也更有效率，同时让农业转移人口对政府政策形成固定预期，增加他们转变为市民的信心。推进农业转移人口市民化的核心是要以人为本，只有把握住这一条准则才有可能实现推进工作的良性开展。试点城市针对这一问题都出台了相关政策，如就业保障、社会保障、住房保障和子女教育等，这一系列的惠民措施在很大程度上解决了农业转移人口在城市立足的问题，免除了他们的在城市留不住的后顾之忧。在资金运作方面，各个试点城市都强调成本分担的多元化，鼓励民间资本的流入，提高资金的利用效率。除了关注影响农业转移人口市民化的经济因素之外，试点城市也都注意到了社会文化方面的影响因素。创新公共服务运作体系，提高政府运作效率。通过推进城乡一体化，加速农村地区非农产业的发展，使农村人口逐渐改掉农业生产生活习惯，接受市民文化，为农业转移人口市民化营造良好的氛围，减轻农业转移人口市民化之后所受到的心理冲击。加大对于城市市民的宣传工作，逐渐消除市民对农业转移人口的排斥心理。

福建省这5个试点城市除了这些共同的优点之外，在探索的过程中也分别走出了各自的特色道路。石狮市作为闽东沿海城市，得益于优良的地理位置与改革开放的巨大推动，城镇化水平位居全省第一，农业转移人口市民化具有良好的经济基础，所以提出发展全域城市化的方案，实现农业转移人口全面市民化；同样位于闽东沿海的晋江市是中国著名的品牌之乡，民营经济高度发达，农业转移人口也很多，为实现这些人的市民化，晋江市提出要建设"品牌之都"的方案。通过发展本地的民营经济，树立品牌，做大做强本地产业，为农业转移人口提供更多的就业机会，提高收入水平，让农业转移人口自发实现市民化；作为闽中地区的代表，德化县在推进农业转移人口市民化时紧密结合本地特色产业陶瓷业，在升级陶瓷产业的基础上做强城关统筹城乡。鉴于德化人口少、产业较为单一的情况，推进农业转移人口市民化主要是推进陶瓷产业在城市的集聚，使陶瓷产业从业人员市民化；光泽县坐落于闽西山区，自然环境优越，拥有丰富的生态资源。主要发展的产业以农业为主，所以要推进农业转移人口市民化必须要考虑到这一实际情况，并不是说农业转移人口市民化就是放弃农业的发展。光泽县紧紧围绕打造中国生态食品城，构建"小县大城关"的发展格局，发展现代农业，实现传统农民转化为现代农业产业的就业工人，发挥本地的资源优势，推进农业转移人口市民化；虽然同样位于闽西山区，但邵武市借助本地区的资源优势逐渐发展成为一个新兴工业城市，所以推进农业转移人口市民化的过程就与光泽县有很大的不同。邵武市以"三区行动"为突破点，着力产业升级，推动产业与城市互动融合发展，在实现经济发展的同时也推进了城市化的发展，潜移默化中将农业转移人口留在了城市之中，实现了市民化。

（二）试点探索存在的问题

1. 行政干预色彩浓厚，缺乏与农业转移人口的沟通交流

此轮的新型城镇化建设不同于以往的城镇化发展策略，以前主要是通过地方经济发展带动城镇化，依靠的还是市场自发的力量，政府并未过多介入。此次则是政府的全面介入，扮演者全面主导的角色，从制定城镇化发展规划到财政资金的支持都是政府在发挥着主导作用，作为城镇化的重要内容，农业转移人口市民化的推进也就染上了很强的行政色彩，福建省探索农业转移人口市民化所选取的5试点城市就有很多的体现。面对一些制度性困局，其解决方法通常是由政府牵头出台各种政策法规来应对，而切身体会这些困局的农业转移人口却没有正常的渠道来表达自身的意见，政府与农业转移人口的交流互动远远不够。

2. 忽视对城市市民的宣传工作致使其产生排外心理

城乡二元制度的长期存在使部分城市居民形成了城市中心主义的心理优越感，十分排斥农业转移人口进入城市，而在此次的5个试点城市中都是针对农业转移人口提出各项措施促进他们向着市民化方向转变，却忽视了对原有城市居民的宣传工作，致使一部分城市居民产生排斥心理。

3. 过度关注市民化数量，忽视对质量的把控

农业转移人口市民化并不是单纯地让原先的农民住进城市，而是要实现人的生活习惯、思想观念、文化修养等一系列的转变，这种转变必将是一个长期的过程，想要在短期内就看到农业转移人口大量的市民化往往会激发各种社会矛盾，不利于和谐社会的建设。在福建省各试点城市的推进方案中，地方政府最关注的仍是数量上的绝对增加，提出的发展目标也缺乏对于农业转移人口市民化的质量进行衡量的标准。

4. 地区发展不均衡，易产生地区间竞争，进一步拉大差距

因为福建省东部、中部和西部自然条件、经济条件的差异比较明显，而在推进农业转移人口市民化的进度上也有很大的差异。整体上东部地区发展较快，城镇化率也比较高，就业机会也很多，已经具备了良好的推进市民化的基础，对于中部和西部的农业转移人口来说更愿意向东部流动，这就会使东部地区城市的规模快速扩大，一定程度上制约了其他地区农业转移人口的市民化，但试点城市的推进方案中并未考虑不同地区形成竞争状态的情况。

（三）优化试点探索的对策建议

1. 完善市场制度，建立农业转移人口与政府的互动平台

在市场经济环境下，市场主体会自动依据最优化原则作出有效率的决策，从而实现资源的优化配置，并获取最大的利益，但前提是市场主体必须有充分的自由决策权和行动权。在推进农业转移人口市民化的过程中，行政直接干预主要改善的是农业转移人口的决策和行动能力，以及市民化的环境约束，但如果市场主体缺乏自由决策权和行动权，政府参与所带来的那些改善并不能产生农业转移人口有效率的决策和资源的优化配置。因此，要不断完善市场制度，使得行政指导作用与市场的资源配置作用有机结合，共同推进农业转移人口市民化。因为推进过程中避免不了大大小小的问题，只是依靠政府来一一发现并解决既不现实也不合理，建立政府同农业转移人口的交流平台，加深双方的信任与理解，避免问题的积累损害农业转移人口的利益与市民化的热情。

2. 加强市民文化的宣传，逐步消除城市市民的排斥心理

市民文化是重点宣传的对象，在推进农业转移人口市民化时，不仅是要对农业转移人口进行相关的宣传，也要对城市原有市民进行宣传。市民文化是一个包容性的文化，不只是关于如何从农民转变为市民，而应该是一个双向的过程，农业转移人口理解并逐渐接受市民文化变为市民，市民也对农业转移人口有清醒的认识，不再以自己为中心排斥新市民的加入。农业转移人口市民化需要农业转移人口和市民的共同配合才能顺利完成，才能实现城市的和谐发展。

3. 建立农业转移人口市民化效益评估机制，实现质量与数量并举

各级政府在推进农业转移人口市民化时所关注的往往是多少农业转移人口变成了市民，而对推进模式的具体运行过程很少关心。由于没有一套科学规范的评估指标体系，农业转移人口市民化缺乏有效的效益评估，以及政绩考核的要求，造成市民化数量不断增加而质量无法保证的状况，使农业转移人口产生不满情绪。带来的影响就是政府投入因结构不合理、投向偏误、管理不善等问题而变得使用效益很低，弱化了政府的职能。另一方面这种低效益、低积累能力又反过来增加了新的、更大的投入需求，在缺少客观评价手段的情况下，通过从结果倒逼的方式来监督政府推进农业转移人口市民化的执行情况也难以开展。所以有必要建立农业转移人口市民化效益评估机制在实现数量增长的情况下保证质量。

4. 统筹全省各地区经济发展，促进要素自由流转

生产要素流转是实现要素优化配置的重要条件，也是实现要素所有者经济利益最大化的重要条件，更好地发挥要素创造财富的作用，更好地促进要素为所有者带来收益的增加都要以要素的自由流转为条件。福建省不同地区自然条件、地理区位、经济发展水平都存在差异，农业转移人口在向城市流动时会有选择性地向省东部沿海地区流入，解决这一问题不能通过行政命令来限制流动，而应统筹全省经济发展，对闽中、闽西地区给予政策上的优惠，鼓励当地发展特色产业，将农业转移人口留住，进而将要素自由流动的效益发挥出来，带动全省整体的农业转移人口的市民化。

第三节　推进福建农业转移人口市民化探索的对策建议

一、完善制度建设，突破农业人口合理流动的制度壁垒

（一）改革户籍制度，消除市民化的主要阻力

我国城乡分割的二元户籍制度导致城乡两种身份在利益上的严重不平等，是农民融入城市生活的主要阻力。加快户籍制度改革则是推进农业转移人口市民化的前提条件。但是在社会主义初级阶段，我国的基本国情是经济发展不平衡，城乡差别大、城市化水平不高、人口多，农业转移人口市民化任务艰巨，在改革户籍制度时不能不考虑这些因素。户籍制度改革宜循序渐进使现有户籍制度更加完善和法制化，以维持社会稳定为主，适当放宽迁移限制以适应市场经济发展的需要。迁徙自由不可能一蹴而就，必须以配套、同步、渐进的户籍改革来平滑实现，要与经济、社会发展水平和城市综合承载能力相适应。

在现阶段，福建省应进一步完善暂住人口登记制度，逐步在全省范围内实行居住证制度。改革户籍管理制度，逐步统一城乡户口登记管理制度。淡化城市偏向，使户籍与社会福利逐步脱钩，降低城市户口的含金量，最大限度地削弱户籍的限制性功能，逐步废除现存的户籍管理体制，逐步实现由以户为中心的静态管理向以人为中心的动态管理过渡。

（二）完善就业及社会保障体制，实现可持续的市民化

推进农业转移人口市民化，让进入城市的农民转变为市民需要一个过程，对已经进入城市的农业转移人口应因地制宜、适时、分层分类地将他们纳入到城市

社会保障体系当中，消除他们的后顾之忧。为适应农业转移人口的流动性特点，可建立社会保障个人账户，确保账户可以自由转移。政府应采取相关政策为农业转移人口社会保障制度的顺利实施创造一个良好的社会环境，减少参保缴纳的各种费用，提高参保的积极性。针对农业转移人口的就业保障，应从农业转移人口的实际出发，设计出与之相适应的就业保障制度。首先要健全劳动力市场网络体系，加强农村劳动力市场信息网络建设，扩大劳动力市场信息网的覆盖面，整合公共就业服务资源，强化公共服务功能。其次，以再就业为核心，开展失业人群的就业教育与职业培训，以就业为导向来设计失业保险、社会救助等就业保障项目。建立就业保障的法律保护体系，通过法律的刚性和权威性强化保障的效果。在其他公共服务领域，努力做到公共服务全覆盖，切实保障农业转移人口与城市人口享有均等的基本公共服务和同等的权益，促进农业转移人口融入城市。

（三）推进土地制度改革，创新土地利用和管理模式

农村的土地和财产是农业转移人口的"根"，推进农业转移人口市民化必须解决好这个"根"的问题。农村土地制度创新的核心问题是土地使用权的归属和界定，而使用权问题的核心是树立农户对土地使用的合理预期和土地资源的合理配置。从长期来看，现行的农村土地承包制带有强烈的过渡性质，没有把承包权与所有权的关系固定化、明晰化，使土地转移的过程受到越来越多的非市场力量的控制。有必要进一步改革和完善土地承包制，创新土地管理制度，优化土地利用结构，提高土地利用效率，合理满足农业转移人口市民化的用地需求。改革的方向是：（1）建立城镇用地规模结构调控机制。严格控制新增城镇建设用地规模，严格执行城市用地分类与规划建设用地标准，实行增量供给与存量挖潜相结合的供地、用地政策，探索实行城镇建设用地增加规模与吸纳农业转移人口市民化数量挂钩政策；（2）健全节约集约用地制度。完善各类建设用地定额标准体系，严格执行土地使用标准，探索实行长期租赁、先租后让、租让结合的工业用地供应制度。建立健全规划统筹、政府引导、市场运作、公众参与、利益共享的城镇低效用地再开发激励约束机制，完善土地租赁、转让、抵押二级市场；（3）深化征地制度改革。缩小征地范围，规范征地程序，完善对被征地农民合理、规范、多元保障机制。建立兼顾国家、集体、个人的土地增值收益分配机制，合理提高个人收益，保障被征地农民长远发展生计。（4）改革农村土地管理制度。为了让农业转移人口顺利完成市民化的转变，必须对于他们留在农村的土地进行合理的管理，使农业转移人口的"根"由农村转移到城市中来。要做到全面完成农村土地确权登记颁证工作，依法维护农民土地承包经营权。在坚持和完善最严格的耕地保护制度前提下，赋予农民对承包地占有、使用、收益、流转及承包经营权抵押、担保权能。保障农户宅基地用益物权，改革完善农村宅基地制度。在符合规

划和用途管制前提下，允许农村集体经营性建设用地出让、租赁、入股，实行与国有土地同权同价入市。建立农村产权流转交易市场，推动农村产权流转交易公开、公正、规范运行。

二、建立多元筹资渠道，提高新型城镇吸纳转移人口能力

农业转移人口市民化是中国新型城镇化战略的重要一环，而要正常推进就必须要有大量的资金支持。以往由政府主导的发展战略通常在资金筹备上也由政府挑大梁，一方面是因为金融市场发育不完全，缺乏多样化的融资渠道；另一方面也是因为市场的调节机制不完善不得不依靠政府的行政干预。而在此轮新型城镇化的建设背景下，这一问题已经有了很大的改善。因此，福建省在推进农业转移人口市民化的过程中应当充分探索市民化所需资金多元化的分担机制，调动民间资本进入的积极性，由政府进行引导并提供必要的担保在金融市场上融集资金，保障农业转移人口市民化顺利开展。

通过多元筹资渠道为新型城镇建设筹措资金，保障新型城镇的各项建设需要，带动当地相关产业发展，创造就业岗位吸引农业转移人口的流入，达到"以产促城，以城兴产"的良性互动效果，提高吸纳转移人口的能力。

三、创新管理机制，提高政府对农业转移人口服务效能

在农业转移人口大量转变为市民的过程中，很多之前不存在的社会问题会产生，如果还是依靠之前城市的管理运行机制势必会造成管理的脱节。面对这一问题，福建省应当创新管理，破解建设项目管理、社会管理创新、行政服务提速等领域的体制瓶颈。探索省直管县（市）体制，争取经济总量大、集聚人口多的小城镇在土地使用、行政审批、财政支配、事务管理等方面享受相应的管理权限，增强人口产业集聚吸纳能力创新经济开发区的管理体制。积极推进新一轮经济开发区管理体制改革，理顺项目入驻、基建投资、业绩考核、效益分配、统计口径等方面的职责权限，建立管理有序、运作高效的园区管理新机制。

四、强化科学规划，推进农业转移人口有序市民化

农业转移人口市民化是一个长期性的过程，必须在遵循经济发展规律的前提下逐步推进，而一些地方政府由于内部运作机制而导致行为并非完全符合经济社会发展的客观需要，即政府行为是有偏好的。首先是政绩考核的需要，自1994年分税制改革以后，行政性分权和财政包干改革给予了地方政府官员极大的经济

激励，考核地方政府官员政绩的标准也由纯政治指标变成地方经济增长指标，这就容易引导对短期和直接经济效益的偏好，而对于农业转移人口市民化这种长期性的工作往往要求在短期内看到成效，造成市民化质量下降，激发各类社会矛盾。其次是监督机制不完善，因为政府主导了此轮的新型城镇化建设，而政府的主要管理方式仍是审批制，由于这种管理方式的制度化、公开化、科学化程度不够，很多推进措施在由上级政府向基层政府下达时，基层政府缺乏动力对真实的推进效果实施严格的监督和管理，而上级政府进行绩效考核的手段有极其有限。福建省在推进农业转移人口市民化时应当通过建立有针对性的监督与考核机制，改变以往单一的政绩考核指标，将农业转移人口市民化加入到考核的内容中去，避免以上情况的出现。

五、加强城镇文化建设，提高农业转移人口融入城镇能力

农业转移人口与城市市民在文化与行为方式、经济生活质量上还存在很大的差异，加上部分城镇居民的偏见，造成农业转移人口对城市生活不适应缺乏归属感，导致农业转移人口与城市原居民两大群体间存在隔阂、疏离，甚至是摩擦和冲突，十分不利于和谐社会建设，也对农业转移人口市民化的长期推进带来很大的负面冲击。福建省在这方面应当积极吸取教训，在努力推进农业转移人口市民化的同时加强市民文化建设，使农业转移人口接受城市，也让原有城市居民消除对于农业转移人口的误解并接纳他们。市民化最重要的是要让农业转移人口融入到城市中去，最为关键的是文化上的融入，文化融入并不是说要农业转移人口完全放弃原先的生活方式、价值观念而全盘接受城市的文化，这应该是一个互动的过程，城市的文化也应该是不断更新的，这样的城市才能保持活力，才能让农业转移人口留得住。

第八章

新型城镇化模式与农业转移
人口市民化的路径

第一节 新型城镇化的主要模式

一、新型城镇化模式的构成要素

新型城镇化是一个国家或地区经济社会发展客观形态的综合体现，是区域空间系统中复杂的社会经济过程，是一个地区由传统向现代、由古代文明向现代文明、由落后向先进、多元文明并存的必由之路。而城镇化模式是研究这一进程及其变革特征的基本切入点。近年来国内外专家学者对此进行了大量的研究并积累了有价值的成果。刘传江、简新华（1998）认为城镇化模式是经济、社会结构转变过程中的城镇化动力机制特征以及发展情况的总和，本质上是对城镇化发展战略的选择研究。赵光瑞（2007）认为城镇化模式是一个国家或者地区基于城镇化发展的客观规律、要素禀赋条件、工业化发展模式、政治和经济体制等条件下的城镇化发展的具体方法。本书认为所谓的城镇化模式是指一个国家或地区根据特定的阶段和特定的背景环境，以提高城镇化发展的综合效应，改善城乡居民生活环境为目标而推进的城镇化基本特征的模式化的归纳与总结。

按照研究视角的不同和选择重点的差异，学术界在城镇化模式界定有多种不同分类。崔援民、刘金霞（1998）按照城市化的规模结构，认为城镇化可以划分为小城镇模式、中等城市模式、大城市模式、国际化都市模式或大中小城市相结合模式。辜胜，李正友（1998）根据城市化的动力机制，将城镇化划分为拉力型城市化和推力型城市化、内生型城市化和外生型城市化、自上而下的城市化和自下而上的城市化模式。从城镇化与工业化发展水平关系来考察，世界城镇化可分成四种模式，即同步城镇化（Synchro Urbanization）模式；过度城市化（Over Urbanization）模式，又称超前城市化；滞后城市化（Under Urbanization）模式；逆城市化（Counter Urbanization）模式。根据城市化过程中资源利用方式，可划分为粗放型城市化和集约型城市化模式。根据城市化的运行机制和监管调控方式，可划分为行政主导型城市化和市场主导型城市化模式（仇保兴，2005）。从历史及发展条件的角度来看，城镇化发展模式可以分为先行国家发展模式和后发国家发展模式；依据城镇化发展与经济结构发展、工业化的关系可分为同步城镇化模式、过度城镇化模式、滞后城镇化模式和逆城镇化模式。曹钢（2010）从定位于城镇化历史进程中城乡关系变化的视角出发，将城镇化划分为三种模式："城市瓦解农村模式"、"城市馈补农村模式"以及"农村转变城市模式"。此外，也有专家学者把我国城镇化模式按照某个区域的城镇化的特点划分为珠三角模式（引进外资，吸引劳动力）；温州模式（小商品经营）；苏南模式（中心城市扩散）；云南德宏模式（边境贸易）；东北模式（资源开发）

综合现有研究成果，本书按照政府与市场机制在城镇化进程中的作用、城镇化进程与工业化和经济发展的相互关系，将城镇化发展模式概括总结为政府主导模式、市场驱动模式以及政府＋市场合力模式。其中，政府主导模式强调在新型城镇化路径中，政府机制占据主导优势地位；市场驱动模式强调充分发挥市场机制资源配置的作用，这种模式又可以细分为优势资源集聚型、产业集群区型以及产业链带动型等；而政府＋市场合力模式则一方面注重市场机制在人口流动、要素集聚等方面的基础性和主导性作用，另一方面也强调政府机制的辅助地位，其总体特征是市场居于主导地位，政府处于辅助地位，起引导作用。

二、政府主导模式

政府主导型模式，也称外生模式，是指在新型城镇化路径中，依靠政府行政力量，包括中央政府以及地方政府，尤其是地方政府，自上而下与自下而上相结合，但以自上而下为主；强制型与诱致型相结合，但以强制型为主的通过政府行为来实现城镇化建设的模式。其基本做法是重新定义某地域行政区划，通过户籍制度改革使农业户口转为非农户口，消除农民身份，进而消除农村。这种行为可以快速实现城镇化，提高城镇化率。在具备产业基础时，政府可以通过制定优惠政策、招商引资，汇聚、整合人力、物力、财力等生产要素，逐渐形成经济外部性，工业兴镇，促进工业化、城镇化协调发展。

政府主导型城镇化模式典型地，如苏联时期的城镇化建设。俄国十月革命胜利后，苏联在计划经济体制下开始了工业化进程，城市化随之全面展开。1928年，苏联开始制定国民经济发展五年计划，经济发展步入了快速发展时期。大批工业企业，特别是重工业企业的建成投产，既推动了所在城市的建设，又吸收了大量农村劳动力和人口进入城市，推动了城镇化进程。到 1940 年苏联城镇化水平达到了 32.5%，13 年提高了 14.5 个百分点，年均增长超过 1 个百分点。"二战"后，随着经济迅速恢复，城镇化进程也取得显著进展，1950 年城镇化水平提高到 38.9%，1965 年城镇化水平达到 52.0%，进入 70 年代，城镇化水平在超过 60% 以后速度逐渐放缓。从苏联的城市化过程可以看出，由于人口总量少，即使其工业化以重工业起步，且重工业始终占有较大比例，其城市化依然达到了较高水平。然而，农业和轻工业的滞后也始终影响着苏联经济的健康发展和城镇人民生活水平的提高，而且苏联在严格的计划经济体制下，通过自上而下的政策实现城镇化，城乡"二元结构"特征显著。

此外，我国早期的计划经济时期的城镇化被认为是政府主导型的城镇化模式，是计划经济的产物。我国早期以政府主导，利用土地财政来推进城镇化，地方政府一方面尽量压低成本来征地（强行拆迁等）、另一方面尽量抬高土地价格来卖地（垄断土地供应等），同时又用相应的收益来进行招商引资、城市建设，推动地方经济社会发展，形成一个不断自我循环、自我强化的链条。诚然，这种旧有的政府主导的城镇化模式在我国经济发展程度还比较低（尤其是农业生产力水平低）时探索出的道路能有效地推进我国的城镇化进程。它在国内土地资源紧张、人地矛盾突出、资金较为不足的制约条件下，充分利用了政府对经济社会发展的主导作用和在土地市场上的垄断地位，硬生生地闯出了一条快速推进城镇化的路子。但是这种模式存在着较大弊端，第一是缺乏科学性；第二是过于依赖政府主导，造城运动，盲目扩张，使得在现有土地制度和财政制度安排下各级政府纷纷热衷于扩大城市规模，造成对土地资源的低效利用以及对土地财政和房地产的过度依赖；第三是不计成本，粗放发展；第四是低价征地，对土地资源的低效利用及对土地财政和房地产的过度依赖；第五是行政级别高的城市就可以利用自身的行政地位来吸取各种要素，包括土地、资金、人才，等等，导致城镇体系发展的严重失衡，即大城市尤其是行政级别较高的顶级大城市畸形扩张，而中小城市则发展不足；最后最为核心的是未能有效解决农民工市民化问题，"只让来打工、不让来落户"的城镇化模式表明中国过去的城镇化本质上是一种"半拉子"的城镇化，是一种"要物（土地）不要人"的城镇化，是"物的城镇化"而非"人的城镇化"。

三、市场驱动模式

"市场驱动型"模式（亦称内生模式），是指在新型城镇化路径中，充分发挥市场机制在人口流动、要素集聚、产业升级、城市内部结构调整和外部扩张、城际竞争、城乡关系协调等方面的基础性和主导性作用。主体是企业、社区、家庭、个人等民间力量，实质是自下而上、诱致型的自组织模式。总体特征是市场居于主导地位，政府处于辅助地位，常见于市场经济体制较成熟、政府干预力度较轻的国家或地区。这种模式按照驱动因素的不同，可以分为依靠优势资源的集聚、产业集群型以及产业链带动型的城镇化模式。

（一）优势资源集聚型

根据赫克歇尔—俄林要素享赋理论（H－O理论），一个国家出口的应是密集使用本国丰富的生产要素生产的商品，进口的应是密集使用本国稀缺的生产要素生产的商品。自然资源在一个国家或地区的经济发展过程中起着基础性的作用，为扩大本国投资乃至进入工业化进程提供必要的物质支撑。一个国家或者地区依据自身的资源优势，扩大相关产业的发展，进而来推动城镇化建设，这种模式就称为优势资源集聚型城镇化模式。

从广义上来讲，资源包括自然资源和社会资源。其中，自然资源是指自然界天然存在、未经人类加工的资源，如土地、水、生物、能量和矿物等。自然资源很多时候简称为资源，是城镇化过程中不可缺少的资源，基础设施建设需要自然资源，城市扩展需要土地资源，人类生存需要水资源等。同时资源的消耗也保证了城镇化进程的推进。以自然资源为主导的城镇化模式在全球不胜枚举，如英国的伯明翰（矿业城市），阿根廷的布宜诺斯艾利斯（土地资源肥沃），中国的大庆等。通过自然资源的开发利用，带动相关产业的发展，从而吸引人口向城市聚集。目前，我国的矿业城市主要是通过矿产资源开发从而推动城市化，尽管目前矿业城市的可持续发展遭到质疑，但是作为一种自然资源的开发，如果做到绿色环保开采，如绿色矿山建设是可行的。自然资源主导型城镇化对资源的要求较高，山西煤炭资源丰富，提供了丰富的煤炭资源，但是却面临环保问题，这类城市的可持续发展应该注重节能环保。江西德兴铜矿资源丰富，应该在开发利用的过程中注重经济效益用金属资源金融杠杆做到可持续发展。

另外，社会资源主要包括如人力资源、市场资源、信息资源、科技资源和区位资源等，社会资源也属于资源的一种。其中人力资源包括人才、劳动力和劳动者技能等；市场资源包括金融投资，市场化程度和企业竞争力等；信息资源包括信息量和信息效率等；区位资源主要是指特殊的地理优势及政策导向造成的某些具有特殊意义的地理位置。以社会资源优势集聚的城镇化模式典型地如美国的纽约，瑞士的苏黎世，新加坡以及中国的上海、广州还有香港等。其中纽约就是全球的典型，纽约的曼哈顿被认为是全球的金融交易中心，它是纽约市中央商务区所在地，世界上摩天大楼最集中的地区，汇集了世界500强中绝大部分公司的总部，南端的华尔街是许多大银行、交易所和垄断组织聚集中心。通过其掌握的社会资源，吸引了全球大量的精英前来就业，从而推动其城镇化。在我国最具有代表性的就是香港，香港目前的城市城市化率将近 100%，其最早靠着区位发展发展起来，由于改革开放之前香港是我国与外界进行金融交易的主要窗口，香港凭借着自己的区位优势，发展金融行业，目前香港 20% 以上的市民从事与金融相关的行业，同时香港作为全球主要的金融交易中心，掌握着大量的一手信息资源。香港的社会资源成为推动城市化进程的主要动力。

（二）产业集群区型

产业集群区着重是指在特定区域中，由有交互关联性的企业、专业化供应商、服务供应商、金融机构、相关产业的厂商及其他相关机构等组成既竞争又合作地理上集中的群体。许多产业集群还包括由于延伸而涉及的销售渠道、顾客、辅助产品制造商、专业化基础设施供应商等，政府及其他提供专业化培训、信息、研究开发、标准制定等的机构，以及同业公会和其他相关的民间团体。不同产业集群的纵深程度和复杂性是各不相同的。产业集群超越了一般产业范围，形成特定地理范围内多个产业相互融合、众多类型机构相互联结的共生体，构成这一区域特色的竞争优势。如绍兴纺织业的化纤、织造、印染服装一条龙的产品关联，围绕该产业链还出现了纺机、染料助剂、纺织技术服务等辅助性行业，这些内在紧密联系并频繁互动的行业及其所属企业就构成了一个庞大的纺织产业集群。

产业集群区型的城镇化主要是指靠市场力量和城镇基础发展起来的城镇化，在市场的推动主导下，形成产业建设—产业集聚区发展—劳动力转移、人口集聚—城镇化—产业扩大发展的良性循环。基于此，可以说在推动城镇化发展的众多因素中，产业集群是城镇产生的根源和城镇发展的内在动力，产业集群推动了城镇经济发展，提高了城镇的竞争优势；反过来，城镇在形成和不断巩固扩张的过程中，也促进了产业集群的进一步深化，产业集群与城镇化是一种良性的循环互动关系。近几年，我国一些学者开始关注产业集群与城镇化之间的互动发展关系（何静，2004；谢芳、徐志文，2005；徐维祥、唐根年，2006 等）。仇保兴（2004）从产业集群与工业化和城镇化的关系入手，提出了发展产业集群是重现新型工业化和城镇化良性互动的途径之一的观点。何静（2004）认为产业集群与城镇化之间存在相互促进的关系，并指出产业集群与城镇化互动的内在动力是竞争力。产业集群借助城镇化来增强产业竞争力，城镇化借助产业集群增强城镇综合竞争力，两种竞争力相互促进产业共振效应。徐维祥（2009）以义乌镇为例运用系统动力学方法研究了产业集群与城镇化的互动发展机制，表明产业集群发展与城镇化是一个互促共进的良性发展关系。王淑英（2009）从合作伙伴关系角度得出产业集群效应与区域经济发展水平之间存在正效应。

产业集群区型城镇以专业产品为主导，以某个区域为聚集地，资源、技术、信息相对集中，形成较强的产业优势，这种"簇群经济"在发达国家由来已久。如 20 世纪 50 年代日本有过"一村一品"的专业化区域生产组织形式，荷兰的花卉镇、法国的酿酒再到高科技含量的美国硅谷、南加州航空业，都属于产业集群型的"簇群经济"。具体地，譬如"硅谷"，这个地处美国加州北部旧金山湾以南的小镇，早期以硅芯片的设计与制造著称因而得名。后来随着其他高技术产业也蓬勃发展，在这聚集了全球最顶尖的 IT 公司，成为全球最知名的电子产业集中地。目前，择址硅谷的计算机公司已经发展到大约 1 500 家，以高技术的中小公司群为基础，并拥有苹果、英特尔、惠普、思科、朗讯等大公司，融科学、技术、生产为一体。而在我国，依靠这种模式发展起来的城镇主要集中在东部沿海地区，这些地区或者以专业市场为对接平台发展产业集群区，并在这扩散过程中推进城镇化，如义乌小商品城；或者基于外商投资，以专业镇为载体实现要素的集聚，实现产业集群与城镇化的耦合联动，如珠江三角洲地区；或者基于开发区建设的产业集群与城镇化的互动发展模式，如珠江三角洲地区。具体地，譬如东莞，无论是虎门、大朗，还是厚街、大岭山，都因为独特的优势产业，已经被打上专业镇的烙痕。这种以镇级经济为单元的新型经济形态，是镇域经济的重要支柱。目前东莞市共有石龙电子信息、大朗毛织、虎门服装、长安五金模具、大岭山家具、厚街鞋业、常平光电、中堂再生纸品、石碣电子、清溪光电通讯和道滘食品等 11 个省产业集群升级示范区及厚街家具创意、虎门信息传输线缆、莞城文化创意、寮步汽车、樟木头塑胶化工、横沥模具、茶山食品等 7 个市级产业集群。专业镇成为推动东莞科技进步和经济发展的重要力量，初步实现了"一镇一品"、"一镇一业"。来自权威数据表明，东莞突出产业集聚优势，申报认定了 11 个火炬计划特色产业基地和 22 个专业镇，组建了 12 个专业镇技术创新平台。2012 年，这 18 个产业集群共有特色产业生产企业一万多家，特色产业工业总产值达到 2 500 多亿元，有效地推动了东莞的城镇化建设。

（三）产业链带动型

产业链是产业经济学中的一个概念，是各个产业部门之间基于一定的技术经济关联。产业链是一个包含价值链、企业链、供需链和空间链四个维度的概念。这四个维度在相互对接的均衡过程中形成了产业链，这种"对接机制"是产业链形成的内模式，作为一种客观规律，它像一只"无形之手"调控着产业链的形成。产业链的本质是用于描述一个具有某种内在联系的企业群结构，它是一个相对宏观的概念，存在两维属性：结构属性和价值属性。产业链中大量存在着上下游关系和相互价值的交换，上游环节向下游环节输送产品或服务，下游环节向上游环节反馈信息。产业链上任何一个节点都可以向其周围节点做生产、技术、空间上的延伸，这样就会形成在空间上相互交错、时间前后重叠的多个产业链，这多个产业链在平面上构成一个产业网，形成区位优势，有效推进城镇化建设。产业链带动是推动我国城镇化建设的重要途径，它的建设有利于提高产业的组织化程度和增值能力，能适应生产规模化、专业化和市场化的时代要求，并促进标准化生产和产品质量安全。另外，产业链的区域延伸将会沟通城乡两个相对封闭的地域，打破我国长期以来固有的城乡二元化体制。

产业链带动型城镇化模式典型地如我国东莞电子信息产业重镇——石碣。1982年2月，石碣镇引进第一家来料加工性质的外向型电子企业——东华电子厂，该厂主要加工装配收音机的中轴。次年，中国台湾致伸科技创办东聚电子，成为石碣镇第一家台资电子企业。随着东聚的进入，聚集效应开始显现出来。1989年，台达正式落户石碣。随后，雅新电子有限公司、源利电子厂又相继在石碣投产。除了台商外，一些日本企业也相继在石碣投资。1994年9月，日本太阳诱电株式会社到石碣镇建厂。随后多年，石碣镇又相继引进了美国的莫莱克斯、韩国的三星电机、中国香港的永利等十多家海外电子上市公司。大企业的进驻，吸引了一大批合作厂商和上下游企业到石碣镇发展，如台达就吸引了20多家上下游企业进驻石碣。经过20多年的持续发展，石碣全镇现有工业企业1 400多家，其中电子企业450多家，形成了强大的电子信息产业配套优势和完备的产业链。在石碣生产的电脑资讯产品品种达110种以上，配套率90%以上，15种产品产销量居世界前三位。石碣镇成为典型的依靠产业链发展起来的新型城镇，通过产业链将上下游企业有效联系起来，使产业发展核心竞争力得到进一步增强，石碣镇也有效地实现了社会主义新农村和城乡建设一体化的跨越式发展，有效地实现了产业集群化、生产链条化。

（四）政府＋市场合力模式

政府＋市场合力模式强调在城镇化进程中注重市场的推动作用，但同时不忽视政府的引导和法治措施。政府和市场机制合力来推动城镇化，主要是坚持市场在资源配置中的决定性作用，发挥政府在创造制度环境、编制发展规划、基础设施建设、提供公共服务和加强社会治理等方面的职能。具体地，政府要着重于制定实施国家新型城镇化规划，加强重大政策统筹协调，推进规划体制改革，加快规划立法工作。同时，还要处理好中央和地方的关系，如中央城镇化会议强调中央制定大政方针、确定城镇化总体规划和战略布局，地方从实际出发，贯彻落实总体规划，制定相应规划，创造性开展建设和管理工作。政府和市场要做好统筹互动，既要调动市场的积极性，尊重市场经济规律，又要积极发挥政府的调控性，同时也要划清两者界线，避免走向极端化。把握好"市场的归还市场，政府的归还政府"这条主线，充分发挥自身优势，为市场良性发展"保驾护航"。通过制定、完善相应的法律法规政策，对新兴城镇化进行科学规划，以"两场统筹"（市场、官场）引导城镇化的有序发展，既不能一味地追求人口的聚集，也不能放任市场的自由发展，而是要通过"看得见的手"和"看不见的手"共同发力，实现"以人为本"的新型城镇化，推动农村的升级换代，实现真正意义上的城乡一体以及生态、生产、生活的三位一体。

政府＋市场合力模式典型地如以西欧、日本为代表的发达的市场经济国家，市场机制在这些国家的城市化进程中发挥了主导作用，政府则通过法律、行政和经济手段，引导城镇化健康发展。城镇化与市场化、工业化总体上是一个比较协调互动的关系，是一种同步型城市化。工业革命前，西欧大多数国家城镇化程度低、进程非常缓慢。18世纪中叶开始进入工业化时代以后，西欧城镇化也进入快速发展期，继1851年英国城镇化水平率先超过50％后，德国、法国也在不到100年的时间内使城镇化水平上升到50％以上。在经历了快速发展阶段后，这些国家的城镇化和城市发展都进入了平稳时期，城镇化水平都达到70％以上，形成了伦敦、巴黎、东京这样有世界影响的大都市。西欧是目前全球人口自然增长最慢的地区，人口以城市间流动和移民为主，没有明显的城乡界限。

这些国家城镇化进程中，一方面，起主导作用的更多是市场机制。城市化总体上来说是近代工业化的产物。英国北部由于丰富的煤矿资源，曼彻斯特、利物浦等城市成为工业革命的发源地，伦敦集中了管理、金融、保险、工程、服务业，成为英国的政治、经济中枢。德国鲁尔区新城镇的出现也是源于工业化过程中煤和铁矿石的需要。由于铁路的发展，城市沿铁路迅速向外蔓延。另一方面，政府在城镇化过程中发挥着不可替代的作用，各国在城镇化快速发展过程中都不同程度地遇到了土地、住房、交通、环境和历史文化保护等方面的问题，政府公共政策涉及的范围越来越广。1935年，伦敦郡通过了"绿带开发限制法案"，由伦敦郡政府收购土地作为"绿化隔离带"，引导城市建设开发，减少对乡村环境和利益的损害。德国从解决住宅供应不足、居住环境恶化等问题入手，颁布了一系列的法规，规范交通等市政基础设施和公共设施的建设。1960年颁布了"联邦建设法"，1971年通过了"联邦建设促进法"，同时德国还很注重区域城镇的协调发展，1975年颁布和实施"地区发展中心建设大纲"将全国划分为38个规划区，1993年德国又提出"区域规划指导原则"，促进城镇发挥对区域经济社会发展的辐射带动作用。

因此，在西欧的城镇化发展过程中，与城镇化相关的人口、土地、资本等经济要素能够自由流动和配置，市场机制发挥了主导作用。同时，各国政府强调对市场竞争和社会保障进行必要的国家干预，通过健全法制、制定和实施国家城镇化战略和公共政策，开发建设区域基础设施，改善城市环境，提供公共服务设施，引导城镇化与市场化、工业化互动发展，积极推进区域结构调整，正确应对快速发展的城镇化进程。

第二节 我国农业转移人口市民化的路径

从人口流动的角度来说，城镇化也被称为非农化，它是指人类生产和生活方式由乡村型向城镇型转化的历史进程，表现为乡村人口向城镇人口转化以及城镇不断发展和完善的过程。在《中共中央关于全面深化改革若干重大问题的决定》中更是明确提出推进农业转移人口市民化，逐步把符合条件的农业转移人口转为城镇居民，这反映了决策层对未来中国城镇化发展大趋势的深刻洞悉。因为农业转移人口市民化既是城镇化的必然结果，也是城镇化的重要动力。农业转移人口向城市有序转移，可以优化城市人口结构、改善农村土地利用状况、满足城市产业结构调整需要。可以从需求角度加快推进基本公共服务均等化，在思维观念和行为方式方面加速城乡融合，进一步提升我国城镇化的内在质量和水平。因此，围绕新型城镇化发展模式，如何有效推进农业转移人口市民化，让广大农民平等参与现代化进程、共同分享现代化成果。加快构建新型农业经营体系，赋予农民更多财产权利，推进城乡要素平等交换和公共资源均衡配置，完善城镇化健康发展体制就成为我们要着重考虑的重点。

一、政府主导模式下农业转移人口市民化的路径

政府主导型的城镇化模式是计划经济的产物，我国长期以来的城镇化建设更多地表现为充分发挥政府机制的作用，由政府起主导作用，强制性地推进我国城镇化进程。这种模式在早期对于加速我国城市化进程、推进农业转移人口市民化具有巨大的推动作用，但随之也暴露出政府官员对农业转移人口市民化的认识不到位，缺乏顶层设计，缺乏主导力量，缺乏对城市建设城市综合承载能力的通盘考虑，没有相关的法律体系、社会保障体系、制度保障等，使得我国农业转移人口市民化的阻力和矛盾凸显。因此，政府主导模式下如何有效推进农业转移人口市民化成为亟待解决的问题。

（一）加强政府职能转变，提供强有力的政策支持

（1）政府应从全面统筹城乡的实际出发，做好总体上的规划和布局，包括城市布局、地域布局和产业布局。要科学调整城镇发展布局，科学编制城镇发展规划，强化各级政府的领导责任，政府职能部门要深入做好调查研究，认真制定地方性的指导政策。同时要全面废除过去不合时宜的有关政策和规定，为农业转移人口市民化扫清政策层而上的障碍。政策的制定要有针对性，既要符合我国社会

经济发展方向和社会建设的总目标，又要符合农业转移人口市民化的现实；既要以人为本，还要充分体现公平、公正和公开，为农业转移人口提供与城市居民同等的制度性保障。这样既可以减少摩擦和矛盾，也可以节约社会成本。

（2）尽快出台农业转移人口市民化的日程表。第一步是争取经过 8～10 年的努力，逐步实现农业转移人口市民化，使一部分农民工真正融入城市后成为中等收入群体；第二步是到 2030 年，基本实现真正意义上的农业转移人口市民化。现阶段，应分类指导，因地制宜合理确定农业转移人口市民化的阶段性重点，有序推动农业转移人口市民化。操作上应遵循"先易后难、先低后高、先急后缓"的原则逐步推进，特别应制定好农业转移人口的"城市进入环节、城市融入环节、农村退出环节"的操作性程序。政府在制定政策时，应该把新生代农民工作为市民化转移的重点对象，优先解决已进城人口的生存问题，从围绕降低农业转移人口市民化的成本，提高农民工市民化的能力入手，破除制约因素，实施工作创新。当前特别急需的是要推进就业、户籍、住房、教育、医疗保障等工作方面的创新等。

（二）加强法律制度建设，提供硬性的制度保障

（1）建立和完善农业转移人口就业和劳动权利保护的法律制度。首先，政府一方面应构建平等的就业制度，促进农民工在城镇稳定就业，建立和完善劳动薪酬保障制度；另一方面，要研究如何为农民工创造更多的就业岗，要加大扶持民营经济并鼓励他们吸纳进城农民工就业，严格执行和完善城市最低工资制度，健全和规范农民工工资支付体系，推动农民工工资实名制。其次，建立和完善农民工社会保障法律制度。政府应该设立专门的行政管理部门，进行监督和管理，加快健全农民工养老保险和工商保险制度，建立城乡之间和地区之间自由转移的社会保障体系。最后，建立和完善农民工工会维权的法律机制。帮助农民工建立工会组织，突出抓好私营企业农民工入会的工作，加强工会在劳动法律监督、劳动关系处理、法律服务和法律援助方面的工作，推动建立和谐稳定的社会主义新型劳动关系。

（2）统筹推进户籍制度改革和基本公共服务均等化。放开中小城市、小城镇特别是县城和中心镇户籍，对大城市的户籍可按照动态、渐进、梯度原则，用"准入条件"代替指标控制。根据城市规模和综合承载能力把农民工进城 10 年以上就业年限、具有合法固定住所、交税、缴纳社保、职业技术等级作为落户条件，分期分批进行，为农民工建立人事档案，全面推行居住证制度。通过推进户籍制度改革，逐步剥离户籍附带的公共福利，认真解决好城市中"新二元结构"所产生的问题。

（3）积极建立农业转移人口的住房保障制度。政府应把农民工住房纳入城市

经济适用房、廉租房的建设规划，积极完善农民工住房配套制度，在政策的制定上要给予农民工一定的优惠优先条件，同时要严格控制好城镇房价，控制好农民工廉租房的租金。同时，建议允许试点农民工参与保障房建设，按照规划要求以集资方式合作建房，还建议将农民工纳入住房公积金制度覆盖范围，并实现全国联网、跨区域异地提取和转移接续制度。同时，加强农民工进城的有关综合配套改革，对涉及农民工关心的教育制度、医疗保障制度、养老保险等社会保障制度等问题要下大气力认真解决好。

（三）政府应加大对市民化的经费投入，努力提高城镇综合承载能力

（1）政府应该抓好城镇规划，注意解决好产业支撑和城镇整体环境建设，掌控好城镇化总体建设目标。为城镇落户的农民提供社会管理和基本公共服务是各级政府共同的责任。政府必须考虑城市的资源消耗、城市管理及综合管理等问题，不仅要提供居住、出行、上学、看病的基础设施，还要切实提升城镇化的"软实力"，找准城乡统筹的结合点。同时，依托城市群合理协调大中小城市和城镇的人口布局，引导他们分散流动，做大县域经济，就地城镇化也是一种转移的好形式。尤其要搞好小城镇建设，防止过渡城镇化、防止建空城、防止城镇"房地产化"、"土地财政"，同时预防大城市病。避免一些地方一哄而起的大跃进。在大城市周边，交通便利之地发展中小城市群，以形成稳定的劳动力资源，对大城市有支撑作用。也可引导农民工在大城市就业，在周边的中小城市、城镇居住，解决农民工就业和居住的矛盾。

（2）加大经费投入，建立健全市民化长效管理的由政府、企业、个人共同分担的成本分担机制。建议将农业转移人口纳入城镇人均 GDP，把农业转移人口的公共服务费用和培训费用纳入地方年度财政预算和支出范围。实行国家补贴一点，城市承担一点，企业分担一点，个人认购一点的成本分摊，认真解决农业转移人口市民化的成本。尤其是各级政府要加大对公共服务投资的力度，对吸纳农业转移人口较多的城市，中央省市应给于一定数额的补助建设资金。

（四）政府要加大宣传力度，积极营造平等和谐的社会氛围

（1）各级政府要加大市民化工作的宣传力度。首先，通过各种媒体广泛宣传，给大家把政策讲透，化解农民工和社会公众的担忧与误解。其次，增强城乡居民的互动，要宣传农民工对城市发展作出的巨大贡献，营造他们融入城市社会发展大趋势的社会氛围。一方面，要进行社会平等观念的宣传教育，引导城市居民与农民工和谐共处，沟通交流，消除隔阂；另一方面，引导市民调整心态，积极主动地与农民工打交道，增强农民工对城市的认同感和归属感。另外，不断提高农民工的社会地位，全社会要形成尊重劳动、关心农民工群体的良好风尚，把

尊重农民工的良好风尚贯穿于企业管理的全过程。对就业歧视，损害农民工合法权益等行为进行责任追究。最后，积极推进农民工行使民主权利，促进农民工在城镇当家做主，加强对农民工的人文关怀，把农民工纳入城镇社区管理，大力实施"员工融入企业，子女融入学校，家庭融入社区"的三融合工程，提高农业转移人口自我管理、自我教育、自我服务的能力。

（2）要充分尊重农民工的权利、意愿和选择。随着改革开放的深入，农民工的自由流动已经成为他们自觉自愿的行动。市民化的本质，就是要让农民工实现与城市居民在政治权利、经济权利和社会权利一体化，使他们和城市居民享有一样的地位和一样的利益。第一，政府要充分尊重农民进城和留乡问题上的自主选择权，把主动权交给农民，让他们根据自己的实际需要和利益权衡去选择。既可以选择进城市，也可以选择留在农村。第二，政府可以通过政策引导、利益诱导，但绝不能用脱离实际的想法，用压制的办法强迫或变相强迫农民转移。第三，必须采取过渡性政策。一方面让城市接纳农民工有一定的缓冲时间，另一方面要允许农民工有一个适应城市的过程。要给他们留有退路，允许农民工进城打工试一试，再选择"去""留"。总之，要让他们愉悦放心地进城生活。第四，必须尊重农民的财产权利，固化农民的土地财产权。对进城落户的农民工可在农村享有自留地使用权、承包地经营权、宅基地所有权、集体收益分配权等，并进行确权和颁证，建立"归属清楚、责权分明、严格保护、流转顺畅"的现代农村产权制度，避免让农民"光脚"进城，要进一步保护和加强农村转移人口的权益制度建设，增强农民工进城的安全感和稳定感。

二、市场驱动模式下农业转移人口市民化的路径

（一）围绕优势资源，大力发展特色产业

在市场驱动模式下的农业转移人口市民化首先要围绕地方优势资源，以工化带动城镇化、产业化和现代化。实现农业剩余劳动力的转移，繁荣农村经济，发展乡镇工业，走城镇化道路必须结合我国部分地区劳动力和自然资源的比较优势，发展劳动密集型制造业，才能在顺利实现城镇化发展的同时，实现农业剩余劳动力的转移。农业产业化的不断发展，可以拓宽农民就业门路，促进农村劳动力的分流和就地转化，促进生产要素在城乡之间的双向流动。在农村，以资源型产品为纽带，以特色产业为抓手，逐步实现"一镇一品"专业化。鼓励具有地方特色产品的乡镇企业走向集聚，向上下游延长价值链，促进专业分工协作体系的完善，形成一批具有地方特色的乡镇产业集群。

（二）促进产业集聚区发展

产业集群是由相同、相近与相关产业的企业聚集于某地，进而吸引为其服务的相关机构进驻该地，共同构成的群体。产业集群已具备了推动城镇化的关键要素——企业集聚体，那么它必然会导致本地更多的农业人口向非农人口的转变，并最终会带来城镇化水平的提高。城镇化水平的提高将会进一步吸引更多的工业企业和非农人口向本地集聚，从而又加大了产业集群的规模和效应。所以产业集群和城镇化是相辅相成的，是一个有机的统一体。集群创导下的农村城镇化道路正是在产业集群与城镇化这种互动关系的基础上才提出来的，试图为城镇化创造能够消化农业人口这一关键要素。

产业集聚区是优化经济结构、转变发展方式、实现节约集约发展的基础工程，产业集聚区以产业集聚带动人口集聚，可以带来就业乘数效应，对于人口有较强的吸纳作用。产业集聚区也是承接产业转移的重要载体。产业集聚区大多数是根据地区特色发展起来的以生产加工为主的劳动密集型企业，对劳动力整体素质要求不高，农村剩余劳动力综合素质低，产业集聚区提供的非农就业机会是农村劳动力就近就地转移的理想选择。

加快产业集聚区建设，第一政府要做好政策指引，要统一规划合理布局，加强配套设施建设，解决好土地问题，创造良好的投资环境。第二要明确产业定位，突出特色，按照"竞争力最强、成长性最好、关联度最高"的原则培育发展特色主导产业，中心城市的产业集聚区要优先发展先进制造业、现代服务业和高新技术产业，县城产业集聚区主要以劳动密集型的深加工业为主。第三要推动产业集聚区企业从分散的、互不关联的状态向"链式发展"转变，实现产业布局从初级上游产业链向下游产业链发展。第四要让完善产业集聚区功能与新型城镇化建设有机融合，同步规划同步发展，城镇是产业集聚区建设的母体，为产业集聚区的成长提供必需的环境支持。产城融合要实现产业集聚区与母城在功能、用地、设施和行政划分的整合。第五要打造产业集聚区文化，塑造创业精神，增强集聚区发展的精神内动力。通过城镇化建设与产业集聚的协调发展，解决农民变市民后在就业、医疗、教育、社保、住房等方面问题，将城镇化与产业集聚协调发展的成果惠及农民，真正提高城镇化的质量，有效带动农业人口市民化。

（三）大力发展第三产业

农村劳动力流动主要是第二和第三产业之间的流动，由农业向非农产业的流动。第二产业以重化工业为主、产品附加值不高、对资源依赖较大、产业链短、经营粗放，并非是提高农村流动劳动力收入和缩小城乡收入差距的最佳选择。长期以来，我国第一产业和第二产业就业弹性明显低于第三产业。第三产业如运输、服务、商务将会成为就业增长的主要渠道。同时，第三产业对于改善农村劳动力就业结构、吸纳农村剩余劳动力就业具有重要意义。

我国产业结构调整过程中存在的主要问题之一是第三产业发展的滞后，因此，加快第三产业的发展是增加农村劳动力进城就业、促进经济结构优化升级、缩小城乡收入差距的重要途径。一方面，包括国家、集体、中外合资、私营、外商独资、个体等多种经济成分的第三产业中多种所有制共同发展为第三产业的发展创造了竞争、公平的市场环境，打破了不合理的部门分割、行业垄断和地区封锁等限制。第三产业中的各类非公企业、中小企业等非公有制经济得到了长足发展，是非农产业吸纳农村剩余劳动力的重要载体，为社会创造了巨大的物质财富，因此，必须创造公平竞争的环境，废除第三产业中存在的行业准入、税收差别、融资信贷等各种"壁垒"，促进第三产业中中小企业等非公有制持续地、健康地发展，充分发挥非公有制经济在吸纳农村剩余劳动力就业方面的作用。另一方面，优化第三产业内部结构，加快金融保险业、仓储和运输业、交通运输业等行业的发展。在服务业内部结构方面，中国仍以传统的生活性服务业为主，智力型、技术型服务业发展滞后，一些现代服务业（如邮电、交通、金融、运输、旅游、通讯、保险、公共设施、娱乐、信息咨询等）等比重比较低，仍处于以传统服务业为主的低水平阶段。加快金融保险业、交通运输业、仓储和运输业的发展，不仅有利于提高服务的社会化、专业化水平，促进市场发育，提高经济效益和效率，方便人民生活，还拓宽了农村劳动力的就业渠道和就业范畴，大量吸纳了农村富余劳动力进城就业，为缩小城乡收入差距创造了重要的条件。

发展第三产业可以促进农村剩余劳动力就业，直接加快城镇化的进程。加快第三产业的发展，对于促进第一产业和第二产业发展、增加就业、经济结构调整、提高人民生活水平具有关键作用，对全面推进建设小康社会进程中也具有战略性的地位。目前，从我国发展状况来说，第三产业依然是吸纳农村劳动力的主要渠道，但是传统服务业如交通邮电业、贸易餐饮业、社会服务业和旅游业仍是第三产业的主体，现代服务业如中介、第三方物流、金融保险、会展推介、信息咨询等发展仍然相对滞后，第三产业在产业总值中的比重过低。应当大力发展第三产业，促进第三产业的全面可持续增长。做大旅游产业，带动相关服务业发展，增大第三产业的总体体量，重点发展社区服务、商贸流通业、旅游、房地产业、邮电通信、物流运输、金融保险等产业。在资金来源方面，政府应当充分发挥非公有制经济的活力，为进入第三产业创造一个公平竞争的外部环境，鼓励民间投资进入第三产业，吸引广泛的社会主体和更多的限制资本到第三产业中来。在增大第三产业总体量的同时，加快发展新兴服务业，努力促进服务业内部结构进一步优化。我国应坚持传统服务业和现代服务业并举发展的政策，坚持发展餐饮等传统服务业，吸收从农业出来的富余劳动力。发展信息服务、金融保险和房地产等现代第三产业对提高城镇综合配套和服务功能，加快城镇化建设。

三、政府＋市场合力模式下农业转移人口市民化的路径

政府＋市场合力型城镇化模式常见于西欧、日本等发达国家的城镇化进程中，这种"大市场、小政府"的模式更多地强调市场的作用，政府机制在这一过程中起引导作用。实践证明，这种模式能够有效地推进城镇化建设，实现农业转移人口市民化，而过分地依赖市场自由之手或者强制性地依靠政府的作用来推动的城镇化效果都较差或者虽然短期内可以大幅度提高城镇化率但是长远来看也往往暴露出诸多弊端。因此，未来新型城镇化建设应更多地走政府＋市场合力模式，强调政府职能的转换，由"主导型政府"向"引导型政府"转变，注重市场的主导作用，正确处理好政府与市场之间的关系，有效推动我国新型城镇化建设，促进农业转移人口市民化。

（一）由"政府主导"到"政府引导"

农民工市民化问题不仅是农民工的利益和出路问题，更是一个复杂的社会系统工程，它涉及社会经济的全方位的利益关系，如农民工和农民、市民的利益关系，农村和城镇、农业与工业和整个国民经济的利益关系，农民工迁出地和迁入地的利益关系，以及短期利益和长期利益的关系，经济发展和社会稳定的关系，等等。在这一过程中，政府扮演着怎样的角色是关乎全局、甚至是关乎新型城镇化建设成功与否的关键所在。政府＋市场合力的城镇化模式强调政府在农业转移人口市民化过程中要谨慎发挥作用，转变政府的职能，由"政府主导"转变为"政府引导"。具体地：

（1）转变政府职能，构建服务型政府。各级政府要正确认识到农业转移人口市民化的必然趋势，要树立"群众利益无小事"的观念。先认真解决农民工反应最强烈的问题。对行政不作为者要加强批评教育，严肃处理，对农民在征地、拆迁、宅基地审批、户口转移、养老和医疗保险等问题的处理上，都要真心实意地为百姓办事，杜绝并反对与民争利。各级政府应该不断加强管理，更要做好对农业转移人口的强化服务，真正实现由管理型向服务型转变。

（2）合理规划，做好战略引导。目前，中国一些大城市就业机会多，人口吸纳能力强，但资源和环境承载能力有限，"城市病"日益凸显。中小城市和小城镇虽然承载能力大，但产业支撑不足，缺乏就业机会和吸纳能力。为此，必须加强对城市常住外来人口、综合承载力和人口吸纳能力的发展规划，积极引导农业人口有序转移，促进人口与产业协同集聚，推动形成以城市群为主体形态、大中小城市和小城镇协调发展的城市化格局。

（3）以制度创新为主线，构建农民工市民化的系统性制度框架。在城乡统筹发展和中国新型城镇化的大背景下，农民工市民化将是"十二五"及今后20年推进城镇化的首要任务和突破口。引导型政府在这一进程中，第一，应进一步深化户籍制度综合配套改革，改革现有的城乡二元的户籍管理制度以及与户籍挂钩的社会福利制度，建立城乡统一的户口登记管理制度，制定和执行较为宽松的城镇迁移落户政策，最终建立身份平等、权益公平、迁移自由的城乡统一的社会管理体制。第二，根据不同地区的人口流动特点区别对待。逐步淡化户籍附带的公共福利，多渠道、多形式改善农业转移人口在居住、就业和子女教育等方面的权益，鼓励有条件的城市将有稳定职业并在城市居住一定年限的农业转移人口逐步纳入统一的城镇社会保障体系。第三，要着力提高农业转移人口的就业保障水平，建立和完善统一的就业服务体系，引导劳资双方建立稳定的劳动关系，稳步提高农业转移劳动力的职业技能，积极维护农业转移劳动力的劳动权益。最后，在住房保障制度方面，各级政府及其住建、发改委、财政等相关职能部门要着力将农业转移人口纳入保障性住房安置范围。要打破户籍限制，将农业转移人口的住房问题与城镇居民住房问题一并纳入当地经济社会发展规划和住房建设规划，建立和完善保障性住房体系。总之，要使农民工市民化不仅要加快推进户籍制度改革，实现农民工身份和职业的转变，更重要的是在劳动就业、公共服务、社会保障、住房保障、城市融入、政治参与、民主权利等多个领域进行制度改革，全面推进农业转移人口市民化，使农民工在公共服务、社会保障和政治权利等方面享受与城市居民同等的待遇，才能最终实现农民工从传统乡村文明向现代化城市文明的整体转变。

（二）注重发挥市场的主导作用

新型城镇化过程中农业转移人口有效实现市民化其主要推动力量是市场而非政府。从各国或地区的经验来看，靠市场来实现农业转移人口市民化效果较好，而靠政府推动的则效果较差，或虽然在短期内可以大幅度提高市民化率，但往往不能持续。新型城镇化建设中由于传统路径依赖效应而导致的"强政府、弱社会"的特征仍然存在，对市场的作用认识不够，特别是对于通过市场实现人口流动、要素集聚、产业升级、城市内部结构调整和外部扩张的基础性和主导性作用认识不够，致使城镇化发展更具有计划经济的特征，自发性不足。正因为如此，政府的适时、适当退出以及市场的适时、适当进入是不可避免的趋势和要求，要积极培育和完善市场机制，强化市场的导向功能，注重市场在农业转移人口市民化的导向作用。具体地，一方面要围绕地方优势资源，结合我国部分地区劳动力和自然资源的比较优势，发展劳动密集型制造业，大力发展第三产业，促进农业劳动力由农业向非农产业的流动。长期以来，我国第一产业和第二产业就业弹性明显低于第三产业。第三产业如运输、服务、商务将会成为就业增长的主要渠道，对于改善农村劳动力就业结构、吸纳农村剩余劳动力就业具有重要意义。注重产业集群区建设，产业集群是城镇产生的根源和城镇发展的内在动力，它以产业集聚带动人口集聚，可以带来就业乘数效应，对于人口有较强的吸纳作用。依托优势产业，促进产业链的构建。另一方面，鼓励企业和社会广泛参与。在政府的引导和资助下，鼓励企业、中间组织和居民广泛参与，分担农业转移人口市民化的成本。尤其要调动企业的积极性，参与分担就业培训、权益维护、社会保障和住房条件改善等方面的成本。要积极引导企业加强对农业转移人口的就业培训，参与公租房、廉租房建设，集中建立农民工宿舍或公寓，改善农民工居住社区环境。同时，要强化企业的社会责任，加强农民工的劳动保护，及时足额为农民工缴纳相关保险费用，提高农民工参与城镇社会保险的比例。

四、正确处理好政府与市场的关系

新型城镇化与传统城镇化的明显区别在于推进方式不同。传统城镇化以政府全面主导的"一元化"方式推进，弱化了市场机制的作用。新型城镇化建设，促进农业转移人口市民化则需要政府与市场合力推进，用足市场无形之手、用好政府有形之手，二者相得益彰。政府要在尊重市场规律的前提下，积极担当起"守夜人"的角色，充分发挥市场在资源配置中的决定性作用，使政府与市场形成合理的分工协作关系。政府主要致力于创造制度环境、编制发展规划、建设基础设施、提供公共服务，为加快城镇化建设和促进农业转移人口市民化创造有利条件。而作为支撑城镇发展的基础和核心是产业，这要靠企业来发展，靠市场来运营，以市场的力量推动农业转移人口市民化。总之，要完成农民工市民化这个艰巨的任务，不仅需要中央政府、地方政府的努力，更需要企业的大力支持与配合，需要地方政府、省政府和中央政府以及企业共同分担农民工市民化的成本。

第一，中央政府应将已有的补助规模扩大并调整补助项目。如将一定比例的地方转移支付专项补助转移到农民工集中流入地区，专项用于对农民工集中地区的补助。可以考虑将专项转移支付增量中的一定比例用于农民工教育、卫生、就业等领域的扶持。

第二，地方政府应主要承担公共卫生、计划生育、子女教育、就业扶持、权益维护等公共品性质领域的主要投入。同时，在住房保障方面，地方政府也应该负担改善农民工住房条件的责任，将满足一定条件的农民工纳入城镇居民住房保障体系。

第三，企业应承担部分就业培训、改善住房条件、权益维护和社会保障等责任。企业应加强对农民工的职业技能培训，提升农民工生产技能的同时也有利于提高企业效率。企业应通过提供租房补贴、建设农民工宿舍或公寓、改善居住社区环境等方面为农民工改善住房条件。企业应参与建立农民工劳动权益维护资金、为农民工缴纳相应保险费用来保护农民工权益，为他们在城市拥有稳定的生活奠定基础。

参 考 文 献

［1］（美）道格拉斯·C·诺思（Douglass C. North）：《经济史中的结构与变迁》，上海三联书店 1991 年版。

［2］（美）乔纳森·休斯（Jonathan Hughes），路易斯·P. 凯恩（Louis P. Cain）《美国经济史》（第 7 版），北京大学出版社 2011 年版。

［3］（美）舒尔茨（Schultz, T. W.）著，蒋斌，张蘅译：《人力资本投资》，商务印书馆 1990 年版。

［4］（英）波斯坦（M. M. Postan）等编：《剑桥欧洲经济史》（第七卷），经济科学出版社 2002 年版。

［5］《2012 年全国农民工检测调查报告》，载于《流动人口信息参考》2013 年第 4 期。

［6］《农民工进城是大势所趋——专访国务院发展研究中心研究员崔传义》，载于《中国老区建设》2002 年第 9 期。

［7］《习近平定调农村土地制度改革　明确三权分置》，载于《第一财经日报》2014 年 9 月 30 日。

［8］H. 钱纳里（H. Chenery）、M. 赛尔昆（M. Syrquin）：《发展的项式（1950~1970）》，经济科学出版社 1988 年版。

［9］蔡志荣：《农村土地流转方式综述》，载于《湖北农业科学》2010 年第 5 期。

［10］曹钢：《中国城镇化模式举证及其本质差异》，载于《改革》2010 年第 4 期。

［11］曹小霞、李练军：《我国农民工市民化影响因素研究进展评述》，载于《当代经济》2012 年第 8 期。

［12］曹宗一：《困境与出路：新生代农民工市民化问题研究》，中国知网，http：//cdmd. cnki. com. cn/article/cdmd – 10394 – 1011062184. htm。

［13］曾思康：《新生代农民工发展的经济学考察》，中国知网，http：//cdmd. cnki. com. cn/article/cdmd – 10394 – 1012494353. htm。

［14］曾万涛：《新型城市化研究综述》，载于《湖南文理学院学报》2008

年第 7 期。

　　[15] 曾文鸿:《户籍制度改革与农村转移人口市民化》,载于《湖南行政学院院报》2013 年第 3 期。

　　[16] 柴文佳、王立会:《城市化质量文献综述》,载于《学术交流》2011 年第 3 期。

　　[17] 陈家斌,王守恒:《进城农民工子女教育的回顾与思考》,载于《内蒙古师范大学学报(教育科学版)》2009 年第 2 期。

　　[18] 陈凌云:《二元户籍制度的弊端与改革》,载于《西南林学院学报》2006 年 S1 期。

　　[19] 陈明:《从转型发展看中国的城镇化战略》,载于《城市发展研究》2010 年第 10 期。

　　[20] 陈明星、叶超:《健康城市化——新的发展理念及其政策意义》,载于《人文地理》2011 年第 2 期。

　　[21] 陈扬乐:《中国农村城市化动力机制探讨——兼论中西部加速农村城市化的战略选择》载于《城市问题》2000 年第 3 期。

　　[22] 陈养:《健康城镇化研究》,载于《国土与自然资源研究》2008 年第 4 期。

　　[23] 程必定:《统筹城乡协调发展的新型城市化道路:兼论成渝试验区的发展思路》,载于《西南民族大学学报(人文社科版)》2008 年第 1 期。

　　[24] 程飞:《不同农村土地流转模式绩效评价研究》,中国知网,http://epub. cnki. net/kns/brief/default_result. aspx。

　　[25] 程开明:《城市化与经济增长的互动机制及理论模型述评》,载于《经济评论》2007 年第 4 期。

　　[26] 程姝:《城镇化进程中农民工市民化问题研究》,中国知网,http://cdmd. cnki. com. cn/article/cdmd - 10224 - 1013207346. htm。

　　[27] 仇保兴:《国外模式与中国城镇化道路选择》,载于《人民论坛》2005 年第 6 期。

　　[28] 崔援民、刘金霞:《中外城市化模式比较与我国城市化道路选择》,载于《河北学刊》1999 年第 4 期。

　　[29] 丁关良、李贤红:《土地承包经营权流转内涵界定研究》,载于《浙江大学学报(人文社会科学版)》2008 年第 6 期。

　　[30] 丁金宏:《中国人口省际迁移的原因别流场特征探析》,载于《人口研究》1994 年第 1 期。

　　[31] 东北财经大学课题组:《农业转移人口市民化研究——财政约束与体制约束视角》,载于《财经问题研究》2014 年第 5 期。

[32] 董昕:《中国农民工住房问题的历史与现状》,载于《财经问题研究》2013 年第 1 期。

[33] 杜朝晖:《我国农村土地流转制度改革》,载于《当代经济研究》2010 年第 2 期。

[34] 段进军:《健康城镇化是推动统筹城乡发展的动力》,载于《改革》2009 年第 5 期。

[35] 樊纲、王小鲁、朱恒鹏:《中国市场化指数》,经济科学出版社 2011 年版。

[36] 樊丽明:《城乡基本公共服务均等化研究》,经济科学出版社 2011 年版。

[37] 方辉振:《推进城镇化是现阶段我国扩大内需的重要途径》,载于《青岛行政学院学报》2010 年第 3 期。

[38] 冯春梅:《城镇化进程中城乡人口变迁研究综述》,载于《铜陵学院学报》2012 年第 4 期。

[39] 冯骥才:《中国城市的再造——关于当前的"新造城运动"》,载于《现代城市研究》2004 年第 1 期。

[40] 冯奎:《从三个时间段看"十二五"城镇化》,载于《经济要参》2012 年第 37 期。

[41] 冯胜:《印度农村劳动力转移问题及其对我国的启示》,载于《南亚研究季刊》2009 第 3 期。

[42] 福建省发展和改革委员:《光泽县建设"中国生态食品城"城镇化试点方案》,http://www.fujian.gov.cn/zwgk/tzgsgg/201402/t20140210_697560.htm。

[43] 福建省发展和改革委员会:《晋江市推动农业转移人口市民化促进城镇化健康发展试点方案》,http://www.fujian.gov.cn/zwgk/zxwj/bmwj/201404/t20140424_711321.htm。

[44] 福建省发展和改革委员会:《邵武市推动产城融合,促进城镇化健康发展试点方案》,http://www.fjdpc.gov.cn/show.aspx?Id=85858。

[45] 福建省人民政府办公厅:《德化县做强城关统筹城乡推动城镇化健康发展试点方案》,http://www.fujian.gov.cn/zwgk/zxwj/szfwj/201309/t20130910_654982.htm。

[46] 福建省人民政府办公厅:《石狮市全域城市化发展改革试点方案》,http://www.fujian.gov.cn/zwgk/zxwj/szfwj/201307/t20130726_612129.htm。

[47] 傅晨:《农民工市民化的制度创新——基于广东省的实证研究》,中国经济版社 2013 年版。

[48] 高超:《十八届四中全会今日召开 农地改革等领域机会涌动》,载于

《投资快报》2014 年 10 月 20 日。

[49] 高慧：《中国流动人口子女教育问题研究》，载于《当代青年研究》2006 年第 11 期。

[50] 高君：《农民工市民化进程、特点与制度创新》，载于《税务与经济》2009 年第 1 期。

[51] 高君：《推进我国农民工社会保障与市民化制度创新问题研究》，载于《城市发展研究》2009 年第 1 期。

[52] 高佩义：《中外城市化研究》，南开大学出版社 1991 年版。

[53] 高强：《我国城镇化推进的模式及措施探析》，载于 2005 年第 5 期《经济问题探索》。

[54] 葛鹏：《农业转移人口市民化的国际经验与启示》，载于《江苏农村经济》2014 年第 3 期。

[55] 葛信勇：《农民工市民化影响因素研究》，中国知网，http：//cdmd. cnki. com. cn/Article/CDMD - 10635 - 1012280388. htm。

[56] 龚玉宇、王雪婷、张茜：《农民工市民化的现状及问题研究》，载于《商情》2014 年第 17 期。

[57] 辜胜阻、成德宁：《户籍制度改革与人口城镇化》，载于《经济经纬》1998 年第 1 期。

[58] 谷延方、黄秋迪：《英国农村劳动力转移对我国城市化的启示》，载于《南方农村》2003 年第 3 期。

[59] 郭炳南、程贵孙：《城市化水平、贸易自由化与经济增长关系的实证研究》，载于《国际贸易问题》2013 年第 4 期。

[60] 国家统计局：《2011 年我国农民工调查监测报告》，载于《中国信息报》2012 年第 30 期。

[61] 国务院发展研究中心课题组：《农民工市民化：制度创新与顶层政策设计》，中国发展出版社 2011 年版。

[62] 何海兵：《西方城市空间结构的主要理论及其演进趋势》，载于《上海行政学院学报》2005 年第 9 期。

[63] 何静：《产业簇群的发展与城镇化互动初探》载于《财经问题研究》2004 年第 2 期。

[64] 何绍辉：《新型城镇化建设应理顺基本要素关系》，载于《湖南城市学院学报》2013 第 9 期。

[65] 何雪松、陈蓓丽、刘东：《上海青年农民工的压力与心理健康研究》，载于《当代青年研究》2006 年第 11 期。

[66] 何一民：《以"人的城镇化"为核心，助力四川新型城镇化建设》，载

于《成都行政学院学报》2013 年第 4 期。

[67] 赫茨勒-希，何新译：《世界人口的危机》，商务印书馆 1963 年版。

[68] 洪银兴、陈雯：《城市化模式的新发展》，载于《经济研究》2000 年第 12 期。

[69] 侯学英：《可持续城市化及其评价指标体系研究》，载于《商业研究》2005 年第 4 期。

[70] 胡杰成：《农民工市民化研究》，知识产权版社 2011 年版。

[71] 黄闯：《新生代农民工的市民化问题》，载于《理论学报》2012 年第 5 期。

[72] 黄国清等：《国外农民市民化的典型模式和经验》，载于《南方农村》2010 年第 3 期。

[73] 黄建新：《新生代农民工市民化：现状、制约因素与政策取向》，载于《华中农业大学学报》2012 年第 2 期。

[74] 黄锟：《深化户籍制度改革与农民工市民化》，载于《城市发展研究》2009 年第 2 期。

[75] 黄锟：《中国农民工市民化制度分析》，中国知网，http：//cdmd. cnki. com. cn/Article/CDMD - 10486 - 1011071048. htm。

[76] 黄锟：《中国农民工市民化制度分析》，中国人民大学出版社 2012 年版。

[77] 黄丽萍：《中国农地使用权流转研究》，厦门大学出版社 2007 年版。

[78] 黄延信等：《农村土地流转状况调查与思考》，载于《农业经济问题》2011 年第 5 期。

[79] 贾晶：《我国户籍制度的规范现状和社会后果研究——以迁徙自由入宪为视角》，中国知网，http：//cdmd. cnki. com. cn/Article/CDMD - 10183 - 1013188167. htm。

[80] 简新华：《中国城镇化与特色城镇化道路》，山东人民出版社 2010 年版。

[81] 江立华：《我国古代的户籍制度及其特点》，载于《北方工业大学学报》2001 年第 4 期。

[82] 姜亦华：《户籍改革与农业人口转移》，载于《现代经济探讨》2013 年第 11 期。

[83] 蒋桦、李勖华：《"农转非"居民的市民化阻碍因素分析与对策研究》，载于《价值工程》2013 年第 10 期。

[84] 蒋建森：《农业转移人口市民化的制度创新及其现实途径》，载于《中共浙江省委党校学报》2013 年第 5 期。

[85] 金南顺、李颖：《覆盖农民工的城市公共服务体系研究》，载于《未来与发展》2008 第 8 期。

[86] 柯武刚、史漫飞：《制度经济学》，商务印书馆 2000 年版。

[87] 黎智洪：《农业转移人口市民化：制度困局与策略选择》，载于《人民论坛》2013 年第 7 期。

[88] 李阿萌、张京祥：《城乡基本公共服务设施均等化研究评述及展望》，载于《规划师》2011 年第 11 期。

[89] 李富田、李戈：《进城还是进镇：西部农民城镇化路径选择——对四川省 31 个镇、村调查》，载于《农村经济》2010 年第 4 期。

[90] 李国强：《山东省农村劳动力转移教育培训研究》，中国知网，http://epub.cnki.net/kns/brief/default_result.aspx。

[91] 李强：《多元城镇化与中国发展：战略及推进模式研究》，社会科学文献出版社 2013 年版。

[92] 李强：《论政府对弱势群体权益的保护》，载于《吉林大学》2007 年。

[93] 李秋明、朗学彬：《城市化质量的内涵及其评价指标体系的建构》，载于《中国软科学》2010 年第 6 期。

[94] 李瑞林、李正升：《巴西城市化模式的分析及启示》，载于《城市问题》2006 年第 4 期。

[95] 李淑妍：《农民工市民化视角下的农村土地流转问题研究》，中国知网，http://epub.cnki.net/kns/brief/default_result.aspx。

[96] 李湘萍：《富平模式：农民工培训的制度创新》，载于《教育发展研究》2005 年第 6 期。

[97] 李晓梅：《中国城镇化模式研究综述》，载于《西北人口》2012 年第 2 期。

[98] 梁明、李培等：《中国城乡人口迁移数量决定因素的实证研究：1992～2004》，载于《人口学刊》2007 年第 5 期。

[99] 林存壮、周乐萍：《农业转移人口市民化的内涵特征及推进政策》，载于《中国集体经济》2013 年第 22 期。

[100] 林毅夫：《再论制度、技术与中国农业发展》，北京大学出版社 2001 年版。

[101] 刘传江、程建林：《养老保险"便携性损失"与农民工养老保障制度研究》，载于《中国人口科学》2008 年第 4 期。

[102] 刘传江、简新华等：《中国第二代农民工研究》，山东人民出版社 2009 年版。

[103] 刘传江、程建林：《第二代农民工：现状分析与进程测度》，载于《人口研究》2008 年第 5 期。

[104] 刘传江：《新生代农民工的特点、挑战与市民化》，载于《人口研究》

2010 年第 2 期。

[105] 刘丽萍：《中国"民工荒"问题研究》，中国知网，http：//epub. cnki. net/kns/brief/default_result. aspx。

[106] 刘平青、姜长云：《我国农民工培训需求调查与思考》，载于《上海经济研究》2005 年第 9 期。

[107] 刘淑春：《改革开放以来中国农村土地流转制度的改革与发展》，载于《经济与管理》2008 年第 10 期。

[108] 刘素冬：《对我国城市化质量的深思》，载于《天津城市建筑学院学报》2006 年第 1 期。

[109] 刘湘辉、孙艳华：《集聚效应：中小企业集群与城镇化耦合发展的机理分析》，载于《甘肃社会科学》2010 年第 2 期。

[110] 刘永好：《新型城镇化：以扩内需为内核》，载于《今日中国论坛》2010 年第 10 期。

[111] 刘云海、李改英：《可借鉴的四种失地农民安置模式》，载于《集团经济研究》2007 年第 6 期。

[112] 卢现祥：《新制度经济学》，武汉大学出版社 2004 年版。

[113] 鲁奇、王国霞、杨春悦：《流动人口分布与区域经济发展关系若干解释（1990、2000）》，载于《地理研究》2006 年第 9 期。

[114] 陆铭、高虹、佐藤宏：《城市规模与包容性就业》，载于《中国社会科学》2012 年第 10 期。

[115] 陆益龙：《户籍制度——控制与社会差别》，商务图书馆 2003 年版。

[116] 罗小兰：《我国最低工资标准农民工就业效应分析——对全国、地区及行业的实证研究》，载于《财经研究》2007 年第 11 期。

[117] 马桂萍：《农民工培训的制约因素及突破思路》，载于《高等农业教育》2004 年第 11 期。

[118] 马桂萍：《农民工市民化制度演进与创新》，中国知网，http：//cdmd. cnki. com. cn/Article/CDMD - 10165 -2009122329. htm。

[119] 马桂萍：《市民化制度演进与创新》，辽宁师范大学出版社 2008 年版。

[120] 马九杰、吴本健、周向阳：《金融创新与新型城镇化、城乡发展一体化》，载于《农村金融研究》2013 第 3 期。

[121] 马荣成：《推进新型城镇化与扩大需求的现实选择》，载于《河北金融》2013 年第 9 期。

[122] 潘峰：《推进新型城镇化是扩大内需的战略选择》，载于《学习月刊》2011 年第 3 期。

[123] 潘海生、曹小锋：《就地城镇化：一条新型城镇化道路——浙江小城镇建设的调查》，载于《政策瞭望》2010 年第 9 期。

[124] 潘纪一：《发展中国家的农业劳动力转移》，载于《人口学刊》1985 年第 5 期。

[125] 彭小辉、史清华：《城乡二元户籍的历史沿革、改革路径与启示》，载于《体制改革》2013 年第 12 期。

[126] 乔伟伟：《城乡二元户籍制度的弊端与改革思路》，载于《法制与社会》2009 年第 6 期。

[127] 秦秀昌：《农村土地流转模式刍议》，载于《经济师》2004 年第 5 期。

[128] 任素华：《关于我国城市人口迁移情况的浅析》，载于《社会学研究》1988 年第 4 期。

[129] 阮云胜：《国外农村转移人口市民化的就业经验与启示》，载于《知识经济》2014 年第 5 期。

[130] 盛广耀：《城市化模式研究综述》，载于《城市发展研究》2011 年第 7 期。

[131] 史美兰：《农业现代化：发展的国际比较》，民族出版社第 2006 版。

[132] 谭学文：《中国农村观察，稳定城市化——一个人口迁移角度的城市化质量》，载于《概念》2012 年第 1 期。

[133] 汤兆云：《新时期中国人口政策研究综述》，载于《怀化学院学报》2004 年第 2 期。

[134] 唐根年，徐维祥：《中国农民市民化经济门槛与城市化关系研究：理论与实证》，载于《经济地理》2006 年第 1 期。

[135] 唐之享：《再论市场化》，载于《中南大学学报》2003 年第 2 期。

[136] 田北海：《农民工社会管理模式转型与创新路径探讨》，载于《华中农业大学学报》2011 年第 2 期。

[137] 田园：《政府主导和推进下农业转移人口市民化问题探究》，载于《西北农林科技大学学报》2013 年第 5 期。

[138] 汪同三：《中国投资体制发展道路》，经济管理出版社 2013 年版。

[139] 王梅、周顺波：《国际比较：农民成为市民的制度安排》，载于《开发导报》2012 年第 2 期。

[140] 王春光：《农村流动人口的"半城市化"研究》，载于《社会学研究》2006 年第 5 期。

[141] 王春平、张立富：《农村集体经济组织的法律地位与企业化改造》，载于《农业经济问题》2002 年第 2 期。

[142] 王栋琳：《城镇化不能演变成"造城运动"》，载于《中国证券报》

2012 年第 6 期。

[143] 王放：《论中国可持续的城市化道路——兼论现行城市发展方针的局限性》，载于《人口研究》1999 年第 5 期。

[144] 王国军：《社会保障：从二元到三维》，对外经济贸易大学出版社2005 年版。

[145] 王华：《我国农业转移人口市民化的难点与对策》，载于《大庆社会科学》2014 年第 6 期。

[146] 王家庭、唐袁：《我国城市化质量测度的实证研究》，载于《财经问题研究》2009 年第 12 期。

[147] 王杰力：《中国农民工就业歧视问题研究》，中国知网，http: //epub. cnki. net/kns/brief/default_result. aspx。

[148] 王凯、侯爱敏、翟青：《城市农民工住房问题的研究综述》，载于《城市发展研究》2010 年第 1 期。

[149] 王美艳、蔡昉：《户籍制度改革的历程与展望》，载于《广东社会科学》2008 年第 6 期。

[150] 王梦奎、冯并、谢伏瞻：《中国特色城镇化道路》，中国发展出版社2004 年版。

[151] 王梦奎：《关于统筹城乡发展问题》，载于《求是》2004 年第 10 期。

[152] 王乃新、何笑笑：《农民工城市化问题研究综述》，载于《福建建筑》2010 年第 12 期。

[153] 王萍、管晓芸：《浅谈农民工市民化过程中的困境与对策》，载于《农村经济与科技》2013 年第 24 期。

[154] 王淑英：《产业集群演化与区域经济发展研究："合作伙伴关系"的视角》，光明日报出版社 2009 年。

[155] 王婷：《城市化进程中的适度人口：一个文献综述及思考》，载于《城市发展研究》2013 年第 11 期。

[156] 王小鲁、夏小林：《优化城市规模推动经济增长》，载于《经济研究》1999 年第 9 期。

[157] 王晓丽：《中国人口城镇化质量研究》，中国知网，http: //epub. cnki. net/kns/brief/default_result. aspx。

[158] 王兴周：《农民工城市性及其影响因素研究》，中国知网，http: //cdmd. cnki. com. cn/Article/CDMD – 11903 – 2009252598. htm。

[159] 王亚芬：《城市化是中国财富涌流的载体》，http: //www. cas. ac. cn/htmL/Dir/2003/01/15/5790. html，2003 – 01 – 15。

[160] 王越英：《户籍制度改革与农业转移人口的市民化》，载于《学术园

地》2014 年第 3 期。

[161] 王章辉、黄柯柯：《欧美农村劳动力的转移与城市化》，社会科学文献出版社 1999 年版。

[162] 王竹林：《城市化进程中农民工市民化问题研究》，中国知网，http：//cdmd. cnki. com. cn/Article/CDMD - 10712 - 2010050269. htm。

[163] 魏津生：《国内人口迁移和流动研究的几个基本问题》，载于《人口与经济》1984 年第 6 期。

[164] 魏守华、王缉慈、赵雅沁：《产业集群：新型区域经济发展理论》载于 2002 年第 2 期《经济经纬》。

[165] 魏宪朝、于学强：《发展我国农村集体经济组织的几点思考》，载于《当代世界与社会主义》2008 年第 5 期。

[166] 翁文木：《对我国户籍制度变迁的经济学思考》，载于《宁夏社会科学》2005 年第 5 期。

[167] 吴福象、刘志彪：《城市化群落驱动经济增长的机制研究：来自长三角 16 个城市的经验证据》，载于《经济研究》2008 年第 11 期。

[168] 吴昊、丁敏：《论农民工培训体系的构建》，载于《特区经济》2007 年第 8 期。

[169] 吴娜、马庆栋、孙晓曼：《农业现代化对新型城镇化发展的促进研究》，载于《中国校外教育》2013 年第 22 期。

[170] 项继权：《农民工子女教育：政策选择与制度保障——关于农民工子女教育问题的调查分析及政策建议》，载于《华中师范大学学报（人文社会科学版)》2005 年第 3 期。

[171] 肖海英：《关于我国户籍制度改革途径的思考》，载于《浙江社会科学》2006 年第 5 期。

[172] 肖金成：《人的城镇化：新型城镇化的本质》，载于《探索与争鸣》2013 年第 11 期。

[173] 肖前玲：《我国农民工教育体系构建政策研究——以包容性发展理念为视角》，http：//epub. cnki. net/kns/brief/default_result. aspx。

[174] 谢建社：《新生代农民工融入城镇问题研究》，中国人民大学出版社 2011 年版。

[175] 邢玉华：《中原经济区建设中河南农村剩余劳动力转移问题研究》，中国知网，http：//cdmd. cnki. com. cn/Article/CDMD - 10651 - 1012254169. htm。

[176] 熊杰：《试论种姓制度对印度城市化进程的影响》，载于《社科纵横》2012 年第 4 期。

[177] 熊小伟：《从产业布局角度看我国农民工市民化》，载于《人民论坛》

2014 年第 5 期。

[178] 徐君、高厚宾、王育红:《新型工业化、信息化、新型城镇化、农业现代化互动耦合机理研究》,载于《现代管理科学》2013 年第 9 期。

[179] 徐伟明:《我国城市流动人口管理模式的演变与展望》,载于《南京人口管理干部学院学报》2009 年第 3 期。

[180] 徐玉龙:《农民工就业歧视的经济学研究》,中国知网,http://epub.cnki.net/kns/brief/default_result.aspx。

[181] 薛进军、高文书:《中国城镇非正规就业:规模、特征和收入差距》,载于《经济社会体制比较》2012 年第 6 期。

[182] 阎蓓:《新时期中国人口迁移》,湖南教育出版社 1997 年出版。

[183] 颜俊:《巴西人口城市化进程及模式研究》,中国知网 http://epub.cnki.net/kns/brief/default_result.aspx。

[184] 杨波、朱道才、景治中:《城市化的阶段特征与我国城市化道路的选择》,载于《上海经济研究》2006 年第 2 期。

[185] 杨来胜、黄润龙:《户籍制度改革对农村人口流迁作用机理分析》,载于《南京人口管理干部学院院报》2000 年第 2 期。

[186] 杨英强:《现阶段农民工市民化问题研究》,中国知网,http://cdmd.cnki.com.cn/Article/CDMD - 10651 - 2009062324.htm。

[187] 杨云彦:《外来劳动力对城市本地劳动力市场的影响——"武汉调查"的基本框架与主要发现》,载于《中国人口科学》2001 年第 2 期。

[188] 叶裕民:《中国城市化质量研究》,载于《中国软科学》2001 年第 7 期。

[189] 余晖:《我国城市化质量问题的反思》,载于《开放导报》2010 年第 2 期。

[190] 俞德鹏:《城乡社会:从隔离走向开放——中国户籍制度与户籍法研究》,山东人民出版社 2002 年版。

[191] 袁晓玲、王霄、何维炜:《对城市化质量的综合评价分析》,载于《城市发展研究》2008 年第 2 期。

[192] 张传慧:《新生代农民工社会融入问题研究》,中国知网,http://cdmd.cnki.com.cn/Article/CDMD - 10022 - 1013213828.htm。

[193] 张传泉:《城乡一体化背景下农民市民化路径探析》,载于《华中农业大学学报(社会科学版)》2014 年第 5 期。

[194] 张耕田:《关于建立城市化水平指标体系的探索》,载于《城市问题》,1998 年第 1 期。

[195] 张国胜、陈瑛:《我国户籍制度改革的演化逻辑与战略取向——以农民工为例的政治经济学分析》,载于《体制改革》2014 年第 7 期。

[196] 张季风：《战后日本农村剩余劳动力转移及其特点》，载于《日本学刊》2003 年第 2 期。

[197] 张谦元、柴晓宇等：《城乡二元户籍制度改革研究》，中国社会科学出版 2012 年版。

[198] 张谦元、柴晓宇等：《城乡二元户籍制度改革研究》，中国社会科学出版社 2012 年版。

[199] 张庆五：《关于人口迁移与流动人口概念问题》，载于《人口研究》1988 年第 3 期。

[200] 张瑞：《中国流动人口管理与服务问题研究综述》，载于《山西大同大学学报（社会科学版）》2012 年第 4 期。

[201] 张善余：《第四次人口普查省际迁移数据分析》，载于《人口与经济》1992 年第 3 期。

[202] 张胜军：《我国农民工培训政策的问题与前瞻》，载于《职教论坛》2012 年第 7 期。

[203] 张松青、梁已香、蔡红宇：《城市化发展水平综合评价研究》，载于《中国城市发展报告》2004 年第 1 期。

[204] 张伟：《我国现行户籍制度：形成、演变及特征》，载于《理论探索》2006 年第 4 期。

[205] 张兴华：《农民工消费的经济分析及其启示》，载于《中国农村经济》1999 年第 3 期。

[206] 张艳明、聿旭健、马永俊：《城市边缘区村庄城镇化发展模式研究——以江浙经济发达地区为例》，载于《浙江师范大学学报（自然科学版）》2009 年第 9 期。

[207] 张翼、周小刚：《我国流动人口子女受教育状况调查报告》，载于《调研世界》2012 年第 1 期。

[208] 张占斌：《新型城镇化的战略意义和改革难题》，载于《国家行政学院学报》2013 年第 1 期。

[209] 赵俊超、孙慧峰、朱喜：《农民问题新探》，中国发展出版社 2005 年版。

[210] 赵文斌：《新生代农民工城市化问题研究》，中国知网，http://cdmd. cnki. com. cn/Article/CDMD - 10082 - 1013141429. htm。

[211] 赵西君、刘科伟、吴殿廷、高岩辉：《集群创导下的西部农村城镇化模式研究——以陕西眉县为例》，载于《西北大学学报（自然科学版）》2009 年第 1 期。

[212] 赵彦云、李静萍：《中国市场化水平测度、分析与预测》，载于《中国人民大学学报》2000 年第 4 期。

[213] 郑功成、黄黎若连等：《中国农民工问题与社会保护》，人民出版社2007年版。

[214] 郑亚平、聂锐：《从城市化质量认识省域经济发展差距》，载于《重庆大学学报（社会科学版）》2007年第5期。

[215] 中共福建省委，福建省人民政府：《福建省新型城镇化规划（2014～2020年）》，http://fjnews.fjsen.com/2014–06/17/content_14304421_all.htm。

[216] 中共中央马克思恩格斯列宁斯大林著作编译局：《马克思恩格斯全集》第46卷（上），人民出版社2008年版。

[217] 中共中央文献研究室：《十六大以来重要文献选编（上）》，中央文献出版社2005年版。

[218] 中国人口与发展研究中心课题组：《中国人口城镇化战略研究》，载于《人口研究》2012年第3期。

[219] 中华人民共和国国家统计局：《中华人民共和国2012年国民经济和社会发展统计公报》，载于《人民日报》2013年第23期。

[220] 周干峙：《我国城市化的现状和趋势》，载于《城市规划通讯》2005年第19期。

[221] 周铁训：《21世纪中国均衡城市化目标及模式选择》，载于《经济学家》2001年第4期。

[222] 周一觅：《关于城镇化速度的思考》，载于《城市化规划》2006年第S1期。

[223] 周一星：《中国城市工业产出水平与城市规模的关系》，载于《经济研究》1988年第5期。

[224] 朱明芬：《农民工职业转移特征与影响因素探讨》，载于《中国农村经济》2007年第6期。

[225] 朱信凯：《农民市民化的国际经验及对我国农民工问题的启示》，载于《中国软科学》2005年第1期。

[226] 朱烨、卫玲：《产业结构与新型城市化互动关系文献综述》，载于《陕西财经学院学报》2009年第9期。

[227] 朱宇：《城市化的二元分析框架与我国乡村城市化研究》，载于《人口研究》2001年第3期。

[228] 祝秀梅：《论信息化与小城镇发展的诉求》，载于《湖北经济学院学报》2011年第12期。

[229] 訾凤鸣：《我国农民工市民化问题研究》，2010年。

[230] 邹萍：《关于建立城乡统一劳动力市场的思考》，载于《经济研究参考》2004年第27期。

［231］邹东涛:《中国经济发展和体制改革报告 No. 1: 中国改革开放 30 周年（1978～2008）》，社会科学文献出版社 2008 年版。

［232］邹农检:《城市化二论》，载于《江海学刊》1998 年第 3 期。

［233］Adler, Kwon. "Social Capital Prospect For A New Con-cepF. *Academy of Management Review*, 2002. Vol. 27, No. 1: 17 – 40.

［234］Friedmann, John. Four Theses in the Study of China's Urbanization ［J］. *International Journal of Urban and Regional Research*, 2006, Vol. 30, No. 2.

［235］Larry A. Sjaastad. The Costs and Returns of Human Migration ［J］. *Journal of Political Economy*, 1962. Vol. 70, No. 5, Part 2: Investment in Human Beings (Oct. , 1962), pp. 80 – 93.

［236］Narayan, Deepa & F. Michael Cassidy. A Dimensional Approach to Measuring Social Capital: Development and Validation of a Social Capital Inventory ［J］. *Current Sociology*, 2001, (2): pp. 49 – 93.

［237］Oded Stark and David E. Bloom. The New Economics of Labor Migration ［J］. *The American Economic Review*. Vol. 75, No. 2, Papers and Proceedings of the Ninety – Seventh Annual Meeting of the American Economic Association (May, 1985), pp. 173 – 178.

［238］Schults, T. M. , Investment in Human Capital ［J］. *American Economic Review*, Vol. 51, No. 1, 1961: pp. 1 – 17.

［239］Seeborg, M. C. The New Rural-urban Mobility in China ［J］. *Journal of Socio – Economics*, Vol. 29, 2000: pp. 39 – 56.

［240］Swinnen, Johan F. M, Dries, Liesbeth, Maeours, Karen. Transition and agricultural labor. *Agricultural Economics* . 2005.

［241］Todaro M. P. , A Model of Labor Migration and Urban Unemployment in Less Development Countries ［J］ . *The American Economic Review*. 1969. Vol. 59, No. 1: pp. 138 – 148.

后　记

　　有序推进农业转移人口市民化是我国新型城镇化进程中的重大战略问题。1978～2013年，我国城镇常住人口从1.7亿人增加到7.3亿人，城镇化率从17.9%提升到53.7%，达到世界平均水平，年均提高1.02个百分点。从城镇人口、空间形态标准来看，中国整体上已进入到初级城市型社会。《国家新型城镇化规划（2014～2020年）》提出到2020年，我国常住人口城镇化率将达到60%左右。目前，我国仍然存在着诸多阻碍农业转移人口市民化的制度性和非制度性因素，除去各种客观的非制度性因素外，制度性因素已成为制约我国农业转移人口市民化最主要、最直接的原因，构成了农业转移人口市民化的制度困局。

　　破解农业转移人口市民化的"制度困局"是本书的立旨所在，我们在文献研究的基础上，采用案例分析、比较与归纳分析，运用理论研究与实证研究相结合的研究范式，回顾了我国从城乡分割到当前新型城镇化建设的发展及人口流动的变化，分析了农业转移人口市民化的理论基础与现实特征及影响因素，重点分析了制约农业人口"转得出"与"留得住"的制度困局及其突破，在总结发达及发展中国家或地区农业转移人口市民化的经验及福建农业转移人口市民化试点探索的基础上，提出新型城镇化模式与农业转移人口市民化的路径。

　　本书共八章，第一章，新型城镇化的核心：农业转移人口市民化，主要介绍我国从城乡分割到新型城镇化的历史进程，回顾新中国成立以来我国人口的流动，对在国内外学者研究评述的基础上提出本课题的研究思路。第二章，农业转移人口市民化的理论基础与现实特征，主要阐述相关概念以及农业转移人口市民化的理论基础，总结农业转移人口市民化的现实特征。第三章，农业转移人口市民化的影响因素，主要阐明影响农业人口市民化的三大因素即经济因素、政策性因素和社会文化因素。第四章，制约农业人口"转得出"的制度困局与突破，论述了户籍制度、土地流转制度和教育培训制度成为制约农业人口"转得出"的制度困局，提出了突破困局的设想和建议。第五章，制约农业人口"留得住"的制度困局与突破，论述了制约农业人口"留得住"的投资制度，就业制度，公共服务、社会保障制度的制度困局以及非正式制度困局，并提出突破困局的设想和建议。第六章，农业转移人口市民化的国际经验与启示，比较全面地总结了发达与发展中国家和地区农业转移人口市民化的经验，以及对我国农业转移人口市民化的借鉴意义。第七章，福建农业转移人口市民化的试点探索，通过案例研究，对福建农业转移人口市民化的试点探索及其评价，提出推进福建农业转移人口市民化的对策建议。第八章，新型城镇化模式与农业转移人口市民化的路径，在前面七章的研究基础上，提出政府主导型和市场驱动型的新型城镇化模式以及政府主导模式、市场驱动模式和政府＋市场合力模式下的农业人口市民化的路径。

本书的价值主要体现在：一方面，能为读者更好地呈现国内外城镇化进程中，农业转移人口市民化的基本演进规律与特征，起到较好的专业知识普及作用；另一方面，我们厘清农业转移人口市民化的现实特征与影响因素，构建了理论框架，在各专题研究成果进行综合、提炼的基础上，从推进新型城镇化与城乡统筹发展的角度，提出了加快推进农民工市民化进程的整体制度破解政策思路和建议，能为更多的相关研究者提供较好的研究启发与思路。其读者对象较为广泛，以青年大学生及政府官员和高校研究人员为主，对"三农"与城镇化等问题的感兴趣的读者也能从本书中受益。

本书正是基于上述背景和主旨所进行的研究。我们研究工作的顺利进行，首先要感谢福建师范大学协和学院领导对学术科研的大力支持和良好的学术氛围的营造。学院为学术专著在高级别出版社出版提供资助，本书的面世正是受益于学院出版专项基金的资助。

全书由王知桂教授、杨强教授、李莉老师主笔。王知桂教授和杨强教授首先拟定整体研究框架和每章写作详纲，然后根据团队成员的研究专长进行分工合作完成，最后由王知桂、李莉统稿。作者单位分别是：福建师范大学协和学院教师：王知桂、李莉、陈舒艳、王招治、郭玲、江珺老师；福建师范大学经济学院杨强教授；经济学院研究生：方泽秀、刘峰、李盼盼、许良胜；福州马尾保税区潘德昭。各章撰写的具体分工如下：

第一章：陈舒艳、王知桂；第二章：郭玲、王知桂；第三章：王知桂、江珺；第四章：杨强、许良胜、李盼盼；第五章：王知桂、方泽秀、李莉；第六章：李莉；第七章：杨强、刘峰、潘德昭；第八章：王招治、杨强。

本书在写作过程中，我们参阅了大量国内外的论文、专著以及其他材料，借鉴和引用了国内外学者的研究成果，这使我们的写作不断获得启发和教益。同时，本书的出版得到了经济科学出版社吕萍总编的大力支持和指导，尤其是于海汛编辑倾注了大量心血，他对本书审稿和修改提出了许多宝贵意见，付出了辛勤劳动。他的专业水平和精益求精的态度令我们深怀感激和敬佩之情！在此，我们谨向这些文献的作者和经济科学出版社编辑表示由衷的感谢！

　　限于我们的水平，书中难免有不妥或疏漏之处，敬请广大读者和专家批评指正，期待更多关注和从事这一领域研究工作的人员加入。

作者

2015 年 4 月